suhrkamp taschenbuch
wissenschaft 2295

Ist Moralität notwendig für das Glück? Formuliert aus der Sicht des Individuums, das sich mit moralischen Forderungen konfrontiert sieht, verlangt diese Frage eine Erweiterung der Moraltheorie zu einer Theorie des guten Lebens. Diese setzt wiederum eine Klärung der Struktur menschlichen Handelns und Lebens voraus. In den hier vorliegenden Aufsätzen aus drei Jahrzehnten versucht die Autorin, von unterschiedlichen Problemen wie etwa der Willensschwäche und dem Zusammenhang von Tugend und Glück ausgehend, das antike Bemühen um eine solche Ethik im umfassenden Sinn wiederaufzunehmen und fortzuführen.

Ursula Wolf ist Seniorprofessorin für Philosophie an der Universität Mannheim. Im Suhrkamp Verlag ist erschienen: *Eigennamen. Dokumentation einer Kontroverse* (stw 1057).

Ursula Wolf
Handlung, Glück, Moral

Philosophische Aufsätze

Suhrkamp

Bibliografische Information der Deutschen Nationalbibliothek
Die Deutsche Nationalbibliothek verzeichnet diese Publikation in der Deutschen Nationalbibliografie; detaillierte bibliografische Daten sind im Internet über http://dnb.dnb.de abrufbar.

Erste Auflage 2020
suhrkamp taschenbuch wissenschaft 2295

Umschlag nach Entwürfen
von Willy Fleckhaus und Rolf Staudt
Druck: Druckhaus Nomos, Sinzheim
Printed in Germany
ISBN 978-3-518-29895-4

Inhalt

Vorwort

Der vorliegende Band macht (neben zwei Originalbeiträgen) verstreute Aufsätze aus drei Jahrzehnten neu zugänglich. Sie gliedern sich nach drei Themenbereichen, die in meinen philosophischen Überlegungen eng verknüpft sind: Handlungstheorie, Theorie des guten Lebens (Glücks) und Moraltheorie.

Mein 1984 erschienenes Buch *Das Problem des moralischen Sollens* endet mit der Überzeugung, dass die moralischen Phänomene nicht für sich, sondern nur eingebettet in den weiteren Kontext der Frage nach dem guten Leben zureichend bearbeitet werden können. Das erklärt meine Beschäftigung mit der antiken Ethik, die von vornherein diesen weiteren Ansatz verfolgt. Dabei interessieren mich weniger die inhaltlichen Vorschläge, die teilweise zeit- und kulturabhängig und für uns nicht immer brauchbar sind, als vielmehr die Entwicklung handlungstheoretischer Grundbegriffe und Grundstrukturen des Lebens und Handelns. Deren Ausarbeitung geht mit der Verengung der praktischen Philosophie auf Moraltheorie in der Neuzeit weitgehend verloren und wird erst nach dem *linguistic turn* von der analytischen Handlungstheorie wiederaufgenommen. Da diese jedoch das Handeln losgelöst und nicht wie in der Antike strukturiert durch die Suche nach dem Guten thematisiert, verlieren sich die heutigen handlungstheoretischen Debatten oft ohne nachvollziehbare Problemstellung in immer neue Spitzfindigkeiten. Hiergegen verfolge ich in den Beiträgen zur Handlungstheorie die Absicht, diese wieder in die ethische Frage zurückzuholen. Gleichzeitig steht dahinter eine theoretische Frage, die Frage, was die Aufgabe der Philosophie ist, ob sich die strukturelle Ordnung des Handelns auf den Begriff des Guten in der Philosophie direkt auswirkt oder eher im Hintergrund die Entscheidung über Methode und Inhalte steuert. (Dieser Frage ist mein skizzenhafter historisch-systematischer Versuch *Die Philosophie und die Frage nach dem guten Leben* (1999) gewidmet.)

Während die Entwicklung meiner Überlegungen mit der Moraltheorie begann, ist die Ordnung in diesem Band systematisch: Handlungstheoretische Fragen bilden den Anfang; es folgen Überlegungen zur Ethik im weiten Sinn bzw. zur Theorie des guten

Lebens; schließlich werden moralphilosophische Probleme behandelt. Innerhalb der drei Teile sind die Aufsätze chronologisch angeordnet. Dabei sind der erste und der zweite Teil, die sich beide stark an der antiken Philosophie orientieren, nicht scharf trennbar. Der dritte Teil thematisiert sowohl moraltheoretische Fragen wie Probleme der angewandten Ethik, wobei ich die Tierethik bewusst auslasse, da meine Position hierzu in der Monographie *Ethik der Mensch-Tier-Beziehung* (2012) leicht nachzulesen ist.

Danken möchte ich Eva Gilmer und Jan-Erik Strasser für die verständnisvolle und freundliche Betreuung des Bandes; Carola Hesch für Korrekturen und die Einrichtung der bibliographischen Angaben; Ursula Baumann für hilfreiche Beratung bei der Auswahl der Texte.

Bad Dürkheim, Juni 2019
Ursula Wolf

I. Handlung

Zum Problem der Willensschwäche

Das Wort »Willensschwäche« ist zum einen ein Ausdruck unserer Umgangssprache, zum anderen fungiert es in der Philosophie als Übersetzung des griechischen Wortes »akrasia«. »Akrasia« kann man ungefähr mit »Unbeherrschtheit« übersetzen, und die Wörter »Willensschwäche« und »Unbeherrschtheit« sind sicher nicht völlig gleichbedeutend. Nun wurde auch in der griechischen Philosophie »akrasia« nicht genau im Sinn der damaligen Umgangssprache verwendet, sondern in einem terminologischen Sinn. Aristoteles hat dieses Wort als Terminus eingeführt für das Phänomen, daß jemand nicht tut, was er für das Beste hält, obwohl er es tun könnte. Sokrates hatte bestritten, daß es dieses Phänomen gibt, und er hat mit dieser zunächst wohl erstaunlichen und provokanten These eine Diskussion angefacht, die noch heute im Gang ist. Da es diese Diskussion ist, an der ich mich beteiligen möchte, ist das Wort »Willensschwäche« in meinem Titel so zu verstehen, daß es zunächst einfach eine Abkürzung für die genannte ausführlichere Phänomenbeschreibung ist.

Daß wir nicht tun, was wir für besser halten, auch wo wir es könnten, scheint ein so häufiges Phänomen zu sein, daß man sich fragen wird, wie Philosophen überhaupt dazu kommen konnten, sich ausgerechnet über seine Existenz zu streiten. Warum sie das tun und worüber sie dabei genauer streiten, kann uns vielleicht immer noch am besten Aristoteles erläutern, der sich ausführlich und differenziert mit der These des Sokrates auseinandersetzt.

Aristoteles wirft Sokrates zunächst vor, daß seine Behauptung den Phänomenen widerspricht (1145b27 f.), entwickelt dann jedoch eine Position, die zwischen schwächeren und stärkeren Versionen von Willensschwäche unterscheidet und die Sokratische These für die starke Version bestätigt. Ich beginne unmittelbar mit dem Beispiel, das Aristoteles in dem zentralen Text EN VII 5 erörtert.

Jemandem wird eine Süßigkeit angeboten. Er hat den Wunsch, seine Gesundheit zu erhalten, und die Meinung, daß Süßigkeiten schädlich sind, und daher kommt er in einer praktischen Überlegung, in der er fragt, was er in der Situation am besten tun sollte, zu dem Ergebnis, daß er die Süßigkeit ablehnen sollte. Damit wird sein konkretes Wollen in der Situation mit der Erforderlichkeit dieser Handlung des Ablehnens konfrontiert, d. h., diese Handlung müßte jetzt zu einer in der Situation gewollten werden. Nun kann es sein, daß unsere unmittelbaren oder sinnlichen Wünsche zufällig in Einklang mit dem sind, was aufgrund von Überlegung das Beste zur Erreichung bestimmter höherstufiger oder langfristiger Ziele ist. Es kann sein, daß der Handelnde kein großes Bedürfnis nach Süßigkeiten oder sogar eine Abneigung dagegen hat. Es kann aber ebensogut sein, daß überlegtes Wollen und unmittelbares Wollen sich widerstreiten. Es kann sein, daß dem Betreffenden einerseits viel an seiner Gesundheit liegt, daß er aber andererseits in der vorliegenden Situation große Lust auf die Süßigkeit hat. In solchen Situationen, in denen das Tun des Besseren sozusagen gegen innere Widerstände erfolgen müßte, erweist sich Willensstärke oder Willensschwäche: Der Willensstarke tut gegen seine unmittelbaren Antriebe das, was ihm die Überlegung als das Beste erweist, der Willensschwache folgt gegen die Überlegung seinem unmittelbaren Antrieb.

Nun ist diese Überlegung nicht irgendeine Überlegung, sondern sie ist eine Überlegung darüber, was für mich in dieser Situation zu tun das Beste ist. Nach Aristoteles sind für eine solche praktische Überlegung u. a. zwei Dinge charakteristisch: Erstens muß ich berücksichtigen, was ich in der Situation tun kann, was überhaupt in meiner Macht steht (sowohl was die äußeren Situationsbedingungen als auch was meine – physischen, technischen, intellektuellen usw. – Fähigkeiten angeht). Zweitens gehören in die praktische Überlegung nur diejenigen meiner Wünsche, die nicht bloße Wunschvorstellungen, sondern handlungsbezogene Wünsche sind, d. h. deren Realisierung ich wirklich anstrebe. Der Handelnde in dem Beispiel überlegt also nicht einfach abstrakt, was das Beste zur Erhaltung seiner Gesundheit wäre, um sich dann vielleicht zu sagen, daß es schön wäre, wenn er ein anderer Mensch wäre, der wirklich so handeln wollte oder könnte; sondern seine Überlegung geht aus von dem handlungsbezogenen Willen zur Erhaltung der Gesundheit, und d. h. von einer praktischen Einstellung, die sich in jeweiligen Situationen in geeigneten Handlungsvorsätzen manifestiert. Die praktische Überlegung fragt nach der hier und jetzt und für mich besten Handlung, gegeben meine verschiedenen handlungsbezogenen Wünsche, meine Fähigkeiten sowie die Situationsumstände, und ihr Ergebnis hat daher unmittelbar die Form eines Handlungsvorsatzes.

Ein konkreter Handlungsvorsatz hinsichtlich einer jetzt anstehenden Handlungssituation ist aber dadurch definiert, daß er zur Ausführung kommt, wenn kein äußeres Hindernis vorliegt und der Handelnde ihn ausführen kann (1147a30f.). Wenn daher jemand den Vorsatz, die nach seiner Überlegung beste Handlung zu tun, nicht ausführt, obwohl kein äußeres Hindernis vorliegt und obwohl er die Fähigkeit im gewöhnlichen Sinn der physischen usw. Fähigkeit besitzt, dann folgt analytisch, daß er entweder den Vorsatz nicht wirklich hat oder ihn aufgrund bestimmter innerer Bedingungen nicht ausführen kann. Wir können jetzt sehen, was das Problematische an der Beschreibung ist, daß jemand das seiner Meinung nach Beste nicht tut, obwohl er es tun könnte. Wenn die Meinung über das Beste Vorsatzcharakter hat, dann verwickeln wir uns in einen Widerspruch, wenn wir sagen, daß jemand das, was er für das in der Situation Beste hält, in dieser Situation tun könnte, es aber doch nicht tut. Ich stimme daher Sokrates und Aristoteles zu, daß es dieses Phänomen in der Tat nicht geben kann. Andererseits hatten wir, als uns die These des Sokrates auf den ersten Blick unplausibel vorkam, doch offenbar ein Phänomen im Auge, und es bleibt daher die Frage, wie dieses gesuchte Phänomen angemessen zu beschreiben wäre.

Aristoteles selbst macht dazu folgenden Vorschlag. Derjenige, der es für das in der Situation Beste hält, die Süßigkeit abzulehnen, wird in dem Augenblick, in dem er den Vorsatz faßt, von einem Verlangen nach der Süßigkeit überwältigt, das einfach hinter dem Rücken des Vorsatzes oder an dem Vorsatz vorbei Einfluß auf sein Handeln gewinnt (1147a34). Seine Handlung ist dann nur noch freiwillig in dem Sinn, daß sie nicht unter äußerem Zwang geschieht, aber sie ist nicht mehr freiwillig in dem Sinn, daß er zu diesem Zeitpunkt auch hätte anders handeln können. Dieser Verlust an Freiwilligkeit ist für Aristoteles letztlich immer ein Verlust an Wissen: in dem Moment, in dem die Begierde wirksam wird, macht sie den Handelnden sozusagen vorübergehend blind, so daß er, selbst wenn er seine Meinung über das Beste ausspricht, das nur wie ein Betrunkener oder Träumender tut, und d.h. ohne sich in diesem Moment über die Bedeutung und Handlungsrelevanz der Aussage im klaren zu sein (1147b9 ff.).[1]

1 Für die entgegengesetzte Interpretation, daß Aristoteles Nichttun des Besseren bei vollem Wissen zuläßt, vgl. Anthony Kenny, »The Practical Syllogism and Incontinence«, in: *Phronesis* 11 (1966), S. 163-184.

Neben diesem wohl eher seltenen, wenn auch denkbaren Fall, daß jemand, der eine Überlegung bis zum Ende durchgeführt hat, dann doch noch von einer Begierde oder einem Affekt überwältigt wird, bezeichnet Aristoteles als Willensschwäche auch das sicher häufigere Phänomen, daß jemand in der konkreten Situation unter dem Einfluß einer Begierde überhaupt nicht überlegt, sondern einfach unmittelbar handelt (1150b19 ff.).[2] Hier ist sein höherstufiger Wunsch bzw. sein allgemeines Handlungsprinzip, z. B. das Vermeiden von Dingen, die der Gesundheit schaden, in der Handlungssituation nur potentiell vorhanden, ohne in einer Überlegung aktualisiert und auf die Situation angewandt zu werden (1146b31 ff.).

Erfaßt Aristoteles auf diese Weise dasjenige Phänomen, das wir neu zu beschreiben versuchen, nachdem sich die Beschreibung, daß jemand freiwillig gegen das seiner Meinung nach Beste handelt, als widersprüchlich erwiesen hat? Solange wir noch nicht über eine neue Beschreibung verfügen, kann ich selbst dieses Phänomen vorläufig nur vage benennen. Aber es wäre jedenfalls dort zu suchen, wo jemand sich in der konkreten Situation in einem bewußten Konflikt zwischen überlegter Meinung und unmittelbarem Wollen befindet und dann dem unmittelbaren Wollen folgt. Dieses Phänomen aber kommt bei Aristoteles – wenn ich ihn richtig interpretiere – nicht vor. Es liegt ohnehin nicht vor, wo der Handelnde unter dem Einfluß der Begierde überhaupt nicht überlegt; aber es kommt bei Aristoteles auch dann nicht vor, wenn er überlegt hat, weil die Begierde, sobald sie eingreift, die Meinung über das Beste für den Moment in einen Status der Potentialität zurückversetzt, so daß ein Konflikt nicht vorhanden ist. Wie läßt sich das gesuchte Phänomen aber dann beschreiben?

Moderne Anhänger der sokratisch-aristotelischen Position versuchen es dadurch zu fassen, daß sie den von Aristoteles angenommenen Zusammenhang zwischen Wissen und Handlungsfreiheit

2 Wir könnten hier unterscheiden zwischen demjenigen Fall, daß jemand unter dem Einfluß einer Begierde einfach faktisch nicht überlegt, und demjenigen Fall, wo er unter ihrem Einfluß nicht überlegen kann. Der Unterschied zwischen diesen beiden Fällen läßt sich an folgendem Kriterium festmachen: Der, der nur faktisch nicht überlegt, würde überlegen, wenn in der Situation jemand oder etwas seine Überlegungsfähigkeit aktualisieren würde, z. B. wenn ein anderer ihn mit Gründen konfrontieren würde; der, der nicht überlegungsfähig ist, würde auch in dieser Situation nicht überlegen.

auflösen. So beschreibt z. B. Hare den Willensschwachen als jemanden, der eine klare Meinung über das Bessere hat, jedoch in der Situation aufgrund einer psychischen Unfähigkeit nicht entsprechend handelt;[3] andere reden statt von psychischer Unfähigkeit von zwangsneurotischem Verhalten.[4] Was diese Begriffe bedeuten und ob man die Rede von Unfähigkeit oder Zwang hier wörtlich nehmen darf, müßte genauer geklärt werden. Zwar können wir bei Freud den Satz lesen: »[Der Zwangsneurotiker] ist vollkommen klar, teilt Ihr Urteil über seine Zwangssymptome [...]. Er kann nur nicht anders«,[5] aber das ist durchaus auch in der Psychologie nicht die einhellige Meinung.[6] Man könnte es plausibler finden zu sagen, daß es für den Zwangsneurotiker nicht unmöglich, sondern nur besonders schwierig ist, anders zu handeln, d. h., man könnte an dem Zusammenhang zwischen Wissen und Handlungsfreiheit festhalten, den Aristoteles annimmt und den später mit allen Details Spinoza aufzuzeigen versucht hat. Obwohl ich selbst diese letztere Auffassung für überzeugender halte, kann ich diesen Punkt offenlassen; denn gerade dann, wenn es dem Zwangsneurotiker in einem wörtlichen Sinn unmöglich ist, anders zu handeln, kommen wir nicht zu dem gesuchten Phänomen. Die praktische Überlegung fragt nach der besten der mir möglichen Handlungen, und daher kann, wenn ich mich selbst so sehe, daß ich unter innerem Zwang stehe und nicht anders handeln kann, die betreffende Handlung nicht Inhalt meiner Meinung über das Beste sein.[7]

Das gesuchte Phänomen, daß jemand sich in einer Situation, in der er so oder anders handeln könnte, in einem bewußten Konflikt zwischen unmittelbarem Wunsch und überlegter Meinung befin-

3 Richard Mervyn Hare, *Freedom and Reason*, Oxford 1963, Kap. 5, insb. S. 77, S. 79.

4 C. K. Grant, »Akrasia and the Criteria of Assent to Practical Principles«, in: *Mind* 65 (1956), S. 400-407, dort S. 403.

5 Sigmund Freud, *Vorlesungen zur Einführung in die Psychoanalyse*, Studienausg. Bd. 1, Frankfurt/M. 1969, S. 260. In der philosophischen Diskussion um den Begriff der Freiwilligkeit wird diese Position aufgenommen von John Hospers, »Die Reichweite menschlicher Freiheit«, in: Ulrich Pothast (Hg.), *Freies Handeln und Determinismus*, Frankfurt/M. 1978, S. 93-114.

6 Für diejenige Position, für die kognitive Fähigkeit und Freiheit zusammengehen, vgl. bspw. Herbert Fingarette, »Insanity and Responsibility«, in: *Inquiry* 15 (1972), S. 6-29.

7 Diesen Einwand macht Kenny gegen Hare, in: Anthony Kenny, *Will, Freedom and Power*, Oxford 1975, S. 104.

det und dann dem unmittelbaren Wunsch folgt, wird also sowohl von Aristoteles als auch von seinen modernen Anhängern übersprungen, wenn auch auf verschiedene Weise. Bei den modernen Autoren dadurch, daß sie sich auf den Spezialfall des zwangsneurotischen Handelns konzentrieren. Aber schließlich haben wir es nicht immer, wenn wir einem unmittelbaren Wunsch nachgeben, mit einer neurotischen Handlung zu tun, d.h. mit einer Manifestation von fest verankerten wiederkehrenden Verhaltensstrukturen. Wenn jemand z.B. am Abend ins Kino geht, obwohl er eigentlich noch arbeiten wollte, braucht das kein Fall von zwanghafter Arbeitsflucht zu sein, sondern kann einfach heißen, daß er gegen seinen höherstufigen Wunsch seiner Unlust nachgibt. Aristoteles andererseits verfehlt das Phänomen dadurch, daß er sich auf den Spezialfall des blinden Verlangens beschränkt, welches die Seite der Überlegung ausschaltet. Aber nicht in jedem Fall, in dem jemand einem unmittelbaren Wunsch folgt, braucht dieser ihn in dem Maß überwältigt zu haben, daß er nicht mehr weiß, was er tut.[8]

Das Phänomen, das wir suchen, muß also irgendwo zwischen dieser unteren Ebene des entweder zwanghaften oder blinden Handelns, welches kein Anders-handeln-Können impliziert, und der Ebene des Handelns nach den besten Gründen liegen. Daß jemand einem unmittelbaren Wunsch nachgibt, wo er sich in einem echten Konflikt zwischen diesem Wunsch und einer Meinung über das Beste befindet, läßt sich erst dort sinnvoll sagen, wo der Betreffende in der Situation überlegen und so oder anders handeln kann. Das aber heißt, daß die Konfliktsituation eine Wahlsituation ist, in der der Handelnde sich zwischen seinem unmittelbaren Wunsch und seinem höherstufigen Wunsch entscheidet. Wir könnten die Situation des Willensschwachen jetzt so beschreiben, daß er überlegt hat und d.h. eine Entscheidung gefunden hat, daß aber der unmittelbare Wunsch in der Situation dann doch so stark bleibt, daß er das Ergebnis der Überlegung sofort wieder in Frage stellt. Nehmen wir an, jemand hat aus seinem langfristigen Wunsch nach Erhaltung seiner Gesundheit zusammen mit bestimmten Kausalgesetzen und Tatsachen geschlossen, daß er nicht mehr rauchen sollte. Und er hat nach diesem Überlegungsschritt, der fragt, wie sich sein langfristiger Wunsch am besten realisieren läßt, in einem

8 Darauf weist Austin gegen die antike Auffassung hin, in: John Langshaw Austin, »A Plea for Excuses«, in: *Philosophical Papers*, Oxford 1961, S. 146 Anm.

zweiten Schritt zwischen seinen verschiedenen Wünschen abgewogen und ist zu dem Ergebnis gekommen, daß ihm die Erhaltung der Gesundheit wichtiger ist als das Rauchen. Wenn jetzt in der konkreten Situation sein Bedürfnis nach Zigaretten sehr stark ist, könnte er zunächst die abwägende Überlegung wiederholen. Da der Willensschwache jemand sein soll, der gegen seine überlegte Meinung handelt, müssen wir jedoch den Fall so konstruieren, daß er auch in dieser Überlegung, in der die Stärke des Verlangens als ein Faktor berücksichtigt wird, zu dem Ergebnis kommt, daß er keine Zigarette anzünden sollte, und daß er doch anders handelt. Er handelt dann freiwillig und aus einem Grund, nämlich weil er das Verlangen hat. Aber er entscheidet sich dadurch zugleich zum Handeln gegen seine besten Gründe, und diese Entscheidung kann jetzt nur noch eine bloße Entscheidung sein, weil weitere Gründe nicht mehr zur Verfügung stehen.

Auf diese Weise wird die Willensschwäche von Philosophen wie Davidson und Thalberg beschrieben,[9] die gegen Sokrates Partei ergreifen. Der Willensschwache entscheidet sich gegen das, was er für das in der Situation Beste hält, und wenn wir ihn fragen würden, warum er das tut, könnte er keine Antwort mehr geben. Er handelt frei, aber er kann seine Handlung prinzipiell nicht rechtfertigen. Nun haben wir aber schon vorhin gesehen, daß es Willensschwäche in diesem Sinn nicht geben kann, weil diese Beschreibung in einen Widerspruch führt. In der praktischen Überlegung geht es nicht um irgendein Bestes, sondern um die Frage, was hier und jetzt für mich zu tun das Beste ist, und daher hat die Antwort die Form eines Handlungsvorsatzes.[10] Da wir jetzt davon ausgehen, daß der

9 Vgl. Donald Davidson, »How is weakness of the will possible«, in: Joel Feinberg (Hg.), *Moral Concepts*, Oxford 1969; Irving Thalberg, »Acting against one's better judgement«, in: Geoffrey Mortimore (Hg.), *Weakness of Will*, London, Basingstoke 1971. Thalberg unterscheidet allerdings zwischen Willensschwäche und Handeln gegen die besten Gründe, womit er die Handlungsrelevanz des letzteren Begriffs übersieht.
Davidsons neue Position in »Paradoxes of Rationality«, in: Richard Wollheim, James Hopkins (Hg.), *Philosophical Essays on Freud*, Cambridge 1982, S. 289-305, geht letztlich nicht über seine frühere Position hinaus; denn da er auch hier Handlungsfreiheit unterstellt, ändert der Hinweis auf funktional verschiedene geistige Mechanismen nichts daran, daß der Handelnde wählt, von welchem dieser Mechanismen er sich leiten lassen will.

10 Was diese Wertsätze betrifft, mit denen ich nach der hier und jetzt besten Hand-

Handelnde in der Situation so oder anders handeln kann, folgt aus dem Vorliegen eines Vorsatzes analytisch die Ausführung. D.h. umgekehrt: Handelt der Betreffende freiwillig gegen das, was er für besser zu halten behauptet, dann folgt analytisch, daß er es nicht wirklich für besser hält.

Oder ist das vielleicht doch nicht zwingend? Kenny meint, daß es dann nicht folgt und daß sich daher die antisokratische Position dann verteidigen läßt, wenn wir beachten, daß unsere individuellen Wünsche auf allgemeinen Wunschdispositionen beruhen.[11] Nach Kenny meinen wir mit Willensschwäche nicht, daß jemand gegen das handelt, was er in der konkreten Situation für das Beste hält, sondern nur, daß er gegen das Bessere im Sinne eines höherstufigen oder langfristigen Wunsches handelt, den er grundsätzlich höher bewertet. Daß jemand einen solchen höherstufigen Wunsch in einem handlungsrelevanten Sinn hat, impliziert nur, daß er ihn meistens in relevanten Situationen realisiert; aber wir sprechen ihm einen solchen Wunsch nicht schon dann ab, wenn er ihn in seltenen Fällen nicht realisiert. Also geraten wir hier nicht in den Widerspruch, der sich aus der Orientierung am konkreten Handlungsvorsatz ergibt.

Aber auf diese Weise kommen wir nicht zu einer Beschreibung des gesuchten Phänomens, bei dem ein Konflikt in der konkreten Situation vorliegen sollte. Denn nach dieser Beschreibung handelt der Betreffende in der konkreten Situation nicht gegen das, was er für das in der Situation Beste hält, sondern er hält es eben in dieser Situation für besser, seinem unmittelbaren Wunsch zu folgen. Daß wir seinem höherstufigen Wunsch nicht einfach die Handlungsrelevanz absprechen, wenn er das in seltenen Fällen tut, ist richtig. Aber wir würden doch in jedem solchen Fall von seinem höherstufigen Wunsch ein kleines Stück an Gewicht oder Handlungs-

lung frage, würde ich also Hare recht geben, daß sie »präskriptiv« sind. Bei allen anderen Arten von Wertsätzen scheint mir seine pauschale Präskriptivitätsthese hingegen unsinnig.

Da die Wertsätze, die nach der hier und jetzt für mich besten Handlung fragen, trivialerweise präskriptiv sind, ist derjenige Diskussionsstrang in der Debatte um die Willensschwäche, der sich an der Frage orientiert, was es heißt, einem praktischen Prinzip zuzustimmen oder eine praktische Meinung zu haben, uninteressant.

11 Kenny, *Will, Freedom and Power*, S. 106 f.

relevanz abziehen. Anders gesagt: er handelt dann nicht gegen den Wunsch, in allen Situationen der und der Art so und so zu handeln, sondern er hat dann eben vielmehr nur den Wunsch, in den meisten derartigen Situationen so zu handeln. Würden wir ihm einen handlungsrelevanten Wunsch für alle derartigen Situationen zuschreiben, würden wir bereits dann, wenn er in einer solchen Situation anders handelt, ebenso in einen Widerspruch geraten wie dort, wo wir sagen, daß jemand gegen einen konkreten Vorsatz handelt.

Wenn jemand sagt, daß er etwas für das Beste hält, aber doch anders handelt, können wir also in der Tat nur noch die vorhin schon erwähnte Konsequenz ziehen, daß er es nicht wirklich für das Beste hält bzw. nicht wirklich im handlungsrelevanten Sinn will. So erweist sich als die einzig mögliche Beschreibung des gesuchten Phänomens, welche nicht in Paradoxien führt und doch zugleich das Vorliegen eines echten Konflikts in der konkreten Situation erfassen kann, diejenige, die sich bei Thomas von Aquin findet: Daß jemand, der sich in einem echten Konflikt zwischen einem unmittelbaren Wollen und einer Meinung über das Beste befindet, dem unmittelbaren Wollen folgt, kann nicht heißen, daß er gegen seine überlegte Meinung bzw. seinen Vorsatz handelt, sondern es kann nur heißen, daß er diese Meinung bzw. diesen Vorsatz zunächst erwägt, aber sofort wieder aufgibt. Und bezogen auf den höherstufigen Wunsch, der in dieser Meinung enthalten ist, kann es nur heißen, daß er seine Realisierung nicht sehr fest, sondern nur auf schwächere Weise bzw. nicht für alle, sondern nur für manche Fälle intendiert.[12] Thomas bezeichnet das Phänomen auch unter dieser Beschreibung als Willensschwäche (incontinentia), aber es scheint angemessener, hier einfach von der Änderung eines Vorsatzes hinsichtlich der konkreten Situation bzw. der Änderung des Status der höherstufigen Wünsche zu reden.

Wer gegen seine Meinung über das Beste seinem unmittelbaren Wollen folgt, müßte also sehen, daß er damit in Wirklichkeit seine Meinung geändert hat und damit seine Überlegungen revidieren müßte. Für eine solche Revision bestehen zwei Möglichkeiten. Nehmen wir z. B. an, jemand habe seiner eigenen Aussage zufolge den höherstufigen Wunsch, schlank zu werden, und er halte es daher für das Beste, keine Süßigkeiten zu essen; er handelt jedoch

12 Thomas von Aquin, *Summa Theologiae*, Turin/Rom 1952, II-II, q. 156, a. 1 und 2.

nicht entsprechend. Dann wäre die erste Möglichkeit die, daß er zugibt, daß er seinem höherstufigen Wunsch keinen handlungsrelevanten Status gibt, sondern den eines bloßen Wunsches; er fände es zwar schön, schlank zu sein, aber er will die erforderlichen Verzichte doch nicht auf sich nehmen. Bloße Wünsche aber sind nicht Gegenstand der praktischen Überlegung, so daß er diesen Wunsch aus der Überlegung streichen müßte. Es braucht jedoch, zweitens, nicht der Fall zu sein, daß der höherstufige Wunsch überhaupt keinen Handlungsbezug hat. Es könnte z. B. sein, daß der Betreffende nur manchmal der Versuchung durch Süßigkeiten nachgibt, oder es könnte sein, daß er in anderen Handlungsbereichen Dinge tut, die der Realisierung seines Wunsches förderlich sind, daß er sich z. B. viel bewegt und Sport treibt. Dann muß er denjenigen Schritt in seiner Überlegung revidieren, in dem er seine verschiedenen Wünsche gegeneinander abgewogen hat. Er müßte dem Genuß von Süßigkeiten ein größeres Gewicht einräumen, als er das in seiner ursprünglichen Äußerung, die zu seinem Handeln in Widerspruch steht, getan hat.

Würde der Handelnde seine Überlegung auf eine dieser Weisen revidieren, dann käme er zu derjenigen Meinung über das in der Situation Beste, die mit seinem Handeln übereinstimmt, d. h. die die Befriedigung des unmittelbaren Wollens als das in der Situation Beste erweist. Wir können daher die thomasische Beschreibung des gesuchten Phänomens jetzt auf folgende Weise präzisieren: Es liegt dort vor, wo jemand, wenn ein unmittelbarer Wunsch das Ergebnis seiner Überlegung immer noch in Zweifel zieht, durch sein tatsächliches Verhalten seinen konkreten Vorsatz ändert bzw. den Status eines höherstufigen Wunsches abschwächt, ohne sich mit der Erforderlichkeit eines erneuten Überlegungsschritts, in dem er die Gewichtung oder den Status seiner Wünsche revidiert, zu konfrontieren.

Man könnte daher sagen, daß wir es hier letztlich mit einem kognitiven Fehler zu tun haben, wenn auch von besonderer Art, nämlich einem Fehler im Selbstverständnis. Dieser Fehler ist ein interessierter Fehler. Wir machen ihn deswegen, weil wir einerseits vor uns selbst und vor anderen jemand sein möchten, der bestimmte höherstufige Wünsche als wirkliche Handlungsabsichten hat, weil wir aber andererseits im Konfliktfall ungern auf die Befriedigung unmittelbarer Wünsche verzichten. Da wir gern beides zugleich hätten, reden wir so, als wäre das möglich, und versuchen zu übersehen, daß wir uns damit in einen Widerspruch verwickeln. Aber diesem Widerspruch können wir nicht entgehen. Er ergibt sich nicht aus zufälligen begrifflichen Abgrenzungen, die wir auch ändern könnten, sondern daraus, daß es an uns selbst liegt, ob wir so oder anders handeln, d.h. daraus, daß wir Handlungsfreiheit besitzen. Der Begriff der Handlungsfreiheit impliziert den Begriff des Wollens, und zwar nicht in irgendeinem Sinn von »wollen«, sondern im Sinn des handlungsrelevanten Wollens: wenn ich etwas hier und jetzt tun kann oder auch nicht und es nicht tue, dann folgt analytisch, daß ich es nicht im handlungsrelevanten Sinn will, d.h. nicht wirklich für das in dieser Situation Beste halte. Da wir selbst es sind, auf die diese Begriffe angewandt werden, sind wir mit den analytischen Notwendigkeiten, die sie implizieren, praktisch oder von innen konfrontiert. Behaupten wir, eines für das Beste zu halten, und tun gleichwohl ein anderes, dann verwickeln wir uns in einen Widerspruch, der sich nur dadurch auflösen läßt, daß wir zugeben, daß wir in Wirklichkeit nicht ganz die Menschen sind, als die wir uns gerne verstehen würden.

Glücklicherweise jedoch besitzen wir mit der Handlungsfreiheit zugleich auch eine Fähigkeit, die es uns ermöglicht, diese unerfreuliche Konsequenz zumindest in manchen Fällen zu umgehen, die Fähigkeit zur Selbsttäuschung. Mit Hilfe dieser Fähigkeit gelingt es uns, die Diskrepanz zwischen unserem wirklich handlungsrelevanten Wollen und denjenigen Wünschen, die wir uns gern als handlungsrelevante zuschreiben würden, ein Stück weit zu überbrücken bzw. die vorhin erläuterten Revisionen der Überlegung, nämlich entweder die Abschwächung des Gewichts eines höherstufigen Wunsches oder die Änderung seines Status vom handlungsrelevanten zum bloßen Wunsch, zu umgehen.

Daß wir diese Möglichkeit haben und benutzen, bestätigt meine Auffassung von Willensschwäche als widersprüchlichem Verhalten: Wenn wir nicht selbst unser Verhalten als widersprüchlich empfinden würden, bestünde kein Grund, von einer Verdeckung durch Selbsttäuschung Gebrauch zu machen. Die Untersuchung des Begriffs der Willensschwäche müßte also jetzt in eine Untersuchung des Begriffs der Selbsttäuschung übergehen. Ich kann eine solche Untersuchung hier nicht mehr wirklich durchführen, möchte aber wenigstens noch damit beginnen, indem ich die zwei wichtigsten

Verfahren erläutere, deren sich Selbsttäuschung bedienen kann, nämlich Rationalisierung und Ausnutzung von Zeitdifferenzen.

Das Problem des sog. Willensschwachen war, daß er einerseits ein bestimmtes ideales Selbstverständnis aufrechterhalten will und andererseits nicht auf die Befriedigung unmittelbarer Wünsche verzichten will, daß aber beides zusammen oft nicht möglich ist. Die unmittelbaren Wünsche können uns jedoch zu einer Weise des Überlegens veranlassen, durch die es etwas öfter möglich wird. Unsere höherstufigen Wünsche erfordern in relevanten Situationen Handlungen, die Prinzipien oder Kausalgesetze befolgen. Wer z. B. ein guter Mensch sein will, muß nach bestimmten Moralprinzipien handeln; wer seine Gesundheit erhalten will, muß sein Handeln an den entsprechenden Kausalgesetzen orientieren. Wenn die praktische Überlegung fragt, welche Handlung in einer konkreten Situation zur Realisierung eines solchen Wunsches erforderlich ist, bewegt sie sich daher in einem gewissen Spielraum der Unbestimmtheit: Handlungsprinzipien sind Prima-facie-Prinzipien, d. h., sie sehen Ausnahmen in begründeten Fällen vor, ohne daß diese im voraus festgelegt wären. Kausalgesetze andererseits haben häufig Wahrscheinlichkeitscharakter; z. B. sind nicht für alle Menschen dieselben Dinge schädlich, und der Schwellenwert, an dem die Schädlichkeit beginnt, sowie der Zeitpunkt, zu dem der Schaden eintreten wird, lassen sich selten exakt angeben. Außerdem erfordert die Anwendung eines Prinzips oder Kausalgesetzes eine Interpretation der konkreten Handlungssituation, und Situationsinterpretationen sind nie in dem Sinn definitiv, daß wir hier nicht ebenfalls Spielräume hätten.

Durch Ausnutzung dieser Unbestimmtheitsspielräume können wir oft auch dort, wo wir in einem Konflikt zwischen einem unmittelbaren und einem höherstufigen Wollen einfach dem unmittelbaren Wunsch nachgeben, das Eingeständnis umgehen, daß wir damit das Gewicht des höherstufigen Wunsches in der Überlegung abschwächen müßten. Denn wir können, indem wir z. B. unliebsame Situationsfaktoren für irrelevant erklären oder falsch interpretieren, indem wir Wahrscheinlichkeitsgesetze für zu unsicher halten usw., die Überlegung so wenden, daß wir zu dem Ergebnis kommen, daß wir in dieser Situation eine wohlbegründete Ausnahme von der Befolgung des Prinzips oder Gesetzes machen können. Wohlbegründete Ausnahmen aber sind in den Prinzipien selbst vorgesehen, und daher bedeutet es keine Abschwächung des Prinzips, wenn wir sie machen. Solche Überlegungen, in denen wir unseren wirklichen Handlungsgrund, einen unmittelbaren Wunsch, durch Scheingründe verdecken, kann man als Rationalisierungen bezeichnen. Sie haben insbesondere zwei Merkmale. Erstens steht hier von vornherein fest, was das für den Handelnden Beste ist, nämlich das Handeln nach dem unmittelbaren Wunsch, und die Überlegung sucht nur nachträglich nach solchen Gründen, die die Handlung in ein möglichst gutes Licht stellen. Zweitens sind diese Gründe nicht die Gründe, aus denen der Betreffende handelt, sondern der Grund, aus dem er in Wirklichkeit handelt, ist, daß er seinen unmittelbaren Wunsch befriedigen will.

Es gibt noch eine zweite Weise der Rationalisierung, die es uns anders als die erste ermöglicht, offen unseren unmittelbaren Wünschen zu folgen, indem wir gerade eine solche Verhaltensweise zu einem bestimmten Selbstverständnis hochstilisieren. Wenn wir uns von unmittelbaren Wünschen bestimmen lassen, ohne die weiteren Folgen zu bedenken, reden wir häufig so, daß wir sagen, daß es schließlich nicht so wichtig ist, was wir tun und wie wir sind, daß im Grunde nichts daran liegt oder daß es egal ist, was man tut. Auf diese Weise brauchen wir nicht zu sagen, daß uns die unmittelbaren Wünsche als solche das Wichtigste sind, sondern können unser Verhalten als Ausdruck eines distanzierten Verhältnisses zu uns selbst und zur Welt hinstellen.

Damit möchte ich nicht sagen, daß jemand ein solches Selbstverständnis nicht aufrichtig und ohne Rationalisierungsabsichten haben kann. Das ist vielmehr ohne weiteres möglich. Daß die Selbstdistanzierung häufig nur Rationalisierungsfunktion hat, zeigt sich jedoch daran, daß viele Leute sie gerade nur in den Situationen vertreten, in denen sie sie gebrauchen können, um ihre höherstufigen Wünsche in den Status bloßer Wünsche zu verweisen, während sie sich in anderen Situationen, in denen sie unter negativen Folgen ihrer Handlungen zu leiden haben, eher ernst nehmen und bereuen, daß sie diese Folgen nicht verhindert haben.

Der Kunstgriff der Rationalisierung ist also, was ebenfalls für die zuvor genannte Form gilt, nur in Grenzen wirksam. Wir können uns seiner in der konkreten Situation bedienen, in der unmittelbares und höherstufiges Wollen konfligieren, und wir können ihn dort so verwenden, daß wir uns die Tatsache, daß wir rationalisieren, nicht bewußt machen. Aber wenn wir nachträglich und außerhalb dieser Situation die Folgen unseres Verhaltens nicht einfach in Kauf nehmen, sondern unsere Handlungsweise bereuen, wird uns bewußt, daß wir nicht richtig überlegt, sondern rationalisiert haben und uns in Wirklichkeit einfach von einem unmittelbaren Wunsch bestimmen ließen. Wir fassen dann häufig zu solchen späteren Zeitpunkten den Vorsatz, künftig unseren höherstufigen Wünschen nicht nur scheinbar, sondern wirklich mehr Gewicht zu verleihen bzw. sie nicht als bloße Wünsche, sondern als zu realisierende Wünsche zu behandeln. Da dieser Vorsatz außerhalb der Handlungssituation gefaßt wird und sich auf unbestimmte künftige Zeitpunkte bezieht, bietet sich uns hier eine weitere Möglichkeit der kostenlosen Identifikation mit unserem idealen Selbstverständnis. Wir können jeweils in den Zeitintervallen zwischen relevanten Konfliktsituationen unseren höherstufigen Wunsch als handlungsrelevanten ausgeben und ihn selbst für handlungsrelevant halten, auch wenn sich schon in der nächsten Konfliktsituation zeigen wird, daß wir ihm nicht wirklich einen handlungsrelevanten Status geben.

Die Rationalisierung durch Ausnutzung von Überlegungsspielräumen sowie durch Überhöhung unmittelbarer Wünsche und die Ausnutzung von Zeitdifferenzen zwischen Vorsatz und Handlung ermöglichen es uns also in manchen Fällen, daß wir uns in der Handlungssituation oder für eine gewisse Zeitspanne mit einem höherstufigen Wunsch identifizieren können, ohne entsprechend zu handeln. Aber die Rationalisierung verliert ihre Wirkung, wo wir nachträglich mit negativen Handlungsfolgen konfrontiert sind, und die Benutzung von Zeitdifferenzen verliert ihre Wirkung, sobald die nächste relevante Situation auftritt, in der sich der Vorsatz zeigen müßte. Nun ist das natürlich etwas, was wir wissen. Wir wissen, daß wir uns gerne dieser Kunstgriffe bedienen, und wir wissen auch, daß sie sich nachträglich immer wieder als wirkungslos erweisen. Da wir es wissen, sind diese Kunstgriffe nur im Modus von Selbsttäuschung sinnvoll. Denn dieses Wissen ist ja ein zusätzlicher Faktor, den wir in der praktischen Überlegung in Rechnung stellen müßten, womit aber die Kunstgriffe von vornherein als solche entlarvt und damit wirkungslos wären. Damit sie wenigstens partiell und zeitweise wirksam sein können, müssen sie mit Selbsttäuschung verbunden sein. D. h., ihre Wirksamkeit setzt voraus, daß wir dieses zusätzliche Wissen über unsere Neigung zu Überlegungsmanipulationen und über deren nur partielle und vorübergehende Wirksamkeit beiseite schieben oder vergessen können.

Ich möchte an diesem Punkt, an dem die Aufklärung des Phänomens der Selbsttäuschung erst richtig beginnen müßte, enden. Aber wir können immerhin sehen, welches die Funktion dieses Phänomens ist. Es kommt gerade dadurch zustande, daß es Willensschwäche in dem Sinn, daß jemand etwas für das Beste hält und es nicht tut, nicht geben kann, weil diese Beschreibung widersprüchlich ist. Dieser Widerspruch, in den uns unsere Handlungsfreiheit verwickelt, ist in der Selbsttäuschung in versteckter Form vorhanden, die uns ermöglicht, uns mit höherstufigen Wünschen zu identifizieren und im Konfliktfall doch möglichst oft nach unmittelbaren Wünschen zu handeln. Aber auch in der Selbsttäuschung können wir den Widerspruch nur verschieben und nicht beseitigen. Er kommt immer wieder zum Vorschein, weil die Kunstgriffe, mit denen wir ihn verdecken, nur partiell und zeitweise wirksam sind.

Alte tote weiße Europäer

Bernard Knox über die aktuelle Bedeutung der Antike

Das Interesse an den alten Sprachen geht immer weiter zurück. Vielleicht hängt es mit 1968 zusammen. Die kritische Hinterfragung überkommener Vorstellungen hat auch die Ideale des Bildungsbürgertums mit ihrem geschönten Vorbild der Griechen zum Einsturz gebracht. Das Griechische und das Lateinische werden zu Lerninhalten wie anderes, und da sie uns eher fern sind, gibt es wenig Motive, sie zu wählen. Daß das nicht notwendig so ist, zeigt die Rolle, die das klassische Bildungsideal nach wie vor in England spielt. Vielleicht hat die stärker empirische und pragmatische Mentalität der Engländer weniger idealisiert, so daß die Antike von vornherein nicht zu einem hohen Vorbild wurde, das bei kritischer Betrachtung um so tiefer stürzen mußte.

Aufschlußreich ist der amerikanische Bildungskrieg. Der Angriff auf die alten Sprachen entspringt dort nicht einer Kritik an unglaubwürdigen Idealisierungen. Vielmehr ist es ein moralischer Angriff, der aus dem feministischen und dem postmodernen Lager kommt. Der Vorwurf lautet: Als selbstverständliches Bildungsgut sind die alten Sprachen zugleich eine Diskriminierung der Frauen und Mißachtung anderer Kulturen. Denn die Alten, deren Schriften wir lesen, waren Männer, sie waren weiß, und sie waren Europäer: eine Subspezies der Menschheit, die »Dead White European Males«, wird bevorzugt. Das verstößt gegen die Prinzipien der Gleichheit und Gerechtigkeit.

Auch wenn diese Auseinandersetzung in Europa wenig virulent ist, sind die Argumente der angegriffenen Seite für uns doch aufschlußreich. Der englische Gräzist Bernard Knox sagt in seiner Essaysammlung »The Oldest Dead White European Males and Other Reflections on the Classics« (New York und London 1993):

Der Primat der Griechen im Kanon der westlichen Literatur ist weder ein Zufall noch das Ergebnis einer von oben auferlegten Verordnung. Er geht schlicht und einfach auf den inneren Wert des Materials zurück, auf seine Originalität und Brillanz. Was das multikulturelle Curriculum betrifft, das Ideal der heutigen radikalen Akademiker, so gibt es sicher keine guten

Gründe gegen den Versuch, neuen Stoff aufzunehmen, der den Studierenden eine umfassendere Sicht vermittelt. Aber dieser neue Stoff wird sich mit dem alten messen müssen, und wenn er sich nicht auf demselben hohen Niveau bewegt, wird er früher oder später von den Studierenden selbst mit Geringschätzung zurückgewiesen werden. Nur ein totalitäres Regime kann das Studium zweitrangiger Texte oder überlebter Philosophien auf Dauer durchsetzen. Solange die ganz und gar griechische Vorstellung vom Wettkampf freies Spiel hat, muß man sich keine Sorge über die künftige Stellung der Griechen im Lehrplan machen. Selbst wenn sie hier und dort vorübergehend ausrangiert werden, werden sie sich ihren Platz zurückerobern. Sie haben die Probe der Zeit bestanden, länger als zweitausend Jahre, und sie sind ein Element unseres Charakters, unserer Natur geworden.

Diese Verteidigung der klassischen Bildung schätzt ihren Gegenstand realistisch ein. Bernard Knox setzt sich in dem Titel-Essay seines Buches kritisch mit den alten Griechen auseinander, und eine solche kritische Tendenz ist in der gesamten neueren angelsächsischen Literatur verbreitet. Knox verteidigt nicht die politische und gesellschaftliche Rechtlosigkeit der Frau in der Antike, weist aber auf die große Bedeutung der Frauenrollen in Tragödie und in Literatur hin. Er zeigt, daß der Verzicht auf eine Idealisierung der Antike ihre Bedeutung nicht schmälert. Vielmehr wird dadurch ein Dialog möglich, in dem sich erweist, daß die Griechen zwar nicht immer recht behalten, aber standhalten.

Nun haben auch Shakespeare und andere den Zeittest bestanden: Steht dies alles also auf einer Ebene mit den Griechen, oder haben sie darüber hinaus ein Gewicht? Knox antwortet, die humanistische Bildung sei eine Erziehung zur Demokratie. Die Sophisten haben eine intellektuelle Revolution angefacht und bildeten ihre Schüler darin aus, skeptische Fragen zu stellen, die keine definitive Antwort erlauben, sondern subversive Kraft entfalten und die Freiheit des Redens und Denkens offenhalten.

Knox zeigt damit allerdings nicht mehr, als daß eine Beschäftigung mit der Antike eine Möglichkeit bleibt, zu einer demokratischen Einstellung zu gelangen. Der Verweis auf die politische Verfassung der Griechen ist im übrigen ein zweischneidiges Argument. Denn auf die Griechen berufen sich auch diejenigen, die der liberalen Demokratie gegenüber kritisch eingestellt sind. Der von MacIntyre und anderen propagierte Rückgang auf die politische Gemeinschaft antiker Art, der unter dem Schlagwort »Kommunitarismus« verhandelt wird, ist inzwischen auch hierzulande zur Kenntnis genommen worden.

Dem Liberalismus, der nur formale Bedingungen vorgibt, nach denen die Personen ihren Vorstellungen gemäß leben können, werfen die Kommunitaristen vor, er sei unfähig, Bindung an das Gemeinwesen und Erfahrung von Lebenssinn zu erzeugen. Sie verweisen auf die Polis, in der das individuelle Leben wesentlich in das Gedeihen der Gemeinschaft integriert war. Daß die Demokratie im Athen der klassischen Zeit eine Quelle für starke Gemeinschaftsvorstellungen ebenso wie für Ideale freien Redens und Denkens ist, ist richtig, aber damit ist es noch nicht selbstverständlich, daß sie die beste Quelle für eine Erziehung zur Demokratie ist.

Ein stärkeres Argument enthält die Bemerkung von Knox, daß die Griechen ein Element unseres Charakters geworden seien. Das heißt nämlich, daß wir uns selbst nur verstehen können, wenn uns die antiken Hintergründe unserer Denk- und Handlungsweisen bekannt sind. Der englische Philosoph Bernard Williams vertritt in seinem Buch »Shame and Necessity« (Berkeley, Los Angeles, Oxford 1993) die noch stärkere These, daß die klassischen Vorstellungen nicht nur als ein wichtiger Teil unseres Selbstverständnisses präsent bleiben müssen, sondern daß sie noch heute in vieler Hinsicht die bessere und richtigere Sicht der Dinge enthalten.

Auch Williams, der inzwischen in Kalifornien lehrt, setzt sich in seinem Buch mit den Angriffen auf die Kategorie der »Dead White European Males« auseinander:

> Es ist unzureichend anzunehmen, daß die griechische Vergangenheit interessant sein muß, nur weil sie »unsere« ist. Wir brauchen einen Grund, nicht so sehr um zu sagen, daß das historische Studium der Griechen in einer besonderen Beziehung dazu steht, wie die modernen Gesellschaften sich selbst verstehen können – denn so viel ist offenkundig –, sondern um zu sagen, daß diese Dimension des Selbstverständnisses wichtig ist. Ich denke, daß es einen solchen Grund gibt [...]. Die grundlegenden ethischen Vorstellungen der Griechen waren in mancher Hinsicht von den unsrigen verschieden, in manch anderer aber folgen wir ganz ähnlichen Auffassungen wie die Griechen, ohne daß wir uns jedoch über das Ausmaß im klaren sind.

Die griechischen Begriffe des Handelns, der Verantwortung, der Scham und der Freiheit sind, so zeigt Williams in seinem Buch, in unserem Selbstverständnis nach wie vor zentral, und ihm zufolge könnten wir ein klareres und sinnvolleres Selbstverständnis gewinnen, wenn wir uns auf sie besinnen und von den aus jüdisch-christlichem Gedankengut stammenden Zutaten, etwa dem metaphysischen Willensbegriff, absehen würden. Die griechischen Vorstellungen enthalten Sichtweisen, die bis heute nicht ausgeschöpft sind. Cornelius Castoriadis hat dies so ausgedrückt, daß die Vorstellungen der Griechen weder ein Ideal noch ein beliebiger Teil von uns seien, sondern der Keim unserer Denk- und Handlungsweisen. Dadurch besäßen sie immer noch produktive Kraft (»The Greek Polis and the Creation of Democracy«, New School Graduate Faculty Philosophy Journal, Bd. 9, 1983).

Auch Castoriadis vergleicht die griechische und die jüdisch-christliche Weltsicht und ihre säkularen Nachfolger, indem er die Verschiedenheit der Antworten auf die kantischen Fragen hervorhebt: »Über die ersten beiden Fragen ›Was kann ich wissen?‹ und ›Was soll ich tun?‹ beginnt in Griechenland eine endlose Debatte, und es gibt keine ›griechische Antwort‹ auf sie. Doch auf die dritte Frage ›Was darf ich hoffen?‹ gibt es eine endgültige und klare griechische Antwort, und sie lautet entschieden: Nichts. Offensichtlich ist es die richtige Antwort.«

Worin sich die Platonische und die Aristotelische Ethik unterscheiden

Die folgenden Andeutungen enthalten keinen fertigen Aufsatz, sondern nur einige Vermutungen, die ausgearbeitet und genauer belegt werden müßten. Sie artikulieren vorläufig nur die Unzufriedenheit mit der derzeitigen Interpretationssituation. Die Mehrzahl derjenigen Forscher, die sich mit der Ethik des Aristoteles befassen, verzichtet auf einen Vergleich mit Platon oder verwendet darauf nur wenige Zeilen. Eine der originellsten neueren Publikationen über die *Nikomachische Ethik*, C. D. C. Reeves Buch *Practices of Reason*,[1] erwähnt den Namen Platons nicht einmal, was um so befremdlicher ist, als Reeve der ethischen Methodenproblematik breiten Raum beimißt, für die Platon Bahnbrechendes geleistet hat. Gerade in der Methodenproblematik, die mir für den Vergleich zentral scheint, wird das Neuartige gewöhnlich Aristoteles zugeschrieben. Platon, so die Standardinterpretation, fordert in der Ethik exaktes Wissen, während Aristoteles als erster auf die schwächere Genauigkeit der Ethik und zugleich auf ihre methodische Eigenständigkeit verweist, was selten geprüft und hinterfragt wird.[2] Diese Auffassung des neuen Beitrags von Aristoteles scheint mir falsch zu sein. Worin bestehen aber dann die Unterschiede zwischen der Ethik Platons und derjenigen des Aristoteles, und wenn es nicht der Beitrag zur Methodenfrage ist, welches sind dann die Fragen, in denen Aristoteles Neues in die ethische Theorie einbringt?

Es fällt auf, daß bei der Erörterung der aristotelischen ethischen Methode nirgendwo erwähnt wird, daß Platon in den frühen Dialogen eine ganz neuartige Methode für ethische Probleme entwickelt hat, den Elenchos, den er in diesen Dialogen unermüdlich vor- und durchführt, während Aristoteles nur wenige methodische

1 C. D. C. Reeve, *Practices of Reason. Aristotle's Nicomachean Ethics*, Oxford 1992.

2 Sie findet sich u. a. bei William Keith Chambers Guthrie, *A History of Greek Philosophy VI. Aristotle: an encounter*, Cambridge 1981, S. 77 f., S. 340; Georgios Anagnostopoulos, *Aristotle on the Goals and Exactness of Ethics*, Berkeley 1994, S. 44; Dirko Thomsen, *›Techne‹ als Metapher und als Begriff der sittlichen Einsicht. Zum Verhältnis von Vernunft und Natur bei Platon und Aristoteles*, Freiburg, München 1990, S. 230.

Bemerkungen macht und sich auf diese Errungenschaft Platons in den ethischen Schriften nicht explizit bezieht. Ist mit der Erfindung des neuen praktischen Verfahrens des Elenchos die Standardthese der Aristotelesforscher vereinbar, Platon glaube an ein Wissenschaftsmodell der Ethik? Weiterhin: Was wird aus Platons Elenchos bei Aristoteles, oder durch was wird er abgelöst, und geht vielleicht dadurch, daß Aristoteles das Methodenproblem mit geringerer Schärfe behandelt, sogar gegenüber Platons Neuerung etwas verloren? Schließlich: Wenn Aristoteles in der Ethik Neues leistet, liegt es dann vielleicht auf einer ganz anderen Ebene, und hat sein mangelndes Interesse an Platons methodischer Neuerung vielleicht gerade mit solchen andersartigen Unterschieden zu tun?

Es ist in der Tat befremdlich, daß die Aristotelesdeutung sich gegen einen stilisierten Platon abhebt und den wichtigen Beginn einer ethischen Methodenreflexion in Platons Frühdialogen ignoriert. Zwar ist die Interpretation der Platonischen Intention strittig, und es gibt in der Tat auch Platonforscher, die der Meinung sind, Platon operiere mit einem Modell, wonach die Ethik eine Techne oder Wissenschaft sei und deren Erkenntnischarakter aufweise. Andere aber haben mit ebenso guten Gründen das Gegenteil zu zeigen versucht,[3] das sich skizzenhaft so darstellen läßt: Platon sucht gegen den sophistischen Angriff auf feste Werte, gegen den damaligen Relativismus und Machtegoismus nach einem verläßlichen ethischen Fundament. Ein solches wäre gegeben, wenn es ein gegenüber jedem sprach- bzw. vernunftbegabten Menschen demonstrierbares praktisches Wissen gäbe. Das einzige Modell von strengem Wissen, das Platon vorfindet, ist das der Wissenschaft, der Episteme, und ähnlich auch das der Techne. Deren Wissenscharakter verdankt sich, wie Platon nicht müde wird herauszustellen, dem Umstand, daß sie einen klar umgrenzten Gegenstandsbereich hat, der durch Gesetzmäßigkeiten bestimmt und auf diese Weise faßbar und definierbar ist. Wie Platon nicht weniger oft betont, ist das Problematische im praktischen Bereich aber gerade, daß wir nicht eine Erkenntnis dieses oder jenes Gegenstandsbereichs suchen. Vielmehr stellen wir hier gerade diejenigen Fragen, die jede Episteme und Techne unbeantwortet lassen muß, nämlich wozu wir diese Er-

3 Für die Details dieser Position und Verweise auf die Debatte in der Literatur siehe Ursula Wolf, *Die Suche nach dem guten Leben. Platons Frühdialoge*, Reinbek 1996.

rungenschaften im individuellen Leben und in der Politik verwenden wollen, was das gute individuelle und gemeinsame Leben im ganzen ist. Diese Frage hat keinen umgrenzten Gegenstand mehr, sondern bezieht sich auf alles. In diesem Punkt gibt Platon den Sophisten recht, die beansprucht hatten, über jedes beliebige Thema argumentieren zu können. Die Sophisten hatten damit aber auch jeden strengen Wissensanspruch zurückgenommen, während Platon nach neuen Wegen sucht, ihn aufrechtzuerhalten. Wenn die inhaltliche Verankerung fehlt, bleibt als Alternative offenbar nur, die Begründetheit aus der methodischen Strenge zu gewinnen, aus den Gesetzen der Rede und Argumentation.

Was Platon statt dessen von vielen Aristotelesforschern unterstellt wird, daß er nämlich Definitionen von Wertbegriffen, der Idee des Guten oder der Besonnenheit usw. zugrunde lege und aus ihnen ethisches Wissen herleite, ist jedenfalls in den uns vorliegenden Texten nicht zu finden.[4] In den Frühdialogen ist eines der Leitmotive das sokratische Nichtwissen, die Einsicht des Sokrates, daß er als Mensch kein definitives und endgültiges Wissen vom Guten (Leben) habe und haben könne. Auch in den mittleren Schriften, in denen die Ideen und die Idee des Guten erwähnt werden, bleibt die Einsicht in die Begrenztheit der menschlichen Erkenntnissituation. Nirgends wird eine endgültige Definition einer Wertidee gegeben, und im *Phaidon* wird explizit für die praktischen Fragen die »zweitbeste Fahrt« empfohlen, die Zuwendung zu den Logoi, der Ersatz also des wissenschaftlichen Erkennens der Gesetze und Ursachen durch die Orientierung an der methodischen Ordnung der Rede, durch das Prüfen des Richtigen, also den Vollzug des Elenchos, der prüfenden Überlegung.[5]

Trotzdem bleibt in gewissem Sinn hinter diesem Methodenersatz ein inhaltlicher Bezug. Das letztlich und vollkommen Gute, bei dem wir nicht mehr weiterfragen können, warum wir es wollen, ist die Eudaimonia. Nicht im Sinn des alltäglich erreichbaren beschränkten menschlichen Glücks, sondern im Sinn des vollkommenen und vollständigen Glücks. Dieses Zielen auf das vollkommen Gute ergibt sich für Platon aus der Struktur des menschlichen Strebens und Existierens. Der Mensch ist für Platon wesentlich ein

4 Die Unterstellung mag gleichwohl verständlich sein, weil Aristoteles selbst bereits Platon Ähnliches unterstellt.

5 Dazu auch Dorothea Frede, *Platons ›Phaidon‹*, Darmstadt 1999, S. 120 ff.

bedürftiges und abhängiges Wesen. Ein vollkommen Gutes aber, das diese Bedingungen des Lebens aufhebt, ist in der Wirklichkeit, wie sie ist, nicht nur nicht erreichbar; wir können es auch nicht konkret denken oder wissen. Andererseits müssen wir es als existent unterstellen, weil sonst das Streben nach dem vollkommen guten Leben ins Leere läuft und keinen Zielpunkt hat. Das führt zu der Merkwürdigkeit, daß das Praktizieren des Elenchos für Platon mit dem guten Leben zusammenzufallen scheint. Merkwürdig für uns ist das zunächst darum, weil sich schwer nachvollziehen läßt, wie das Praktizieren einer Methode die praktische Glücksintention auch in ihren gewöhnlichen subjektiven Aspekten aufnehmen kann.[6] Ein Aspekt der Erklärung ist, daß das beständige Praktizieren Dauer und Einheit der Person herstellt. Zum Glück im normalen Verständnis gehört aber auch, daß man sein Leben als glücklich erlebt, Lustgefühle usw. hat. Nun behauptet Platon zwar im 9. Buch der *Politeia*, daß der gute Mensch sich in der Tat an der Lebensweise der stetigen ethischen Überlegung freuen wird. Doch wird die Rolle dieses Lustaspekts nicht wirklich klar, und das Bedürfnismodell des Menschen hat zur Folge, daß diese Lust ohnehin immer gemischt mit Unlust ist, weil der Mangelzustand bis zu seiner vollständigen Beseitigung immer mitläuft, auch wenn er kleiner wird.

Gehen wir nun zu Aristoteles, zunächst zu der bekannten These, jeder Bereich habe seine eigentümlichen Genauigkeitsansprüche und in der Ethik sei es nicht sinnvoll, dieselbe Genauigkeit zu verlangen wie in der Mathematik. Das klingt so, als würde Aristoteles der Ethik wie jeder Episteme und Techne einen umgrenzten Gegenstand zuschreiben, dem ihre Gesetzmäßigkeiten und Bestimmungen zu entnehmen sind, nur daß diese Gesetzmäßigkeiten schwächer und weniger notwendig sind als etwa die der Mathematik. Auf welche Art ethischer Aussagen bezieht sich Aristoteles hier? Sicher nicht auf seine ethischen Grundprämissen wie die Lehre vom menschlichen Ergon, wonach der Mensch wesentlich die Funktion hat, seine spezifischen Fähigkeiten, nämlich die Fähigkeiten zu einem vernunftgeleiteten Leben, zu betätigen. Auch nicht auf begriffliche und allgemein wertende Aussagen wie zum Beispiel Aussagen darüber, was Lust ist und ob die Lust etwas

6 Aufschlußreich hierzu Christoph Horn, *Antike Lebenskunst. Glück und Moral von Sokrates bis zu den Neuplatonikern*, München 1998, S. 76f.

Gutes ist, ob es Willensschwäche gibt, ob also jemand absichtlich etwas Schlechtes tun kann usw. Solche grundlegenden ethischen Aussagen sind für Aristoteles keine Aussagen mit bloßem Wahrscheinlichkeitscharakter, die nur meistens gelten, sondern sie beanspruchen allgemeine Richtigkeit. Für derartige Fragen, wie sie ähnlich in Platons ethischen Dialogen Thema sind, ist die klassische Stelle, an der Aristoteles sein Vorgehen beschreibt, das Ende des einleitenden Teils des 7. Buchs der *Nikomachischen Ethik*, in dem die Willensschwäche behandelt wird.[7] Das Vorgehen besteht in der dialektischen Prüfung der vorhandenen Meinungen, die oft richtige Aspekte enthalten, aber zusammengenommen in Widersprüche und Schwierigkeiten führen, so daß sie im Zusammenhang erörtert werden müssen, um die Schwierigkeiten nach Möglichkeit zu lösen und zu einer konsistenten Menge von Sätzen zu gelangen. Es liegt auf der Hand, daß dies ziemlich genau dem entspricht, was Platon in den frühen Dialogen ständig vorführt, der Methode des Elenchos, und Aristoteles selbst charakterisiert in der *Topik* die Verfahren der Dialektik und des Elenchos auf genau diese Weise.

Daß das selten beachtet wird, hat zwei Gründe. Erstens praktiziert Platon seine Methode bloß und redet nicht explizit darüber, so daß hier nicht methodische Aussagen beider Philosophen zum Vergleich zur Verfügung stehen. Zweitens praktiziert Platon den Elenchos in den Frühdialogen nicht ernsthaft, um konsistente Aussagen über ethische Grundprobleme zu erreichen. Die Frühdialoge sind so inszeniert, daß sie die Gesprächspartner des Sokrates als für ethische Einsicht ungeeignete Charaktere (wo diese erwachsene Redner und Sophisten sind) oder als für selbständiges ethisches Denken noch nicht genügend gefestigte Charaktere (wo sie gutwillige junge Männer sind) vorführen. Das erfordert gerade, den Elenchos so einzusetzen, daß die Partner in Verwirrung, Widersprüche und am Ende in die Aporie geführt werden. Obwohl Platon geschickt genug ist, gleichzeitig auf der übergeordneten Ebene des Lesers die methodischen Möglichkeiten des Elenchos deutlich zu machen, wird dieser also auf der vordergründigen Ebene des Dialogs nicht zu seinem eigentlichen Zweck, dem Gewinn allgemeiner ethischer Aussagen, sondern zur Entlarvung von Personen eingesetzt.

7 Klärend dazu Reeve, *Practices of Reason*, Kap. 1.

Entsprechend schief ist es, wenn behauptet wird, Platon suche nach einem ethischen Wissen, durch das die Menschen zugleich praktisch besser werden, während Aristoteles nur die ethische Praxis von seinesgleichen aufklären wolle, da er der Jugend und ungebildeten Charakteren die Möglichkeit ethischer Einsicht abspreche.[8] Platon ist (dies ist eines der ständigen impliziten Beweisziele der Frühdialoge) ganz wie Aristoteles der Meinung, daß zur ethischen Einsicht nur fähig ist, wer bereits im Charakter gut ist, und Aristoteles ist ganz wie Platon der Meinung, daß allgemeine ethische Einsichten durch die Methode der logisch-begrifflichen Durcharbeitung eines hinreichend großen Feldes alltäglicher Phänomene und früherer philosophischer Meinungen nach Auflösung von Aporien gewonnen werden.[9] Dafür ist, wie wir bei Aristoteles sehen, der Dialog überflüssig, es kann ein einzelner Überlegender so vorgehen. Und dafür fehlt uns von Platon eine Vorführung, sei es auch eine dialogische, weil es keinen platonischen Dialog mit einem Partner gibt, der bereits den nötigen ethisch guten Charakter besitzt.

Die in einem echten Elenchos gewonnenen grundlegenden und allgemeinen ethischen Aussagen sind zwar nicht notwendig wie mathematische Aussagen, aber sie sind sicher nicht diejenigen, denen Aristoteles schwächere Exaktheit und bloße Wahrscheinlichkeit zuschreibt. Sie sind methodisch streng gewonnen, wenn auch nicht durch Gesetzmäßigkeiten eines Gegenstandsbereichs, sondern durch Gesetze der Rede und Argumentation. Schwächer sind sie in dem einen Punkt, daß der Logos über das Gute ein offenes Ende hat (was daran liegt, daß er inhaltlich offen, auf das nicht gegenständlich faßbare Ganze des Praktischen bezogen ist) und daher im Prinzip jedes Ergebnis revidierbar ist.

Die aristotelische Lehre von der geringeren Genauigkeit der Ethik bezieht sich nicht auf die bisher betrachteten allgemeinen ethischen Aussagen, sondern auf Ratschläge des guten Lebens oder Handelns für konkrete Personen in konkreten Situationen. Platon hingegen hält solche Ratschläge, folgen wir den Sokrates beigelegten Meinungen in den Dialogen, nicht nur für ungenau, sondern

8 So Thomsen, *›Techne‹ als Metapher und als Begriff der sittlichen Einsicht*, S. 229 f.

9 Auf die in der Sekundärliteratur kontroverse Frage, ob Aristoteles von Phänomenen oder Meinungen ausgeht, gehe ich nicht ein, da von diesem Unterschied für meine Absichten wenig abhängt.

für nicht möglich. So erfahren wir im *Hippias Maior* (291d 9 ff.), es sei nicht möglich, eine wirkliche Lebensweise gut zu nennen, weil sie immer in manchen Hinsichten oder für manche Menschen auch schlecht sei. Die naheliegende Vorstellung, es sei ein gutes Leben, in Reichtum, Gesundheit und Ehre möglichst lange zu leben und im Kreis der Kinder alt zu werden, passe etwa nicht für eine Person wie Achill, der ein kurzes Leben hohen Ruhms vorgezogen hat. Aristoteles würde wohl gerade auf ethische Aussagen dieses inhaltlichen Typs, die Platon ganz auszuschließen scheint, seine These von der Ungenauigkeit und bloßen Wahrscheinlichkeit der ethischen Methode beziehen und sagen, der Ratschlag gelte generell, für die meisten Menschen, aber Achill sei eine Ausnahme.

Für Platon besteht in der Tat kaum Grund, sich auf solche ungenauen inhaltlichen ethischen Aussagen festzulegen. Denn wenn das gute Leben wegen der prinzipiellen Bedürftigkeit des Menschen nur ersatzweise oder auf zweitem Weg, nur formal durch das stetige Überlegen erreichbar ist, dann ist konkret richtig einfach, was jeweils die Überlegung als richtig erweist, und die Inhalte des Strebens spielen dann nicht selbst eine Rolle.

Hingegen hat Aristoteles einen solchen Grund in der Hinsicht, in der er sich tatsächlich von Platon unterscheidet. Dieser Aspekt der Theorie ist nicht die Methode, sondern das Menschenbild, und der Punkt, an dem der Unterschied am deutlichsten zum Vorschein kommt, ist der von Aristoteles neu entdeckte Begriff der Lust als Freude an einer Tätigkeit. Zwar sieht auch Aristoteles, daß der Mensch ein bedürftiges Wesen ist und im Bereich der Sinnlichkeit nur mit Unlust gemischte Lust empfindet. Doch macht er demgegenüber eine andere Erfahrung von Lust geltend, die nicht aus einem Mangel hervorgeht, sondern Bestandteil unserer Selbstentfaltung, der Betätigung unserer menschlichen Fähigkeiten ist. Am Sehen, Betrachten, Denken usw. können wir uns freuen, ohne daß diese Tätigkeiten aus einem Mangelzustand hervorgingen. Und ebenso freuen können wir uns an der Ausübung der Tugenden, der guten Charakterhaltungen, wenn wir die geeignete Gewöhnung haben und unser Streben und Fühlen in Einklang mit dem ethisch Richtigen ist.

Das vernunftgemäße Leben, das auch Aristoteles empfiehlt, ist daher nicht einfach formal. Es enthält verschiedene Tätigkeiten, die in sich Freude machen und daher wünschenswerte Inhalte sind. Aristoteles arbeitet zwei solcher inhaltlichen Glücksmöglichkeiten aus, einmal das theoretische Leben des Philosophen, sodann das politische Leben der Ausübung der ethischen Tugend. Während Platon aufgrund seiner einheitlichen formalen Konzeption des guten Lebens an die Einheit von Philosophie und Politik glaubt (und in Sizilien mit diesem Glauben scheitert), finden wir bei Aristoteles eine klare Trennung der philosophischen und der politischen Lebensform.

Aus dem zweiten Vorschlag, dem des politisch-ethischen Lebens, ergibt sich auch, warum Aristoteles anders als Platon, für den die Norm der Übereinstimmung der Affekte im ganzen mit der Vernunft genügt, eine detaillierte Ausarbeitung der verschiedenen Charaktertugenden braucht und ungenaue konkrete Aussagen über Forderungen der Tugenden macht. Die Ungenauigkeit dieser Aussagen ist keine neue methodische Entdeckung, denn auch Platon würde, wenn ihn solche inhaltlichen Aussagen interessieren würden, kaum bezweifeln, daß sie nicht methodisch streng zu sichern sind wie die abstrakten ethischen Aussagen, von denen oben die Rede war. Es ist vielmehr eine Folge davon, daß Aristoteles, gestützt auf seinen neuen Lustbegriff, realisierbare inhaltliche Glücksmöglichkeiten für das menschliche Leben artikuliert, während Platon die Sicht der Unerfüllbarkeit des wirklichen Glücksstrebens mit einer formalen Lebensform der überlegenden Suche nach dem Guten verbindet.

Obwohl ich das jetzt skizzierte Bild des Unterschiedes für zutreffend halte, ist es sicher etwas überzeichnet. Dies gilt in beide Richtungen. Auch Platon rettet etwas vom wirklichen Glücksstreben in seine formale Lebenskonzeption. Denn die Idee des Guten, die hinter dieser steht, hat etwas mit Einheit und Harmonie zu tun, und sofern wir diese innerhalb unserer Seelenkräfte erreichen, kann sie eine subjektive Glückserfahrung bedeuten, auch wenn diese Einheit offenbar immer wieder neu hergestellt werden muß. Umgekehrt behält auch die aristotelische Konzeption, insbesondere wenn wir sie innerhalb der gesamten Philosophie des Aristoteles betrachten, eine metaphysische Dimension. Die Freude an der theoretischen Tätigkeit ist für Menschen, die Bedürfnisse haben, nur mit Unterbrechungen möglich, und die Freude am ethischen Tätigsein ist nicht vollständig frei von Unlust; unter widrigen äußeren Umständen empfindet selbst der ethisch beste Mensch neben der Freude über die Richtigkeit seines Tuns doch zugleich Leid, Trauer, Schmerz. Die von Aristoteles ausgezeichnete erste dieser Lebensweisen wird so genaugenommen erst dadurch zu einer des dauernden und vollkommenen Glücks, daß sie die Lebensweise des Gottes ist, des Unbewegten Bewegers, der ohne Materie und daher in ununterbrochener Tätigkeit ist.

Zu korrigieren bzw. zu ergänzen ist das Bisherige aber auch noch in einem weiteren Punkt. Daß Platon sich im Bereich des Praktischen nicht für inhaltliche Aussagen interessiert, ist nur teilweise richtig. Wie schon erwähnt, ist Platon ebenso wie Aristoteles der Meinung, daß die meisten Menschen (noch) nicht zur ethischen Reflexion, zum Elenchos, fähig sind. Diese müssen auf bestimmte Weise behandelt werden, nämlich als Objekte einer pädagogischen Techne. Auf dieser vorgelagerten Ebene würden Platon und Aristoteles gleichermaßen annehmen, daß eine Techne im gewöhnlichen Sinn möglich ist, daß diejenigen, die das Gute kennen, die anderen Menschen im Charakter so eingewöhnen können, daß diese in der Lage sind, auf Gründe und Überlegungen zu hören. Die Inhalte einer solchen Psychagogik oder Pädagogik formuliert Platon insbesondere in der *Politeia* und den *Nomoi.* Wenngleich diese Annahmen weniger wie bei Aristoteles empirischen, sondern eher utopischen Charakter haben, wird auch Platon kaum meinen, daß diese inhaltlichen Entwürfe staatlicher Erziehung in methodisch streng begründeten Aussagen bestehen. Wie Platon selbst im *Philebos* (56aff) sagt, gehört die Medizin zu den weniger genauen Disziplinen, und er geht gewöhnlich von einer Analogie zwischen physischer und psychischer Gesundheit und folglich auch zwischen Medizin und Psychagogik aus.[10]

Damit scheint auch dort, wo Platon doch inhaltliche ethische Aussagen vertritt, eher eine Parallele zwischen der aristotelischen und der platonischen Methodenkonzeption als ein Gegensatz vorzuliegen. Gleichzeitig steht damit die Neuartigkeit der aristotelischen These von der geringeren Exaktheit der ethischen Methode in Frage. Was grundlegende allgemeine ethische Fragen angeht, war meine These ebenfalls, daß beide Philosophen dieselbe Metho-

10 Anagnostopoulos, *Aristotle on the Goals and Exactness of Ethics*, S. 44, konstatiert zwar, daß Platon diese Aussage macht, interpretiert aber gegen diese Textevidenz.

de benutzen, die sich als elenktische oder dialektische bezeichnen läßt, und darüber hinaus, daß weder Platon noch Aristoteles für ethische Sätze dieser Art eine methodische Ungenauigkeit behaupten wollen.

Reflexion und Identität

Harry Frankfurts Auffassung menschlichen Handelns[1]

Während die antike Philosophie keinen expliziten Willensbegriff zu kennen scheint, gilt es als Kennzeichen der Handlungstheorie seit dem Mittelalter, dass sie eine Willensinstanz annimmt, durch die man sich Handlungsgründe explizit zu eigen machen muss, und dass sie in diesem Akt den Kern der Willensfreiheit sieht. In der heutigen Debatte, in der es Konzeptionen beider Spielarten gibt, ist diese Annahme charakteristisch für sogenannte externalistische Theorien, nach denen Menschen objektive Gründe anerkennen und im Handeln realisieren können, auch wo eine entsprechende innere Motivation fehlt. Internalistische Positionen, für die das Handeln immer mit unseren Motiven verknüpft sein muss und die Freiheit in der Überlegungsoffenheit der Motive liegt, benötigen die Annahme einer eigenen Willensinstanz nicht. Aus dieser Einteilung fällt Harry Frankfurts Konzeption menschlichen Handelns heraus, insofern sie eine internalistische ist, aber dennoch eine explizite Identifikation mit dem Wollen als zentral für unser Handeln ansieht. Vielleicht hilft daher die Prüfung seiner Theorie, gerade weil sie die übliche Zweiteilung aufbricht, bei der Einschätzung der beiden Handlungsmodelle weiter. Ich orientiere mich dabei primär an Frankfurts *The Reasons of Love*, weil er hier seine Position im Ausgang von der zentralen praktischen Frage »Wie sollen wir leben?« entwickelt, ziehe aber auch *Taking Ourselves Seriously & Getting It Right* und einige frühere Aufsätze heran.[2]

1 Für Korrekturen und Anregungen danke ich Ursula Baumann, Achim Lohmar, Jörg Schaub und Thomas Schramme.

2 Harry Frankfurt, *Reasons of Love*, Princeton 2004 (dt. *Gründe der Liebe*, Frankfurt/M. 2005), zit. RL; ders., *Taking Ourselves Seriously & Getting It Right*, Stanford 2006 (dt. *Sich selbst ernst nehmen*, Frankfurt/M. 2007), zit. TOS (bei diesen beiden Büchern beziehen sich die Seitenzahlen zuerst auf die englische und dann auf die deutsche Ausgabe); ders., »Freedom of the Will and the Concept of a Person«, in: ders., *The Importance of What We Care About*, Cambridge 1988, S. 11-25, zit. FW; ders., »The Importance of What We Care About«, ebd., S. 80-94, zit. IC; ders., »Autonomy, Necessity, and Love«, in: ders., *Necessity, Volition, and Love*, Cambridge 1999, S. 129-141, zit. ANL.

1. Die Frage, wie man leben sollte

Frankfurt verortet das Auftreten der Frage in der reflexiven Struktur des menschlichen Lebens, die einerseits die von uns geschätzte Fähigkeit zur praktischen Rationalität enthält, andererseits Erfahrungen der Angst, des Unbehagens, der Unzufriedenheit mit dem eigenen Leben hervortreibt (RL 5/9, TOS 4f./18f.). Frankfurt weist hier ähnlich wie Heidegger auf besondere existentielle Stimmungen hin, die uns mit unserem Leben im Ganzen konfrontieren und so die Frage aufwerfen, wie man leben sollte. Die hiermit zusammenhängenden philosophischen Probleme gehören nach Frankfurt in den »Bereich einer allgemeinen Theorie der praktischen Vernunft« (RL 5/10). In solchen Überlegungen entscheiden Menschen, was sie tun sollen, oder sie bewerten, was sie getan haben. Wie Frankfurt betont, sind dabei nicht nur moralische Kriterien relevant. Man lebt auch dann nicht so, wie Menschen leben sollten, wenn das Leben banal oder oberflächlich ist oder man sich vor Entscheidungen drückt (RL 6f./11f.).

Darin sind zwei berechtigte Einsichten enthalten. Erstens, dass wir als Menschen mit der Frage, wie man leben sollte, in einem grundsätzlichen Sinn konfrontiert sein können, der mit der besonderen menschlichen Existenzweise zu tun hat. Zweitens, dass »sollen« in dieser Frage nicht moralisch zu verstehen ist, sondern im umfassenden Sinn einer Frage der praktischen Überlegung, was man im Deutschen besser mit »sollte« statt mit »soll« ausdrückt. Frankfurt belässt es aber nicht bei diesen Einsichten, sondern geht zu Vorentscheidungen weiter, die nicht unbedingt selbstverständlich sind. Um das zu begründen, muss zunächst der Sinn der praktischen Frage genauer erläutert werden.

Frankfurt formuliert die Frage, um die es ihm geht, als die Frage, wie wir leben sollten, oder als die Frage, wie eine Person leben sollte. Diese Frage ist zweideutig. Sie wird von Frankfurt allgemein formuliert als die Frage, wie *wir* leben sollten oder – wie man im Sinne Heideggers formulieren könnte – wie man *als Person überhaupt* in der Welt überhaupt leben sollte. Andererseits geht es nach Frankfurt um die alltägliche Lebensführung, um etwas, das jeden persönlich angeht (RL 5/9), und das kann nur die konkret-praktische Frage sein, wie *ich* als *diese* Person leben sollte. Natürlich enthält die Frage, wie ich als *diese* konkrete Person unter meinen konkreten Lebensumständen leben sollte, auch die abstrakte Frage, wie ich als *eine* menschliche Person in der Welt leben sollte. Man kann in dieser prinzipiellen Frage, die ich als die existentielle Frage bezeichnen werde, die unterste Ebene der konkreten praktischen Frage sehen. Aber man muss die verschiedenen Schichten zuerst unterscheiden, um die Bedeutung und den Status der existentiellen Ebene angemessen fassen zu können.

Hinzu kommt, dass die praktische Frage nicht nur verschiedene Ebenen hat, sondern auch verschiedene inhaltliche Bereiche, die zu verschiedenen Pointierungen der existentiellen Frage führen könnten.[3] Man müsste zumindest drei Aspekte unterscheiden: Welche Ziele und Tätigkeiten wähle ich auf der aktiven Seite des Lebens? Wie verhalte ich mich zu meiner Passivität, das heißt zu Affekten, Erfahrungen usw.? Wie verhalte ich mich zu anderen Personen, zu empfindungsfähigen Wesen, die keine Personen sind, zur Natur? Bei allen diesen Bereichen kann man verschiedene Ebenen unterscheiden, das heißt, man kann die jeweilige konkrete Handlung, Einstellung usw. immer weiter hinterfragen.

Greifen wir den Bereich der Aktivität heraus, in welchem die Frage, wie man leben sollte, besonders hervortritt, und betrachten wir eine Person, die vor der Frage steht, welchen Beruf sie wählen sollte. Dann gibt es zunächst Bedingungen, die diese Wahl einschränken. Man kann vernünftigerweise nur zwischen solchen Berufen wählen, zu denen man die Fähigkeiten besitzt oder zu erwerben vermag; und es müssen Gelegenheiten zur Ausübung des Berufs verfügbar sein. Nehmen wir an, die Person interessiere sich für Genetik, und zwar primär für die Grundlagenforschung, habe aber ein starkes soziales Verantwortungsgefühl und überlege daher, ob sie nicht einen praxisbezogenen Beruf, zum Beispiel den des Arztes, wählen sollte, in dem sie ihr Wissen zum Wohl anderer anwenden kann. Hier stellen also zwei Motive, die aus zwei verschiedenen Bereichen des Lebens kommen, das eine aus den aktiven Lebenszielen, das andere aus der sozialen Haltung, konfligierende Ansprüche. Zu fragen, wie diese zu bewerten und zu gewichten sind, ist nach üblicher Auffassung Sache der konkreten praktischen Überlegung. Sie wird sich häufig zunächst an Deutungsmustern oder Wertvorstellungen orientieren, die man in der Sozialisation

3 Ausführlicher Ursula Wolf, *Die Philosophie und die Frage nach dem guten Leben*, Reinbek bei Hamburg 1999, Kap. 3 und 4.

übernommen hat. Nehmen wir an, für die Person in dem Beispiel sei das die Vorstellung, alles, was man tut, müsse eine soziale Relevanz haben. Nehmen wir an, die Person entscheide sich in diesem Sinn, fühle sich aber nach einiger Zeit unzufrieden. Dann wird sie als nächste Stufe die übernommene Bewertung hinterfragen und selbständig überlegen müssen, welches die für sie richtige Wahl ist. Nehmen wir an, sie setze das Ergebnis dieser Überlegung in ihrem Leben um, gerate aber später durch Misserfolge in eine tiefe Krise und stelle sich jetzt die grundsätzliche Frage, warum sie sich überhaupt unter vollem Einsatz so sehr in einem Beruf engagieren sollte, statt mit irgendetwas, was ihr leichtfällt, das Nötigste zum Leben zu verdienen und es sich ansonsten bequem zu machen: Da das Leben kurz ist und ich ohnehin kaum etwas werde erreichen können, hat dann die ganze Anstrengung überhaupt einen Sinn?

So entwickelt, stellt die existentielle Frage sich in einer Krisensituation für das Individuum, und aus dieser Perspektive (»Warum soll *ich*, wenn das menschliche Leben so beschaffen ist, überhaupt etwas tun?«, »Wie soll *ich* dann überhaupt sinnvoll leben?«) kann man sie als konkret-psychologisches Problem betrachten. Nun wird diese Frage zwar aktuell oft in einer konkreten Lebenssituation bewusst, sie ist aber im Unterschied zu anderen praktischen Fragen im Prinzip immer latent vorhanden und offen. Denn sie liegt ihrem Sinn nach nicht in den konkreten Lebensbedingungen, sondern in den existentiellen Bedingungen des menschlichen Lebens in der Welt überhaupt. Ein Wesen, das sich seiner Endlichkeit bewusst wird, das in einer begrenzten Lebenszeit nicht alle seine Wünsche und Fähigkeiten realisieren kann, das Pläne hat, die von den Umständen durchkreuzt werden können, das aber im Denken, in der Vorstellung und im Wünschen über diese Beschränkungen hinausgehen kann, lebt sein Leben grundsätzlich, wenn auch selten explizit, vor dem Hintergrund existentieller Spannungen oder Aporien. Fragen, die aus solchen Aporien hervorgehen, sind prinzipiell nicht lösbar (es sei denn durch Religion oder Metaphysik). Auf der untersten Ebene der praktischen Frage stellt sich daher für das Individuum eine Frage, die nicht beantwortbar ist. Es bleibt dann nur die Verschiebung in die Überlegung, wie man mit einer unlösbaren Frage umgehen will, welche Einstellung man zu den existentiellen Spannungen einnehmen will. Eine ständige explizite Beschäftigung mit der Frage dürfte zum konkreten Leben wenig beitragen. Vielmehr kann die Beschäftigung, wenn es nicht um eine *Beantwortung* der Frage geht, nur in der Reflexion auf ihre Struktur und Bedeutung bestehen. Eine solche bloße Reflexion, die nicht mehr fragt, wie man leben sollte, sondern wie wir uns angesichts der existentiellen Aporien in unserem Leben in der Welt *verstehen* können, ist eher Aufgabe der begrifflich-philosophischen Arbeit. Diese kann nur von intersubjektiven Verstehensstrukturen ausgehen und ist daher nicht mehr eine Frage aus der Ich-Perspektive, sondern aus der Wir-Perspektive.

Frankfurts oben erwähnte Ablehnung eines oberflächlichen Lebens zeigt, dass er die existentielle Schicht der *individuellen* Frage im Blick hat und auf diese eine praktische Antwort zu geben versucht. Denn dass man nicht oberflächlich oder unentschieden leben sollte, wird verständlich, wenn man ein Gegengewicht gegen die Kontingenz des Seins sucht. Es wird verständlich, aber nicht selbstverständlich, denn natürlich sind andere Einstellungen zur Endlichkeit denkbar. Wenn Frankfurt eine bestimmte Antwort als einzig sinnvolle auszeichnet, liegt daher die Vermutung nahe, dass er eine metaphysische Antwort auf die konkrete Lebensfrage des Individuums gibt.[4]

Diese Vermutung bestätigt sich, wenn Frankfurt seine Konzeption der praktischen Frage und Überlegung weiter ausführt. Die entscheidenden Gründe unseres Handelns liegen für Frankfurt nicht in unseren Wünschen, sondern darin, dass wir uns um jemanden oder etwas sorgen, was in etwa heißt, dass er, sie, es für uns wichtig ist. Die Liebe ist eine zentrale Art dieser Sorge, die unser Wollen strukturiert. Sorge und Liebe sind nach Frankfurt selbst eine Quelle von Gründen für unsere Entscheidungen und lassen sich nicht durch Gründe stützen, die auf den Wert ihres Gegenstands hinweisen (RL 12 f./17 f., 37/41 f.). Die Frage, wie man leben sollte, führe in einen unendlichen Zirkel (RL 23 ff./28 ff.) und könne so nicht auf

4 Der Ausdruck »Metaphysik« wird mehrdeutig verwendet. In einem harmlosen Sinn ist jede philosophische Theorie metaphysisch, nämlich indem sie erstens eine Fundamentaltheorie darstellt und zweitens begriffliche oder normative Zusammenhänge herausarbeitet, also nicht die Empirie zum Gegenstand hat (dazu Otfried Höffe, *Lebenskunst und Moral*, München 2007, Kap. 22.7). Wenn ich Frankfurt einen Schritt in die Metaphysik vorwerfe, hat das Wort den weniger harmlosen Sinn, dass er unbegründete Konstrukte einführt oder angeblich notwendige Antworten auf unlösbare Fragen gibt.

Gründe des Guten zurückgreifen. Diese Argumentation verdankt sich meines Erachtens der Vermischung der konkreten praktischen Überlegung und der philosophischen Reflexion. Frankfurts These passt genau auf die Frage der philosophischen Reflexion. Hingegen ist die konkret-praktische Frage seit Sokrates ganz selbstverständlich als gleichbedeutend mit der Frage, wie zu leben gut ist, verstanden worden. Ein Wesen, das nicht einfach seinen faktischen Wünschen folgt, sondern zu diesen Stellung nehmen und sich bewusst auf Zwecke beziehen kann, muss, wie man von der Antike bis heute annimmt, so beschaffen sein, dass es die Inhalte seines Wollens bewerten, für gut halten kann.[5] Der übliche Bezugspunkt dieser Bewertung ist das Gute im Sinn des prudentiell Guten, des Glücks oder guten Lebens.

Nach Frankfurt können wir hingegen nur von unserer faktischen Sorge ausgehen, deren Basis die Liebe bildet (RL 29/35 f.). Frankfurts Paradebeispiele für das Lieben sind dabei der Wunsch nach dem Weiterleben und die Sorge um die eigenen Kinder. Nun sind, wenn Aristoteles oder die Genetik Recht haben, die eigenen Kinder quasi ein Teil von uns, oder wir sind biologisch auf den Erhalt der eigenen Gene programmiert. Mit der Bejahung des eigenen Lebenswillens, ergänzt durch die Liebe zu den eigenen Kindern, bejahen wir demnach die Perpetuierung der eigenen Existenz und überwinden so ein Stück weit die Endlichkeit des individuellen Lebens. Frankfurt hat also offenbar mit dem Willensbegriff eine Mischung aus einem biologischen und einem metaphysischen (die existentiellen Aporien überbrückenden) Lebenswillen im Auge.

II. Wollen, Sorge, Liebe

Frankfurt geht davon aus, dass wir faktische Wünsche und Affekte haben, die sozusagen das Rohmaterial bilden, mit dem wir in unserem Inneren konfrontiert sind. Diese mögen eine motivationale Stärke haben, besitzen aber keine Autorität, erheben uns gegenüber keine Ansprüche (ANL 137). Es ist für uns als Menschen charakteristisch, dass wir in der Reflexion zu ihnen Stellung nehmen kön-

5 Siehe zum Beispiel Ernst Tugendhat, *Egozentrizität und Mystik*, München 2003, S. 31.

nen, dass wir Wünsche zweiter Ordnung zu den Wünschen erster Ordnung ausbilden können. Von besonderem Interesse sind dabei Wünsche im engeren Sinn von Volitionen, womit Frankfurt handlungswirksame Wünsche bezeichnet. Volitionen zweiter Ordnung sind dann Einstellungen des Inhalts, ein bestimmter (handlungswirksamer oder nicht handlungswirksamer) Wunsch erster Stufe möge handlungswirksam werden. Durch das Vermögen, die Volitionen zweiter Stufe handlungswirksam werden zu lassen, definiert Frankfurt die menschliche Willensfreiheit (FW). Genauer sind wir in unserem Handeln dann frei, wenn in der Handlungssituation kein Konflikt zwischen den faktischen Motiven und der handlungswirksamen Volition zweiter Ordnung besteht, wenn wir mit ganzem Herzen (*wholeheartedly*) dasselbe wollen (TOS 14f./28f.). Dass wir einen handlungswirksamen Wunsch der ersten Ebene bejahen, drückt Frankfurt auch so aus, dass wir uns mit ihm identifizieren, ihn in unser Personsein aufnehmen. In diesem Fall handeln wir autonom, sind aktiv und nicht passiv in unseren Motiven, wir haben diese Motive nicht nur, sondern machen sie uns aktiv zu eigen (RL 20/28 Anm. 7). Dass wir einen Wunsch ablehnen (zum Beispiel das Motiv der Eifersucht), heißt, dass wir ihn externalisieren, ihn als fremd erklären (auch wenn er auf der Ebene der faktischen Motivation weiter auftreten mag).

Als Sorge (*caring*)[6] bezeichnet Frankfurt die Identifikation mit einem Motiv erster Ebene, sofern wir es nicht nur punktuell bejahen, sondern es so bejahen, dass wir es weiterhin wollen. Dadurch binden wir uns an den Wunsch, so dass sein Inhalt für uns wichtig wird (RL 20f./25f.). Während die handlungswirksame Bejahung einer punktuellen Volition freies Wollen und eine synchrone Einheit der Person sichert, bedeutet das Sorgen eine dauerhafte Bindung an einen Wunsch, trägt dadurch zur Strukturierung unserer Einzelwünsche bei (RL 16/21f.) und konstituiert die Identität der Person über die Zeit hinweg, die diachrone Identität (TOS 18f./33f.).

Den Begriff der Liebe verwendet Frankfurt so, dass sie nicht affektiv verstanden wird, sondern volitional, als eine Willenskonfiguration, die die Dispositionen und das Verhalten im entsprechenden Handlungsbereich strukturiert. Ihr Gegenstand ist primär ein

6 Wie vielfach gesehen wird, sollte man »caring« besser mit »einem wichtig sein« übersetzen. Aus Gründen der grammatischen Einfachheit werde ich aber meist das Wort »Sorge« benutzen.

konkretes Individuum, eine Person, ein Land usw.; er kann aber auch ein Ideal wie Wahrheit oder Gerechtigkeit sein (RL 41/46). Im Unterschied zur Sorge, die sich auf instrumentell für wichtig Gehaltenes beziehen kann, sorgen wir uns um etwas, das wir lieben, nicht nur als Mittel, sondern wir lieben es als Zweck. Man »investiert« sich in das, was man liebt, man identifiziert sich damit, so dass es einem selbst gutgeht, wenn das Geliebte gedeiht (TOS 41/59). Wo die Liebe sich auf eine Person bezieht, heißt das, dass sie in der interesselosen Sorge um das Wohl der geliebten Person besteht, und zwar unabhängig von einer Bewertung. Eine solche Sorge sieht Frankfurt in reinster Form in der Eltern-Kind-Beziehung gegeben (RL 42/47).

Die Inhalte unserer Liebe sind letztlich nicht wählbar; wir können verbindliche Inhalte der Liebe nicht durch ihren Wert oder Ähnliches begründen (RL 47/52). Sie sind vielmehr bestimmt durch biologische und andere natürliche Bedingungen, über die sich nicht viel sagen lässt. Dabei sind uns nicht nur die Gegenstände der Liebe wichtig, sondern auch das Lieben als solches und unabhängig von Inhalten (RL 51/56 f.). Es ist uns deswegen wichtig, weil wir – so argumentiert Frankfurt in Anlehnung an Aristoteles – letzte Ziele brauchen, die wir um ihrer selbst willen für erstrebenswert halten (RL 52/57, 58/64). Ohne solche Ziele wäre das Leben langweilig, nichts wäre wirklich wichtig (TOS 52/71). So gesehen sind die in sich erstrebenswerten Ziele doch auch instrumentell wertvoll, weil sie Mittel dazu sind, dass wir das in sich wünschenswerte Ziel erreichen, etwas Lohnendes zu tun zu haben (RL 59/65).

Dass es Konfigurationen des Wollens gibt, die nicht nur dieses oder jenes punktuelle Ziel betreffen, sondern weite Teile unseres Lebens strukturieren, ist sicher eine wichtige Beobachtung, welcher die Handlungstheorie in der Tat zu wenig Aufmerksamkeit schenkt. Was den Begriff der Liebe angeht, bestehen jedoch mehrere Unklarheiten. Zum einen hat die Orientierung an dem Wort »Liebe« zur Folge, dass das gemeinte Phänomen sich nicht ohne weiteres in Frankfurts übrige Unterscheidungen einordnen lässt. Affekte, Motive, Wünsche, Volitionen beziehen sich auf Sachverhalte, während sich die Liebe im primären Sinn auf einen konkreten Gegenstand, in weiterem Sinn auch auf Ideale beziehen soll. Zum anderen kann man fragen, ob Frankfurt nicht unter ein und demselben Wort sehr Verschiedenartiges zusammenfasst. Auch wenn er Recht haben sollte, dass das Paradigma einer Wollenskonfiguration die Liebe zu einem Individuum ist, scheint es fraglich, ob die Liebe zu einem Individuum und die Liebe zu einem Ideal tatsächlich von derselben Struktur sind. Darüber hinaus könnte es andere Formen der Liebe geben, wie das Lieben einer beruflichen oder anderen Tätigkeit. Die Liebe zu einem Ideal wie Gerechtigkeit scheint außerdem als Liebe zu einem abstrakten Ideal nicht angemessen gefasst. Was man hier liebt oder erstrebt, ist, dass man einen möglichst gerechten Charakter hat oder dass es auf der Welt möglichst gerecht zugeht und man dazu einen Beitrag leistet oder Ähnliches. Ferner kann die Liebe zur Gerechtigkeit schwerlich aus unserer biologischen oder sonstigen natürlichen Beschaffenheit kommen, sondern erfordert eine Reflexion auf unsere Einbettung in soziale Zusammenhänge. Auch die Liebe zu einer Tätigkeit oder einem Beruf lässt sich nicht vollständig beschreiben, ohne ihre Einbettung in eine Form der intersubjektiven Praxis zu erläutern, die durch Regeln bestimmt ist, welche die Standards zur Bewertung der Durchführung enthalten.

Was die Liebe zu anderen Menschen angeht, und insbesondere die Liebe zu den eigenen Kindern, so enthält Frankfurts Vorstellung sicher einen richtigen Kern. Denn man kann in der Tat sagen, dass sich im Phänomen der Liebe zeigt, dass uns etwas an anderen liegt. Jedoch gehört zu dieser Wichtigkeit der anderen häufig ihre Wertschätzung (zum Beispiel in Freundschaftsbeziehungen). Die Beziehung zu den eigenen Kindern, die keine solche Wertschätzung voraussetzen kann, ließe sich ganz ohne Frankfurts Liebesbegriff so beschreiben, dass die Eltern durch die Erzeugung eines zunächst abhängigen und hilflosen Wesens die Verantwortung erzeugen, bedingungslos für dieses Wesen zu sorgen. Die wohlverstandene Sorge für ein Kind würde sich darauf richten, dass dieses sich nach und nach zu einem Wesen entwickelt, welches praktisch überlegend selbst sein Gut suchen kann.[7] Von dieser Wertdimension macht Frankfurt faktisch Gebrauch, wenn er die Liebe durch das Wollen charakterisiert, dass es dem geliebten Wesen *gutgeht*, dass es *gedeiht* (RL 42/47, 79/86), oder wenn er sagt, wir sorgten uns um das *Wohl* oder *Gut* der eigenen Kinder (RL 83/90). Die Liebe gilt also – entgegen Frankfurts expliziten Äußerungen – nicht Individuen als solchen, sondern einem Gut, das allerdings nicht ein

7 So Alasdair MacIntyre, *Dependent Rational Animals*, London 1999, S. 90 f.

gegebenes zu sein braucht, sondern auch ein erst zu bewirkendes sein kann.

Die mangelnde Beachtung der verschiedenen Bedeutungen, in denen wir das Wort »gut« verwenden, bringt Frankfurt so zu einer Vernachlässigung der Wertdimension menschlichen Handelns, die genau genommen gar nicht in seiner Absicht liegt, da er faktisch immer wieder von Wertbegriffen Gebrauch macht. In seiner Konzeption der Liebe geht es um das Gut im Sinne des Ziels, das heißt im Sinne dessen, was man für gut im Sinn von »erstrebenswert« hält. Wie oben dargestellt, betont Frankfurt die Erforderlichkeit von letzten Zielen, in denen sich das Leben erfüllen kann und ohne die das Streben ins Leere läuft. Wenn der letztliche Gegenstand der Liebe das eigene Leben ist, das uns nicht als Ganzes gegenständlich gegeben ist, dann müsste geklärt werden, wie diese Liebe strukturiert ist. Außerdem scheint die Liebe zum bloßen Leben nicht die letztlichen Ziele vorzugeben. Was Menschen als reflektierte Wesen letztlich erstreben, ist nicht das biologische Leben bzw. sein Andauern, sondern das gute Leben, die *Eudaimonia.*

Auch die *Eudaimonia* kann man allerdings nicht direkt zum Ziel des Handelns machen. Eine angemessene Handlungstheorie müsste daher ausarbeiten, in welcher Weise dieses letzte Ziel die jeweiligen Ziele in den verschiedenen Lebensbereichen ordnet und das Handeln leitet. Statt wie Frankfurt von der aktiven Bejahung eines Motivs (Volition zweiter Ordnung) zur Bejahung dauerhafter Dispositionen (*caring*) und von dort zur Liebe überzugehen, als hätten wir es hier mit einem Kontinuum in ein und demselben Bereich des Handelns zu tun, müsste man zunächst zwischen der Frage, wie wir uns zu unseren Affekten verhalten, und der Frage, welche Ziele man sich aktiv im Leben setzen sollte (welchen Beruf man wählen sollte, welche Tätigkeiten man ausüben sollte), unterscheiden und sehen, ob und wie sie zusammenhängen. Die Frage, wie man sich zu anderen Menschen und Lebewesen verhält, nicht nur in der Liebe, sondern auch in anderen Interaktionen, wäre ein dritter Bereich, der sich mit den beiden anderen überschneiden kann.

III. Volitionale Notwendigkeit

Wie vermutet, lässt sich das Fehlen des Begriffs des guten Lebens dadurch erklären, dass Frankfurts Liebes- bzw. Wollensbegriff teils biologisch, teils metaphysisch ist. Er ist biologisch, wenn Frankfurt annimmt, dass wir einen irreduziblen prärationalen Drang zur Erhaltung des eigenen Lebens haben (TOS 37/55). Er steht für Frankfurt aber zugleich vor dem Hintergrund einer metaphysischen Liebeskonzeption, der Konzeption der göttlichen Liebe, welche bedingungslos alles liebt (RL 62/68). Als Menschen mit begrenzter Zeit und Kraft müssen wir hingegen Gegenstände der Liebe wählen; wir müssen Dinge oder Wesen wählen, mit denen wir uns identifizieren können und in denen sich unser Bedürfnis, uns liebend zu investieren, erfüllen kann. Dadurch ist es möglich, dass wir unklug wählen und Schaden erleiden (RL 62 f./68 f.). In seinen neueren Texten erkennt Frankfurt deutlicher als früher diese Erforderlichkeit einer Wahl an, und ebenso die Möglichkeit, dass die Liebe schwanken kann (RL 48/53 f.) und dass wir manchmal Verschiedenes lieben, das miteinander in Konflikt stehen kann (RL 50/55 f.). Aber auch ohne ein solches Schwanken wollen wir, so Frankfurt, nicht einfach hinnehmen, wie wir uns faktisch vorfinden, sondern wir wollen »es richtig machen«. Als reflexionsfähige Wesen wollen wir, dass unser Denken, Fühlen und Verhalten Sinn ergibt. Wir haben das Bedürfnis, uns an stabilen Normen zu orientieren. Diese Normen kommen für das Denken aus der Vernunft, für das Handeln aus dem Willen (TOS 2/16). Im Zusammenhang des Handelns wollen wir wissen, um welche Dinge wir uns sorgen sollen und wie die verschiedenen Gegenstände der Sorge zu gewichten sind (TOS 28/45).

Auch wenn das auf den ersten Blick nach einem Verweis auf die praktische Überlegung aussieht, ist deren Reichweite nach Frankfurt in Wahrheit begrenzt. Möglich sind zweckrationale Überlegungen relativ zu bereits gegebenen Inhalten der Liebe (RL 26/32, 48/53 Anm. 7). Ferner hat die Überlegung die Aufgabe, unsere letzten Ziele genauer auszuarbeiten und zu analysieren (RL 55/61 Anm. 9). Alles Weitere ist nicht Sache der praktischen Überlegung. Die Gegenstände der Liebe bringen gerade die Stufen der Wahl zum Halten. Die Liebe unterliegt nicht unserer direkten willentlichen Kontrolle (TOS 44/64). Sie besitzt eine besondere – individuelle – Notwendigkeit, die aus unserer innersten und grundlegenden

Natur, aus unserem eigenen Willen stammt (RL 46/51, 48/54; TOS 45/65). Die Person kann daher nur versuchen zu *verstehen*, was ihr wirklich wichtig ist (RL 28/34; TOS 20/35 f.). Frankfurt vergleicht die Instanz des inneren individuellen Willens mit den Gesetzen der Vernunft, die ebenfalls Notwendigkeiten erzeugen, ohne Heteronomie zu bedeuten, und zwar weil sie zu unserer Natur gehören. Das Wollen ist wie die Vernunft eine eigene Kraft, die uns leitet, nur dass die Vernunft *allgemeine* Normen aufstellt, der Wille solche für das Individuum.

Die Beispiele für solche Notwendigkeiten, die Frankfurt nennt, sind in mehreren Hinsichten problematisch. Zunächst sind sie nicht alle individuell und stammen auch nicht alle aus unserem Inneren. Dass Menschen normalerweise weiterleben wollen, gesund und unverletzt bleiben wollen, keinen Hunger leiden wollen (RL 27/33; TOS 38/56), ist eine Aufzählung nicht von letzten Zielen, sondern von Vorbedingungen (notwendigen Mitteln) eines guten menschlichen Lebens allgemein. Frankfurt selbst nimmt zu diesen Notwendigkeiten eine objektive Haltung ein, indem er Menschen, die sie nicht bejahen, einen deformierten Willen bescheinigt (TOS 39/57). Weiterhin bleibt durch die genannten allgemein menschlichen Lebensnotwendigkeiten die Antwort auf die Frage, wie man leben sollte, unterbestimmt.[8] Für die Ziele, die dem *individuellen* Leben Struktur geben, sind wir auf das verwiesen, was dem Individuum wichtig ist, was für es Gegenstand der Liebe ist. Diese Liebe ist nach Frankfurt zugleich freiwillig und notwendig. Sie gehört zum ausgebildeten volitionalen Wesen der Person, zu ihrer Identität, und ist insofern selbstauferlegt und freiwillig. Andererseits gibt es Dinge, bei denen die Person nicht anders kann, als sie wichtig zu nehmen oder sich liebend in sie zu investieren (TOS 24/40). Die Liebe ist dann unfreiwillig, weil die Person nicht durch eigenes Wollen bestimmen kann, dass ihr Wille so beschaffen ist, wie er ist (IC 88). Sie kann ihn sich aber aneignen, indem sie das, was sie tut, aus eigenem Willen tut, das Wollen also aktiv bejaht.

Was der Status dieses wesentlichen Willens ist, wird von Frankfurt zwiespältig beschrieben. Einerseits soll, was uns wirklich wichtig ist, was die Dinge sind, bei denen wir nicht umhinkönnen, uns

8 Darauf verweist Michael E. Bratman, »Eine überlegte und vernünftige Stabilität«, in: Harry Frankfurt, *Sich selbst ernst nehmen*, S. 109-124, hier S. 120.

um sie zu sorgen, in der wesentlichen Natur des eigenen individuellen Willens liegen (TOS 33/51; ANL 138). Und jemand, der aus innerem Wollen etwas liebt, kann im Sinn der volitiven Notwendigkeit nicht anders, als dieses Wollen handlungswirksam zu machen (IC 86f.). Andererseits tun wir nach Frankfurt nicht automatisch, was die Liebe fordert, sondern es kann uns mühsam scheinen, also Willenskraft erfordern (TOS 3/17). Wenn die Liebe von vorneherein eine strukturierende Kraft bezüglich unserer Motive hat, ist das schwer zu erklären.

Unklar ist auch, was die Notwendigkeit des Wollens von der Notwendigkeit eines psychischen Zwangs unterscheidet. Zu sagen, dass die eine von außen, die andere von innen kommt, ist eher metaphorisch. Der Unterschied liegt offenbar in der Zustimmung. Aber wenn diese Zustimmung nicht auf einer Überlegung beruht, sondern nur eine Bejahung der inneren Wünsche ist, warum müssen wir dann nicht alle unsere faktischen Wünsche bejahen, die fest in unserem Inneren verankert sind? Wenn es dem Drogensüchtigen, der seine Suchtwünsche zunächst auf zweiter Stufe ablehnt, dauerhaft nicht gelingt, diese loszuwerden, müsste er sie sich dann nach Frankfurts Konzeption nicht schließlich aktiv zu eigen machen? Hier fehlt ein Kriterium, mit dem wir unsere Wünsche beurteilen können. Frankfurt ist der Meinung, dass wir weder für uns selbst noch für andere durchsichtig sind, also nicht letztlich wissen, worum wir uns sorgen (RL 21/26 Anm. 6; 55/61 Anm. 9). Wie sollen wir dann herausfinden, welche Wünsche, die wir faktisch zu haben scheinen, wirklich zu unserem Inneren gehören?

Die Antwort hinsichtlich der Suchtwünsche ist relativ einfach, da der Wunsch nach Drogen sich in einer zweckrationalen Überlegung als dem Weiterleben abträglich erweisen lässt. Wo es nicht um Fragen der Zweckrationalität geht, wäre mein Vorschlag, dass man dreierlei unterscheiden muss: (i) die Haltung zu unseren faktischen Motiven, also zu dem, was zur passiven Seite der Existenz gehört; (ii) unsere Relation zu anderen, wie sie in der Liebe, aber auch in Kooperation usw. vorliegt; (iii) was wir wünschen und anstreben, das heißt unsere Ziele auf der aktiven Seite des Lebens.

(i) Was die Einstellung zu unseren Affekten und Motiven betrifft, schwanken Frankfurts Aussagen. Manchmal spricht er uns die Fähigkeit zu, frei zu diesem Rohmaterial ja oder nein zu sagen (TOS 6f./20f.; ANL 137). Angenommen, jemand empfindet den Affekt der Eifersucht, liegt es also nach Frankfurt vollständig bei ihm, ob er diesen Affekt haben will oder nicht. Frankfurt geht aber auch davon aus, dass Personen ihre faktischen Einstellungen und Gefühle als Ausdruck ihres Inneren ansehen und immer schon bejahen, unabhängig davon, wie sehr oder wie wenig sie mit ihnen zufrieden sind (TOS 8/22 f.) – selbst dort, wo sie sie nur mit müder Resignation akzeptieren. In der Tat ist die Frage, ob wir einen Affekt dauerhaft bejahen oder ablehnen wollen, nach Frankfurts Konzeption eine Angelegenheit der Sorge und müsste daher im individuellen Willen festgelegt sein, über den wir gerade nicht frei verfügen können. Wenn daher eine Person annimmt, dass die Disposition zur Eifersucht einer Norm in ihrer Willensnatur entspricht, müsste sie diese Disposition bejahen. Aber woher kommt dann die Möglichkeit von Unzufriedenheit oder Resignation? Zwei Quellen sind denkbar. Entweder die Unzufriedenheit kommt aus gewöhnlichen subjektiven Reaktionen auf eine bestimmte Lebensweise, in denen sich zeigt, wie man sich mit ihr fühlt. Oder sie beruht auf Gründen, die – neben zweckrationalen Überlegungen – nur die gängigen moralischen und anderen intersubjektiven Bewertungskriterien sein können, welche wir für die verschiedenen Bereiche des Lebens haben. Diese Kriterien sind im Übrigen bereits in der Bejahung oder Verneinung einzelner Motive enthalten; denn diese Motive treten, wenn wir zu reflektieren beginnen, immer schon als Aktualisierungen von Dispositionen auf, in denen wir intersubjektive Bewertungskriterien internalisiert haben.

(ii) Obwohl Frankfurt den Begriff der Liebe ins Zentrum stellt, geht es ihm dabei primär nicht um die Analyse intersubjektiver Beziehungen, sondern um die Zielstruktur des Handelns. Die Liebe zu einem Menschen führt dazu, dass man dessen Wohl will, und eine solche Liebe kann große Teile des Lebens einnehmen und ordnen. Unklar bleibt, woher man weiß, wen man liebt. Nach Frankfurt müsste man das durch Reflexion auf den wesentlichen (individuellen) Willen herausfinden. Normalerweise jedoch würde man solche Fragen, die ebenso komplex sind wie ihr Gegenstand, in ihren Aspekten analysieren und würde dabei – wie schon Aristoteles – auf Kriterien des wechselseitigen Nutzens, der Lust am Zusammensein, der Wertschätzung stoßen, also auf einen Komplex an subjektiv-affektiv, zweckrational und ethisch wertenden Kriterien. Die Komplexität der Gesichtspunkte erklärt gerade die

Möglichkeit des Schwankens. Natürlich hat Frankfurt Recht, dass ein dauernder Schwebezustand unerfreulich ist, so dass man besser versuchen sollte, eine Abwägung vorzunehmen und sich, sollte diese kein klares Ergebnis haben, so oder so festzulegen. Diese Festlegung entspringt dann aber nicht einer Einsicht in eine Notwendigkeit des eigenen Willens, sondern einem Ratschlag der Klugheit, der offen bleibt für affektive Erfahrungen und Argumente, welche die Entscheidung revidieren könnten. Frankfurt hingegen nimmt an, dass eine Identifikation mit einer Entscheidung, da sie ein Akzeptieren der Forderungen des eigenen Willens darstellt, verbindlich bleibt und man entsprechend Kritik fernzuhalten versuchen sollte (IC 87).[9]

(iii) Nehmen wir den dritten Bereich, das aktive Streben nach einem Ziel, das Frankfurt ebenfalls Liebe nennt, zum Beispiel das Ziel, Olympiasieger zu werden. Das ist, wie oben schon vermutet, der einzige Fall, in dem seine Vorstellung von einer Wollenskonfiguration, die uns Notwendigkeiten auferlegt, überhaupt verständlich ist. Dieses Ziel ist nur realisierbar, wenn viele andere Wunschinhalte aufgegeben und die verbleibenden Motive in seinem Sinn geordnet werden. Doch statt mit Frankfurt zu sagen, das eigene Wollen gebe der Person das Ziel als Norm vor und sie binde sich an es, könnte man auch harmloser sagen, die Person nehme sich vor, dieses Ziel zu erreichen. Es stellt keine volitionale Notwendigkeit dar,[10] denn sie kann dieses Ziel jederzeit revidieren, zum Beispiel wenn sie zu der Auffassung kommt, sie sei nicht bereit, wegen des harten Trainings auf vieles andere, das sie ebenfalls wünscht, zu verzichten. Eine Notwendigkeit besteht hier in zwei Bedeutungen: Zum einen gilt, dass die Person viel trainieren muss, *wenn* sie ihr Ziel erreichen will. Diese Notwendigkeit ergibt sich aus den Tatsachen und Naturgesetzen. Zum anderen kann die Person nicht behaupten, dieses Ziel aktiv zu verfolgen, wenn sie es in ihrem Handeln nicht nur einmal oder in seltenen Ausnahmesituationen, sondern immer wieder an der erforderlichen Willensstärke fehlen

9 Dass bei Frankfurt eine Dimension der Kritik fehlt, moniert auch Michael Quante, »The Things We Do for Love«, in: Monika Betzler und Barbara Guckes (Hg.), *Autonomes Handeln. Beiträge zur Philosophie von Harry G. Frankfurt*, Berlin 2000, S. 117-135, hier S. 129.

10 Zur Kritik an Frankfurts Notwendigkeitsbegriff siehe auch Rüdiger Bittner, »Ich kann nicht anders«, in: Betzler/Guckes, *Autonomes Handeln*, S. 179-191.

lässt. Wenn sie will, dass andere ihr das aktive Verfolgen dieses Ziels zuschreiben und dass sie es sich selbst konsistent zuschreiben kann, darf sie nicht zu häufig willensschwach mit Bezug auf die Schritte zu seiner Realisierung sein. Das aber ist eine begriffliche Notwendigkeit, keine des wesentlichen individuellen Willens.

In der Beschreibung der drei Handlungsbereiche ist bisher nicht ersichtlich, warum wir Frankfurts Modell eines individuellen Willens, der normativ ist, verwenden sollten. Wie lässt sich erklären, dass Frankfurt diese merkwürdige Konstruktion einführt? Die Antwort liegt im eigentlichen Kern seiner Theorie, in der Konzeption der Selbstliebe.

IV. Selbstliebe

Frankfurts Konzeption der Selbstbeziehung enthält zwei Stufen, erstens eine schwache vorgängige Selbstbejahung, zweitens die Selbstliebe als Bejahung eines volitiv einheitlichen Selbst. Eine erste schwache Selbstbejahung liegt nach Frankfurt in der Identifikation mit unseren eigenen Bewusstseinsinhalten, die normalerweise alle Personen haben.[11] Diese Selbstbejahung gehört zu uns als reflexionsfähigen Wesen. Denn indem wir in der Reflexion eine Distanz zu allen unseren Wünschen einnehmen, vergegenständlichen wir uns, was nach Frankfurt eine Bedrohung für unser Wohl, genauer die Gefahr der Fragmentierung und Dissonanz mit sich führt (TOS 4/18). Das durch die Reflexion Entzweite lässt sich nur dadurch zusammenbringen, dass wir unsere Gedanken und Gefühle grundsätzlich bejahen (TOS 18/33; RL 17 f./22 f.). Indem wir uns unser psychisches Material durch einen expliziten Entschluss zu eigen machen, transformieren wir, so Frankfurt, den Status des Materials. Es ist dann nicht mehr etwas, was uns passiv widerfährt, sondern etwas, wofür wir aktiv verantwortlich sind, etwas, was ein authentischer Ausdruck von uns ist (TOS 8/28 f.).

Doch liefert Frankfurt mit dieser These von der Selbstverdinglichung eine angemessene Beschreibung der praktischen Reflexion? Ich denke nicht. In Wahrheit hat dieser Vorgang mit einer Selbst-

11 Diese erste Stufe betont auch Axel Honneth, *Verdinglichung. Eine anerkennungstheoretische Studie*, Frankfurt/M. 2005, S. 89 f.

verdinglichung wenig zu tun. Wünsche und Affekte sind propositionale Einstellungen, man wünscht, dass etwas der Fall sein möge. Und dieser Sachverhalt, auf den sich das Wünschen bezieht, ist es, der zum Gegenstand der Überlegung wird und auf den sich zum Beispiel auch Dritte beziehen können.[12] Er ist also von vorneherein nicht nur Bestandteil unseres Inneren. Nicht vergegenständlichen lässt sich das Wie, in dem uns dieser Sachverhalt gegeben ist, sein subjektives Erfahrenwerden, in welchem vermutlich das irreduzibel Individuelle des Personseins liegt. Wie diese beiden Aspekte zusammenspielen, müsste man klären, wenn man das Phänomen der Selbstbeziehung begrifflich aufarbeiten will.

Die zweite Stufe der Selbstbeziehung, die Selbstliebe, geht über die erläuterte schwache Form der aktiven Übernahme des psychischen Materials hinaus. Frankfurt führt sie als zentralen Fall der Liebe ein, da sie in besonderem Maß die Definitionsbedingungen der Liebe allgemein erfülle: Sie bedeute eine interesselose Sorge um das Wohl der eigenen Person (das heißt der Sorge um der Person selbst willen), sei persönlich, liebe die Person als Individuum und identifiziere sich mit ihr. Mit Hilfe dieser Begrifflichkeit kann Frankfurt zeigen, dass es ein Fehler ist, die Selbstliebe unmittelbar als Liebe zu einem »Selbst« zu verstehen; sie besteht, wie er betont, gerade in der Liebe zu den Dingen, die man liebt und die nicht mit einem selbst identisch sind (RL 86/93). Nun hatte Frankfurt bereits im Zusammenhang mit dem Liebesbegriff die Möglichkeit von Schwankungen und Unentschiedenheit im Lieben konstatiert. Wie er jetzt ergänzt, führen diese zu psychischen Spannungen und einem Mangel an Selbstvertrauen (RL 50/56), und daher müssen sie aufgelöst werden durch einen Entschluss. Diesen versteht Frankfurt nicht so, dass er einen der beiden Wünsche schwächer macht. Vielmehr klärt die Person, auf welcher Seite in dem Konflikt *sie* (selbst) steht. Sie stellt sich von ganzem Herzen hinter den einen Antrieb, und sie tritt dem anderen Antrieb, den sie durch ihren Entschluss zu einem macht, der ihr äußerlich oder entfremdet wird (RL 91/99), als Person, die eine volitionale Einheit erreicht hat, entgegen.

Was Frankfurt vorschlägt, ist gewiss in vielen Fällen ein sinn-

12 Ähnlich Monika Betzler, »Bedingungen personaler Autonomie«, in: dies./Guckes, *Autonomes Handeln*, S. 17-46, hier S. 45.

voller praktisch-psychologischer Ratschlag. Sich auf Dauer nicht festlegen zu können, ob man jemanden liebt, ist kein erträglicher Zustand, und wer sich lange nicht zwischen Zielen entscheiden kann, zum Beispiel welchen Beruf er wählen soll, blockiert in der Tat das eigene aktive Leben. So wie ich die Ratschläge formuliert habe, lassen sie sich mit Bezug auf einen alltäglichen Sinn der Rede vom guten Leben verstehen. In diesem Sinn kann man sich jedoch für eine Beschäftigung entscheiden und sich ihr mit Entschiedenheit widmen, ohne damit ausschließen zu müssen, dass sie sich irgendwann erschöpft und man dann auf die zurückgestellte Möglichkeit zurückgreift. In diesem alltäglichen Sinn gibt es vermutlich auch Spannungen, die sich grundsätzlich nicht vollständig auflösen lassen, zum Beispiel zwischen dem Ziel, Karriere zu machen, und der Absicht, sich intensiv um Familie und Freunde zu kümmern. Frankfurts Rat, man solle dann mit ganzem Herzen zu seiner Entscheidung stehen und sich nicht mit dauernden Zweifeln quälen, ist wiederum psychologisch einleuchtend. Weniger einleuchtend ist, wieso man nicht trotzdem weiterhin bedauern sollte, dass man eine Seite des Lebens weniger stark realisiert, als man das wünschen würde. Alltäglich würden wir vermutlich eine Person, die ein solches Bedauern als Teil ihrer Persönlichkeit bewahrt, höher schätzen als eine Person, die das Bedauern zugunsten ihrer inneren Integrität restlos externalisiert.

Dass Frankfurt eine stärkere Einheit der Person fordert, die solche Spannungen ausschließt und in *jedem* Fall die Bildung einer volitionalen Einheit durch einen Entschluss verlangt, begründet er damit, geistige Gesundheit setze einen einheitlichen, ungeteilten Willen voraus, der völlig entschieden darin ist, was er will und worum er sich sorgt, der keine Ambivalenzen und keine Widerstände in sich hat (RL 95/103). Wo es einer Person nicht gelinge, durch einen solchen Entschluss zwischen ihren konfligierenden Neigungen zu entscheiden, sei sie volitional zerrissen, mit sich uneins. Die Einheit des Willens, in der man von ganzem Herzen hinter etwas steht, *ist* nach Frankfurt gerade die Selbstliebe. Nun hat Frankfurt sicher Recht mit der Annahme, jemand, der vollständig entscheidungsunfähig und somit in seinem Handeln blockiert sei, sei psychisch gestört. Aber Ambivalenzen im Wollen brauchen sich nicht in dieser extremen Form zu äußern. Dass sie auftreten, ist in der Begrenztheit der menschlichen Natur angelegt, und sie zu akzeptieren und sich flexibel zu ihnen zu verhalten könnte auch ein Zeichen von psychischer Stärke statt von Krankheit sein.[13]

Warum also müssen wir unbedingt daran interessiert sein, uns von ganzem Herzen an Ziele zu binden und uns in diesem Sinn selbst zu lieben? Frankfurts erste Antwort lautet, der geteilte Wille hebe sich selbst auf. Er bewege uns dazu, gleichzeitig in verschiedenen Richtungen zu handeln, wie eine selbstwidersprüchliche Meinung verlangt, dass wir gleichzeitig dasselbe Urteil für richtig und für falsch halten. Wo das Sich-Investieren mit ganzem Herzen fehlt, liegt daher nach Frankfurt eine Art von praktischer Irrationalität vor, die das Leben ineffektiv und inkohärent macht. Hingegen habe die Unterwerfung unter die Notwendigkeit des Wollens, ähnlich wie die Unterwerfung unter die Gesetze der Logik, eine befreiende Wirkung, da sie Unsicherheit beende (RL 65/70). Doch Frankfurts Vorstellung, dass der Wille auf ähnliche Art Notwendigkeit mit sich führt wie die Vernunft, scheint nicht sehr überzeugend.[14] Es ist in der Tat logisch unmöglich, dass gleichzeitig p und nicht p der Fall ist, und daher ist kognitiv irrational, wer beides gleichzeitig glaubt. Der Satz »Person P tut zum Zeitpunkt t

13 Zwar legt Frankfurt selbst eine solche schwächere Einstellung nahe, wenn er sagt, er möchte nicht so verstanden werden, dass wir nur einen einzigen Inhalt des Liebens wählen sollten, es vielmehr um die *Art* des Wollens gehe, die so beschaffen sein müsse, dass die verschiedenen Wollensinhalte integriert werden, dass sie auf einheitliche Weise gewollt werden (RL 96/104). Doch muss man fragen, ob diese Vorstellung nicht Frankfurts Konzeption widerspricht, dass man *mit ganzem Herzen* für eine geliebte Sache stehen muss, um volitionale Einheit zu erreichen. Denn für eine Person mit begrenzter Zeit und begrenzten Fähigkeiten können im konkreten Fall immer Konflikte zwischen ihren verschiedenen um ihrer selbst gewollten Zielen entstehen, auch wenn diese Ziele im Prinzip vereinbar sind. Dann scheint es zwei Möglichkeiten zu geben. Erstens: Die Einheit liegt *in der Art* des Wollens. Das kann aber nur heißen (und ist seit Platon so verstanden worden), dass man mit seinem Wollen formal einheitlich in der Weise einer reflexiven Distanz umgeht – sich also gerade nicht durch einen Entschluss so tief an bestimmte Strebensinhalte binden kann, dass daraus eine volitive Notwendigkeit entsteht. Zweitens: Die Einheit liegt in der Liebe in Frankfurts Sinn einer tiefen Identifikation mit einem Strebensziel, die eine umfassende Willenskonfiguration bedeutet und konfligierende Ziele externalisiert. Da aber unter realen Bedingungen immer Konflikte mit Zielen anderer Lebensbereiche auftreten können, müsste Frankfurts Anliegen in der Konsequenz den Entschluss für *ein* das Leben ordnendes inhaltliches Lebensziel erfordern.

14 Für eine Kritik dieser Angleichung siehe auch Bratman, »A Thoughtful and Reasonable Stability«, S. 90.

A, und Person P tut zum Zeitpunkt t B« ist jedoch nicht logisch unmöglich, auch wenn die Person bei den meisten (nicht bei allen) Handlungen aufgrund ihrer physischen und psychischen Fähigkeiten nicht beides zugleich tun kann. Daraus lässt sich schwerlich eine Wollensnotwendigkeit ableiten, wenn sie sich für eines von beiden entscheidet.

Eine zweite Erklärung dafür, warum die Selbstliebe für uns wünschenswert ist, besagt, Selbstliebe sei dasselbe wie Zufriedenheit mit sich selbst. Damit ist nicht gemeint, dass wir erfolgreich in unseren Bestrebungen sind oder etwas Wertvolles erreicht haben. Gemeint ist vielmehr, dass wir in einer Verfassung sind, in der wir unsere eigene volitionale Identität bereitwillig akzeptieren und zu ihr stehen, dass wir zufrieden sind mit der Liebe und den letztlichen Zielen, durch die unser Wille bestimmt ist (RL 97/104 f.). Die Selbstliebe oder volitionale Integrität ist eine strukturelle Eigenschaft, unabhängig davon, welche Inhalte jemand liebt. Sie hat, so Frankfurt, keinerlei wertende Dimension. Eine Person könnte also von ganzem Herzen Ziele lieben, die ohne Wert oder sogar schlecht sind. Philosophische Bemühungen, zu zeigen, dass Selbstliebe moralisches Gutsein impliziert, sind nach Frankfurt zum Scheitern verurteilt. Selbstliebe hat nicht die Aufgabe, Menschen gut zu machen, sondern die Aufgabe, das Leben sinnvoll zu machen, ihm Bedeutung zu verleihen.

Dass Frankfurt damit die gewöhnlichen Arten von Bewertung, wie wir sie alltäglich vornehmen, überspringt, wurde zuvor schon herausgestellt. Natürlich können Menschen Dinge lieben (erstreben), die moralisch schlecht sind, auch solche, die für sie schlecht sind. Sie können aber nur Dinge erstreben, die sie für gut im Sinne des eigenen guten Lebens *halten.* Andernfalls ist die Rede vom Lieben von Zielen nicht verständlich. Wie ist die Rede von »Sinn« bzw. »Bedeutung« des Lebens bei Frankfurt aber dann gemeint? Frankfurt stellt, wie sich immer wieder gezeigt hat, die praktische Frage von Anfang an auf der existentiellen Ebene, wobei er die zentrale Aporie darin sieht, dass die menschliche Fähigkeit zur Reflexion eine Vergegenständlichung des eigenen Inneren bzw. eine Selbstentzweiung mit sich bringt. Und wie jetzt explizit deutlich wurde, stellt er die Frage nicht nur, sondern er versucht durch seine Vorstellung einer starken Einheit, in der wir uns an bestimmte Wünsche binden und andere externalisieren, dem menschlichen

Leben trotz dieser Spannung bzw. durch ihre Auflösung einen Sinn zu geben.

Dabei erwies sich bereits die Frankfurtsche Lokalisierung und Beschreibung der zentralen Aporie als bedenklich oder zumindest als nicht zureichend ausgearbeitet. Ferner ist, wie unter I. ausgeführt, im Kontext der existentiellen Aporien die Suche nach einem Sinn, der die Spannungen überwindet, prinzipiell ergebnislos bzw. nur indirekt durch die Einnahme einer Haltung gerade zu ihrer Unaufhebbarkeit zu beantworten. Frankfurts Vorschlag einer strikten volitionalen Einheit, die jedes Schwanken, das in der Aporie der Reflexion angelegt ist, durch die Bindung an eine notwendige innere Willensinstanz aus der Person verbannt, kann daher nur als unausgewiesener Schritt in die Metaphysik interpretiert werden. Entsprechend ist auch Frankfurts Begriff eines individuellen Willens, der zugleich das innerste Wesen der Person ausmacht und diese als quasi externe (weil höhere) Instanz nötigt und bindet, ein Konstrukt, dessen Plausibilität zusammenbricht, sobald seine metaphysische Funktion durchsichtig wird. Es ist sicher berechtigt, die tiefste existentielle Schicht der praktischen Frage in die Konzeption des Handelns einzubeziehen. In der Tat kann man vermuten, dass die prinzipielle Unbeantwortbarkeit dieser Frage die Struktur der praktischen Überlegung affiziert. Wie das im Detail zu verstehen ist, dazu hat die derzeitige Handlungstheorie, die sich lieber in immer neue Sophistereien über Willensfreiheit verliert, wenig zu sagen. Frankfurt kommt das Verdienst zu, auf die existentielle Ebene der praktischen Frage aufmerksam zu machen, auch wenn er durch metaphysische Vorentscheidungen ihre genauere Explikation verhindert.

Aporien in der aristotelischen Konzeption des Beherrschten und des Schlechten

In der Handlungstheorie gibt es zwei grundlegende Konzeptionen der Handlungsmotivation. Das Humesche Modell besagt, dass nur sinnliche Antriebe Handlungen in Bewegung setzen können und die Aufgabe der Vernunft sich darauf beschränkt, Mittel zur Befriedigung unserer in der Affektivität und im Wollen vorgegebenen Ziele zu finden. Das Gegenmodell finden wir bei Kant, der der Vernunft eine eigene Motivationskraft zuschreibt. Diese besteht in der Achtung vor dem moralischen Gesetz und ist nicht in der Erfahrungswelt angesiedelt, sondern in der intelligiblen Welt. Kant nennt sie im Unterschied zu sinnlichen Triebfedern ein Interesse und bezeichnet sie als das, wodurch Vernunft praktisch, d. h. eine den Willen bestimmende Ursache wird.[1]

Die Probleme beider Modelle sind bekannt. Das erste Modell ist verkürzt; es berücksichtigt nicht, dass unsere faktischen Wünsche kritisierbar sind, dass sich die Frage ihrer Ordnung im Konfliktfall stellt usw.[2] Die Annahme eines eigenen Vernunftinteresses in der intelligiblen Welt ist ebenfalls nicht befriedigend, da unklar bleibt, wie es in der Erfahrungswelt wirksam werden kann. Daher erfreut sich das Handlungsmodell des Aristoteles zunehmender Beliebtheit. Zwar findet sich auch bei Aristoteles die Konzeption eines von der Erfahrungswelt abgehobenen *nous*, der die göttlichen Dinge betrachtet und in dessen Betätigung die bestmögliche Lebensform liegt. Für das alltägliche Handeln aber ist eine andere Seite der Vernunft zuständig, die Klugheit, *phronêsis*, die zum zweitbesten, dem *menschlichen* Leben gehört – dem Leben der *eupraxia* in der Ausübung der Charaktertugenden. Diese Leistung der Vernunft versteht Aristoteles nun gerade so, dass sie konkret in das Zustandekommen von Handlungen eingebunden ist. Wie es in *EN* VI 13

1 Siehe Immanuel Kant, *Grundlegung zur Metaphysik der Sitten*, in: Königlich Preußische Akademie der Wissenschaften (Hg.), *Kants gesammelte Schriften* [Akademie-Ausgabe] Bd. IV, Berlin 1911, S. 459; ders., *Kritik der praktischen Vernunft*, in: Akademie-Ausgabe Band V, Berlin 1913, S. 139-141.

2 Vgl. Otfried Höffe, *Lebenskunst und Moral oder: Macht Tugend glücklich?*, München 2007, S. 160 f.

heißt: Es ist weder möglich, im prägnanten Sinn charakterlich gut zu sein ohne die Klugheit, noch klug zu sein ohne die *aretê êthikê* (1144b31 f.).

Gelingt es, mithilfe dieses handlungstheoretischen Modells, in dem die affektive und die rationale Seite des guten Handelns wechselseitig voneinander abhängen, zwischen den Mängeln des Humeschen und des Kantischen Modells hindurchzusteuern? Diese Grundsatzfrage der Handlungstheorie lässt sich in einem kurzen Beitrag nicht klären. Mein Ziel besteht in einer Überprüfung des aristotelischen Vorschlags an denjenigen Phänomenen, die ihm offensichtliche Schwierigkeiten bereiten. Dies sind zum einen die Beschreibung des Gegenteils der *eupraxia*, des schlechten Handelns, zum anderen die *akrasia* und die *enkrateia*. Ich beginne mit dem zweiten Problem und konzentriere mich dabei auf die *enkrateia*, die von Aristoteles ebenso wie in der Forschungsliteratur eher vernachlässigt wird, aber noch rätselhafter ist als die *akrasia*.

1. Das Phänomen der *enkrateia*

Die Probleme

Akrasia und *enkrateia* im engeren Sinn lokalisiert Aristoteles im Handlungsbereich des Umgangs mit sinnlicher Lust und Unlust. Sie liegen zwischen Mäßigkeit (*sôphrosynê*) und Unmäßigkeit (*akolasia*), die in diesem Bereich die *aretê* und die *kakia* bilden. Die Begierden (*epithymiai*), zu denen der Mäßige eine mittlere Haltung einnimmt, sind diejenigen, die wir mit den anderen Tieren teilen, Hunger, Durst und sexuelle Begierde. Die Vernunft sagt, wieweit man den Begierden folgen soll, nämlich soweit für das Leben zuträglich (1119a11-b20). Entsprechend verhält sich der Mäßige. Der Unmäßige hingegen hat das Lebensprinzip, jede verfügbare[3] Lust zu verfolgen (1146b23), und er begeht daher die einzelnen unmäßigen Handlungen vorsätzlich (*prohairoumenos*).

3 Wie Terence Irwin, »Vice and Reason«, in: *The Journal of Ethics* 5 (2001), S. 73-97, hier S. 87 f. m. E. überzeugend zeigt, lässt sich *to paron hêdy* hier nicht im engen Sinn von »gegenwärtiges Angenehmes« verstehen, wenn das Prinzip nicht von vornherein unsinnig sein soll.

Der *akratês* folgt – zumindest zeitweise – ebenfalls der sich bietenden Lust, jedoch nicht aus Prinzip. Vielmehr hat er die richtige allgemeine Vorstellung, man solle schädliche Lust, z. B. Süßigkeiten, meiden (1147a31 f.). Anders als beim Mäßigen aber ist sein Begehrungsvermögen nicht oder jedenfalls nicht durchgängig daran gewöhnt, auf die praktische Überlegung zu hören. So kann es in der konkreten Situation, in der etwas Süßes vorhanden ist, vorkommen, dass eine Begierde auftritt und die Überlegung unterbricht oder überlagert. Das kann entweder geschehen, nachdem er den richtigen Vorsatz bereits gefasst hat (*astheneia*), oder so, dass die Begierde schon interveniert, noch ehe er überhaupt zu überlegen beginnen kann (*propeteia*) (1150b19 ff.). Dass es dieses Phänomen gibt, wird nicht bezweifelt. Strittig ist bis in die heutige Handlungstheorie, ob Aristoteles auf diese Weise die so genannten harten Fälle von klarsichtiger *akrasia* erfassen kann.[4]

Der *enkratês* hat im Unterschied zum Mäßigen schlechte Begierden. Daher wird, um beim Beispiel zu bleiben, seine Lust auf Süßes erregt, sobald er Süßigkeiten wahrnimmt oder auch sich vorstellt. Dennoch ist er, anders als der *akratês,* in der Lage, die Begierde zu kontrollieren, nach Überlegung die richtige *prohairesis* zu fassen und auch auszuführen. Da die *prohairesis* sich aus zwei Elementen zusammensetzt, Streben und Überlegung, stellt sich in Bezug auf den *enkratês* erstens die Frage, wie er richtige Ziele haben und durch sie motiviert werden kann, wenn nach der Standardauffassung des Aristoteles Menschen mit schlechten Begierden das falsche Ziel als gut erscheint. Zweitens stellt sich die Frage, wie er dieses Ziel in jeweiligen Situationen in einer geeigneten Einzelhandlung konkretisieren kann, wenn falsche Begierden gewöhnlich die Überlegung verdrehen.[5]

4 A. W. Price, »Acrasia and Self-control«, in: Richard Kraut (Hg.), *The Blackwell Guide to Aristotle's Nicomachean Ethics*, Oxford 2006, S. 234-254, ist der, wie ich meine, wohlbegründeten Auffassung, dass er es nicht kann.

5 Die erste Frage stellt sich im Übrigen auch für den *akratês,* während bei ihm in der Tat in irgendeinem Stadium der Überlegung die Begierde dazwischenkommt und die Überlegungsseite nicht voll entwickelt ist (der *akratês* hat keine *phronêsis* (1152a6 ff.), höchstens *deinotês*).

(i) Zwischenstadium in der Erziehung. Was die erste Frage betrifft, so wäre die einfachste Lösung, *akrasia* und *enkrateia* als Übergangsstadien zu verstehen, die im Verlauf der Sozialisation auftreten.[6] Man könnte sich dann vorstellen, dass Kinder nach und nach daran gewöhnt werden, ihre sinnlichen Antriebe an die Vorschriften der Vernunft anzupassen. Dabei erlangen sie nach und nach eine Vorstellung von den guten Zielen. Wo diese auf der Ebene der Meinung vorhanden, im Charakter aber noch nicht ganz verfestigt ist, kann es in manchen Situationen zu akratischem oder enkratischem Handeln kommen. Als Bestätigung für diese Interpretation könnte man Aristoteles' Aussage ansehen, dass ein Zusammenwachsen von Meinungen und wirklichem Verstehen nötig ist, das Zeit braucht (1147a22), ebenso den Hinweis, die *akrasia* sei, anders als die Unmäßigkeit, keine chronische Krankheit, sondern eine intermittierende (1150b34). Anführen könnte man auch die Zuordnung von *akrasia* und Jugend in der *Rhetorik* (1389a3 ff.). Der *enkratês* wäre dann in dieser Entwicklung ein Stück weiter fortgeschritten, aber noch nicht auf der Stufe des Mäßigen angekommen.

(ii) Natürliche Verschiedenheit vom Durchschnitt. Gegen die eben geschilderte Auffassung spricht, dass Aristoteles *akrasia* und *enkrateia* offenbar für eigene Charakterdispositionen hält (1151b23 ff.).[7] Der *enkratês* und der *akratês* unterscheiden sich seiner Ansicht nach in ihren natürlichen Anlagen oder in ihren Gewohnheiten von der Mehrzahl der Menschen. Der *enkratês* könne mehr, der *akratês* weniger bei etwas bleiben als der Durchschnitt (1152a25 ff.). Wo es sich um ein Ergebnis von Gewöhnung handle, könne man das ändern, nicht oder weniger bei Naturanlagen. Aristoteles scheint also auf

6 Die Erziehungsperspektive betont Sarah Broadie, *Ethics with Aristotle*, Oxford 1991, S. 269, die im Übrigen konstatiert, dass Aristoteles überhaupt nicht zu erklären versuche, durch welche Mechanismen der *enkratês* zum Handeln kommt (S. 307).

7 Das betont C. S. Gould, »A Puzzle about the Possibility of Aristotelian enkrateia«, in: *Phronesis* 39 (1994), S. 174-186, hier S. 176. Man könnte allerdings fragen, ob hier vielleicht nicht einfach ein Systemzwang zugrunde liegt, dem zufolge für Aristoteles alles, was jemand anstrebt, als Aktualisierung einer Charaktereigenschaft verstanden werden muss. Broadie, *Ethics with Aristotle,* S. 307, Anm. 3 vermutet einen solchen Zwang für das Dreierschema, das Aristoteles in *EN* VII 11 mit der *enkrateia* in der Mitte konstruiert. Ähnliches könnte für das Dreierschema mit der *karteria* als Mitte in der *EE* (1221a9) gelten.

der Ebene der Charakterhaltungen doch anzunehmen, dass wir es hier im Prinzip mit einem Übergangsstadium zu tun haben. Andererseits nimmt er aber offenbar auch an – und *EN* Buch VII handelt ja von Sonderphänomenen wie Perversionen u.ä. –, dass es Menschen gibt, deren natürliche Anlagen nicht zur Entwicklung der ethischen *aretê* ausreichen.[8]

Allerdings fragt man sich, ob die Postulation dieses Naturphänomens plausibel ist. Würde nicht jemand, der sich in einer bestimmten Hinsicht dauerhaft beherrscht, die entsprechende Begierde nach und nach verlieren? Wir können offenlassen, wie sich das verhält.[9] Die bisherigen Antworten sind ohnehin unzureichend. Sie sortieren das Phänomen nur ein, erklären aber nicht, wie der *enkratês* ohne die ethische *aretê* das richtige Ziel sehen kann bzw. was sonst ihn zur richtigen Handlung motiviert. Dazu müssen wir uns die möglichen Motivationstypen ansehen.

Die aristotelische Auffassung der Handlungsmotivation

Platon unterscheidet in den mittleren Dialogen drei Teile der menschlichen Seele, *logismos, thymoeides* und *epithymêtikon*, von denen jeder das Handeln in Bewegung setzen kann. In *De Anima* kritisiert Aristoteles solche Aufteilungen der Seele; dass hier das Streben dreimal genannt werde, verstoße gegen die Regeln des Definierens (432b5 ff.). Er selbst fasst alles, was motiviert, in *ein* Vermögen, das Strebevermögen (*orektikon*), zusammen und stellt diesem das Denkvermögen (*logon echon*) gegenüber.[10] Das *orektikon* wird in *EN* I13 als vernunftlos eingeordnet, soll aber dort nicht nur die *epithymia*, sondern *sämtliche* Vermögen des Strebens enthalten (1102b30). Diese sind *epithymia, thymoeides* und *boulêsis* (*EE* 1223a26 f., *MA* 700b22).[11] Verwirrend ist, dass Aristoteles an ande-

8 Den Bezug auf die Normalität betont Richard Reilly, »Weakness and Blameworthiness: The Aristotelian Predicament«, in: *Philosophical Studies* 24 (1976), S. 148-165, hier S. 154.

9 Mit Recht konstatiert Gould, »A Puzzle about the Possibility of Aristotelian enkrateia«, S. 186, dass Aristoteles eine Erklärung dafür, warum es nicht zu dieser Entwicklung kommt, schuldig bleibt.

10 Das vegetative Vermögen klammere ich aus, da es in diesem Zusammenhang keine Rolle spielt.

11 Eine Einteilung, die gerade parallel zu den drei Seelenteilen bei Platon ist. Darauf verweist A. W. Price, *Mental Conflict*, London/New York 1995, S. 108.

ren Stellen die *boulêsis* zum *rationalen* Seelenteil rechnet (*De An.* 432b5 f., *Top.* 126a13). Dieser hat nach seiner sonstigen Auffassung das Denken zur Aufgabe und kann allein den Menschen nicht bewegen; auch das praktische Denken ist dazu nicht fähig (*De An.* 432b29 ff.).

Dass der *enkratês* richtig handelt entgegen seiner Begierde, kann man verstehen, wenn wie bei Platon die Vernunft selbst motivierende Kraft besitzt. Spricht man dagegen wie Aristoteles dem Denkvermögen grundsätzlich die Strebenskomponente ab, kann man das Handeln des *enkratês* wohl in der Tat nur erklären, wenn man der *epithymia* einen anderen *Strebenstyp* entgegenstellt, der einen Vernunftaspekt hat, und das tut Aristoteles durch die terminologische Festlegung des Begriffs der *boulêsis.* Danach ist *epithymia* die *orexis* nach Lust, *boulêsis* die *orexis* nach dem Guten (*Top.* 146b37 f.). Wenn Aristoteles manchmal, etwa in *De Anima*, sagt, der *enkratês* werde nicht durch die *orexis* bewegt, sondern durch den *nous* (433a7 f.), kann das also nur heißen, dass hier *orexis* den engeren Sinn von *epithymia* und *thymos* hat, während *nous* an dieser Stelle die rationale *boulêsis* bezeichnen müsste.[12]

Die Verwendung des Begriffs der *boulêsis* bleibt allerdings schillernd. So sagt Aristoteles an einer Stelle, der *nous* sei immer richtig (433a26), an einer anderen Stelle, dass es richtige und naturwidrige oder falsche *boulêsis* gibt (*EN* 1113a15 ff., *EE* 1227a28 ff.); und letzteres ist sicher die übliche Verwendung des Wortes. Vor allem aber bezeichnet der Begriff im gewöhnlichen Sinn nicht nur handlungsbezogene Wünsche, d.h. Wünsche, die eine Strebenskomponente aufweisen bzw. ein *prakton agathon* zum Gegenstand haben (*De An.* 433a29). Vielmehr kann man auch Unmögliches wünschen, und so verwendet Aristoteles selbst den Begriff z.B. in *EN* III 4. Beispiele, die er anführt, sind der Wunsch, unsterblich zu sein, und der Wunsch, dass ein bestimmter Sportler siegen möge. Wie die Beispiele zeigen, schwankt der Begriff auch in einer anderen Hinsicht; er kann sowohl Wünsche mit Bezug auf eine einzelne Situation meinen (Sportler) als auch dispositionelle Wünsche bezüglich andauernder Zustände (Unsterblichkeit).

Ich lasse die Schwierigkeiten des *boulêsis*-Begriffs, soweit sie nicht mein Thema betreffen, stehen[13] und halte fest, dass das Handeln

12 So Robert Drew Hicks, *Aristotle, De Anima*, Cambridge 1907, S. 555.

13 Klärend dazu Price, *Mental Conflict*, S. 108-114.

des *enkratês* von Aristoteles offenbar so verstanden wird, dass er aus einer *boulêsis* im Sinn eines rationalen Wunsches, eines Wunsches nach etwas wirklich Gutem, handelt. Dann bleiben zwei Fragen. Erstens: Was ist dieses Gut, das er trotz falscher sinnlicher Antriebe handlungswirksam wollen kann? Und zweitens: Wie kann er es wollen?

Gegenstand des Wünschens ist allgemein das *telos*, das *telos* des Menschen aber in seinem Leben insgesamt ist seine *eudaimonia*. Nun ist das *telos* und so auch die *eudaimonia*, wie Aristoteles sagt (1111b26-30), Gegenstand des Wünschens, aber nicht etwas, was unmittelbar bei uns steht (*eph' hêmin*) und was man sich im Handeln direkt vornehmen kann. Wie können wir sie dann im Handeln realisieren?

Die *eudaimonia* wird zu einem *prakton agathon* über zwei Schritte. Erstens: Sie muss für die verschiedenen Affektbereiche in verschiedene Güter zerlegt werden. Zu jeder Charakterdisposition (*hexis*) gehören spezifische Werte und Angenehmes (hier im Sinn der Tätigkeitslust) (1113a31). Das ist ein Aspekt, den Aristoteles in der Beschreibung von praktischen Überlegungen selten explizit ausführt, da er von vorgegebenen äußeren oder auch inneren Situationen ausgeht, die jeweils einen bestimmten Teilbereich der Affektivität ansprechen. Zum Beispiel: Wo eine Kränkung vorliegt, wird der Affekt des Zorns erregt, verbunden mit einer Strebung nach Rache, und es geht dabei um das Gut der Ehre oder Selbstachtung. Zweitens: Die betroffene Person muss dieses Gut durch praktische Überlegung so weit auf Mittel und Bestandteile zurückführen, bis sie zu einer in der konkreten Situation angemessenen und hier und jetzt ausführbaren Handlung kommt. Diese Handlung, die bei uns liegt (*eph' hêmin*), wird zum Gegenstand einer *prohairesis*, eines Handlungsvorsatzes, der unmittelbar realisiert wird, wenn nichts hindert.

In das Gutsein einer Handlung fließen daher für Aristoteles zwei Aspekte: Die Vernünftigkeit oder praktische Richtigkeit der konkreten Handlung, die sich aus der Überlegung ergibt, und das gute Ziel, das in einer *boulêsis* im Sinn des rationalen Strebens liegt. Diese wiederum geht aus dem Charakter hervor, bei der richtigen Handlung genauer aus einer guten Disposition, einer *aretê êthikê*. So jedenfalls verhält es sich normalerweise. Der *enkratês* aber hat im relevanten Handlungsbereich, dem der sinnlichen Begierde, nicht die erforderliche ethische *aretê*. Damit sind wir beim Problem zurück.

Versuch, die enkrateia *zu verstehen*

Der Versuch hat zwei Schritte. Ich frage zuerst nach dem *telos* des Beherrschten und zweitens nach der Art seiner Überlegung.

(i) Das telos der enkrateia. Fragen wir, was das relevante *telos* oder Objekt des rationalen Wünschens im Bereich der Sinnlichkeit ist. Es müsste dasjenige sein, das der *sôphrôn* hat. Sein Umgang mit den Begierden ist so beschaffen, dass er in Maßen und, wie es richtig ist, nach dem sinnlich Angenehmen strebt, nämlich soweit es gut für die Gesundheit ist und nicht gegen das *kalon* und über seine Mittel geht (1119a11-20). Die Mäßigkeit und die Beherrschtheit im engeren Sinn begnügen sich mit der Befriedigung der Begierden nach dem für das Leben Notwendigen (1147b25). Das Ziel ist also hier nicht ein bestimmter Teil oder Aspekt der *eudaimonia* wie bei den anderen *aretai*, sondern die Bewahrung der Vorbedingungen der *eudaimonia*:[14] Gesundheit und Vermögen sind Vorbedingungen jeder Glückskonzeption. Zusätzlich nimmt der Mäßige Rücksicht auf die Bedingungen der Realisierung des *kalon*, also der Ausübung der anderen Tugenden.

Auch wenn Aristoteles sagt, beim Mäßigen stimmten das Begehrungsvermögen und die Überlegung zusammen, indem sie beide auf das *kalon* zielten (1119b16), so wirkt diese Bemerkung in der Beschreibung der Mäßigkeit am Ende von *EN* III doch eher aus Parallelitätsgründen angehängt. Die Mäßigkeit ist eine Hilfstugend, nicht eine Tugend im prägnanten Sinn, in deren Aktualisierung der Mensch sein Leben hindurch in sich wünschenswerte Tätigkeiten vollzieht. Die Überlegung ist in ihrem Fall eine bloße Mittel-Zweck-Überlegung, bezogen auf das für die *eudaimonia* Zuträgliche, und nicht wie bei den anderen Tugenden auch eine Überlegung darüber, welche Handlung in einer gegebenen Situation die bestmögliche Konkretisierung der *eudaimonia* darstellt.

Entsprechend erläutert Aristoteles die Überlegung im Zusammenhang des Umgangs mit der *epithymia* in *De Anima* durch Ver-

14 Die Unterscheidung zwischen Voraussetzungen und Bestandteilen der *eudaimonia* trifft Aristoteles selbst sehr deutlich in der *EE* (1214b12 ff.).

weis auf die Zeitstruktur des menschlichen Lebens (433b5 ff.). Die sinnliche Begierde drängt zum unmittelbar und gegenwärtig Lustvollen, und dieses erscheint ihr als das Gute überhaupt und verhindert so den Blick auf die Zukunft. Die Überlegung aber denkt an die Zukunft und wird daher der Begierde Einhalt gebieten, wo ihre Befriedigung Schaden für das eigene künftige Leben bzw. die Bedingungen der *eudaimonia* erwarten lässt. Die *phronêsis* in dieser Funktion, in der sie nicht einen jeweiligen Aspekt der *eudaimonia* für eine Situation ausarbeitet, sondern Vorsorge für das künftige Leben bedeutet, nennt Aristoteles an anderer Stelle *pronoia.* Wie er in der *EN* bemerkt, sind mit einer Vorstufe davon auch manche Tiere ausgestattet (1141a28). Das heißt aber, entgegen dem, was Aristoteles gewöhnlich annimmt: Auch diese suchen nicht einfach nach sinnlicher Lust, sondern sind in ihrem Verhalten auf die Erhaltung, Entfaltung und Weitergabe ihres Lebens programmiert (und dabei auf andere Art durch Lust gesteuert, insofern die Verhinderung der entsprechenden Verhaltensweisen Unlust hervorruft). Dann könnten wir beim Menschen analog eine Ausrichtung auf das Leben im Ganzen annehmen, nur dass diese komplizierter wäre: Er muss sein Leben durch Anwendung der Vernunft selbst organisieren. Menschen wären demnach, auch wo sie darauf nicht explizit reflektieren, zumindest in irgendeinem, sei es auch schwachen Sinn auf ihr Leben im Ganzen bezogen.

Man könnte also, auch wenn Aristoteles selbst das vielleicht nicht so sieht, Folgendes sagen: Wo eine richtige Handlung so zu erläutern ist, dass das Ziel aus einer Hilfstugend stammt, und die *phronêsis* ausschließlich in der Weise der *pronoia*, der Vorsorge für die Zukunft, mitwirkt, braucht dieses Ziel nicht ein Aspekt der Lebensweise der ethischen *aretê* zu sein, sondern kann in dem bei allen Lebewesen vorhandenen Strebensbezug auf das eigene Leben im Ganzen und dessen Gedeihen liegen. Auf dieser Ebene spielt es noch keine Rolle, *welche* Konzeption von diesem Leben jemand hat.

Unterstellen wir allgemein eine solche *boulêsis* nach einem im Ganzen guten Leben, deren Bedingungen die *phronêsis* qua *pronoia* herstellen bzw. sichern soll, und versuchen jetzt erneut, den *akratês* und den *enkratês* einzuordnen. Dass beide im Bereich des Umgangs mit der Sinnlichkeit das richtige Ziel haben können, ohne die entsprechende *aretê* der Mäßigkeit zu besitzen, könnte man jetzt so verständlich machen, dass sie eine Ausrichtung auf ihr Leben im Ganzen und dadurch ein Motiv haben, zu tun, was die Voraussetzungen der eigenen Lebenskonzeption sichert. Und das muss zunächst jeder sehen, gleichgültig welche Lebenskonzeption er hat. Man kann zwar wie Aristoteles einen Begriff von Mäßigkeit definieren, der diese wesentlich im Verbund mit den ethischen Tugenden sieht, also bezogen auf das Lebensziel der *eupraxia.* Aber das gehört nicht von vornherein zu ihrem Begriff. Die Fähigkeit zur Kontrolle unmittelbarer sinnlicher Begierden braucht jeder, der nicht die Bedingungen zur Realisierung seiner Lebenskonzeption verschlechtern will. Zusätzlich braucht er dafür die korrespondierende Hilfstugend, Unlust zu ertragen, die *karteria.* Wie die *enkrateia* eine abgeschwächte Form der *sôphrosynê* ist, so stellt diese eine abgeschwächte Form der Tapferkeit dar und ist erforderlich, wenn man langfristige Ziele erreichen will.[15]

Etwas Weiteres wird jetzt deutlich. Der Konflikt des Beherrschten und des Unbeherrschten ist nicht ein Konflikt innerhalb *eines* Bereichs. Denn eine Hilfstugend hat kein eigenes Ziel, sie sichert Mittel zu beliebigen umfassenden Lebenskonzeptionen. Was in Konflikt steht, sind eine sinnliche Begierde und eine langfristige Lebenskonzeption mit beliebigem Inhalt.

(ii) Besitzt der enkratês phronêsis? Es bleibt noch zu erklären, wie der *enkratês* zur richtigen Handlung im konkreten Fall kommt. Die *epithymia* kann bei Menschen, die in Bezug auf die sinnliche Lust keine optimale Charakterdisposition besitzen, die praktische Überlegung, die zum Handlungsvorsatz bzw. der Handlung führt, verzerren. So jedenfalls kann man die ausgearbeitete Erklärung der *akrasia* verstehen, die Aristoteles in *EN* VII 5 gibt. Umgekehrt sagt er von der *sôphrosynê*, sie heiße so, weil sie die *phronêsis* bewahre (1140b11 ff.). Ähnlich zeigt Platon in seinem Modell der *akrasia* im *Protagoras*, dass die Vorstellung gegenwärtiger Lust, weil diese größer erscheint, zu einem falschen Messen der künftigen Lust und so zu einer falschen Abwägung der Lust und Unlust von Handlungsalternativen führt. Wie ist es dann möglich, dass der *enkratês*, der unangemessene Begierden hat, korrekt überlegen und das Ergebnis der Überlegung handlungswirksam werden lassen kann?

15 Diesen erweiterten Begriff von Tapferkeit bzw. Feigheit verwendet Aristoteles in *EN* 1166b10.

In der *EE* (1227b12ff.) erörtert Aristoteles die Frage, ob die Tugend das Ziel bzw. den Vorsatz gut mache oder aber den *logos*, was hier wohl im Sinn der praktischen Überlegung, des *logismos*, gemeint ist. Er entscheidet sich für Ersteres und erklärt, für die Korrektheit der Überlegung sei vielmehr die *enkrateia* zuständig, die dafür sorge, dass der *logismos* nicht verdreht wird.[16] Wie passt das dazu, dass nach *EN* VI 13 Charaktertugenden und *phronêsis* beide beim guten Handeln vorhanden sein müssen und wechselseitig voneinander abhängen? Die beiden Aussagen stimmen *nicht* zusammen, und das liegt an der Eigenart des aristotelischen Begriffs der *phronêsis*. Dass Aristoteles die praktische Klugheit als Fähigkeit, mit Bezug auf das gute Leben insgesamt gut zu überlegen, im Unterschied zur *deinotês* an das Vorliegen der ethischen Tugenden bindet, passt nicht dazu, dass die *phronêsis* eine der *aretai* des intellektuellen Seelenteils ist und intellektuelle Vermögen zunächst hinsichtlich praktischer Ziele neutral sind.[17] Insofern bleibt die Unterscheidung von *phronêsis* und *deinotês* bedenklich. Und für die *phronêsis*, sofern sie den Aspekt der *pronoia*, der zeitlichen Planung des Lebens hat, scheint es auch phänomenal unangemessen, sie auf ethische Inhalte festzulegen.

Das sieht anders aus für diejenige *phronêsis*, die, wie man sagen könnte, Mimesisfunktion hat, d. h. für konkrete Handlungssituationen zu artikulieren hat, welche Handlung das *kalon* im jeweiligen Bereich weitestmöglich realisiert. Was diese metaphysische Fundierung der Ethik des Aristoteles angeht, in der das *kalon* letztlich das ewig Seiende ist (*MA* 700b33), der von allen Lebewesen geliebte, das Streben anziehende und so im Veränderlichen nachzuahmende unbewegte Beweger, ist die *phronêsis* inhaltlich gebunden und kann nicht an beliebigen Lebenszielen festgemacht werden. Hier ist zugleich klar, wie das rationale Streben nach der *eudaimonia* im Ganzen die *eupraxia* motivational zustande bringen kann – nach diesem mimetischen Modell ist *jede* menschliche Einzelhandlung, in der sich die *eupraxia* vollzieht, eine in sich, und d. h. um des *kalon* willen, gewollte (*EN* 1120a23 f.), eine Konkretisierung unseres

16 Zur Interpretation der Stelle s. auch Michael Woods, *Aristotle's Eudemian Ethics Books I, II and VIII*, Oxford 1982, S. 154, sowie Anthony Kenny, *Aristotle's Theory of the Will*, Oxford 1979, S. 83.

17 So auch Kenny, *Aristotle's Theory of the Will*, S. 85.

eidos in Nachahmung des Ewigen (1112b31 f.).[18] Das liegt wohl auch in der Aussage, wir seien Erzeuger unserer Handlungen wie von Kindern (1113b18).

Die Mäßigkeit erwies sich allerdings als Hilfstugend. Aber vielleicht kann man auch bei ihr ein Motiv finden, das mit der Realisierung des *kalon* zu tun hat. Versucht man, Kriterien des *kalon* zu bestimmen, dann liegen sie in der Ordnung (*taxis*) und Symmetrie (*Metaph.* 1078a31), die eine Handlung im Hinblick auf die zeitliche Einordnung und die Ordnung der Situationsfaktoren aufweist.[19] Das scheint beim Zurückhalten von schädlicher Lust etwas zu anspruchsvoll. Aber man könnte sagen, dass derjenige, der keine falschen Begierden hat, Ordnung in seiner Seele hat.

Warum aber besitzt dann der Beherrschte, dessen Seele ebenfalls so geordnet ist, dass er seine Begierden kontrollieren kann, und der genauso handelt wie der Mäßige, nicht die *aretê* der Mäßigkeit?[20] Seine Begierden sind ja nicht handlungswirksam. Sie sind nicht einmal Strebungen in dem Sinn, dass sie zum Handeln drängen. Nicht handlungswirksame affektive Widerstände gegen die *boulêsis* nach dem Guten gibt es auch bei Tugenden. So ist nach Aristoteles von gewöhnlichen Sterblichen nicht zu verlangen, dass sie in Todesgefahr keine Furcht empfinden. Der Tapfere empfindet diese Furcht, aber er folgt seinem Wunsch, das *kalon* zu realisieren.[21] Hingegen ist es, würde Aristoteles sagen, für den Menschen möglich, sich die Lust nach Süßigkeiten abzugewöhnen. Diese Argumentation ist nicht besonders überzeugend. Affekte und Begierden gehören nach Aristoteles zu unserer natürlichen Ausstattung und sind als solche nicht tadelnswert (*EN* 1105b29 f.). Die Frage ist vielmehr, wie man sich zu ihnen verhält. Die *aretê* liegt dort vor, wo jemand sich

18 Was die Realisierung des *kalon* angeht, ist im Übrigen die primäre Lebensform die der *theôria*, und gerade was deren Ermöglichung unter Bedingungen der Veränderlichkeit angeht, scheint wiederum die *pronoia* erforderlich, die überlegt, wann und wie lange *theôria* und wann eher *eupraxia* passend ist. Siehe dazu auch Nancy Sherman, *The Fabric of Character. Aristotle's Theory of Virtue*, Oxford 1989, S. 103.

19 Das erläutert John M. Cooper, »Reason, Moral Virtue, and Moral Value«, in: ders., *Reason and Emotion*, Princeton 1999, S. 253-280, hier S. 273 f.

20 Platon scheint beides nicht scharf zu trennen, so gebraucht er z. B. in *Gorgias* 491d10 f. beide Ausdrücke synonym.

21 Dass hier der Unterschied zwischen *aretê* und *enkrateia* zusammenbricht, vertritt Rosalind Hursthouse, *On Virtue Ethics*, Oxford 2001, S. 96.

nach der Überlegung richten kann, wo er eine Überlegungsdistanz zu ihnen hat. Und das trifft auf den Beherrschten zu. Dann scheint aber die Beherrschtheit in der Struktur nicht wirklich unterschieden von der Mäßigkeit zu sein.[22]

Vielleicht könnte man Aristoteles auf folgende Weise ergänzen. Der Beherrschte könnte jemand sein, der wie der Arzt oder Heerführer eine bestimmte Stellung im Staat hat und das damit verbundene *telos* für ein Gut hält, über das er Mittel-Zweck-Überlegungen anstellt.[23] Um solche langfristigen Aufgaben zu erfüllen, braucht er die Fähigkeit, unmittelbare sinnliche Lust und Unlust zu kontrollieren. Solange er in seiner Aufgabe nur ein partielles Gut sieht,[24] das er vielleicht auf Anordnung anderer ausführt, und nicht eine Weise, das Gut überhaupt in seinem Leben im Ganzen zu realisieren,[25] wird sich sein Leben darin nicht vollständig erfüllen und die sinnliche Lust entsprechend einen gewissen Wert für ihn behalten. Dasselbe gilt für jemanden, der ein anderes Lebensziel hat als die *eupraxia*, z. B. Reichtum oder Ruhm. Auch die Realisierung dieser Ziele erfordert *phronêsis* im Sinn von *pronoia* und daher eine Kontrolle der Begierden. Aber es handelt sich um Ziele, die der Handlung äußerlich und nicht wie die um ihrer selbst willen gewünschten Handlungen der *eupraxia* in sich erfreulich sind;[26] daher ist zu erwarten, dass für solche Menschen die Eindrücke des sinnlichen Genusses, der in sich erfreulich, wenn auch nur subjektiv gut ist, ihre Berechtigung behalten.

22 In der *Politik* nennt Aristoteles selbst wenn nicht die *enkrateia*, so doch die *karteria* auf einer Ebene mit der *andreia*. Beide, so erläutert er dort, seien Tugenden der Notwendigkeit, d. h. unter Umständen des Kriegs, die man eigentlich nicht wünscht und beseitigen will, erforderlich, würden aber in der Zeit der Muße überflüssig (1334a22).

23 Im Sinn von *EE* 1227a18 ff.

24 Vgl. Kenny, *Aristotle's Theory of the Will*, S. 79.

25 Er tut dann das im Staatsganzen Richtige, ohne aber, wie Price, *Mental Conflict*, S. 132, sagt, den vollständigen Wert der richtigen Option zu erfassen. Siehe dazu auch die Gegenüberstellung von ›Überlegen‹ *kata meros* und ›Überlegen‹ *pros to eu zên holôs* in *EN* 1140a27 f.

26 Diese Eigenart des guten Handelns betonen (auch im Kontext der *kakia*) Irwin, »Vice and Reason«, S. 85, und Sherman, *The Fabric of Character*, S. 116.

Dafür, dass Aristoteles Mäßigkeit und Beherrschtheit unterscheidet, mag noch ein weiterer Grund eine Rolle spielen, der deutlicher wird, wenn wir uns die Behandlung des Schlechten ansehen. Der Schlechte überhaupt ist für Aristoteles gerade der Unmäßige. Dieser wird von ihm zweideutig beschrieben.

Teils ist der Schlechte für ihn jemand, der alles Angenehme begehrt und von der *epithymia* gelenkt wird, dieses statt anderer Dinge zu wählen (1119a2), obwohl er nicht unmäßig sein will (1119a31 ff.).[27] Dann würde er sich immer so verhalten, wie es der *akratês* manchmal tut. Auf der anderen Seite heißt es, der Unmäßige handle nach dem Prinzip, immer die verfügbare Lust zu verfolgen (1146b22 f.), und dies auch dann, wenn keine *epithymia* vorhanden ist (1148a17 f.). Ein solcher rationaler Lustmaximierer hat eine *boulêsis* mit Bezug auf das Lebensganze, wenngleich ihm etwas Falsches, nämlich die Lust, als Gut erscheint (1113a34 f.). Auch die Aussage, er wolle die Unmäßigkeit und bereue anders als der Unbeherrschte sein Tun nicht, gehört in dieses Bild (1150b29 f.).

In den Ausführungen über die Freundschaft mit sich selbst in *EN* IX 4 hingegen wird der Schlechte dem Unbeherrschten angenähert: Wie beim Unbeherrschten unterscheiden sich auch bei ihm die *epithymia* nach dem unmittelbar sinnlich Angenehmen und die *boulêsis* nach dem, was gut für ihn ist (1166b7 f.), und wie dieser bereut er nachträglich sein Tun. Die *boulêsis* nach dem Guten scheint aber hier den Sinn eines bloßen Wünschens ohne *orexis*-Aspekt zu haben, da sie mit der *doxa* gleichgesetzt wird (1166b8 f., ähnlich 1112a10), die nicht praktisch ist. Beim *akratês* dagegen muss diese *boulêsis* zeitweise einen Handlungsbezug haben, wenn denn die *akrasia* nur eine intermittierende Schlechtigkeit ist (1150b34).

Aber warum bereut der Schlechte sein Tun, wenn er nach dem bisherigen Bild (z. B. in *EN* III 6) die sinnliche Lust für gut hält und sich jeweils dafür entscheidet, sie zu wählen? Wie kann ihm aufgrund seines Charakters immer die Lust als das Gut für den Menschen erscheinen, er aber zugleich etwas anderes für gut halten und wünschen? Ich glaube nicht, dass dieser Widerspruch sich auf-

27 Die Formulierung *epithymei* ist allerdings merkwürdig, da dieses Wort einzelne sinnliche Begierden bezeichnet und auf das Haben von Charaktereigenschaften eher nicht passt.

lösen lässt.[28] Vielmehr lassen sich weitere Stellen anführen, die das aristotelische Bild des Schlechten als konfus erweisen. Zum Beispiel die Behandlung der Unbeherrschtheit im übertragenen Sinn in Buch VII 6. Hier wird, nachdem sich Aristoteles in Buch III-V große Mühe gemacht hat, in allen Handlungsbereichen Tugenden und Laster zu benennen, erklärt, genau genommen sei nur die Unmäßigkeit eine echte Schlechtigkeit, während das Übermaß in den anderen Bereichen, etwa wo es um Reichtum, Ehre oder Sieg gehe, nicht so schlimm sei, da es sich um das Übertreiben in Dingen handle, die im Prinzip menschliche Güter darstellten. Es mag für uns durchaus befremdlich erscheinen, dass es z. B. weniger schlecht sein soll, durch Bestechung Reichtum zu erwerben, als zu viele Süßigkeiten zu essen.[29] Der Grund für diese seltsame Auffassung ist wohl, dass sinnliche Begierden nicht zum spezifisch Menschlichen gehören, sondern wir sie mit den anderen Tieren gemeinsam haben, dass sie also niedrig sind.

3. Fazit

Das Bild, das Aristoteles vom Leben in der Suche nach sinnlicher Lust zeichnet, ist also nicht konsistent ausgearbeitet, und ebenso wenig gewinnt die Figur des *enkratês* scharfe Konturen. Einige Erklärungen dafür zeichnen sich jetzt ab.

Ein Problem war, dass bei Aristoteles eine klare Unterscheidung

28 Darin folge ich Kenny, *Aristotle's Theory of the Will*, S. 74, und Julia Annas, »Plato and Aristotle on Friendship and Altruism«, in: *Mind* 86 (1977), S. 532-554, hier S. 554. Annas schließt daraus auf eine frühere Abfassung der Freundschaftsabhandlung. Diese Annahme trägt aber nichts bei, weil die Konzeption des Schlechten für Aristoteles insgesamt ein Problem darstellt, das er nirgends wirklich löst. Der neueste Lösungsversuch, wonach die widersprüchliche Beschreibung gerade die Phänomene bewahre, indem die Beschreibung in Buch IX den Schlechten menschlicher mache, weil der durch und durch Schlechte, der keine Reue kennt, in die Nähe der tierischen Rohheit rücke und für uns eine Art Monster darstelle, scheint nicht überzeugend (David Roochnik, »Aristotle's Account of the Vicious: A Forgivable Inconsistency«, in: *History of Philosophy Quarterly* 24 (2007), S. 207-220, hier S. 214-218), denn zu Beginn von *EN* VII unterscheidet Aristoteles ja deutlich genug zwischen dem Unbeherrschten, dem Schlechten und dem Monster.

29 So auch Broadie, *Ethics with Aristotle*, S. 269.

zwischen Hilfstugenden und eigentlichen ethischen Tugenden fehlt. Erstere enthalten kein inhaltliches Ziel, das sich in Tätigkeiten äußert, die in sich Freude machen, und entsprechend schwierig ist die Erklärung ihrer motivierenden Kraft.

Die Mehrseitigkeit des *phronêsis*-Begriffs stellt ein weiteres Problem dar. Die *phronêsis* enthält erstens die *deinotês*, die Fähigkeit, mit Bezug auf beliebige Ziele zweckrational zu überlegen. Hier entspricht sie ungefähr der Überlegungsstruktur der *technê*, die von gegebenen Zielen ausgeht. Zweitens hat sie die Funktion der *pronoia*, die für die zeitliche Planung des Lebens zuständig ist. Diese geht über die bloße Zweckrationalität hinaus. Denn das zeitliche Leben des Individuums ist nicht wie ein *technê*-Produkt als abgeschlossene Ganzheit vorgegeben. Die Lebensdauer ist ebenso offen wie die künftigen äußeren Bedingungen. Daher bedarf die Beurteilung der Frage, was man wann tun soll, nicht nur technischen Wissens, sondern der Urteilskraft und Lebensweisheit. Im Kontext der Hilfstugenden hat die *phronêsis* diesen Aspekt der *pronoia*; sie muss falsche Schätzungen der Lust verhindern, Rationalisierungen durchschauen, das künftige Wohl geltend machen. Die *pronoia* kann man ausüben auch ohne die Charaktertugenden. In deren Realisierung hat die *phronêsis* eine dritte Bedeutung, nämlich das Ziel, das in einer Tugend enthalten ist, ihr spezifisches *kalon*, mit Bezug auf die Situationsbedingungen zu artikulieren bzw. zu konkretisieren.

Der Mehrseitigkeit der *phronêsis* entspricht die schwankende Verwendung des Begriffs der *boulêsis*, des Wunsches. Die *boulêsis* ist im Kontext der Tugenden eine Art dispositioneller Wunsch nach dem spezifischen Gut oder *kalon* einer jeweiligen Praxis. Wie ich zu zeigen versuchte, müsste Aristoteles jedoch – ohne metaphysische Interpretationen des Mensch-Tier-Unterschiedes und der Einheit des Lebens – bemerken, dass die Hilfstugenden als Gegenkraft zur Begierde und zur Trägheit die Annahme einer *boulêsis* erfordern, die *nicht* bereichsspezifisch ist, sondern auf das Gelingen des eigenen Lebens im Ganzen geht. Wenn diese *boulêsis* unspezifisch und inhaltlich offen ist, erklärt sich, dass ihre Motivationskraft dünner ist als die der Wünsche von tugendspezifischen Gütern und es zu Phänomenen wie *akrasia* kommen kann.

Ähnlich müsste Aristoteles die *phronêsis* so fassen, dass sie nicht an die ethische *aretê* gebunden bleibt. Denn sie hat im Kontext der Beherrschtheit z. B. abzuwägen zwischen sinnlichem Genuss und anderen gewünschten Gütern, die nicht die *eupraxia* zu sein brauchen. Diese Funktion der Abwägung und zeitlichen Ordnung hat sie auch mit Bezug auf die beiden Formen der *eudaimonia*, die Aristoteles vorschlägt, das theoretische und das ethische Leben. So sagt Aristoteles ja in *EN* VI 13, die *phronêsis* stehe im Wert unter der Weisheit, ordne aber alles zu ihrer Ermöglichung an. Doch wie beide in einem Leben zu verteilen sind, darüber erfährt man nichts.[30] Die Güterabwägung und zeitliche Ordnung der Güter lässt sich weder durch die *phronêsis* qua *technê*-Vernunft noch durch die *phronêsis* qua Fähigkeit zur Konkretisierung der Inhalte der Tugenden leisten.[31] Am ehesten weist der Begriff der *pronoia* in eine solche Richtung, wird aber von Aristoteles nicht so entwickelt.

In der Sache bleiben zwei Fragen. Erstens: Wie könnte man einen Begriff der Klugheit mit Bezug auf das eigene Leben im Ganzen fassen, der alle drei Aspekte der aristotelischen *phronêsis* und vielleicht noch andere, die hier fehlen, umfasst? Zweitens: Wie wird beim Beherrschten die *phronêsis* qua *pronoia* handlungswirksam bzw. wie motiviert die unspezifische *boulêsis?* Was die zweite Frage betrifft: Vielleicht kann man das letztlich gar nicht erklären. Vielleicht treffen Auffassungen zu, die besagen:[32] Dass wir in gewissem Maß strukturierende Ziele haben, ist von Natur aus so, und ohne diese Annahme könnten wir uns und andere nicht verstehen. Auf die erste Frage habe ich vorläufig keine Antwort.[33]

30 Darauf weist bereits John Lloyd Ackrill, »Aristotle on Eudaimonia«, in: Amélie Oksenberg-Rorty (Hg.), *Essays on Aristotle's Ethics*, Berkely 1980, S. 15-33, hier S. 31-33, hin.

31 Auf ähnliche Mängel des aristotelischen Begriffs der *phronêsis* weisen Sherman, *The Fabric of Character*, S. 103, und Höffe, *Lebenskunst und Moral*, S. 164, hin. Mit den Problemen des *phronêsis*-Begriffs beschäftige ich mich ausführlicher in Ursula Wolf, »Warum Aristoteles keine einheitliche Konzeption der praktischen Überlegung hat«, in: Klaus Corcilius, Christof Rapp (Hg.), *Beiträge zur aristotelischen Handlungstheorie*, Stuttgart 2008, S. 123-129.

32 Z. B. Philippa Foot, *Natural Goodness*, Oxford 2001; Julian Nida-Rümelin, *Strukturelle Rationalität*, Stuttgart 2001.

33 Für eine kritische Lektüre des Manuskriptes danke ich Anna Schriefl sowie Kathi Beier, Susanne Herrmann-Sinai und Christian Kietzmann.

Das Wunsch-Meinungs-Modell und die Kontroverse zwischen Externalisten und Internalisten

1. Das Wunsch-Meinungs-Modell

Die vermutlich immer noch am häufigsten vertretene, zumindest von ihren Gegnern als Standardauffassung bezeichnete Konzeption menschlicher Handlungen hat ungefähr folgende Form:[1] Eine Person P hat einen bestimmten Wunsch und überlegt, wie dieser zu realisieren, d. h. in durchführbare Handlungen herunterzubrechen ist. Die resultierende Meinung und der Wunsch führen zusammen zur Handlung, wobei die motivierende Seite der Wunsch ist. Meinungen allein können nach dieser Auffassung niemals eine Handlung in Bewegung setzen. Da Hume ein prominenter Vertreter der These ist, dass die Vernunft nur die Sklavin unserer Antriebe bzw. Wünsche ist und selbst niemals bewegen kann, bezeichnet man dieses Modell als Humesches Modell.[2] Wichtig für Hume ist, dass zwischen Wunsch und Handlung ein kausaler Zusammenhang besteht. Er betrachtet daher den Wunsch als Motiv, als Bewegursache der Handlung, nicht als Grund.

Aus der Sicht des Handelnden allerdings müssen die Motive mit den Gründen verknüpft sein. Denn der Handelnde überlegt, was zur Realisierung seines Wunsches beiträgt, und die Überlegung bezieht sich auf Gründe. Der Vorteil dieses Modells ist, dass es ohne Weiteres den handlungsleitenden Aspekt praktischer Gründe verständlich machen kann. Die Handlung ist hier intern mit der praktischen Überlegung bzw. den Gründen der handelnden Person verknüpft. Wenn diese Gründe einfach durch Überlegung gewonnene Präzisierungen unserer Wünsche oder Mittel zur Realisierung unserer Wünsche sind, zu dem, was wir subjektiv als Individuen wollen, dann überträgt sich dieses Wünschen auf den Grund, und entsprechend bleibt die Motivationskraft des Wunsches erhalten (vorausgesetzt, die handelnde Person ist rational und in der Situa-

1 Für eine Darstellung der Standardposition siehe u. a. Julian Nida-Rümelin, *Strukturelle Rationalität*, Stuttgart 2001, Kapitel 1.

2 Was Hume genauer gemeint hat, ist hier nicht Thema; es geht nur um einen bestimmten Theorietyp, der mit seinem Namen bezeichnet wird.

tion nicht von Willensschwäche befallen). Man bezeichnet diese Konzeption als Internalismus mit Bezug auf die Stellung praktischer Gründe.[3] Der Wunschbegriff ist dabei nicht eng zu verstehen, sondern wie bei Davidson im Sinn einer Pro-Einstellung zu einem Sachverhalt.

Dieses Modell scheint auf den ersten Blick plausibel. Denn wie soll man das Zustandekommen einer Handlung anders erklären als dadurch, dass ihr eine geeignete Motivation vorausgeht? Ohne einen intern mit der Handlung verbundenen Wunsch scheint man sich das schwer vorstellen zu können. Dennoch ist dieses Modell nicht unangefochten. Seine Gegner behaupten, Handeln könne auch von Überzeugungen in Gang gesetzt werden, denen keine Motive der Person entsprechen. Sollten solche externalistisch zu verstehenden Handlungen in der Tat möglich sein, dann wäre das Humesche Modell wenn nicht unangemessen, so auf jeden Fall nicht zureichend. Um das zu entscheiden, muss man sich ansehen, was genau der Externalismus besagt.

2. Internalismus und Externalismus

Obwohl die Unterscheidung bereits in den 1940er Jahren aufgekommen und der Sache nach älter ist, ist der Bezugspunkt der heutigen Debatte meist Bernard Williams' grundlegender Aufsatz »Interne und Externe Gründe«, der eine Verteidigung des Internalismus und eines modifizierten Humeschen Handlungsmodells enthält. Williams beginnt mit dem Hinweis auf die Möglichkeit, dass sich ein und dieselbe Handlung von innen oder von außen betrachten lässt. Dazu verwendet er folgendes Beispiel:[4] Die Person P möchte einen Gin Tonic trinken. Wie sie weiß, muss sie dazu Gin und Tonic Water mischen. Außerdem meint sie, dass vor ihr auf der Theke in der einen Flasche Gin, in der anderen Tonic Water

3 So die Definition bei David Brink, *Moral Realism and the Foundation of Ethics*, Cambridge 1989, S. 38. Ähnlich Julius Schälike, *Wünsche, Werte und Moral. Entwurf eines handlungstheoretischen Internalismus*, Würzburg 2002, S. 13.

4 Bernard Williams, »Internal and External Reasons«, in: Williams, Bernard, *Moral Luck*, Cambridge 1981, S. 101-113; dt.: »Interne und externe Gründe«, in: Stefan Gosepath (Hg.), *Motive, Gründe, Zwecke*, Frankfurt/M. 1999, S. 105-120, dort S. 106 f.

ist. Nehmen wir jetzt der Einfachheit halber an, dass zu diesem Zeitpunkt keine anderen Wünsche entgegenstehen, dann werden, so das Standardmodell, der Wunsch und die Meinung die erforderliche Handlung, hier das Ergreifen der beiden Flaschen und Eingießen der beiden Flüssigkeiten in ein Glas, in Gang setzen.

Nun ist in der Flasche, in welcher der Handelnde Gin vermutet, in Wirklichkeit Benzin. Nehmen wir an, dass die Person keinerlei Anlass hat zu vermuten, dass zwischen die Getränkeflaschen eine Benzinflasche geraten ist, dass sie also auf der Basis der für sie verfügbaren Informationen rational handelt. Wir müssen daher, so Williams, unterscheiden zwischen der Frage, ob es für die Person Gründe gibt, die Handlung zu tun, d.h., ob die Person aus ihrer Perspektive Gründe für die Ausführung der Handlung hat, und der Frage, ob es gute Gründe dafür gibt, dass die Person die Handlung tut. Die Person *hat einen Grund*, den Inhalt des Glases zu trinken, weil sie ihn für Gin Tonic hält. Aber ein Beobachter, der von den ausgetauschten Flaschen weiß, kann sagen, dass es *für die Person keinen Grund gibt*, den Inhalt zu trinken, bzw. jeden Grund gibt, ihn nicht zu trinken. Die erste, interne Frage sucht, so wird gesagt, nach der Erklärung der Handlung, nach den *motivierenden* Gründen, die zweite, die externe Frage, sucht nach guten Gründen,[5] anders ausgedrückt, nach *rechtfertigenden*[6] *oder normativen*[7] *Gründen für die Handlung. In diesem externen Sinn wird der Satz, dass A einen Grund* hat, eine Handlung H zu tun, nicht falsch, wenn A im internen Sinn kein *Motiv* (nicht den Wunsch) hat, entsprechend zu handeln.[8]

Interne und externe Gründe in diesem Sinn sind zunächst nicht getrennte Klassen von Gründen,[9] sondern gehören in verschiedene Kontexte oder Blickwinkel der Beurteilung. »Intern« heißt, dass die Handlung von innen, aus der Perspektive der ersten Person betrachtet wird, »extern«, dass sie von außen, vom Standpunkt eines Beobachters betrachtet wird. Williams weist auf, dass es in dieser Bedeutung einen Übergang zwischen den beiden Blickwinkeln gibt

5 So z.B. G.F. Schueler, *Desire. Its Role in Practical Reason and the Explanation of Action*, Cambridge/Mass. 1995, S. 46 f.

6 E. J. Bond, *Reason and Value*, Cambridge 1983, S. 28.

7 So formuliert Jonathan Dancy, *Practical Reality*, Oxford 2000, S. 1.

8 So die Formulierung bei Bernard Williams, »Interne und externe Gründe«, S. 105.

9 Wie Dancy, *Practical Reality*, S. 20, für die Unterscheidung generell behauptet.

und der Hinweis auf rechtfertigende Gründe nicht zu einer Widerlegung des Internalismus der Handlungserklärung führt. Die rechtfertigenden oder guten Gründe kann auch der Handelnde anerkennen, wenn er auf sie aufmerksam wird oder von anderen auf sie hingewiesen wird, und er muss sie anerkennen, wenn er praktisch rational ist. Diese Differenzierung ist mit dem Humeschen Modell vereinbar, solange ein Fall vorliegt, in dem die zunächst von außen kommenden Gründe auf einen Wunsch im Handelnden treffen, an den sie, vermittelt durch die praktische Überlegung, »andocken« können und der ihnen Motivationskraft verschaffen kann, wenn also, in der Formulierung von Williams, gilt: »Wenn der Handelnde vernünftig überlegte, dann würde er [...] dazu gelangen, motiviert zu sein zu φ-en«.[10]

Häufiger allerdings wird mit »Externalismus« die Position bezeichnet, dass es bestimmte Arten von Gründen gibt, die für den Handelnden nicht zugleich auch aufgrund ihres Gehalts Motive darstellen. Das soll insbesondere für moralische Gründe gelten; in Bezug auf diese ist die Unterscheidung zwischen internen und externen Gründen ursprünglich aufgekommen.[11] Die Moral verlangt, dass wir unsere eigenen Wünsche und Interessen mit Rücksicht auf die Interessen anderer einschränken, und es könnte dann sein, dass eine solche Einschränkung gegen unsere Wünsche und Motive ist. Anders gesagt: Die Frage »Soll ich die Handlung H tun?« könnte zu bejahen sein, wenn das »soll« den Sinn der moralischen Verpflichtung hat, aber zu verneinen, wenn es im Sinn des sogenannten prudentiellen »soll« der praktischen Überlegung, das heißt des »es ist gut für mich«, gemeint ist.[12] Strittig ist also, ob die moralische Motivation intern in der moralischen Verpflichtung enthalten ist oder nicht. Wenn sie es nicht zu sein braucht, dann wäre das, die Möglichkeit moralischen Handelns vorausgesetzt, ein schlagendes Argument gegen das Humesche Modell. Handlungen könnten dann

10 Williams, »Interne und externe Gründe«, S. 115.

11 Siehe W. D. Falk, »›Ought‹ and Motivation«, *Proceedings of the Aristotelian Society* N. S. 48 (1947-48), S. 492-510.

12 Für die frühe Diskussion siehe William K. Frankena, »Obligation and Motivation in Recent Moral Philosophy«, in A. I. Melden (Hg.), *Essays in Moral Philosophy*, Seattle 1958, S. 40-81, der die Unterscheidung zwischen den beiden Bedeutungen von »soll«, die er die moralische und die motivationale nennt, hervorhebt (S. 44).

auch durch eine Meinung allein, nämlich eine Wertüberzeugung, hervorgerufen werden[13] oder aber durch eine Wertüberzeugung und einen Wunsch, der nicht zur geforderten Handlung als solcher motiviert, sondern ihrem moralischen Gehalt äußerlich ist.[14]

Williams diskutiert diesen Angriff auf den Internalismus anhand eines Beispiels aus einer Erzählung von Henry James:[15] David Owen wird von seinem Vater gedrängt, ins Heer einzutreten, weil die Familienehre das verlange. Er hat aber keinerlei Motivation dazu, und alle seine Wünsche gehen in eine andere Richtung. Dennoch kann der Vater sinnvoll den moralischen Satz äußern, dass er so handeln solle, dass es richtig sei, so zu handeln. Nehmen wir jetzt an, der Sohn übernimmt diese Meinung und tut am Ende, was der Vater von ihm erwartet. Das scheint ein klares Beispiel gegen den Internalismus mit Bezug auf moralisches Handeln zu sein. Dann bleibt zu fragen, ob der Externalist ein Gegenmodell dafür liefern kann, wie sich dieses Verhalten verständlich beschreiben lässt. Was diese Beschreibung angeht, gibt es zwei Möglichkeiten, (i) den Verweis auf externe Motive, (ii) die These, dass moralische Gründe auch ohne weitere Motive zum Handeln führen.

(i) Die im engeren Sinn externalistische Position besagt, dass moralische Gründe nicht in sich motivieren, kraft ihres moralischen Gehalts, dass sie aber durch Gründe, die ihnen extern sind, wirksam werden, im Beispiel etwa durch die Angst vor dem Groll des Vaters oder vor dem Verlust der sozialen Stellung oder was immer. Diese Gründe sollen extern sein, insofern sie auf kontingenten psychologischen Tatsachen über die handelnde Person beruhen, die allerdings zugleich tief und weitverbreitet sind.[16] Wenn aber eine solche Tatsache, die genauer im Vorliegen eines prudentiellen Grundes zum moralischen Handeln bestehen muss, erforderlich ist, um das Zustandekommen moralischer Handlungen zu erklären, dann verschiebt sich das Problem nur um eine Ebene. Wir brauchen, wie Williams es ausdrückt, ein psychologisches Bindeglied, welches das Wirksamwerden externer Begründungssätze erklärt. Wenn Moral praktisch und möglich sein soll, kann dieses m. E. auch nicht einfach in einem zufälligen externen Motiv be-

13 Dancy, *Practical Reality*, S. 13.

14 Brink, *Moral Realism and the Foundation of Ethics*, S. 49.

15 Williams, »Interne und externe Gründe«, S. 111.

16 Brink, *Moral Realism and the Foundation of Ethics*, S. 49.

stehen, sondern muss ein durchgängig mit der Moral verknüpftes Motiv sein. Dann gehört dieses zwar vielleicht nicht zum Sinn des »soll« der Verpflichtung, wenn wir dieses extern interpretieren, aber doch zum Sinn von »Moral«, und die Plausibilität des Internalismus bliebe erhalten.

Wie diese Überlegung zeigt, ist die Debatte um den Amoralisten, auf den sich der moralphilosophische Externalismus konzentriert, in der Tat konfus. Sie geht von einem ungeklärten Moralverständnis aus, indem sie annimmt, dass Moral vollständig in Sollsätzen oder Wertsätzen aufgeht. In Wirklichkeit ist Moral ein komplexes Phänomen, zu dem soziale Geltungsmechanismen und affektive Verankerung ebenso wesentlich gehören wie inhaltliche Wertsetzungen. Die Frage, warum man einer bestimmten inhaltlichen Wertsetzung folgen soll, David Owens Frage, ob er ins Heer eintreten soll, kann nur eine Urteilsfrage sein, die diesen bestimmten moralischen Inhalt betrifft. Nehmen wir jetzt an, er bejaht diese Frage trotz seiner gegenläufigen Wunschlage, dann braucht er, um entsprechend zu handeln, zuerst ein Motiv. Nehmen wir weiter an, das Motiv bestünde in der Angst, dass der Vater ihn enterbt, also einem moralexternen Motiv. Würde er aus diesem Motiv handeln, würde man sicher nicht sagen, dass er aus Moral handelt. Das wäre anders, wenn er den Groll des Vaters vermeiden bzw. seine Anerkennung erhalten will. Denn Groll ist keine externe Sanktion, sondern ein moralischer Affekt, der intern zur Moral gehört, und Anerkennung ist nicht ein gegenüber der Moral externes Ziel, sondern ein ihr immanentes.

An dieser Stelle könnte man im Prinzip die prudentielle Frage stellen, warum man an diesem System wechselseitiger Anerkennung teilnehmen will, warum man überhaupt moralisch sein soll.[17] Dieses »soll« ist das prudentielle »soll«, das nun in der Tat nach einem Grund zum Moralischsein überhaupt fragt, welcher mit Bezug auf die Moral extern ist, aber, da ein Motiv für den Fragenden gesucht ist, sich die Moral zu eigen zu machen, für diesen gerade intern ist. Ob man Moral überhaupt so verstehen kann, ob man nicht sagen muss, dass für diejenige Person, die wirklich aus Moral handelt, schon die moralischen Inhalte als solche motivierend sein müssen, kann hier offenbleiben. Wenn man aber das moralische Sollen, was

17 Z. B. Ernst Tugendhat, *Vorlesungen über Ethik*, Frankfurt/M. 1993, S. 85-91.

denkbar ist, extern versteht, dann kann man nicht die Frage nach den richtigen inhaltlichen Normen (externe moralische Wertsätze) und die Frage der moralischen Motivation (interne Überlegung) verschleifen. Vielmehr muss man sehen, dass jemand, der externe inhaltliche moralische Normen befolgt, dies auf der Grundlage dessen tut, dass sie zu einem akzeptierten moralischen Standpunkt gehören, den er im Sinn der prudentiellen Frage bereits bejaht hat, sodass diese Bejahung die motivationale Bindung beisteuert.

(ii) Nehmen wir an, David Owen handelt nicht aus Motiven, die den sozialen moralischen Rahmen betreffen, sondern er kommt dahin, die inhaltliche Richtigkeit der moralischen Meinung des Vaters einzusehen, und diese Wertüberzeugung selbst führt zu seiner Handlung. Dem Internalismus zufolge muss das bedeuten, dass er durch Reflexion auf seine faktischen Motive herausfindet, dass die Wertaussage sich aus ihnen ergibt.[18] Dem Externalismus zufolge ist es einfach der Fall, dass wir dank vernünftiger Einsicht handeln können und nicht nur aufgrund von Wünschen. Der Externalismus mit Bezug auf die Handlungserklärung verbindet sich daher gewöhnlich mit dem moralischen Realismus oder Naturalismus:[19] Was Werte bzw. gute Gründe zum Handeln sind, steht unabhängig von den Wünschen des Individuums fest. Die Einsicht, dass etwas objektiv gut ist, erklärt gerade die handlungsleitende Kraft moralischer Gründe.[20] Wir sind gemäß unserer Natur einfach Wesen, die moralisch handeln, und würden wir das nicht tun, läge ein Rationalitätsdefekt vor.[21] Wenn aber moralische Werte ohne weitere

18 Auch McDowells Externalismus läuft m. E. am Ende auf einen Internalismus dieser Art hinaus. Er meint, die Person könne, wenn wir ihr Anfangsmotive unterstellen, die nicht zu der Wertmeinung führen, z. B. durch eine Art Bekehrung, zur richtigen Bewertung und Handlung kommen. Aber das heißt ja, dass die Handlung nicht unmittelbar durch den externen Grund zustande kommt, sondern dass zuerst dieser externe Grund in den Charakter der Persönlichkeit integriert wird und erst dann die entsprechende Handlung möglich wird. John McDowell, »Might There Be External Reasons?«, in: John McDowell, *Mind, Value and Reality*, Cambridge/Mass. 1998, S. 95-111, dort S. 107.

19 Für die möglichen Zusammenhänge zwischen Externalismus bzw. Internalismus und moralischem Realismus siehe Brink, *Moral Realism and the Foundation of Ethics*, S. 38-42.

20 Wiederum Brink, *Moral Realism and the Foundation of Ethics*, S. 78, der also eine Überdetermination anbietet, was verdächtig scheint.

21 So Philippa Foot, *Natural Goodness*, Oxford 2001, S. 18, S. 23.

Wünsche das Handeln leiten können, kann der Internalismus nicht zutreffen und ebenso wenig das Wunsch-Meinungs-Modell.

Nun spielt natürlich auch hier ein Wunsch, oder allgemeiner eine Pro-Einstellung, eine Rolle, damit eine Handlung zustande kommen kann. Denn eine Wertaussage kann nicht als solche eine Handlung in Gang setzen, sondern vielmehr erst dann, wenn der Handelnde sie sich praktisch zu eigen macht, also eine Pro-Einstellung zu ihr einnimmt. Dem kann man durch eine Unterscheidung zwischen zwei Arten von Wünschen Rechnung tragen, die Thomas Nagel so eingeführt hat, dass er sie als unmotivierte und als motivierte Wünsche bezeichnet.[22] Unmotivierte Wünsche sind solche, die wir faktisch haben oder die uns überkommen. Motivierte Wünsche sind solche, die sich aus praktischer Überlegung ergeben können, die wir also nachträglich bilden. Hier trägt der Verweis auf den Wunsch nichts zur Handlungserklärung bei, weil sich motivierter Wunsch und Handlung aus den gleichen Prämissen herleiten. Für die externalistische Interpretation der Handlung von David Owen heißt das: Es ist möglich, dass er die moralische Richtigkeit der vom Vater geforderten Handlung erkennt, eine motivierte Pro-Einstellung ausbildet und die Handlung ausführt. Er ist dabei erst sekundär und nicht im gewöhnlichen Sinn motiviert, entsprechend zu handeln. Er ist dadurch sekundär motiviert, dass er sich das moralische Urteil zu eigen macht.[23]

Dass es motivierte Wünsche gibt, wird auch von heutigen Vertretern des Internalismus nicht bestritten. So ergänzt Williams das Humesche Modell durch einen anspruchsvolleren Begriff der praktischen Überlegung, dem zufolge diese nicht auf Mittel-Zweck-Überlegungen beschränkt ist, sondern auch unsere unmotivierten Wünsche im Verbund mit unseren Überzeugungen reflektieren kann.[24] Auf diese Weise können sich dann auch motivierte Wün-

22 Thomas Nagel, *The Possibility of Altruism*, Oxford 1970, S. 29; deutscher Auszug in Gosepath (Hg.), *Motive, Gründe, Zwecke*, dort S. 148.

23 So die Beschreibung des Externalisten bei Achim Lohmar, »Deliberation, moralisches Urteil und Indifferenz«, in: *Zeitschrift für philosophische Forschung* 61 (2007), S. 459-483, dort S. 460.

24 Vgl. auch Christine M. Korsgaard, »Scepticism about Practical Reason«, in: *Journal of Philosophy* 83 (1986), S. 5-25; dt.: »Skeptizismus bezüglich praktischer Vernunft«, in: Stefan Gosepath (Hg.), *Motive, Gründe, Zwecke*, Frankfurt/M. 1999, S. 121-145, dort S. 139 f.

sche ergeben. Dass hingegen die moralischen Handlungsgründe einer Person und ihre unmotivierten Wünsche, wie es die externalistische Beschreibung des Beispiels annimmt, ganz auseinanderfallen können, scheint schwer nachvollziehbar. Der Externalist muss ja erläutern können, wie David Owen dazu kommt, sich das moralische Urteil praktisch zu eigen zu machen. Dazu müsste er zeigen, wie für den Handelnden, ausgehend von seiner früheren Motivationslage, der neue motivierte Wunsch auf rationalem Weg erreicht werden kann.

Nach den Prämissen des Externalismus ist keine Motivation erforderlich, die dem Handelnden als Ausgangsbasis dient, um die neue Motivation zu erlangen, weil sonst ja ein interner Begründungszusammenhang gegeben wäre.[25] David Owen kann aber nur durch Reflexion auf seine Motivationslage dahin kommen zu erkennen, dass er die vom Vater gewünschte Option realisieren sollte. In diesem Fall werden die vorhandenen subjektiven Wünsche reflektiert; es bleibt also eine internalistische Motivation vorhanden. Der Hinweis auf das moralische Urteil, das besagt, dass die Handlung wertvoll ist,[26] führt allein nicht weiter. Denn man kann fragen, wieso man aufgrund einer solchen Meinung handeln sollte, solange einen dieser Wert nicht etwas angeht, und das heißt ja, solange er nicht mit den eigenen Motiven Berührung hat.[27] Ohne Rückbindung des praktischen Überlegungswegs an das Subjekt erscheint das unverständlich.[28]

Dann sind wir entweder wieder bei (i), wonach moralisches Handeln auf externen Gründen beruhen soll, und können dagegen festhalten, dass der Internalismus am Ende Recht behält, weil wir die moralische Handlung nur auf der Basis einer (eventuell impli-

25 Williams, »Interne und externe Gründe«, S. 115.

26 Er findet sich bei Brink, *Moral Realism and the Foundation of Ethics*, S. 78 f.

27 Nick Zangwill, »Externalist Moral Motivation«, in: *American Philosophical Quarterly* 40 (2003) S. 143-154, versucht, den Externalismus so zu verteidigen, dass er auf den Wunsch, dass dem Handelnden an der Moral liegt, als moralexternen Wunsch verweist. Einzelne moralische Urteile würden dann durch Mittel-Zweck-Überlegungen darüber begründet, wie sich dieses Ziel erreichen lässt.

28 Vgl. Williams, »Interne und externe Gründe«, S. 112. Scanlon, der nach einigem Schwanken eine externe Position favorisiert, beschreibt eine möglichst starke internalistische Auffassung so, dass diese nicht die Gründe, *reasons*, sondern den Begründungsvorgang, das *reasoning*, betrifft. Siehe Thomas Scanlon, *What We Owe to Each Other*, Cambridge/Mass. 1998, S. 368.

ziten) motivationalen Übernahme eines moralischen Standpunkts erklären können. Oder aber der Externalismus reitet jetzt eine weiter gehende Attacke und bestreitet die Gültigkeit des internalistischen Handlungsmodells nicht nur für die Moral, sondern auch für das Eigeninteresse.[29] Auch wo es um das eigene Leben geht, so die These, kommt es vor, dass wir nach Gründen handeln, ohne entsprechende Wünsche oder Motive zu haben. Betrachten wir eine Person, die mit der Wahl zwischen einer Karotte und einem Stück Schokolade konfrontiert ist. Sie überlegt, dass die Karotte gesünder ist und dass es vernünftig ist, gesund zu leben, entscheidet sich daher für die Karotte, aber ohne jedes Verlangen nach ihr zu verspüren und ohne hier und jetzt einen Wunsch zu verspüren, gesund zu leben.[30]

Aber muss der Internalist das behaupten? Er könnte z. B. auf den dispositionellen Charakter mancher Wünsche verweisen.[31] Weiterhin darauf, dass wir nicht nur punktuelle Wünsche und nicht nur Dispositionen zu punktuellen Wünschen haben, dass wir als Menschen nicht einfach Intentionen und Wünsche realisieren, was vielleicht auch höhere Tiere können, sondern langfristige Lebenspläne verfolgen, die wir ständig entwerfen, ausführen und revidieren.[32] Außerdem darauf, dass wir Teilnehmer an Formen der sozialen Praxis sind, die komplexe Ziele enthalten.

Es fällt auf, dass der Internalist und der Externalist hier beide von der Unterstellung der Rationalität des Handelnden Gebrauch machen. Der Externalist verweist auf die Vernünftigkeit der Berücksichtigung des künftigen Eigeninteresses und der moralischen Berücksichtigung der Interessen anderer und erklärt Abweichungen davon aus der Außenperspektive etwa als Willensschwäche;[33] der Internalist verweist ebenfalls auf unsere Fähigkeit der Selbstkontrolle und Willensstärke.[34] Der Externalismus verwendet dabei

29 Siehe dazu Brink, *Moral Realism and the Foundation of Ethics*, S. 66 f.; Foot, *Natural Goodness*, S. 18.

30 Michael Smith, »The Possibility of Philosophy of Action«, in: Michael Smith, *Ethics and the A Priori*, Cambridge 2004, S. 155-177, dort S. 170.

31 Smith, »The Possibility of Philosophy of Action«, S. 168.

32 Michael E. Bratman, *Intentions, Plans and Practical Reason*, Cambridge/Mass. 1987.

33 Foot, *Natural Goodness*, S. 19.

34 Smith, »The Possibility of Philosophy of Action«, S. 169.

einen starken substantiellen Vernunftbegriff, der das menschliche Wesen ausmachen soll, unabhängig davon, was das Individuum davon hält. Der Internalismus bindet Rationalität an unsere Fähigkeit zur praktischen Überlegung aus der Innenperspektive, redet also von Rationalität im Sinn der Verfahren des Überlegens.[35] Eine ausführlichere Erläuterung der Rationalität und ihrer Stellung fehlt auf beiden Seiten. In der externalistischen Position ist zwar klar, was Begründungen sind, nämlich objektive Sätze, die allgemein und unabhängig vom Subjekt gelten, jedoch bleibt unklar, ob und wo es im praktischen Bereich solche Sätze gibt und welche Rolle sie für handelnde Subjekte spielen. In der internalistischen Position andererseits ist zwar klar, dass Handeln aus der Perspektive individueller Subjekte hervorgeht; wie die praktische Überlegung aus dieser Perspektive aussieht, bleibt aber vage. Insbesondere wird nicht präzisiert, wie die Individualität der Perspektive der ersten Person mit der wesentlichen Allgemeinheit von Gründen, die ein starkes Argument zugunsten des Externalismus ist,[36] zusammenkommen soll.

Die mangelnde Klarheit der Rationalitätsannahme zeigt sich u. a. daran, dass man sich uneinig über die Einordnung der Position Kants ist, der teils als Externalist, teils als Internalist interpretiert wird.[37] Kant zufolge ist moralisches Handeln nicht durch gewöhnliche Motive erzeugt, durch das, was er Triebfedern nennt, sondern entstammt dem Vernunftinteresse, zu dem ein sekundäres Gefühl, die Achtung vor dem Moralgesetz, gehört, das kein Motiv unserer empirischen Natur ist. Kant verbindet diese menschliche Fähigkeit, sich an der reinen Vernunft zu orientieren, mit dem Begriff der Freiheit bzw. Autonomie. Betont man Kants Versuch, die Moral aus der Autonomie abzuleiten, versteht man ihn als Internalisten. Legt man hingegen den Akzent darauf, dass das moralische Gefühl

35 Dazu Derek Parfit, »Reasons and Motivations«, in: *Proceedings of the Aristotelian Society*, Supplementary Volume 71 (1997), S. 99-130, dort S. 101.

36 Für Scanlon ist dies das ausschlaggebende Argument. Scanlon, *What We Owe to Each Other*, S. 371.

37 Dazu Korsgaard, »Skeptizismus bezüglich praktischer Vernunft«, S. 127 f. Die externalistische Interpretation vertritt z. B. Karl Ameriks, »Kant and Motivational Externalism«, in: Heiner F. Klemme u. a. (Hg.), *Moralische Motivation. Kant und die Alternativen*, Hamburg 2006, die internalistische u. a. Nico Scarano, »Motivation«, in: M. Düwell u. a. (Hg.), *Handbuch Ethik*, Stuttgart, Weimar 2002, S. 432-437.

der Achtung vor dem Gesetz außerhalb unserer empirischen Antriebe steht, dann wird Kant zum Externalisten.

Die unzureichende Klärung der Rolle der Vernunft zeigt sich auch in der auf beiden Seiten vertretenen Auffassung, dass das Vorliegen einer externen oder internen Pro-Einstellung zum Tun einer moralischen oder eigeninteressierten Handlung nicht zu bedeuten braucht, dass der Handelnde die Handlung tun wird, wenn ihn nichts hindert. Vielmehr wird aufseiten des Internalismus betont, dass diese Option nur ein Moment in einer Vielzahl von Faktoren ist, die in der Handlungssituation eine Rolle spielen und die gegeneinander abzuwägen sind.[38] Für den Externalisten ist der vernünftige Grund zwar verbindlich, muss aber vom Handelnden explizit übernommen werden, und man fragt sich, wie das aus der subjektiven Perspektive anders aussehen könnte als für den Internalismus erläutert.

3. Offene Fragen

Der kurze Überblick über einige gängige Züge in der Externalismus-Internalismus-Debatte erhebt nicht den Anspruch, dieser Debatte gerecht zu werden oder auch nur ihre wichtigsten Punkte zusammenzufassen. Er dient dazu, die heutige Art handlungstheoretischer Debatten sichtbar zu machen und aus ihren Defiziten vielleicht Perspektiven zum Weiterfragen zu gewinnen. Blicken wir zurück, dann zeigt sich, dass in der skizzierten Auseinandersetzung weder die Prämissen noch die Begriffe noch die Fragen wirklich klar sind.

Kontrovers diskutiert wird, ob eine Handlung durch einen Wunsch zusammen mit einer Meinung über seine Realisierung erzeugt wird oder ob sie auch durch eine Meinung, genauer eine Wertüberzeugung, allein bzw. ergänzt durch ein ihr externes Motiv zustande kommen kann. Dabei werden schon diese beiden Begriffe meist nicht genauer erklärt. Die Beispiele für Wünsche schwanken zwischen punktuellen affektiven Motiven und langfristigen Wünschen oder Plänen sowie zwischen Wünschen mit Bezug auf das

38 Scarano, »Motivation«, S. 434; Lohmar, »Deliberation, moralisches Urteil und Indifferenz«, S. 465 f.

Eigeninteresse und moralischen Motiven. Hier stellt sich die Frage nach der Motivationsweise von Plänen und Kooperationen. Die Motivation scheint hier weder in affektivem Streben noch in der Überzeugung von real existierenden Werten zu liegen. Worin aber dann?

Auch der Begriff der Wertüberzeugung wird nicht zureichend geklärt. Die externalistische Position, die Handeln allein aufgrund von Wertmeinungen für möglich hält, hat eine anfängliche Plausibilität für moralische Gründe; weniger plausibel ist sie für Handlungen, die das eigene gute Leben betreffen. Denn wenn Überlegungen über das gute Leben sich nur auf allgemeine Gründe beziehen und die Rückbindung an die Perspektive der ersten Person fehlt, dann scheint das handelnde Individuum aus dem Blick zu geraten. In der Debatte um den epistemischen Externalismus wird diese Folge des Anti-Individualismus kontrovers diskutiert.[39] Andererseits fehlt in den heutigen internalistischen Beiträgen eine gründliche Klärung der praktischen Überlegung. Die Stärke des Externalismus liegt ja im Hinweis darauf, dass Gründe wesentlich allgemein sind. Wenn auch der Internalismus Rationalität für die praktische Überlegung beansprucht, muss er zeigen, wie diese möglich ist, wenn die Perspektive der ersten Person irreduzibel subjektiv ist.

Zu fragen ist weiter, ob nicht die Parallelisierung von moralischer Rücksicht und dem Bezug auf das eigene künftige Leben, wie sie Externalismus und Internalismus gleichermaßen vornehmen, schief ist. Die Moral regelt das Zusammenleben von Personen mit unterschiedlichen Wünschen, und die inhaltlichen moralischen Gründe, die in den Normen enthalten sind, ergeben sich daraus, wie dieses Zusammenleben am besten geregelt werden kann. Hingegen fragt die Frage des guten Lebens, wie das Individuum, gegeben seine Wünsche usw., am besten sein Leben leben kann. Natürlich gibt es zwischen beidem einen Zusammenhang, sofern die Frage, wie man die moralischen Gründe in das eigene Leben einbauen will, eine Frage des guten individuellen Lebens ist. Aber die These, dass wir in beiden Bereichen den gleichen strukturellen Begriff von Vernunft verwenden, d. h. im Sinn des Externalismus sagen können, dass die vernünftige Person in der gleichen Weise alle Personen moralisch gleich gewichtet, wie sie alle Zeitpunkte

39 Siehe z. B. die Beiträge in Peter Ludlow/Norah Martin (Hg.), *Externalism and Self-Knowledge*, Stanford 1998.

ihres Lebens gleich gewichtet,[40] überzeugt nicht. Die Moral verlangt, dass wir alle Objekte der Moral mit gleicher Rücksicht und Achtung behandeln. Hingegen verlangt die prudentielle Vernunft nicht, dass wir alle künftigen Zeitpunkte unseres Lebens gleich gewichten (und selbst wenn sie es würde, hätte es einen anderen Sinn). Das Diskontieren weiter entfernter Punkte ist irrational nur dann, wenn es die Folge falscher Einschätzungen ist.[41]

Um den Zusammenhang von Gründen, Motiven, praktischer Rationalität und Handlung herauszuarbeiten, empfiehlt es sich, die speziellen Aspekte des moralischen Handelns außer Acht zu lassen und die allgemeine Beschaffenheit des Handelns zu untersuchen. Dass das Humesche Modell mit den beiden Begriffen des Wunsches und der Meinung zu ihrer Klärung ausreichen könnte, ist eher unwahrscheinlich. Dass es verkürzt ist, zeigte sich im Vorhergehenden daran, dass es immer wieder durch weitere Aspekte ergänzt werden muss, die *ad hoc* zum Flicken der Position eingefügt werden. Diese waren unter anderem: Wunschdispositionen, praktische Überlegung, Werturteile, Selbstkontrolle, Willensstärke. Es zeigt sich aber auch daran, dass es handlungstheoretische Ansätze gibt, die mit ganz anderen Begriffen arbeiten.

So wird dem Wunsch-Meinungs-Modell entgegengehalten, dass es empirisch falsch ist, wenn wir den Wunschbegriff im engeren Sinn dessen fassen, was wir im Alltag unter »wünschen« verstehen, dass es aber trivial wird, wenn wir den Wunschbegriff im schwächeren Sinn einer Pro-Einstellung verstehen. Dies geschieht nicht nur mit dem Argument, dieser Begriff sei so umfassend und unspezifisch, dass damit das Humesche Modell gegen Einwände immunisiert wird.[42] Vorgebracht wird auch, dass diese Redeweise nur eine ungeschickte Formulierung dafür enthalte, dass Handeln wesentlich zweckgerichtet ist.[43] Andere Autoren sehen den entscheidenden Aspekt von Handlungen darin, dass sie Reaktionen auf Situationen sind.[44] Was diese Unterschiede betrifft, steht zu vermuten, dass Handlungen sowohl Reaktionen auf Situationen als

40 Nida-Rümelin, *Strukturelle Rationalität*, S. 32 f.; Foot, *Natural Goodness*, Kap. 4.

41 Richard Brandt, *A Theory of the Good and the Right*, Oxford 1979, S. 80.

42 Vgl. Schueler, *Desire*, S. 58.

43 Richard Taylor, *Action and Purpose*, Englewood Cliffs 1966, siehe insbesondere Kap. 16.

44 Rüdiger Bittner, *Aus Gründen handeln*, Berlin 2005, Kap. 4.

auch zielgerichtet und wunschbasiert sind. Wie es auch in anderen Bereichen der Philosophie ein verbreiteter Fehler ist, setzt jede Position genau einen Aspekt des Handelns absolut und vernachlässigt die anderen.

Ein weiterer Aspekt bleibt hinzuzufügen, der indirekt und beiläufig aufgetreten ist, aber überraschenderweise in der Internalismus-Externalismus-Debatte selten explizit gemacht wird. Dies ist der Aspekt der Entscheidung oder der Willensfreiheit. Begegnet sind uns die Annahme von Selbstkontrolle und Willensstärke und der Begriff der Autonomie. Für den Internalismus gilt: Handlungen gehen aus unseren faktischen Wünschen hervor, die mit anerkannten Begründungsverfahren reflektiert werden und dann motivierend bleiben. Ergänzt werden muss ein Prinzip der Willensstärke, das dem Verlust der ursprünglichen Wunschmotivation im Übergang zu den Realisierungsmitteln entgegensteuert; ein expliziter Willensbegriff ist hier nicht vorhanden. Aber man würde erwarten, dass der Externalist einen solchen Begriff verwendet, und es überrascht, dass das selten geschieht.[45] Sind die Handlungsgründe extern, besteht eine Kluft zwischen der subjektiven Perspektive des Handelnden und seinen Gründen. Natürlich kann der Externalist sagen: Wer substantiell vernünftig ist, handelt im Sinn der Gründe. Oder man kann die Kluft kantisch durch den Begriff der Autonomie schließen, indem man annimmt, dass der Handelnde sich mit der objektiven Instanz identifiziert und sich in der Folge die Normen, welche diese vorschreibt, aus sich selbst heraus gibt. Man könnte aber auch sagen, dass hier ein Ort für die Ausübung von Willensfreiheit ist, insofern sich der Handelnde zu den Gründen verhalten muss: Die Gründe würden dann dadurch mit der Perspektive des handelnden Subjekts verknüpft, dass dieses sie durch einen individuellen Akt bejaht.

Auf andere Art besteht eine Kluft zwischen Gründen und Handlung in Situationen, in denen mehrere Optionen bestehen, die sich weder externalistisch noch internalistisch auflösen lassen, d. h. wo weder die subjektiven Präferenzen des Handelnden in eine bestimmte Richtung weisen noch die objektiven Gründe. Hier kann, so scheint es, nur noch der Wille oder die Entscheidung die

45 Eine Ausnahme ist Nida-Rümelin, *Strukturelle Rationalität*, S. 13, S. 71, S. 77, der einen Zusammenhang zwischen der Stellungnahme zu externen Handlungsgründen und Willensfreiheit herstellt.

Handlung bestimmen.[46] Für den Existentialismus liegt hierin gerade das Wesentliche menschlichen Handelns. Aber auch Autoren, die den Begründungsbezug des Handelns für zentral halten, sehen in einem offenen Rest, der nur noch durch persönliche Entscheidung zu lösen ist, ein grundlegendes Moment des Handelns, das diesem eine zusätzliche Dimension verleiht.[47] Wie diese dezisionistische Auffassung des Handelns sich zur internalistischen und zur externalistischen verhält, ist zunächst unklar.

Wie sich jetzt abzeichnet, erfasst die Externalismus-Internalismus-Debatte nur einen kleinen Ausschnitt der vielfältigen Aspekte, die zum menschlichen Handeln gehören, und diskutiert diesen punktuell und ohne Kontext. Nur beiläufig wird artikuliert, was im Hintergrund auf dem Spiel steht: substantieller oder prozeduraler Vernunftbegriff, schwacher oder starker Freiheitsbegriff, Stellung des Subjekts. Da das externalistische und das dezisionistische Modell Lücken enthalten, die besondere Schwierigkeiten aufwerfen, liegt für eine umfassende Aufarbeitung der Handlungsbegrifflichkeit das Ausgehen von einem internalistischen Modell nahe. Hier bietet sich, meine ich, das Modell des Aristoteles an, das weniger bruchstückhaft ist als das heutige und eine größere Spannweite und Differenziertheit aufweist als dasjenige Humes.

46 Joseph Raz, *Engaging Reason. On the Theory of Value and Action*, Oxford 1999, Kap. 2-5.

47 Tugendhat, *Vorlesungen über Ethik*, S. 332.

Die Rolle des *thymos* in Platons Handlungstheorie

Was es mit dem Begriff des *thymos* bei Platon auf sich hat, ist bis heute strittig. Oft gehen schon die Fragen durcheinander, und die vorliegenden Interpretationen erfassen meist nur *einen* Aspekt der Problematik. Berücksichtigt man hingegen die verschiedenen Aspekte, gerät man beim Versuch, sie zu einer kohärenten Konzeption zusammenzuführen, ebenfalls in Schwierigkeiten. Daher werden die folgenden Überlegungen nicht zu einem eindeutigen Ergebnis gelangen, sondern in Fragen enden. Zuvor werde ich – nach ein paar Sätzen über die Vorgeschichte des Begriffs – erstens einige zentrale Textstellen durchgehen, an denen Platon den Begriff erläutert, und im zweiten Teil die wichtigsten Interpretationstypen vorstellen.

Vorgeschichte des Begriffs

Gemäß dem Artikel im *Historischen Wörterbuch der Philosophie*[1] ist *thymos* in der frühen Epik erstens Ausdruck für das, was Menschen belebt, d. h. Herz, Gemüt, Sinn; zweitens bezeichnet das Wort die handlungsauslösende seelische Energie, d. h. Verlangen, Laune, Temperament, manchmal spezieller Zorn oder Kampfeslust. Häufig ist *thymos* eine eigene seelische Instanz mit Affekten, Willensregungen und Erkenntnisvermögen, welche für die Person stehen kann, dieser aber auch im Selbstgespräch gegenübertreten kann, etwa wenn Odysseus zu seinem *thymos* spricht.

Seit dem 5. Jahrhundert verliert das Wort an Bedeutungsbreite und auch an Wichtigkeit. Es bezeichnet dann häufig nur noch erstens aggressive Affekte, wo es mit *orge*, Zorn, gleichbedeutend ist, und zweitens die daraus hervorgehende Bereitschaft zum Kämpfen bzw. den Mut.

1 Norbert Blössner, »Thymos«, in: Joachim Ritter, Karlfried Gründer (Hg.), *Historisches Wörterbuch der Philosophie* Bd. 10, Basel 1998, S. 1187-1192. Siehe auch Wolfram Brinker, *Platons Ethik und Psychologie. Philologische Untersuchungen über thymetisches Denken und Handeln in den platonischen Dialogen*, Frankfurt/M. 2008, S. 13-34.

1. Platons Verständnis der Begriffe *thymos* und *thymoeides*

1.1 Die Unterschiede in der Verwendung von *thymos* und *thymoeides*

Bei Platon gewinnt der Begriff wieder größere Bedeutung. Genauer verwendet Platon zwei Ausdrücke, einerseits den des *thymos*, der einen aktuellen Affekt oder eine aktuelle Strebung bezeichnet, und andererseits – und dies gerade dort, wo der Begriff wichtig scheint – den des *thymoeides*, des *thymos*-Artigen, der einen eigenen Seelenteil markiert, aus dem der *thymos* hervorgeht bzw. dessen Aktualisierung der *thymos* ist.[2]

Platon geht in vielen seiner Schriften von der Eingestaltigkeit der Seele aus (weil nur so die Seele unsterblich sein kann). Wo er speziell die *menschliche* Seele betrachtet, nimmt er meistens die bei den Griechen gängige Zweiteilung vor. Er unterscheidet dann zwischen einem begehrenden bzw. nach Lust strebenden und einem vernünftigen Seelenteil. Auch in denjenigen Schriften, die mit der Zweiteilung operieren, kommt der Begriff des *thymos* vor, prominent z. B. in den *Nomoi*, dagegen fehlt dort der Begriff des *thymoeides*.[3]

Eine Dreiteilung der Seele findet sich in der *Politeia*, im *Phaidros* und im *Timaios*. Die Dreiteilung im *Phaidros* in den Wagenlenker, das gute, lenksame und das schlechte, renitente Pferd legt nahe, dass mit dem ersten Pferd das *thymoeides* gemeint ist; das wird im Text jedoch nicht gesagt, sodass ich diesen Dialog nicht heranziehe. Im *Timaios* ist bei der Erschaffung der *menschlichen* Seele von drei Aspekten die Rede, die auf drei Körperteile verteilt sind, wobei ein Seelenteil mit ähnlichen Merkmalen vorkommt wie in der Politeia das *thymoeides*, allerdings unter der Bezeichnung *thymos*. Die ausführlichste Charakterisierung findet sich in der *Politeia*, sodass ich mich vorrangig auf diesen Text beziehen werde und andere Stellen nur nach Bedarf heranziehe.

2 Dabei muss ich die Frage überspringen, wie hier »Teil« gemeint ist, ob wörtlich als Bestandteil oder eher im Sinne eines Aspekts oder Vermögens der Seele. Nach meiner Sicht handelt es sich um Letzteres.

3 In der Tat erwägt Platon noch in den *Nomoi*, ob der *thymos* ein Teil der Seele sein könnte (863b3), behandelt ihn dann aber im weiteren Verlauf als einen neben anderen Affekten.

In der *Politeia* wird nach dem Nutzen der Gerechtigkeit für das gute Leben gefragt. Um die Gerechtigkeit des Individuums bzw. der menschlichen Seele zu erörtern, wird zunächst ein größeres Modell betrachtet, die Polis, wobei zwischen Polis und Seele eine Strukturanalogie angenommen wird. Die entwickelte Polis enthält Gewerbetreibende, Wächter und Herrscher. In der Polis gehört der *thymos* zur Ausstattung der Wächter. Die Wächter, deren Aufgabe der Schutz der Polis ist, müssen körperlich eine scharfe Wahrnehmung haben, schnell reagieren und stark sein, seelisch aber müssen sie tapfer sein. Grundlage der Tapferkeit ist das *thymoeides* (375a), da, so die Erklärung, der *thymos* unbezwingbar, unbesiegbar und furchtlos ist.

Wenn man die Wächter nur so ausstattet, ist allerdings zu befürchten, dass sie ihre Stärke auch nach innen, gegen die eigenen Mitbürger, anwenden und diese unterwerfen. Um das zu verhindern, müssen sie in ihrer Seele so beschaffen sein, dass sie sich gegen die eigenen Leute sanft, gegen Fremde aggressiv benehmen. Das scheint unmöglich, da Sanftheit und *thymoeides* offenbar entgegengesetzt sind (375c). Die Lösung liegt im Vergleich mit den Wachhunden, welche die Fähigkeit haben, zwischen Bekannten und Fremden zu unterscheiden. Dieses Interesse am Kennen des Unterschieds zwischen Freund und Feind setzt Lernbegierigkeit (*philomathia*) voraus, d. h., die wahren Wächter müssen wissbegierig (*philosophoi*) sein. Wenn die künftigen Wächter entsprechend ausgebildet werden, erwerben sie die Tugend (*arete*) der Tapferkeit.

Die Tapferkeit besteht in der Aufrechterhaltung der in der Erziehung eingepflanzten richtigen Meinung über das, was zu fürchten ist, im Beharren auf entsprechendem Handeln auch gegen Lust, Begierde oder Furcht (429b). Dieses Ergebnis der Definition der Tapferkeit wird jedoch sogleich eingeschränkt durch den Hinweis, es handle sich um eine vorläufige Bestimmung der Tapferkeit als »bürgerliche« Tugend, die noch präzisiert werden müsse. Die Tapferkeit im eigentlichen Sinn können die Wächter vermutlich nicht haben, vielmehr nur die Philosophenkönige, die nicht nur eine in der Erziehung eingeübte Meinung (*doxa*) über Gefahren haben, sondern ein eigenes wahres Urteil darüber bilden können.

Bis hierhin kann man festhalten: Das *thymoeides* scheint die Anlage für eine Art Affekt großen Muts in Gefahren zu sein, der aber aus sich heraus nicht weiß, wo er das Handeln bestimmen soll und wo besser nicht. Er bildet die Grundlage der Tugend der Tapferkeit, deren Ausübung die Kenntnis dessen erfordert, was gefährlich ist, und dies auch in dem engeren Sinn, welche Menschen eine Bedrohung darstellen und welche Freunde sind. Tapferkeit im vollen Sinn müsste dann bedeuten, dass man nicht nur eine übernommene Meinung über das Gefährliche hat, sondern selbständig wahre Urteile darüber bilden kann. Das würde heißen: Die Wächter haben zwar einen zum Schutz der Polis wichtigen Affekt, aber keine echte Tapferkeit; vielmehr können diese nur die Herrscher haben, die zugleich die wahre Erkenntnis von allem besitzen, und die Wächter nur, sofern sie von diesen geleitet werden.

1.3 *Thymos* und *thymoeides* in der Seele

Auch mit Bezug auf die Seele wird sofort auf einen weiteren Weg verwiesen (435d), dann aber doch eine vorläufige Überlegung angestellt. Ich gehe nicht auf Sinn oder Unsinn der Analogie von Staat und Seele ein, auch nicht auf die Frage, ob die logischen Schritte, die Sokrates mit Bezug auf Gegensätze macht, korrekt sind. Die Prämisse ist, dass wir analoge Teile wie Wächter, Herrscher und Gewerbetreibende im Staat auch in der Seele haben. Dem Stand der Gewerbetreibenden entspricht der begehrliche Seelenteil (*epithymetikon*). Da wir nicht immer nach Wunsch der sinnlichen Begierde handeln, sondern uns manchmal zurückhalten, muss es, sagt Sokrates, etwas in der Seele geben, eine andere Kraft, welche die Begierde zurückweist (439c ff.).

Das ist ein Phänomen, das wir aus Erfahrung kennen, sodass man es nicht weiter zu begründen braucht. Die Frage ist jedoch, wie es sich richtig beschreiben lässt. Was Sokrates an dieser Stelle einführt, ist zunächst die übliche Zweiteilung der Seele. Die Begierde zieht zum sinnlich Lustvollen hin, die Überlegung kann die Person daran hindern, dass sie der Begierde folgt. So kennen wir das z. B. aus dem *Gorgias*. Also gibt es neben dem *epithymetikon*, aus dem die Begierden kommen, in der Seele einen anderen, den überlegenden Teil (*logistikon*), mit dem wir zugleich über die Begierden herrschen können.

Sokrates wirft ohne Übergang, und d. h. vermutlich untermauert durch die Parallele Seele-Staat, die Frage nach etwas Drittem auf, nach dem *thymos* und dem Teil, aus dem er hervorgeht, dem *thymoeides*. Seine Gesprächspartner finden es naheliegend, dass er dem *epithymetikon* verwandt ist. Sokrates korrigiert diesen Eindruck durch ein Beispiel (439e): Leontios sieht Leichen am Weg und versucht wegzuschauen (aus Scham oder Pietät), dann sieht er doch hin aus Schaulust, wird aber sofort wütend über sich selbst, weil er der Begierde nachgegeben hat. Daran schließt sich die Erläuterung an, dass der Zorn (das Wort hier ist nicht *thymos*, sondern *orge*) manchmal mit der Begierde streitet als etwas, das von ihr unterschieden ist. Allgemein verweist Sokrates auf die Erfahrung, dass man, wenn man von Begierden gegen die Überlegung zu etwas gezwungen wird, sich selbst schilt, auf das Zwingende im eigenen Inneren zornig wird und der Zorn sich mit der Vernunft verbündet.

Könnte man dann, diese Frage wird sogleich aufgeworfen, den Zorn statt zum begehrenden zum überlegenden Teil rechnen (440e) und damit die übliche Zweiteilung der Seele beibehalten? Mehrere Gegenargumente werden angeführt. Das erste besteht im Verweis auf die Staatsanalogie, was natürlich wenig hilfreich ist, weil diese Analogie an vielen Stellen wackelt. Ein zweites Argument lautet, dass der *thymos* auch bei Kindern und Tieren vorkomme, die noch kein oder gar kein *logistikon* besitzen, sodass er die Aktualisierung eines dritten Teils, des *thymoeides*, sein müsse. Auch das ist kein gutes Argument. Denn was immer *thymos* bei Tieren sein mag, er kann nicht die Funktion haben, dass das Tier sich selbst Vorwürfe macht, weil es den Begierden gefolgt ist. Will man Tieren einen weiteren Typ von Handlungsantrieben neben den Begierden zuschreiben, scheint das nur etwas sein zu können, das der alten Bedeutung des Worts *thymos* gemäß in Energie, Aggression oder Erregung besteht.

Die Beschreibung des *thymos* im IV. Buch der *Politeia* scheint ungefähr dem zu entsprechen, was man heute *moralische* Affekte nennt, also moralischem Zorn oder Entrüstung. So wird weiter ausgeführt, dass Menschen bereit sind, ohne Zorn Strafe zu ertragen, wenn sie Unrecht getan haben, hingegen sich entrüsten und nach Rache streben, wenn man sie unberechtigterweise schlecht behandelt. Dazu passt weiterhin, dass es einen Zusammenhang zwischen dieser Art von Zorn und der Ehre gibt, der deutlicher im IX. Buch der *Politeia* zum Ausdruck kommt.

In Buch IX werden die Seelenteile erneut zum Thema, indem sie jetzt Menschentypen bestimmen. Hier sind die Seelenteile nicht nur Teile, die zusammenarbeiten, sondern jeweils ein Teil bestimmt die Lebensform eines Menschen durchgängig. Entsprechend haben die Teile jetzt eigene Ziele, Wünsche und Realisierungsüberlegungen (580d). Derjenige Mensch, der durch das *thymoeides* geleitet wird, ohne dass es sich der Vernunft unterordnet, ist der timokratische Charakter (581a9 f.). Er strebt gemäß der dem *thymos* eigenen Ziele nach Macht, Sieg und Ansehen, also, wie man zusammenfassen könnte, nach einem bestimmten *sozialen* Status.

Es gibt aber auch Kontexte, in denen der *thymos* breiter verstanden wird. Im *Timaios* (69d) werden als Bestandteile der menschlichen Seele Lust und Begierden, aber auch Affekte, *pathe*, angeführt. Dabei wird der *thymos* in eins mit anderen Affekten genannt: Mut (*tharros*) und Furcht, ferner Hoffnung. Mit Bezug auf Mut und Furcht ist klar, dass sie auf gute Weise vorkommen, wo jemand die Tugend der Tapferkeit erworben hat. Bei den Wächtern wird in der *Politeia* Tapferkeit als die Tugend des *thymos* bestimmt, und *thymos* wird in eins mit *tharros*, Mut, genannt. An der Stelle im *Timaios* scheint in der Seele genauer zwischen Arten von Affekten differenziert zu werden, ähnlich zwischen Arten von *arete*, nämlich Tapferkeit mit Bezug auf Mut und Furcht und Sanftheit mit Bezug auf den *thymos*. Aufzählungen von Tugenden bzw. Lastern finden sich auch in *Politeia* IX. Allerdings werden hier nicht beim timokratischen, sondern beim tyrannischen Menschen, den die *epithymia* leitet, sämtliche bekannten Laster aufgezählt (580a).

2. Die wichtigsten Interpretationen

2.1 Soziale Interpretation

Die vorherrschende Interpretation, die in unterschiedlichen Varianten vorkommt, stützt sich auf die Beispiele und Erläuterungen in der *Politeia* (was verständlich ist, weil sich hier die ausführlichsten Texte zu diesem Begriff finden). Diese Texte legen allgemein einen sozialen Sinn des *thymoeides* nahe.

(i) *Thymos* als Strebung innerhalb der Seele. Laut Burnyeat[4]

4 M. F. Burnyeat, »The Truth of Tripartition«, in: *Proceedings of the Aristotelian Society* 106 (2007), S. 1-23.

weist Platon mit der Herausarbeitung des *thymoeides* in der Seele unsere soziale Natur auf, oder, in Rickens Formulierung, unser Kontaktvermögen.[5] Genauer besteht diese soziale Natur im Interesse der Bürger an Achtung und Selbstachtung, die durch den Wettbewerb zwischen den Menschen wechselseitig verschränkt sind. So erklärt Maria Schwartz die Annahme des *thymoeides* als eines eigenen dritten Seelenteils damit, dass es ein vermutlich angeborenes, jedenfalls irreduzibles und nicht definierbares Interesse gibt, vor anderen Menschen gut dazustehen.[6] Ähnlich sieht Angela Hobbs das Wesen des *thymos* in dem menschlichen Bedürfnis, zu glauben, dass man etwas wert ist.[7] John Cooper erläutert die Notwendigkeit der Annahme des dritten Seelenteils ebenfalls damit, dass er eigenständige Motive hat:[8] Seine Motive lassen sich weder der Begierde subsumieren, weil diese nicht selbstrefentiell ist, noch der Vernunft, weil diese vom Wunsch des Guten geleitet ist, während *thymos*-Motive darauf reagieren, wie man im Leben von anderen behandelt wurde und wird.

(ii) Die *arete* des *thymoeides*. Fragt man jetzt nicht nach Platons Gründen, das *thymoeides* von den anderen Seelenteilen zu unterscheiden, sondern nach dessen Rolle in der gut verfassten Seele, dann muss es eine *arete* des *thymos* geben. Wie Jessica Moss argumentiert,[9] enthält gerade das *thymoeides* als sozialer Aspekt der Seele die Möglichkeit der Erziehung, die mittels der Scham, dem Gegenstück zur Selbstachtung, die Internalisierung moralischer Normen, d. h. von Tugenden, bewirkt.

Dabei ergibt sich aus Buch IV der *Politeia*, dass der Bezugspunkt der Normen die gerechte Struktur der Polis ist. Wer gerecht behandelt wird, auch wer gerecht bestraft wird, zeigt, so haben wir gesehen, wenn er sich angemessen verhält, keinen Zorn. Wer von einem, der unheilbar ungerecht ist, Unrecht leidet, muss mit an-

5 Friedo Ricken, *Der Lustbegriff in der Nikomachischen Ethik des Aristoteles*, Göttingen 1976, S. 68.

6 Maria Schwartz, *Der philosophische* bios *bei Platon. Zur Einheit von philosophischem und gutem Leben*, Freiburg, München 2013, S. 222.

7 Angie Hobbs, *Plato and the Hero. Courage, Manliness and the Impersonal Good*, Cambridge 2000, Kap. 1.

8 John M. Cooper, *Reason and Emotion*, Princeton 1999, S. 135.

9 Jessica Moss, »Shame, Pleasure and the Divided Soul«, in: *Oxford Studies in Ancient Philosophy* 29 (2005), S. 137-170, dort S. 164.

gemessenem Zorn reagieren (*Nomoi* 731b). Hingegen muss, wer von einem anderen unabsichtlich verletzt wurde, sanft reagieren. *Thymos* kann man hier mit *orge* gleichsetzen, und die Tugend wäre die *praotes* (Milde, Sanftmut). Dabei könnte man mit Aristoteles anmerken, dass das Wort ungünstig ist, weil es für Fälle des berechtigten Sichwehrens zu schwach ist, dass aber ein anderes Wort im Griechischen nicht zur Verfügung steht (*Nik. Ethik* 1125b26).

(iii) Diese soziale oder moralische Interpretation wird manchmal ergänzt durch den Hinweis, dass nach Platon weder das *thymoeides* in der Seele noch die Wächter im Staat eine *arete* im vollen Sinn haben können (Cooper).[10] Denn wie sich zeigte, müssen die Wächter zusätzlich lernbegierig sein, um Freund und Feind unterscheiden zu können, das heißt, ein Urteil über die Angemessenheit von Zorn oder sanfter Reaktion auszubilden. Ziel ist dann die Harmonie der Seelenteile unter Leitung der Vernunft.[11]

(iv) Andererseits werden in Buch VIII und IX der *Politeia* Staatsformen und Lebensformen beschrieben, bei denen einer der nichtvernünftigen Teile die Leitung übernimmt. Hier hat das *thymoeides* eigene Ziele, nämlich Sieg, Ehre, Macht, Ruhm, und es verfügt über die Fähigkeit zur zweckrationalen Realisierung dieser Ziele. Projiziert man diese Vorstellung zurück in das *thymoeides* als Teil einer vernunftgeleiteten Seele, dann wäre auch hier der *thymos* nicht als solcher auf moralbasierte Selbstachtung bezogen, sondern allgemeiner auf Selbstachtung aus beliebigen Quellen für gesellschaftliche Ehre.

2.2 Selbstbehauptungsinterpretation

Nehmen wir den auch bei Aristoteles zu findenden Hinweis ernst, dass das *thymoeides* schon bei Tieren und Kleinkindern zu finden ist, dann muss dieses zumindest teilweise etwas sein, was der weiten Bedeutung des alten *thymos*-Begriffs entspricht, in der *thymos* jede Art starker Erregung bezeichnet. Eine solche Erregung könnte eine Form der Äußerung des Selbsterhaltungstriebs sein, wenn äußere Gefahren das Leben bedrohen, oder eine Art Aggression,

10 Terence Irwin, »The Parts of the Soul and the Cardinal Virtues«, in: Otfried Höffe (Hg.), *Platon, Politeia*, Berlin 1997, S. 119-139, dort S. 136.

11 Julia Annas, *An Introduction to Plato's Republic*, Oxford 1981, S. 132.

um die eigenen Interessen gegen andere durchzusetzen und Macht zu erlangen. Julia Annas[12] redet mit Bezug auf den zweiten Fall von *assertiveness*, also einem Streben nach Selbstbehauptung oder Durchsetzung. Durchsetzung könnte aber auch gegen Antriebe aus dem eigenen Inneren erforderlich sein, wo diese den Lebensvollzug behindern.

In der Tat gibt es insbesondere in den Spätschriften Stellen, an denen Platon auch den *thymos* beim Menschen in diesem allgemeineren Sinn fasst, der sich nicht auf moralische Empörung beschränkt. In den *Nomoi* wird zunächst die Frage aufgeworfen, ob der *thymos* ein eigener Seelenteil ist (863b3), und er wird dabei als eigene Instanz von der Lust unterschieden (b6). Dann aber wird er als eine affektive Disposition unter anderen (Furcht, Missgunst) genannt (863e6 f.), die zu ungerechtem Handeln führen können.[13] Im *Timaios* erfahren wir, dass Ungerechtes in der Seele von außen (durch Unrecht von anderen) oder von innen (von den eigenen Begierden) kommen kann (*Timaios* 70b). Wo man von anderen angegriffen wird, ist die Reaktion Zorn oder Aggression (dies erklärt das Vorhandensein bei Tieren), und das zugrundeliegende Streben ist die Selbstbehauptung gegen andere. Wo – in Platons Formulierung – innere Ungerechtigkeit vorliegt (die wir so nicht bezeichnen würden), ist die Beschreibung schwierig. Hier kann *thymos* nicht sozial interpretiert werden, sondern am ehesten als eine Art Erregung über Dinge, die das eigene Leben bedrohen oder die Verfolgung einer erstrebten Lebensweise behindern. In der Reaktion des *thymos* zeigt sich dann, könnte man sagen, das Wichtignehmen des eigenen Lebens.

Was die Angriffe aus dem eigenen Inneren betrifft, finden wir im *Gorgias* die Redeweise, dass die Vernunft innerhalb der Seele oder der Person die Aufgabe hat, über die Begierden zu herrschen. Was hier auf die ablenkenden Begierden reagiert, scheint kein inhaltlich bestimmter Affekt zu sein und ist schwer zu fassen. Man könnte sagen: Wo es um die Herrschaft über die Begierden geht, die schäd-

12 Annas, *An Introduction to Plato's Republic*, S. 126.

13 Dass in den *Nomoi* eine Vielzahl von Affekten ohne klare Einteilung genannt wird und eine Struktur nach Art der dreigeteilten Seele der *Politeia* fehlt, betont auch Dorothea Frede, »Puppets on strings. Moral psychology in Laws Books 1 and 2«, in: Christopher Bobonich (Hg.), *Plato's Laws. A Critical Guide*, Cambridge 2010, S. 108-126.

lichen Genuss wollen, liegt Selbstbeherrschung vor; wo es um das Festhalten der eigenen Ziele gegen ablenkende Begierden geht, Tapferkeit im weiten Sinn von Ausdauer oder Durchhaltevermögen.

Im ersten Fall scheint eher die Vernunft allein den Begierden entgegenzutreten, vielleicht weil hier keine spezifisch *menschlichen* Ziele vorliegen, sondern die Gesundheit als etwas, das nur eine Voraussetzung des guten menschlichen Lebens ist und daher nichts, wofür man sich positiv ereifern kann. Im zweiten Fall lässt sich die Einführung des *thymos* als eines dritten Seelenteils besser verstehen, weil man sagen könnte, dass es hier um Ziele geht, die wir für wertvoll (*kalon*) halten, sodass eine Reaktion von Mut im Sinn von Durchsetzungskraft gegen andere Antriebe, von Energie in der Verfolgung der eigenen Ziele, passend scheint.[14] Sofern es um das Festhalten an Zielen geht, die *kalon* sind, wäre zu überlegen, ob nicht auch hier ein sozialer Aspekt enthalten ist, da Selbstschätzung und Geehrtwerden von anderen miteinander verschränkt sind.

2.3 Irrelevanz-Interpretation

Schließlich seien noch Interpretationen erwähnt, die den *thymos* und die ganze Konzeption der Seelenteile für eher irrelevant halten. So schlägt Gräser vor,[15] die Dreiteilung nicht psychologisch, sondern epistemologisch bzw. metaphysisch zu lesen, sodass das *logistikon* für Erkenntnis, die *epithymia* für Unwissenheit und der *thymos* dazwischen für *doxa* steht. Ferrari argumentiert, Platon interessiere sich nicht wirklich für psychologische Einteilungen; Herrschaft über die anderen Seelenteile sei kein natürliches Streben der Vernunft, weil diese letztlich theoretisch, nicht praktisch ausgerichtet sei.[16] Ähnlich argumentiert Sheffield mit Bezug auf den *Phaidros*,

14 Gegen Hans-Ulrich Baumgarten, *Handlungstheorie bei Platon*, Stuttgart 1998, der laut Untertitel des Buchs »Platon auf dem Weg zum Willen« vermutet, ist zu betonen, dass dieser Begriff der Energie nichts mit dem späteren philosophischen Willensbegriff gemeinsam hat. So auch Dorothea Frede, »Platon: Wunsch und Begehren«, in: Uwe an der Heiden, Helmut Schneider (Hg.), *Hat der Mensch einen freien Willen?*, Stuttgart 2007, S. 25-38, hier S. 37. Ebenso Schwartz, *Der philosophische* bios *bei Platon*, S. 222 Anm. 30.

15 Andreas Gräser, *Probleme der platonischen Seelenteilungslehre*, München 1969.

16 G. R. F. Ferrari, »The Three-Part Soul«, in: G. R. F. Ferrari (Hg.), *The Cambridge Companion to Plato's Republic*, Cambridge 2007, S. 165-201, dort S. 197.

die Seelenteile seien letztlich irrelevant.[17] In der Tat spricht für diese letzte Interpretationslinie vor allem der *Phaidros*, wo es um den Aufstieg der Seele zur Ebene des göttlichen Seins und nicht um die Beschaffenheit der Seelenteile geht.

3. Fragen

(i) Sofern das *thymoeides* einen sozialen Aspekt haben sollte, wie ist dieser zu fassen? Hier läuft, scheint mir, bei Platon selbst und den Interpreten Verschiedenes durcheinander. In *Politeia* IV ist der *thymos* ein spezifischer Affekt mit einem spezifischen Inhalt, nämlich Zorn als Reaktion auf einen ungerechtfertigten Angriff der Feinde, gleichbedeutend mit *orge*, und wie Aristoteles in der *Rhetorik* formuliert, verbunden mit dem Streben nach Rache (1378a30-b5). Entspricht das genau dem, was man heute unter moralischer Empörung versteht, deren Hintergrund ein formales Streben nach moralischer Anerkennung unter Gleichen bildet? Doch es könnte sein, dass die Griechen eine solche Vorstellung von Anerkennung noch gar nicht haben, sondern diese immer auf das inhaltliche Streben nach Ehre bezogen bleibt. Dass es sich hierbei um kategorial Unterschiedliches handelt, zeigt sich daran, dass die Ehrliebe überschießen kann, das Moralisch-sein-Wollen nicht. Das *thymoeides*, das angeblich sozial ist, kann dann gerade asozial werden. Wie Aristoteles in der *Politik* sagt, sind diejenigen, die einen starken *thymos* haben, besonders frei und unbesiegbar; sie sind aber gerade nicht sozial, nicht fähig, Herrschaft über andere auszuüben (1327b23). Die moralische Empörung wird dann zur bloßen Selbstbehauptung.

(ii) Wie kann der sozial verstandene *thymos* die Vernunft stützen, die gar nicht wesentlich auf Ehre aus ist? Maria Schwartz versucht zu argumentieren, dass auch der Vertreter der Vernunft an Ehre interessiert ist, nicht durch die faktischen Menschen, sondern durch die Götter und unter guten politischen Umständen prinzipiell auch durch die Menschen. Dagegen lässt sich einwenden, dass der Philosoph als solcher, das heißt kraft seines spezifischen Ziels, nicht auf Ehre aus ist, sondern auf Wahrheit, und auf Ehre

17 Frisbee Sheffield, »Eros before and after Tripartition«, in: Rachel Barney, u. a. (Hg.), *Plato and the Divided Self*, Cambridge 2012, S. 211-237, dort S. 234 f.

höchstens beiläufig, sofern er in Platons Konstruktion genötigt ist, den Staat zu leiten.[18]

(iii) Wenn *thymos* wie an manchen Stellen im *Timaios* und den *Nomoi* für Affekt überhaupt steht, warum ist dann gerade dieser spezielle Affekt ein eigener Seelenteil, warum finden wir dann nicht vielmehr eine Unterscheidung zwischen Begierde (*epithymia*) und Affekt (*pathos*) allgemein? Platon zeigt, anders als Aristoteles, auch in der *Politeia*, wo er angeblich die Psychologie der Seele erörtert, keinerlei Interesse an den inhaltlichen Lebensbereichen, die Aristoteles in seiner Tugendlehre umfassend beschrieben und eingeteilt hat. Sofern Platon inhaltliche Tugenden nennt, bleiben sie wie in den Frühschriften vorläufig und »bürgerlich«, weshalb ich nicht sehe, dass (wie einige Interpreten meinen) Platons Auffassung hinsichtlich Beherrschtheit und Unbeherrschtheit sich infolge der Lehre von der dreigeteilten Seele geändert hat. Die These, dass niemand wissentlich Unrecht tut, es sei denn, seine Natur ist verdorben, bleibt bestehen,[19] ebenso die These, dass das Gute nur über den weiteren Weg der Vernunfterkenntnis zu erreichen ist. Insofern treffen diejenigen Interpretationen, die Platon ein praktisch-psychologisches Interesse absprechen, vielleicht einen richtigen Aspekt.

(iv) In *Politeia* IV ist, was gegen die Begierde antritt, zunächst die Vernunft, nicht der *thymos*. Was genau ist dann die Funktion des dritten Seelenteils? Und wie wird aus den drei Teilen, wenn man drei annimmt, eine sinnvolle Konzeption einer Person? Wenn man drei Teile annimmt und diese wie in *Politeia* IX jeweils ihrerseits mit allen drei Instanzen ausstattet, wenn also der *thymos*, wo er das Leben dominiert, seinerseits Begierde und Überlegung besitzt, wie entgeht man dem *homunculi*-Problem?[20]

Wer die Vernunft nur als Mittel zur Erfüllung der Begierden oder Erlangung von Macht gebraucht, verwendet sie nach Platons Auffassung nicht im eigentlichen Sinn einer einheitlichen Refle-

18 Schwartz, *Der philosophische* bios *bei Platon*, S. 266.

19 So z. B. auch Sheffield, »Eros before and after Tripartition«. Die Gegenthese vertritt z. B. Mariana Anagnostopoulos, »The Divided Soul and the Desire for Good in Plato's Republic«, in: Gerasimos Xenophon Santas (Hg.), *The Blackwell Guide to Plato's Republic*, Oxford 2006, S. 166-188, dort S. 182 f.

20 Dazu Annas, *An Introduction to Plato's Republic*, S. 142 f.; Baumgarten, *Handlungstheorie bei Platon*, S. 168 f.

xion auf das gute Leben im Ganzen, die zugleich eine Unterordnung der anderen Seelenteile unter dieses Ziel verlangt. In der Suche nach dem Guten (Leben) liegt die Aufgabe der Vernunft, die aber nach Platon in der menschlichen Seele nur schwach oder gar nicht motiviert (*Politeia* 491b, *Nomoi* 644d). Entsprechend braucht die Vernunft eine Kraft zur Verstärkung der Motivation, und der *thymos* im grundlegenden Sinn der Selbstbehauptung ist eine starke Kraft, welche die Vernunft stützen, sich ihr aber auch entgegenstellen kann. Wie Platons bildhafte Darstellung des Menschen im IX. Buch der *Politeia* zeigt, ist die Harmonie der Teile schwer zu erreichen und bleibt fragil (588d1):

Den Menschen sollen wir bilden als zusammengesetzt aus einem vielköpfigen Ungeheuer (Begierden), einem Löwen (*thymos*) und einem kleinen Menschen (Vernunft), und um diese Teile soll Menschenhaut gespannt sein. Wie Platon sagt, ist dieses Wesen zwar mit Worten beschreibbar, es aber aus Wachs zu bilden praktisch unmöglich. Das könnte man so interpretieren: Sätze, die man in einer Beschreibung nacheinander verwendet, haben keine strenge Einheit, während ein Menschenmodell aus Wachs ein einheitliches Gebilde sein müsste.

Platons eigene Folgerung scheint also zu sein, dass nicht nur Begierden und Vernunft, sondern auch der Löwe und die Vernunft schwer zusammenfinden. Was überhaupt am *thymos* aber befähigt diesen dann, die Vernunft zu unterstützen? Das lässt sich besser verstehen, wenn man den Affektcharakter des *thymos* erläutert, wozu ich einen kurzen Ausblick auf Aristoteles geben möchte.

4. Die Dreiteilung des Strebevermögens bei Aristoteles

Das Problem der Sonderstellung des *thymos* bleibt bei Aristoteles, der die Affekte und Tugenden im Detail bearbeitet, bestehen, wenn auch auf einer anderen Ebene. Bei ihm ist der *thymos* kein Seelenteil, vielmehr unterteilt er *einen* der Seelenteile, das Strebevermögen (*orektikon*), in drei Unterarten: Begierde (*epithymia*), *thymos* und Wunsch (*boulesis*) (414b2). Auch Aristoteles verwendet also an dieser Stelle nicht den allgemeinen Begriff des Affekts (*pathos*), sondern bezeichnet *pars pro toto* mit dem Begriff des *thymos* diesen ganzen Bereich. Die Interpretation ist strittig. Einige plädieren für einen weiten *thymos*-Begriff,[21] andere sehen einen Zusammenhang mit Platons Konzeption der dreigeteilten Seele.[22] Doch vielleicht besteht zwischen diesen beiden Interpretationen gar kein Widerspruch. Ein Affekt hat für Aristoteles allgemein die Struktur, dass er ein Urteil über den Nutzen oder Schaden einer Situation für den Akteur enthält, außerdem Lust (wo die Situation förderlich für das Leben des Handelnden ist) oder Unlust (bei schädlichen Situationen) und schließlich eine Reaktion, ein Streben zum Aufsuchen des Nützlichen oder Vermeiden bzw. Beseitigen des Schädlichen. Zum Beispiel: Zorn (*orge*) ist ein unlustbesetztes Streben nach Rache aufgrund einer ungerechtfertigten Geringschätzung (1378a30-32).

Im Unterschied zur Begierde, die einfach nach einem sie auffüllenden Objekt verlangt, hat der Affekt also einen Vernunftbezug, da er sowohl theoretische Urteile über die Situationsfaktoren wie praktische Urteile über die positive oder negative Auswirkung der Situation auf das eigene Leben enthält. Indem es sich aber nicht nur um ein Urteil, sondern um ein Gefühl handelt, zeigt sich in der Reaktion zugleich unsere emotionale Bindung an das eigene Leben: dass uns an unserem Leben und seinem guten Verlauf liegt, dass es uns wichtig ist. Wenn auch Aristoteles *thymos* manchmal als Titel für die Affektivität im Ganzen verwendet, könnte das darin begründet sein, dass der *thymos* qua Selbstbehauptung diese Bindung an das eigene Leben besonders deutlich hervortreten lässt.

Dass andererseits für Aristoteles der *thymos* kein eigener Seelenteil, sondern nur ein Teil des gesamten nicht-rationalen Seelenteils ist, liegt daran, dass er anders als Platon eine vernünftige Leitung dieses Seelenteils für möglich hält. Aristoteles differenziert zwischen verschiedenen Bereichen des Handelns und der Affektivität. Mit Bezug auf jeden dieser Bereiche müssen die Affekte in der Erziehung so angepasst werden, dass dauerhafte Charaktertugenden entstehen, sodass die Person gerade Lust bei den entweder für ihr Leben förderlichen oder moralisch richtigen Handlungen empfin-

21 So meint Klaus Corcilius, *Streben und Bewegen. Aristoteles' Theorie der animalischen Ortsbewegung*, Berlin 2008, S. 148, dass der Ausdruck *thymos* bei Aristoteles eine große Reichweite und nicht nur einen sozialen Sinn hat.

22 Giles Pearson, *Aristotle on Desire*, Cambridge 2012. Auch Kenny setzt die Unterteilung des *orektikon* bei Aristoteles mit den drei Seelenteilen bei Platon gleich: Anthony Kenny, *Aristotle's Theory of the Will*, London 1979, S. 69.

det und diese ohne innere Hindernisse quasi von selbst tut. Damit entfällt das Erfordernis einer zusätzlichen Kraft, welche die Affektivität in Schach hält.

Auch diese Konzeption stößt allerdings an Grenzen, denn wie Aristoteles einräumt, gibt es den Ausnahmefall des Phänomens der Unbeherrschtheit und Beherrschtheit. Der Unbeherrschte (*akrates*) hat keinen dauerhaft schlechten Charakter, gibt aber dennoch den Begierden nach. Der Beherrschte hat keinen dauerhaft guten Charakter, schafft es aber aufgrund der Vernunft dennoch, den Begierden zu widerstehen, wo sie schädlich oder schlecht sind (*enkrateia*), und an der Verfolgung der eigenen Ziele festzuhalten, auch wenn die Begierden von diesen abzulenken versuchen. Das zweite Verhalten, das bei Platon ungefähr der Tapferkeit im weiten Sinn von Ausdauer oder Durchhalten entspricht, nennt Aristoteles *karteria* (NE 1145a36).

Wie diese Sonderphänomene zu interpretieren sind und ob sie die aristotelische Handlungstheorie sprengen, ist bis heute strittig.[23] Vom Ergebnis hängt ab, ob sich die menschliche Handlungsmotivation so verstehen lässt, dass sie einen durch eine vernünftige Überlegung hindurchgegangenen sinnlich-affektiven Ursprung hat, der (im besten Fall) durch Erziehung an das richtige Streben gewöhnt ist, oder ob es zwingende Gründe gibt, einen zusätzlichen Faktor in Form einer Tatkraft oder Selbstbehauptungsenergie einzuführen, um die Möglichkeit vernünftigen Handelns zu erklären.[24]

23 Siehe dazu meine Aufsätze »Zum Problem der Willensschwäche« und »Aporien in der aristotelischen Konzeption des Beherrschten und des Schlechten« in diesem Band.

24 Dieser Artikel ist die überarbeitete Version eines Vortrags auf dem 14. Kolloquium der GANPH in Trier 2015. Ich danke Anna Schriefl für wertvolle Hinweise.

II. Glück

Über den Sinn der Aristotelischen Mesoteslehre

Obwohl der für die antike Ethik zentrale Tugendbegriff in den letzten Jahren eine Renaissance erlebt hat, gilt die spezifische Konzeption der Tugenden, die Aristoteles vertritt, seine Lehre von der ethischen Tugend als einer μεσότης, einer mittleren Verfassung, allgemein als dunkel und zugleich als entweder leer oder nicht anwendbar oder nicht hilfreich.[1] Ich möchte zu zeigen versuchen, dass diese Lehre einen verständlichen und haltbaren Kern hat, der jedoch in seiner Reichweite begrenzt ist: Die Konzeption von der Tugend als einer μεσότης ist m. E. sinnvoll im Kontext der Frage nach dem guten Leben und der Einheit der Person, während sie auf die moralischen Tugenden nicht passt.

In dieser Formulierung meiner These liegt, dass der Aristotelische Tugendbegriff mehrseitig ist. Auf diese Mehrseitigkeit wird man leichter aufmerksam, wenn man von vornherein vor Augen hat, welche Absicht Aristoteles in der Ethik verfolgt. Die *Nikomachische Ethik* beginnt mit der Frage nach dem letzten τέλος menschlichen Strebens, nach dem letztlich Gewollten, und in I 5 wird dann gesagt, dass dieses Gewollte die εὐδαιμονία, das gute menschliche Leben ist. Hingegen würden wir die Frage der Moral als die Frage nach dem Gesollten fassen. Da Aristoteles diese Frage nach der Moral nicht ausdrücklich von der nach dem guten Leben abhebt, könnte man denken, dass sie für ihn in der Frage nach dem Gewollten aufgeht, und so gibt es in der Tat die Auffassung, dass Aristoteles eine Moral des Gewollten vertritt und den Begriff des Gesollten, wie wir ihn haben, nicht kennt.[2] Das ist jedoch ein irreführendes Bild. Aristoteles verfolgt in seiner praktischen Philosophie zwei Absichten zugleich. Erstens stellt er in der Tat die umfassende Frage nach dem πῶς βιωτέον, nach dem guten Leben. Diese Frage nach dem Guten war die Grundfrage der ganzen griechischen Philosophie, während sie später aus bestimmten Gründen

1 So z. B. bei W. F. R. Hardie, *Aristotle's Ethical Theory*, Oxford 1968, S. 134; Alasdair MacIntyre, *A Short History of Ethics*, London 1976, S. 65 ff.; Bernard Williams, *Ethics and the Limits of Philosophy*, London 1985, S. 36.

2 Diese Position vertritt insbesondere A. W. H. Adkins, *Merit and Responsibility*, Oxford 1960.

aus der Philosophie verschwindet. Die zweite Absicht, die Aristoteles verfolgt (und das gilt alles ähnlich für Platon), ist die der Rettung der sich auflösenden Polismoral, indem er zu zeigen versucht, dass das Leben der moralischen Tugenden, das sich im Tun des Gesollten manifestiert, genau das ist, was auch das wahrhaft glückselige Leben ausmacht. Aristoteles kennt durchaus den Begriff des Gesollten, ὡς δεῖ, καλὸν καὶ πρέπον, aber er versucht ihn so in seine Konzeption des Gewollten, der εὐδαιμονία, einzubauen, dass sich daraus eine prudentielle Begründung des moralischen Lebens ergibt.[3]

Die Verbindung dieser beiden Absichten wird bereits in einer frühen Stelle in der *EN* in die Wege geleitet, in dem bekannten Text I 6, der das sog. ἔργον-Argument enthält. Dieses Argument ist zugleich der Punkt, von dem man ausgehen muss, um die Konzeption der μεσότης einordnen zu können. Die Mesoteslehre selbst wird im 2. Buch der *EN* ausgearbeitet, wobei eine wichtige Seite offenbleibt, die erst das 6. Buch nachliefert. Der haltbare Kern der Mesoteslehre scheint mir dann aber besonders deutlich in IX 4 greifbar zu sein, wo Aristoteles von der Freundschaft mit sich selbst handelt. Daher werde ich die Mesoteslehre so interpretieren, dass ich sie zwischen das ἔργον-Argument und die Darstellung der Freundschaft mit sich selbst stelle. Ich gehe zunächst zur Einordnung auf das ἔργον-Argument in I 6 und erforderliche Präzisierungen in I 13 ein. Danach werde ich erläutern, wie Aristoteles selbst die Mesoteslehre im 2. und 6. Buch erklärt. Im Anschluss daran möchte ich dann unter Zuhilfenahme von IX 4 einen Versuch machen, die berechtigte Seite dieser Konzeption herauszuarbeiten und von nicht haltbaren Komponenten zu trennen.

Nachdem Aristoteles zunächst die Frage nach dem τέλος, dem Guten, der εὐδαιμονία gestellt hat, setzt er in I 6 unvermittelt neu ein mit dem Hinweis, man könne die Frage nach dem letzten menschlichen Ziel vielleicht am besten dadurch beantworten, dass man sich auf das ἔργον, also die Aufgabe oder Funktion des Menschen bezieht; das führt dann am Ende von I 6 zu einer wenn auch sehr allgemeinen Antwort. Das Argument hat mehrere Schritte

3 So auch Ernst Tugendhat, »Antike und moderne Ethik«, in: Ernst Tugendhat, *Probleme der Ethik*, Stuttgart 1984, dort S. 44. Mein folgender Versuch einer Rettung der Mesoteslehre verdankt diesem Aufsatz wesentliche Anregungen.

und lässt sich an einer Reihe von Punkten problematisieren. Darauf kann ich mich hier nicht im Detail einlassen; ich begnüge mich mit einer Skizze.

1. Mit Berufen und, allgemeiner, Rollen ist ein ἔργον, eine spezifische Aufgabe, verbunden, durch die sie gerade definiert sind; dasselbe gilt für Körperorgane. Der Schuster hat die Aufgabe, Schuhe zu machen, das Auge die Aufgabe, zu sehen. 2. Mit diesem Begriff des ἔργον ist eine bestimmte Bedeutung des Wortes »gut« verbunden, insofern man die betreffende Aufgabe jeweils entweder nur so oder auf vortreffliche Weise ausführen kann. Wenn der Schuster das erforderliche Können in der Weise der Vortrefflichkeit (ἀρετή) besitzt, sagen wir, dass er ein guter Schuster ist. Wir nehmen hier also graduierende Bewertungen nach bestimmten Qualitätsstandards vor, und das griech. Wort ἀρετή bezieht sich auf jede beliebige Art solcher Bestheit oder Vortrefflichkeit. Was man hier gleich beachten sollte, ist, dass das Wort »gut« jetzt eine ganz andere Verwendung hat als die, wo das Gute das Ziel oder Gewollte ist. 3. Wenn Menschen qua Inhaber einer Rolle und menschliche Organe eine Funktion haben, sollte dann der Mensch im Ganzen, der Mensch als Mensch, kein ἔργον haben? Aristoteles meint diese Frage rhetorisch, und seine Antwort lautet daher, dass auch der Mensch ein ἔργον hat. Diese Annahme einer vorgegebenen Funktion oder Aufgabe des Menschen ist bereits ein problematischer Schritt. Manche Interpreten versuchen dieses Problem dadurch zu entschärfen, dass sie diese Aussage in dem schwächeren Sinn lesen, dass es Tätigkeiten gibt, welche für den Menschen spezifisch oder charakteristisch sind.[4] Dass damit das Problem nicht wirklich beseitigt ist, wird deutlich im 4. Schritt, weil dieser nur folgt, wenn die Rede vom ἔργον ernst gemeint war. Aus dem ἔργον des Menschen soll sich nämlich das gute Leben jetzt so bestimmen lassen, dass es in der vortrefflichen Erfüllung der menschlichen Aufgabe besteht: Der Mensch nicht in dieser oder jener Rolle, sondern als Mensch hat sein ἔργον im Leben, oder genauer, da das auch für andere Lebewesen gilt, im Leben als Betätigung des vernünftigen Seelenteils. Die entsprechende ἀρετή des Menschen als Menschen würde daher in einer Lebenstätigkeit liegen, die so weit wie mög-

4 Z. B. Hardie, *Aristotle's Ethical Theory*, S. 362 f.; Anthony Kenny, »Happiness«, in: Joel Feinberg (Hg.), *Moral Concepts*, Oxford 1969, dort S. 46.

lich der Vernunft gemäß ist. Und in dieser Lebensweise soll nun gerade das gesuchte für den Menschen Gute oder letzte Wollensziel liegen. Würde man die Rede vom ἔργον schwach lesen, so dass sie nur besagt, dass es spezifisch menschliche Tätigkeiten gibt, wäre diese Ableitung hingegen nicht möglich.[5] Man könnte dann zwar graduelle Beurteilungen vornehmen und sagen, dass in diesen Tätigkeiten die einen besser und die anderen schlechter sind. Aber solange wir dem Menschen nicht die Ausführung einer dieser Tätigkeiten als seine Bestimmung vorgeben, ergibt sich hieraus keine Rede vom Gutsein als Mensch, und insbesondere ist nicht zu sehen, wie man ohne die Annahme einer Aufgabe des Menschen zu der Aussage kommt, dass das Individuum in der vortrefflichen Ausführung der für Menschen charakteristischen Tätigkeiten gerade die εὐδαιμονία findet, wie man also vom Guten im Sinne der ἀρετή zum Guten im Sinn des letztlich Gewollten, des τέλος bzw. der εὐδαιμονία, kommt.

Der Übergang zwischen diesen beiden ganz verschiedenen Begriffen des Guten lässt sich m. E. nicht in der von Aristoteles behaupteten Weise eines analytischen Zusammenhangs retten. Trotzdem meine ich, dass eine berechtigte Seite dieses Zusammenhangs übrig bleibt, wenn wir die für uns problematische Annahme einer Bestimmung des Menschen streichen bzw. sie durch empirische Aussagen über allgemeine anthropologische Tatsachen ersetzen. Aristoteles selbst macht in I 13 folgende deskriptive Aussagen über die menschliche Konstitution. Was für Menschen spezifisch ist, sind zwei Seelenteile, die mit Vernunft zu tun haben. Erstens das reine Vernunft- oder Denkvermögen (διανοητικόν), zweitens das sog. Strebevermögen (ὀρεκτικόν), das Antriebe und Gefühle enthält; dieses Vermögen besitzen zwar auch Tiere, es hat aber beim Menschen die spezifische Form, dass es auf die Vernunft hören kann. Entsprechend gibt es nach Aristoteles zwei Formen der menschlichen Vortrefflichkeit bzw. des guten Lebens. Zum Vernunftvermögen gehören die dianoetischen Vortrefflichkeiten und

5 Hardie, *Aristotle's Ethical Theory*, S. 362, verkehrt geradezu die Problemlage, wenn er sagt, dass sich in der Argumentation zwei Teile, nämlich 1. das ἔργον-Argument und 2. die Bestimmung des Guten aus den spezifisch menschlichen Tätigkeiten, trennen lassen und 2. nichts an Überzeugungskraft verliert, wenn wir 1. streichen. Denn von der Tatsachenaussage, dass für Menschen die und die Tätigkeiten spezifisch sind, führt kein Weg zu einer Bestimmung des Gutseins als Mensch.

die Lebensform der θεωρία, die allerdings für Menschen als empirische Wesen nicht dauerhaft möglich ist. Ich werde diese Möglichkeit daher ausklammern. Zum Strebevermögen gehört die ἀρετὴ ἠθικὴ und die Lebensform des ethischen Lebens.

Sehen wir einmal von der Rede von Teilen der Seele ab, so trifft die Aussage, dass der Mensch ein Wesen ist, das einerseits verschiedene Strebungen und Gefühle und zugleich Vernunft hat, sicher empirisch zu. Ausgehend von dieser empirischen Tatsache lässt sich eine Frage des guten Lebens einführen, die eine Seite der ἔργον-Überlegung bewahrt, jedoch schwächer und dadurch zugleich weniger problematisch ist. Wir könnten nämlich jetzt sagen, dass sich für ein Wesen, das mannigfaltige Strebungen und einen bewusst-überlegten Bezug auf sein Leben im Ganzen hat, zumindest die Frage stellt, wie es in seinen Strebungen verfasst sein will, welches die gute oder eine gute Verfassung seines Seins in dieser Hinsicht ist. Unklar bleibt zunächst, was hier das Wort »gut« besagt, wenn es nicht mehr den Sinn »vortrefflich in der Erfüllung der menschlichen Aufgabe« haben soll. Ersetzen wir die Annahme eines ἔργον des Menschen durch die anthropologische Tatsache, dass alle Menschen die εὐδαιμονία wollen oder auf das gute Leben ausgerichtet sind, dann liegt folgende Alternative nahe: Die Frage nach der guten Verfassung des eigenen Seins fragt nach derjenigen Verfassung, mittels derer man die εὐδαιμονία erreichen kann, die also ein Mittel oder eine Voraussetzung des guten Lebens ist. Dieser Vorschlag hat den Vorteil, dass wir offenlassen können, wie sich das τέλος des menschlichen Lebens inhaltlich bestimmt. Er enthält nur die schwächere Annahme, dass sich aus den allgemeinen Existenzbedingungen des Menschen Vorbedingungen eines guten Lebens herleiten lassen könnten, die unabhängig davon bestehen, worin jeweilige Personen das für sie gute Leben sehen.

Überlegungen, die auf diese schwächere These hindeuten, lassen sich auch bei Aristoteles selbst finden. Wie er in I 8-11 sagt, gehören nach gewöhnlichem Verständnis zur εὐδαιμονία im vollen Sinn neben der guten inneren Verfassung auch glückliche äußere Bedingungen, deren Vorhandensein nicht in unserer Macht steht. Insofern hat Aristoteles gute Gründe, die Frage nach dem guten Leben auf die Frage nach der guten Verfassung des eigenen Seins zu beschränken, weil das diejenige Bedingung der εὐδαιμονία ist, zu deren Bestehen wir selbst beitragen können. Dass Aristoteles seine Antwort gleichwohl mit höheren Ansprüchen betrachtet, als sie sie tragen kann, liegt daran, dass er doch gerne sagen möchte, dass in der Lebensweise gemäß der guten inneren Verfassung das gute Leben selbst und nicht nur eine seiner Voraussetzungen liegt.

Mein Ausgangspunkt für die Überprüfung der Mesoteslehre wird hingegen der schwächere sein, dass wir erstens durch die Vernunftfähigkeit gerade mit der Frage nach dem insgesamt guten Leben konfrontiert sind und dass zweitens der beantwortbare Teil dieser Frage die Frage nach derjenigen Verfassung des eigenen Seins im Hinblick auf die Affektivität ist, die eine Vorbedingung für jede Form des guten Lebens ist. Was ich mit der Interpretation der Mesoteslehre zeigen möchte, ist, dass die Konzeption der ethischen ἀρετή als einer μεσότης hierzu einen bedenkenswerten Vorschlag enthält. Damit komme ich zur Mesoteslehre selbst.

Was die ἀρετή ἠθική ist, bestimmt Aristoteles im 2. Buch der *EN* in zwei Schritten, indem er zunächst ihr Genus und dann ihre spezifische Differenz angibt. Das Genus ist das einer ἕξις, d. h. einer Haltung oder Einstellung. Um diesen Begriff der ἕξις zu erklären, muss man noch eine Stufe tiefer gehen zu den natürlichen Gegebenheiten, auf denen die ἕξις aufbaut. Zu diesen gehört all das, was Aristoteles im Strebevermögen zusammenfasst, sinnliche Begierden (wie Hunger), Wünsche (höherstufige Strebungen, die Zielvorstellungen enthalten) und Affekte (wie Furcht, Zorn). Aristoteles ist hier in seinen Einteilungen nicht ganz eindeutig, aber man könnte sagen, dass mit dem Strebevermögen der gesamte Bereich des Affektiv-Voluntativen gemeint ist. Sein gemeinsames Merkmal ist der Bezug auf Lust und Unlust (1104b4f.), wobei Lust im eigentlichen Sinn für Aristoteles im ungehinderten Vollzug des eigenen Seins besteht. In der Lust- bzw. Unlustbesetztheit liegt, dass wir in unseren jeweiligen Affekten und Gefühlen strebensmäßig oder motivational auf das eigene Sein bezogen sind und diesen Bezug zugleich erfahren.[6] Um das am Beispiel des Affekts der Furcht zu erläutern: Die Furcht bezieht sich auf den Sachverhalt, dass mir ein Übel droht; dieses kann entweder eine Gefahr für das Überleben sein oder etwas, das dem gewollten Wie meines Lebensvollzugs abträglich ist. Dass wir hier nicht nur theoretisch einen Sachverhalt

6 Vgl. hierzu Friedo Ricken, *Der Lustbegriff in der Nikomachischen Ethik des Aristoteles*, Göttingen 1976, Kap. V.

als für das Weiterleben oder gute Leben schädlich erkennen, sondern mit dem unlustbesetzten Affekt der Furcht reagieren, zeigt die Betroffenheit von Störungen des Seinsvollzugs an; insofern zeigen gerade auch solche negativen Affekte, dass es uns um das eigene Leben bzw. eine bestimmte Weise dieses Lebens geht. Die Sachverhalte, auf die sich die Affekte beziehen, sind solche, dass etwas für mich, d. h. für mein Leben oder gutes Leben, gut oder schlecht ist. Insofern impliziert der Affekt ein Wollen, nämlich dass man leben und auf die und die Weise leben will.

Das Strebevermögen, das wir von Natur aus besitzen, nimmt erst durch die Gewöhnung in der Erziehung bestimmte Inhalte und Ausrichtungen an, und es sind diese erworbenen Charakterdispositionen, die Aristoteles mit dem Begriff der ἕξις fasst (II 1). Die ἕξις ist das, gemäß dessen wir uns zu den Affekten gut oder schlecht verhalten (1105b25 f.). Die ethische ἀρετή ist diejenige ἕξις, in der wir uns gut zu den Affekten verhalten. Aristoteles führt die Unterscheidung zwischen guter und schlechter ἕξις an zwei Beispielen ein (1104a18 ff.). Das erste Beispiel betrifft die Haltungen zu sinnlicher Lust und Unlust: Wer so lebt, dass er ständig Lust sucht und sich keiner Lust, die sich bietet, enthält, der wird zügellos. Wer andererseits jede Lust meidet, wird empfindungslos. Das sind die beiden ἕξεις, die die Extremformen der Schlechtigkeit (κακία) darstellen, die Zügellosigkeit in der Weise des Zuviel, die Empfindungslosigkeit in der Weise des Zuwenig. Zwischen diesem Übermaß und Mangel liegt die ἀρετή für das Verhalten zu sinnlicher Lust, nämlich die Besonnenheit (σωφροσύνη). Ähnlich für den Affekt der Furcht: Wer sich daran gewöhnt, überall Gefahren und Hindernisse zu sehen und vor allem wegzulaufen, der wird die ἕξις der Feigheit erwerben. Wer andererseits ohne Furcht ist und vor nichts zurückweicht, der hat die ἕξις der Tollkühnheit. Die ἀρετή liegt wiederum in der Mitte zwischen diesen beiden extremen Charaktereigenschaften; sie ist die Tapferkeit. Die ἕξις bezieht sich dabei nach Aristoteles sowohl auf den Affekt wie auf die Handlung (1104b14, 1106b24 f.). Feigheit würde dann z. B. darin bestehen, dass jemand affektiv ein Übermaß an Furcht empfindet und dass er die Handlungsdisposition besitzt, der mit der Furcht verknüpften Strebung des Fliehens nachzugeben.

Diese erste Beschreibung der ἀρετή als μεσότης, die Aristoteles gibt, könnte eine Interpretation nahelegen, wonach man von einem jeweiligen Affekt nicht zu viel und nicht zu wenig haben sollte. Was Aristoteles meint, ist jedoch nicht, dass man nur mittelstarke Affekte haben sollte. Er betont, dass Affekte als solche, und das gilt dann auch für starke Affekte, weder lobenswert noch tadelnswert sind (1105b33f.). Die Frage ist vielmehr, wie wir uns zu den Affekten verhalten. Wir tadeln z. B. jemanden nicht, weil er zornig ist, sondern weil er es auf bestimmte Weise ist. Die μεσότης meint nicht eine arithmetische Mitte zwischen Zuviel und Zuwenig oder zu großer und zu geringer Intensität, sondern sie meint das Mittlere im Sinn des Richtigen (1106b21ff.). Die mittlere Haltung mit Bezug z. B. auf den Affekt der Furcht hat der, der Furcht empfindet über was man soll und wann man soll und weswegen man soll und wie man soll und der in Situationen, in denen Furcht auf diese Weise angemessen ist, im Handeln auf das Mittlere in der Weise des Richtigen zielt. Wenn das Mittlere aber nicht quantitativ, sondern im Sinn des Richtigen gemeint ist, dann liegt hier der gängige Einwand nahe, dass die Rede von einer Mitte zwischen einem Mangel und einem Übermaß im Grunde leerläuft. Außerdem fragt man sich jetzt, was mit diesem Wie-man-soll oder Richtigen gemeint ist.

Diese Frage zeigt, dass die bisherige Bestimmung der ἀρετή ἠθική noch unvollständig ist. Sie charakterisiert die ethische ἀρετή nur von unten, vom Strebevermögen her. Was dabei von Anfang an gesucht war, war aber diejenige Verfassung des Strebevermögens, die der Vernunft gemäß ist. Entsprechend ist das Mittlere oder Richtige da anzusetzen, wo der in praktischen Dingen Vernünftige, der φρόνιμος, es bestimmen würde (1107a1). Die ethische ἀρετή im vollen Sinn besitzt daher erst der, der auch über die φρόνησις verfügt. Das allerdings hilft nicht weiter, solange wir nicht wissen, wie der φρόνιμος das Richtige ermittelt. Aristoteles kündigt im 6. Buch an, diese Frage zu beantworten. Viel ist jedoch auch dort nicht zu erfahren. Immerhin so viel, dass der φρόνιμος derjenige ist, der nicht nur in dieser oder jener Hinsicht, sondern mit Bezug auf das gute Leben im Ganzen gut raten kann (1140a28). Welches die konkreten Kriterien eines solchen Ratens sind, sagt Aristoteles nicht. Der φρόνιμος hat so etwas wie eine ungefähre Konzeption des guten Lebens, einen σκόπος (Zielpunkt), auf den er hinblickt und so in Handlungsentscheidungen die richtige Mitte trifft (1138b22f.). Andererseits ist aber Voraussetzung dafür, dass er überlegend das

Mittlere trifft, dass er eine mittlere ἕξις mit Bezug auf die Affekte und Strebungen bereits hat, weil Affekte das Urteil darüber, was für mich gut ist, verdrehen können (1144a34 f.). Jetzt aber scheinen wir uns im Kreis zu drehen: Der Überlegende trifft das Mittlere in der Handlungsentscheidung nur, wenn er eine mittlere Haltung des Strebevermögens hat; diese aber war dadurch definiert, dass man in ihr so fühlt und handelt, wie der φρόνιμος es tun würde.

Man kann diesen Zirkel, denke ich, aufbrechen, wenn man hier eine Unterscheidung vornimmt, die bei Aristoteles keine Rolle spielt. Aristoteles redet mit Bezug auf das Strebevermögen und mit Bezug auf überlegte Handlungen gleichermaßen vom Mittleren. Dass jemand in Handlungsentscheidungen auf das Mittlere/Richtige hinzielt (VI 1), scheint mir aber etwas anderes zu sein, als dass er zu seinen Affekten eine mittlere Haltung hat bzw. sich zu seiner Affektivität richtig verhält. Ich meine nun, dass nur in dieser zweiten Verwendung die Rede von der Mitte etwas beiträgt, während sie in der ersten Verwendung in der Tat leerläuft.[7] Das wird deutlicher, wenn man einen letzten Erklärungsschritt hinzufügt, der in meiner bisherigen Darstellung noch fehlt. Der eigentliche Punkt der Mesoteslehre wird m. E. erst sichtbar, wenn man sie in den Kontext des ἔργον-Arguments stellt, das Aristoteles selbst im Verlauf der Explikation der Lehre mehrfach erwähnt (z. B.: 1106a22 f.). Dieser Zusammenhang von ἔργον und μεσότης wiederum lässt sich nur verstehen, wenn man kurz an die Aristotelische Ontologie erinnert.

Aristoteles verweist bei der Erklärung der μεσότης manchmal auf die Rede von der Mitte bei der technischen Herstellung (1106b8 ff.), was von einigen Interpreten als Fehlgriff bezeichnet wird.[8] In Wirklichkeit ist das genau derjenige Kontext, aus dem schon bei Platon und auch bei Aristoteles die Vorstellung vom

7 Die These, dass der zentrale Sinn der Mesoteslehre sich auf die affektive Verfassung bezieht, während die Anwendung auf Handlungen sekundär ist, vertritt auch J. O. Urmson, »Aristotle's Doctrine of the Mean«, in: Amélie Oksenberg Rorty (Hg.), *Essays on Aristotle's Ethics*, Berkeley 1980, S. 161. Urmson scheint allerdings der Auffassung zu sein, dass Aristoteles selbst, wenn er vom Hinzielen auf die Mitte bei Handlungen redet, nur meint, dass die Handlung eine ist, die aus einer mittleren affektiven ἕξις hervorgeht. Wie sich gleich zeigen wird, ist bei Aristoteles jedoch mehr gemeint, und daher bleiben die Folgeprobleme, die sich aus der schwächeren Lesart ergeben, bei Urmson unberücksichtigt.

8 Hardie, *Aristotle's Ethical Theory*, S. 136.

Mittleren ihren Sinn gewinnt.[9] Zur Erläuterung kurz ein technisches Beispiel, wie es Aristoteles in *Metaphysik* Z und H gibt. Angenommen, jemand will eine Säge herstellen. Säge-Sein wäre also das εἶδος, das er realisieren will. Dazu muss er zunächst die Definition dieses εἶδος kennen. Ein solches Gebrauchsding ist definiert durch seine Funktion; das ἔργον der Säge ist, dass man mit ihr Holz zerschneiden kann. Um etwas zu machen, das sich so verwenden lässt, muss man jetzt geeignetes Material auf die geeignete Weise anordnen. Das Material ist zunächst als unstrukturiertes Kontinuum vorgegeben. Damit das Herzustellende die Funktion so gut wie möglich erfüllt, muss man von den Materialien nicht zu viel und nicht zu wenig nehmen, sondern genau die richtige Menge in der richtigen Anordnung. Was man treffen muss, ist die τάξις, die richtige Ordnung, aus der heraus das Ding seine Funktion so gut wie möglich erfüllen kann. Da es sich bei den Materialien um kontinuierlich Teilbares handelt, ist es sinnvoll, so zu reden, dass man davon zu viel oder zu wenig nehmen kann. Andererseits ist die Mitte nicht arithmetisch zu verstehen, sondern der Bezugspunkt für die richtige Mitte oder das Maß ist das εἶδος bzw. ἔργον, das Mittlere ist das, was durch die Aufgabe des materiellen Teils im Funktionsganzen vorgeschrieben ist.

Dieses Modell ist es, das Aristoteles in seiner Lehre von der ἀρετὴ ἠθική als μεσότης auf den Menschen anzuwenden versucht. In der Übertragung des Modells liegt, dass der Mensch als Wesen betrachtet wird, das sich soz. selbst herstellt, das in allen seinen Betätigungen sein eigenes εἶδος ausgestaltet.[10] Analog zu dem technischen Beispiel müsste jetzt die erste Frage lauten, was das herzustellende εἶδος oder ἔργον ist. Die Antwort in I 6 war, dass dieses im vernunftgemäßen Tätigsein liegt. Diese Antwort ist nicht nur deswegen problematisch, weil sie die Vorgabe einer Bestimmung des Menschen enthält. Sie ist darüber hinaus zu unbestimmt, um konkrete Direktiven für die Selbstgestaltung an die Hand zu geben. Während wir bei der Säge in der Aussage, dass sie zum Zerschneiden von Holz verwendbar sein soll, eine Angabe konkreter

9 Siehe hierzu Harald Schilling, *Das Ethos der Mesotes*, Tübingen 1930, Einleitung; Hans Joachim Krämer, *Arete bei Platon und Aristoteles*, Heidelberg 1959.

10 Dieser Gesichtspunkt der Selbstgestaltung wird auf überzeugende Weise herausgearbeitet in Anselm Winfried Müller, *Praktisches Folgern und Selbstgestaltung nach Aristoteles*, Freiburg, München 1982.

Betätigungen haben, ist der Auskunft, dass das menschliche Leben wesentlich das vernunftgemäße Leben ist, nicht zu entnehmen, welches konkret die Tätigkeiten sind, in denen ein solches Leben sich aktualisiert. Was diese Konkretion angeht, die erforderlich ist, wenn die Analogie auf dieser ersten Ebene tragfähig sein soll, bleibt Aristoteles eine befriedigende Antwort schuldig. Sofern er eine Antwort gibt, besteht sie in der Empfehlung des Tuns des καλὸν καὶ πρέπον, dessen konkreter Inhalt im Katalog der einzelnen Tugenden auseinandergelegt wird. Hier jedoch gibt Aristoteles nur Wertvorstellungen seiner Zeit und Schicht wieder, die er weder aus dem ἔργον des Menschen direkt ableitet noch sonst eigenständig begründet. Dass es hier darum geht, im Handeln auf das Richtige im Sinn des Mittleren hinzuzielen, fällt daher aus der technischen Analogie heraus.

Die Rede von der Mitte tritt in dem technischen Beispiel vielmehr erst im zweiten Schritt auf, bei der Frage, welche Materialien wie zu organisieren sind, damit ein bestimmtes Funktionsganzes herauskommt. Auf dieser zweiten Ebene kann die Analogie im Prinzip greifen. Denn man könnte sagen, dass unsere Affekte und Strebungen gewissermaßen das natürlich vorgegebene Material sind, das sich so oder so organisieren lässt. Sofern die vorgegebenen Strebungen etwas Materiales und daher Kontinuierlich-Teilbares sind, ist es sinnvoll zu sagen, dass man von ihnen, bezogen auf die Herstellung einer bestimmten psychischen Struktur, zu viel oder zu wenig oder aber genau das richtige Maß, d. h. das Mittlere, nehmen kann.[11]

Wenn der erste Teil der Analogie undurchführbar ist, ist jetzt aber offen, welches der Bezugspunkt der Mitte ist. Gemäß meiner

11 In diesem Zusammenhang wird deutlich, inwiefern beim Menschen anders als bei der technischen Herstellung sekundär doch das Hinzielen auf die Mitte einen Sinn auch mit Bezug auf Handlungsentscheidungen hat. Denn hier besteht die besondere Situation, dass die ἕξις-Struktur, die jemand hat, sich als Niederschlag seiner wiederholten Handlungen ausbildet. Wenn aber jede einzelne Handlung sich auf die psychische Struktur auswirkt, dann lässt sich die überlegte Entscheidung auch unter dem Gesichtspunkt betrachten, ob sie die mittlere ἕξις fördert oder bewahrt. Wenn man die Rede von mittleren Handlungen so versteht, ist sie unproblematisch und zugleich sekundär, weil sie vom Begriff der mittleren ἕξις abhängig ist. Aristoteles selbst muss mit der Rede vom Hinzielen auf das Mittlere im Handeln mehr und anderes meinen, weil sich für ihn hierdurch gerade das menschliche εἶδος konkretisieren lassen soll, aus dem sich entnehmen lässt, welche ἕξεις die mittleren oder richtigen sind.

Eingangsüberlegungen möchte ich hier die Annahme eines ἔργον des Menschen durch eine deskriptive Bestimmung des menschlichen εἶδος ersetzen. Die im Kontext der Frage nach der richtigen bzw. mittleren Anordnung des psychischen Materials relevante Tatsache wäre, dass wir Wesen sind, die einerseits mannigfaltige Strebungen und Affekte haben und andererseits durch die Vernunftfähigkeit auf ihr Leben im Ganzen bezogen sind. Man könnte jetzt sagen, dass es für ein solches Wesen als Bedingung eines guten Lebens erforderlich ist, das Strebevermögen mit der Vernunft in Einklang zu bringen. Was das heißt und warum das so sein müsste, ist damit allerdings noch nicht klar. Es wird deutlicher, wenn wir beachten, dass wir uns nicht nur überlegend auf unser Leben im ganzen beziehen können (was die Frage offenlässt, warum es ratsam ist, das auch wirklich zu tun), sondern dass in unseren jeweiligen Strebungen und Affekten immer schon ein Bezug auf das eigene (gute) Leben liegt (siehe oben S. 117). Um zu erläutern, inwiefern sich hieraus Bedingungen des guten Lebens entnehmen lassen, komme ich jetzt zu Aristoteles' Auffassung von der Freundschaft des Menschen mit sich selbst.

Nach Aristoteles kann nur der σπουδαῖος, der die Verfassung der ethischen ἀρετή besitzt, mit sich selbst befreundet oder eins mit sich sein (1166a13). Er kann sein ganzes Leben als gut bejahen (a17 ff.), strebt mit seiner ganzen Seele nach demselben (a14) und hat gleich bleibende und einheitliche Vorlieben (a28). Er befindet sich daher in Übereinstimmung mit sich selbst sowohl in der gegenwärtigen Komplexität seines Lebens als auch über die Zeit hinweg (1240b22 ff.). Er erleidet in der Gegenwart keine inneren Konflikte durch einen Widerstreit zwischen verschiedenen Wünschen, zwischen faktischen Antrieben und überlegtem Wollen; er braucht später nicht zu bereuen, was er früher getan hat; er hat angenehme Erinnerungen und Hoffnungen (1166a25 ff.). Was mit dieser Einheit mit sich selbst gemeint ist, wird deutlicher vielleicht noch aus dem Gegenbild des Schlechten. Dieser ist nicht einer, sondern viele (1240b16), seine Seele ist gespalten und in Aufruhr (1166b19). Denn er ist sowohl in seinem gegenwärtigen Sein zwischen unmittelbaren Antrieben und überlegtem Wollen hin- und hergerissen (b21), und er kann sein Leben über die Zeit hinweg nicht bejahen, weil er später, wenn sich schädliche Folgen einstellen, sein Tun bereuen wird (b24 f.).

Fragen wir genauer, warum der Schlechte auf diese Weise gespalten sein wird, so fällt auf, dass Aristoteles in der Freundschaftsabhandlung den *κακός* auf eine Weise charakterisiert, die seiner sonstigen Bestimmung der *κακία* und ihrer Abgrenzung gegen die ἀκρασία (Unbeherrschtheit) widerspricht. Sowohl in der *EN* wie an der parallelen Stelle in der *EE* sagt Aristoteles, dass der *κακός* »ähnlich wie der ἀκρατής« innerlich gespalten sein wird (1166b8, 1240b13). Nach seiner sonstigen Unterscheidung zwischen ἀρετή und *κακία* auf der einen Seite und ἐγκράτεια und ἀκρασία auf der anderen Seite sind nur der Beherrschte und der Unbeherrschte gespalten, weil beide die richtige Konzeption vom guten Leben haben, aber hiervon abweichende Affekte und Strebungen haben. Der *κακός* hingegen wird von Aristoteles gewöhnlich so verstanden, dass er die schlechte Lebensweise für gut hält und die dazu passenden Antriebe und Affekte hat. Der Zügellose z. B. hat sich das Lebensprinzip zum Vorsatz gemacht, man sollte immer die gegenwärtige Lust verfolgen (1146b22 f.).

Ich sehe keine Möglichkeit, wie man diesen Widerspruch im Text auflösen könnte. Die Auffassung in IX 4 scheint mir jedoch die weiter gehende und zugleich angemessenere zu sein. Beide Auffassungen haben einen ersten Schritt gemeinsam. Dieser erste Schritt besteht darin, dass Aristoteles aufweist, dass wir Wesen sind, die so etwas wie eine einheitliche Lebenskonzeption brauchen. Dafür finden sich zwei Argumente in der *EE*. Das eine lautet, dass es ein Zeichen von Unverstand ist, wenn ein Wesen, das sein Leben in der Form vorsätzlichen Handelns selbst zu führen hat, sich nicht eine bestimmte Konzeption des guten Lebens vor Augen stellt, an der es sein Handeln ausrichten kann (1214b7 ff.). Das zweite Argument versucht zu begründen, was das Fehlen einer einheitlichen Lebenskonzeption unbefriedigend macht. Ein Wesen, das Wahrnehmungs- und Erkenntnisfähigkeit besitzt, will sich selbst wahrnehmen und erkennen können. Eine Erkenntnis seiner selbst aber kann man nur haben, wenn man seinem Leben eine bestimmte wahrnehmbare Gestalt gibt (1245a4 ff.), wenn man sich als ein so und so Beschaffener sehen kann. Diese eher metaphysische Überlegung scheint mir gleichwohl einen berechtigten psychologischen Kern zu haben. Ersetzen wir den theoretischen Erkenntnisbegriff, den Aristoteles an dieser Stelle verwendet, durch den praktischen Begriff eines Sich-Wissens oder Selbstgefühls, so ist es plausibel zu sagen, dass ein Wesen, das in seinen Affekten und seiner praktischen Überlegungsfähigkeit auf sein Leben im ganzen immer schon faktisch bezogen ist, ein Bedürfnis nach einem praktischen Wissen davon haben wird, wer es in seinem verschiedenen Wollen und Erleiden und durch die Zeit hindurch einheitlich ist und sein will. Ohne ein solches einheitliches Selbstverständnis wäre keine Selbstbejahung oder Zufriedenheit mit dem eigenen Sein möglich, weil sich dann der Gegenstand, auf den sich die Selbstbewertung bezieht, das eigene Leben im ganzen, gar nicht benennen ließe.

Dieser erste Schritt lässt noch offen, von welcher Art die einheitliche Lebenskonzeption sein müsste. Der zweite Schritt ist der spezifische Beitrag der Freundschaftsabhandlung, wo Aristoteles zu zeigen versucht, dass so, wie das menschliche Leben und die Realität beschaffen sind, die Lebensweise der *κακία* keine einheitliche Lebensform abgeben kann. Die beiden Schlechtigkeiten, mit denen Aristoteles argumentiert, entsprechen denjenigen ἀρεταί, anhand derer er in II 2 den Begriff der μεσότης eingeführt hat, nämlich Besonnenheit und Tapferkeit. Die Schlechten, so heißt es jetzt in IX 4, »wählen nämlich anstelle dessen, was ihnen gut scheint, das Angenehme, welches schädlich ist; die anderen wiederum unterlassen aus Feigheit und Trägheit, das zu tun, was ihnen das für sie Beste zu sein scheint« (1166b8 ff.). Der erste Teil dieses Arguments zeigt, warum das Prinzip der Verfolgung der gegenwärtigen Lust angesichts der Existenzbedingungen des Menschen keine sinnvolle Lebenskonzeption ist. Die Folgen dieser Lebensweise können schädlich sein, und diese schädlichen Folgen werden entweder jetzt schon als unerwünscht antizipiert, so dass ein Konflikt zwischen gegenwärtiger Lust und antizipierter Unlust entsteht, oder sie bewirken zumindest später, wenn sie eintreten, negative Affekte, zugleich mit dem negativen Affekt der Reue und mit Selbstvorwürfen darüber, dass man früher nicht anders gehandelt hat. Man könnte dieses Argument auch allgemeiner fassen, indem man die *κακία* der Zügellosigkeit nicht nur auf die sinnliche Lust bezieht, wie Aristoteles es tut, sondern auf die aktive Seite der Existenz insgesamt, auf der wir Wesen sind, die die Befriedigung von sinnlichen Bedürfnissen, die Realisierung von Wünschen und Zielen, die Ausübung von Tätigkeiten wollen. Das Argument würde dann lauten, dass es für ein Wesen, das überlegt leben kann und in der Affektivität den Rückstoß seiner bisherigen Lebensweise erfährt, eine Bedingung der Selbstbejahung oder Zufriedenheit mit seinem Leben insgesamt ist, dass es sich von seinen verschiedenen faktischen Wollensinhalten nicht blind bestimmen lässt, sondern sich zu ihnen verhält oder zu einem reflektierten Umgang mit ihnen fähig ist, so dass sie sich in Überlegungen über das gute Leben im ganzen einpassen lassen.

Der zweite Teil des Arguments lässt sich ebenso allgemein auf die passive Seite der Existenz beziehen. Aristoteles selbst verwendet hier die Begriffe der Feigheit (δειλία) und Trägheit (ἀργία) in einem Sinn, der viel umfassender ist als die Bestimmung der ἕξεις mit Bezug auf das Furchterregende, wie er sie in III 9-12 gegeben hat. Fassen wir den Begriff des Besten zunächst unabhängig von Aristoteles so, dass Menschen Wesen sind, die Ziel- und Wertsetzungen haben, deren Realisierung ihnen wichtig ist, so sind wir hier mit der Tatsache konfrontiert, dass die Realisierung solcher Ziele in der Wirklichkeit häufig auf Widerstände stößt, welche den aktiven Seinsvollzug hemmende negative Affekte hervorrufen. Da andererseits die Zielsetzungen solche sind, an denen uns affektiv liegt, wird derjenige, der sich bei negativen Erfahrungen in die Untätigkeit zurückzieht, wiederum an den Rückwirkungen dieser Lebensweise leiden, denn er wird mit sich selbst und seinem Leben unzufrieden sein, weil er nicht das getan hat, was ihm wichtig war. Auch auf der passiven Seite der Existenz, auf der wir mit Hindernissen oder dem Scheitern des eigenen Wollens konfrontiert sind, ergibt sich daher als Bedingung der Zufriedenheit mit dem eigenen Leben, dass man sich den negativen Affekten wie Furcht und Mutlosigkeit nicht einfach überlässt, sondern mit ihnen auf eine Weise umgehen kann, die die aktive Verfolgung der eigenen Zielsetzungen nicht verunmöglicht. Man könnte die entsprechende ἀρετή, da das Wort »Tapferkeit« hier zu speziell erscheint, vielleicht als Standhaftigkeit bezeichnen.

Die referierten Argumente können, so meine ich, zeigen, dass für ein Wesen, das so beschaffen ist, dass es in seinen mannigfaltigen Wünschen und affektiven Reaktionen auf äußere Situationen faktisch immer schon auf sein gutes Leben im ganzen bezogen ist und diesen Bezug zugleich in der Überlegung herstellen kann, in der Tat zwei ἀρεταί als Bedingungen jeder Weise eines guten Lebens erforderlich sind: mit Bezug auf das Wollen die Besonnenheit im Umgang mit den eigenen Wünschen und mit Bezug auf das Erleiden die Standhaftigkeit in der Verfolgung der gewollten Lebensweise auch angesichts von Störungen und Hindernissen.[12] Dass Aristoteles in IX 4 gerade mit diesen beiden Tugenden arbeitet und schon in II 2 gerade anhand von ihnen die Mesoteslehre einführt, scheint mir daher kein Zufall zu sein. Denn es sind genau diese beiden Tugenden, die sich aus unserer faktischen Verfassung, dem Bezug auf das gute Leben im ganzen sowohl im Strebevermögen wie in der Überlegungsfähigkeit, als notwendige Bedingung einer Übereinstimmung mit sich selbst ergeben; und es sind genau diese beiden Tugenden, bei denen die Lehre von der μεσότης einen guten Sinn hat.[13] Denn Strebungen und Affekte sind in der Tat die psychischen Vorgegebenheiten oder Materialien, mit denen

12 Das entspricht ungefähr Foots Einteilung der Tugenden in solche, die Wünsche einschränken, auf der einen Seite, und solche, die Motivationsdefizite ausgleichen, auf der anderen Seite (in Philippa Foot, *Virtues and Vices*, Oxford 1978, S. 9). Allerdings bezieht Foot diese Unterscheidung undifferenziert auf alle Arten von Tugenden, während ich unten zeigen werde, dass die Gleichbehandlung der Tugenden des individuellen Lebens und der moralischen Tugenden wichtige Strukturunterschiede verwischt. Das gilt ähnlich für Geachs Konzeption der Tugenden (Peter Geach, *The Virtues*, Cambridge 1977), die zwar meiner Rekonstruktion der Aristotelischen Auffassung entspricht, dass die Tugenden für ein gutes Leben erforderlich sind, gleichgültig worin man dessen Inhalte sieht, die diese Konzeption der Tugenden jedoch überspannt, indem sie auch auf die moralischen Tugenden angewendet wird, wo sie nicht passt (siehe Geach, *The Virtues*, S. 13, S. 16).

13 Wenn man die Mesoteslehre auf diese Weise nicht einfach auf diesen oder jenen Affekt bezieht, sondern sie an unserer grundlegenden affektiv-volitiven Konstitution festmacht, lässt sie sich also gegen Angriffe verteidigen, wie sie etwa Hursthouse vorbringt (Rosalind Hursthouse, »A False Doctrine of the Mean«, in: *Proceedings of the Aristotelian Society* New Series 81 (1980/81), S. 57-72). Hursthouse meint, dass es blosser Zufall ist und nichts zur Erklärung des Wesens der Tugenden beiträgt, dass sie die Mitte zwischen zwei Extremen darstellen. Das ist, wie ich unten zeigen werde, zwar richtig für die moralischen Tugenden, nicht aber für den jetzt behandelten Typ von Tugenden, die sich auf das eigene gute Leben beziehen. Für Letztere ist es, wie ich gerade gezeigt habe und im Folgenden noch präzisieren werde, in der Tat wesentlich, dass sie als bestmögliche Weisen des Verhaltens zur eigenen Wollens- und Leidensfähigkeit zwischen den beiden extremen Haltungen der völligen Hingabe oder völligen Enthaltung stehen, wobei dieses Zwischen nicht als quantitative Mitte zu verstehen ist, sondern seinen Bezugspunkt in der Realisierung eines im ganzen guten Lebens hat. Hursthouse' Kritik ist im Übrigen mehr gegen gewisse Verkürzungen in Urmsons Interpretation (vgl. Anm. 7) als gegen Aristoteles gerichtet, da sie keine umfassende eigene Textinterpretation unternimmt.

wir ausgestattet sind. Und das Faktum unserer Ausrichtung auf das gute Leben im ganzen gibt einen klaren Bezugspunkt ab, auf den hin sich von Mangel, Übermaß und richtiger Mitte des psychischen Materials reden lässt. Die richtige Mitte müsste jetzt in derjenigen Verfassung des Strebevermögens liegen, die Bedingung eines guten Lebens ist, soweit dessen Erreichung bei uns selbst liegt. Die referierten Argumente in IX 4 legen nahe, dass diese mittlere Verfassung darin besteht, dass wir uns zu unserem Wollen und Erleiden einheitlich verhalten, indem wir es reflektiert in unser Streben nach einem im ganzen guten Leben integrieren. Die Tugenden der Besonnenheit und der Standhaftigkeit sind nur zwei Seiten dieser einheitlichen reflektierten Einstellung, insofern die Besonnenheit bedeutet, dass man sich nicht blind von seinen vorhandenen Strebungen bestimmen lässt, und die Standhaftigkeit, dass man sich ebenso wenig einfach negativen Affekten überlässt.

Bei Aristoteles enthält diese Einheitlichkeit zusätzlich eine inhaltliche Bestimmung, die es ihm ermöglicht, sie als das gute Leben selbst auszugeben. Denn für ihn fällt diejenige Verfassung des Strebevermögens, die einer einheitlich-reflektierten Haltung zugrunde liegen müsste, inhaltlich mit dem Besitz der konkreten Tugenden zusammen, die das *καλὸν καὶ πρέπον* ausmachen. Wer sich mit dieser inhaltlichen Wertkonzeption identifiziert, kann daher sich selbst in dem stärkeren Sinn bejahen, dass er das richtige Leben lebt. Wenn wir diesen Punkt streichen und davon ausgehen, dass sich über den Inhalt eines guten Lebens nicht mit objektiven Gründen entscheiden lässt, dann stellen sich zwei Fragen. Erstens die Frage, ob die mittlere Verfassung, wenn sie nicht mehr inhaltlich das gute Leben ausmacht, sondern nur noch als Bedingung für jede Weise eines guten Lebens angesehen werden kann, überhaupt hinreicht, um ein Gefühl der Übereinstimmung mit sich selbst hervorzubringen. Zweitens fragt sich jetzt, ob die Rede von der Einheitlichkeit überhaupt noch etwas heißt, wenn wir das Vorhandensein einer einheitlichen inhaltlichen Lebenskonzeption ganz streichen, oder ob wir den Bezug auf eine solche inhaltliche Konzeption nicht beibehalten und neu bestimmen müssen.

Was die erste Frage betrifft, so spricht m. E. einiges dafür, dass ein einheitlich-reflektierter Umgang mit der eigenen Affektivität wenn nicht die einzige, so doch eine wichtige Quelle für die Zufriedenheit mit dem eigenen Sein darstellen kann. Um das zu zeigen, möchte ich zunächst das Spezifische der Aristotelischen Empfehlung noch schärfer zu fassen versuchen, indem ich sie gegen mögliche andere Konzeptionen abgrenze. Vorstellungen von der εὐδαιμονία lassen sich in formaler Hinsicht zwischen zwei Polen ansiedeln.[14] Der eine Pol sieht das gute Leben in der völligen Hingabe an Sachen oder Personen, der andere in der vollkommenen Autarkie, in der das Individuum sich selbst genug und so von allen Wechselfällen des Lebens unabhängig ist. Die erstere Auffassung hat Aristoteles in IX 4 widerlegt. Kurz gesagt lässt sich in dieser Lebensweise deswegen keine Übereinstimmung mit sich selbst finden, weil in der Hingabe zugleich die Selbstaufgabe liegt und beides sich unter realen Bedingungen nicht durchhalten lässt, weil negative Erfahrungen die Person auf sich selbst zurückwerfen und ihr dabei sichtbar machen, dass sie keine einheitliche Weise des Umgangs mit Erfahrungen und Situationen hat. Das andere Extrem bildet das Ideal der ἀπάθεια, der Affektlosigkeit, denn da in der Welt, wie sie ist, negative Erfahrungen unvermeidlich sind, ist völlige Unabhängigkeit von ihnen nur möglich, wenn man sich alles Wollen und Leiden abgewöhnt. Dieses Ideal der ἀπάθεια lässt sich nicht ohne weiteres widerlegen. Man kann nur sagen, was Aristoteles hier gewöhnlich sagt, dass Empfindungslosigkeit sehr weit von der vorgegebenen menschlichen Natur entfernt ist (z. B. 1119a6 f.), weshalb die meisten Menschen weder in der Lage sind noch es erstrebenswert finden, sich von der Affektivität voll und ganz zu befreien. In der *EE* zieht Aristoteles zwar selbst noch in Erwägung, die ἀρετὴ ἠθικὴ als ἀπάθεια zu bestimmen (1222a4), und er schwankt, ob der Standhafte in echten Gefahrensituationen frei von Furcht ist oder zwar Furcht empfindet, aber standhält, weil er das für gut hält (1228b27 ff.). In der *EN* jedoch rückt Aristoteles eindeutig vom Ideal der ἀπάθεια ab. Der Standhafte ist hier derjenige, der Furcht, wo sie angemessen ist, in der Tat empfindet, der aber, motiviert dadurch, dass die Standhaftigkeit Bestandteil des καλόν ist, sich tapfer verhält (1115b17 ff.). Die Mesoteslehre lässt sich daher als ein Versuch verstehen, eine befriedigende Lebensweise zu bestimmen, die zwischen den beiden extremen Konzeptionen der Selbstaufgabe auf der einen Seite und der ἀπάθεια auf der anderen Seite steht. Der Vorteil dieser mittleren Lebensweise liegt darin, dass sie der inneren

14 Diese Überlegung übernehme ich von Emil Angehrn, »Der Begriff des Glücks und die Frage der Ethik«, in: *Philosophisches Jahrbuch* 92 (1985), S. 43 f.

Natur des Menschen und den äußeren Bedingungen seiner Existenz Rechnung trägt. In ihr behalten die Affekte ihr volles Recht. Das ist deswegen ratsam, weil nur derjenige, der überhaupt Strebungen und Affekte hat, sich involvieren und positive Erfahrungen machen kann, wo immer sich die Gelegenheit bietet. Wer diese Fähigkeit zu positiven Erfahrungen hat, hat dadurch aber *eo ipso* auch die Fähigkeit zu negativen Erfahrungen. Während diese negativen Erfahrungen unvermeidlich sind, leistet hier die Fähigkeit zum reflektierten Umgang mit der eigenen Affektivität doch so viel, dass man im Wechsel der positiven und negativen Seiten des Lebens ein inneres Gleichgewicht bewahrt. Obwohl die Auffassung verbreitet ist, dass die Tugenden der Besonnenheit und Standhaftigkeit eine Herrschaft oder Kontrolle über die Affektivität bedeuten,[15] wäre die Aristotelische Konzeption eher so zu charakterisieren, dass es nicht um eine Unterdrückung oder Einschränkung der Affektivität geht, sondern um ihre richtige Organisation oder Kanalisation, welche ihre Integration in ein reflektiertes Streben nach einem im ganzen guten Leben ermöglicht. Unter zeitgenössischen Tugendvorstellungen lässt sich die Aristotelische Konzeption daher am ehesten mit Fromms Ideal des produktiven Lebens vergleichen, das die bestmögliche Lebensweise an einer Charakterstruktur festmacht, die die Fähigkeit, sich in Dinge und Personen zu involvieren und so positive Erfahrungen zu machen, mit dem Bei-sich-Sein in der Weise der inneren Einheit und Stabilität verbindet.[16] Die Frage, inwiefern das Wissen, dass man auf diese Weise verfasst ist, bereits eine Quelle der Zufriedenheit mit dem eigenen Leben abgeben kann, könnte man daher jetzt so beantworten, dass eine solche Person sich erstens sagen kann, dass sie für alle positiven Erfahrungen, die sich bieten, offen ist und dass sie zweitens das Gefühl haben wird, dass sie mit inneren und äußeren Situationen welcher Art auch immer umzugehen in der Lage ist und ihr Gleichgewicht bewahren wird. Dieses Wissen der Einheit mit sich könnte aber ebenso wie die Offenheit

15 So z. B. Foot, *Virtues and Vices*; Georg Henrik von Wright, *The Varieties of Goodness*, London 1963, S. 149.

16 Siehe dazu Erich Fromm, *Man for Himself*, London 1949, insbesondere III.2.b.(3). Darauf, dass sich die Mesotesvorstellung unter modernen Tugendauffassungen am ehesten mit Fromms Konzeption des produktiven Lebens vergleichen und durch diese plausibel machen lässt, hat mich Ernst Tugendhat aufmerksam gemacht.

für positive Erfahrungen etwas sein, das in der Selbstwahrnehmung ein Gefühl der Freude an sich selbst verursachen kann.

Ich komme zur zweiten der oben benannten Fragen, ob sich die bloß formal bestimmte Einheitlichkeit noch sinnvoll verstehen lässt, wenn wir nicht mehr wie Aristoteles eine inhaltliche Konzeption der εὐδαιμονία unterstellen. Der Bezugspunkt des einheitlich-reflektierten Umgangs mit den Strebungen und Affekten war ja die faktische und potentiell überlegte Ausrichtung auf ein im ganzen gutes Leben. Wenn daher in der Moderne die Erfahrung auftritt, dass wir nicht nur nicht mehr über konsensfähige Kriterien der Bestimmung des guten Lebens verfügen, sondern auch das Individuum für sich nicht mehr in der Lage ist, die auseinanderfallenden Lebensbereiche in eine inhaltliche Lebenskonzeption zu formen, dann scheint die Empfehlung eines reflektierten Verhaltens zu den eigenen Affekten ihren motivationalen Angriffspunkt zu verlieren. Der Rat scheint dann nur noch zu lauten, dass es gut ist, so vernünftig wie möglich zu leben, und es bleibt unklar, was für diesen Rat spricht. Was ich im Zusammenhang der vorhergehenden Frage ausführte, enthält jedoch bereits einige Antworten auf dieses Problem. Selbst wenn wir den schwierigsten Fall betrachten, dass wir nicht nur keine gemeinsamen Lebenskonzeptionen mehr haben, sondern nicht mehr in der Lage sind, solche Konzeptionen überhaupt zu formulieren, bleibt das Faktum, dass wir Wünsche und Affekte verschiedener Art haben und mit ihnen so gut wie möglich leben wollen. Da Wünsche auf ein und derselben Ebene miteinander in Konflikt stehen können und da ebenso Konflikte zwischen den verschiedenen Ebenen der Strebungen auftreten können, ergibt sich einfach intern das Erfordernis, zwischen unvereinbaren Strebungen derselben Ebene zu entscheiden und wertende Rangordnungen zwischen den verschiedenen Ebenen so herzustellen, dass man überlegt, mit welcher inhaltlichen Ausrichtung man auf bestmögliche Weise leben kann. Das heißt aber, dass sich hier, wenn wir nicht mehr eine fertige Konzeption des guten Lebens als gegeben voraussetzen, die die inhaltliche Auswahl und Anordnung der Strebungen bestimmt, die Aufgabe stellt, zwar nicht eine vollständige subjektive Konzeption vom guten Leben zu formulieren, aber ausgehend von den psychischen Gegebenheiten und äußeren Lebensbedingungen nach und nach zu einer zunehmenden inhaltlichen Vereinheitlichung zu kommen. Dass sich dieses Hinarbeiten auf eine auch inhaltliche Ausgewogenheit als für jede Weise eines guten Lebens erforderlich ergibt, liegt im Grunde schon in dem Erfordernis der reflektierten Einstellung zu den eigenen Strebungen und Affekten, weil der Sinn dieser praktischen Reflektiertheit nur darin bestehen kann, dass man die Affekte und Strebungen in Überlegungen über die bestmögliche Weise des Lebens integrieren kann. Das Erfordernis der inhaltlichen Einheitlichkeit bleibt daher in dem Sinn formal, dass es die Frage offenlässt, welche Inhalte für eine jeweilige Person die bestmögliche Lebensweise ausmachen würden. Gehen wir von der modernen Vorstellung aus, dass wir uns der Artikulation einer Konzeption des guten Lebens nur nach und nach von innen her annähern können, dann könnte das allerdings in einem Punkt zu schwächeren Ergebnissen führen.

Dieser Punkt betrifft den Stellenwert der ἀρετή der Standhaftigkeit. Standhaftigkeit in der Verfolgung der gewollten Lebensweise ist für Aristoteles deswegen eine für die Erreichung der εὐδαιμονία notwendige Tugend, weil derjenige, der hinter der Realisierung des καλόν, mit dem er sich wertend identifiziert, zurückbleibt, mit sich und seinem Leben unzufrieden sein wird. Wenn wir hingegen keine solche Wertkonzeption des Lebens haben, fragt man sich, warum das Zurückbleiben hinter der Lebensweise, für die man sich entschieden hat, zur Unzufriedenheit führen muss. Man kann darauf antworten, dass die meisten Menschen nach wie vor wenn auch keine Wertkonzeption für das Leben im ganzen, so doch diese und jene Wertüberzeugungen in einzelnen Bereichen haben und außerdem Unterschiede im Gewicht der Werte machen. Insofern bleibt das Phänomen, dass sie sich mit sich selbst affektiv uneins fühlen können, wenn sie nicht getan haben, was sie für wertvoll(er) halten. Es gibt aber ebenso die Möglichkeit, dieses Gefühl als Relikt zu interpretieren, das keine Basis und daher keine sinnvolle Funktion mehr hat, wenn wir unsere verschiedenen Wünsche und Affekte nur noch untereinander kohärent machen können, aber keine übergeordnete objektive Wertkonzeption für das Leben im ganzen mehr haben, die der Wahl und damit auch dem Durchhalten einer Lebensweise ihre Beliebigkeit nimmt. Ich lasse diese Frage offen.

Meine Rekonstruktion des sinnvollen Kerns der Mesoteslehre hat sich ausschließlich an den beiden Tugenden der Besonnenheit und der Standhaftigkeit orientiert, weil ich der Meinung bin, dass nur hier diese Lehre tragfähig ist. Aristoteles selbst hingegen versucht sie auf alle Haltungen anzuwenden, die zu seinem Katalog der ethischen ἀρεταί gehören, worunter auch die moralischen Tugenden im engeren Sinn sind. Dass dieser Versuch in Schwierigkeiten führt, ist insbesondere mit Bezug auf die wichtigste moralische Tugend, die Gerechtigkeit, von vielen Interpreten beobachtet worden. Mit meinem Versuch der Erklärung der Mesoteslehre lässt sich leicht zeigen, warum diese Schwierigkeiten unvermeidlich sind: die moralischen Tugenden sind von einer Struktur, auf die der begriffliche Rahmen der Mesotesvorstellung nicht passt. Wie ich oben schon sagte, dürfte es kaum ein Zufall sein, dass Aristoteles zur Erläuterung der Mesoteslehre gerade die beiden ἀρεταί der Besonnenheit und Standhaftigkeit heranzieht. Denn sie sind die zentralen und allgemeinsten Tugenden, die sich aus der existentiellen Verfassung des Individuums heraus als notwendige Bedingung eines guten Lebens erweisen lassen. Diese Tugenden lassen sich allerdings noch in speziellere Tugenden auseinanderlegen, indem man eine Unterscheidung von Situationstypen vornimmt, in denen sie eine Rolle spielen können. Z. B. wäre eine Unterart der Standhaftigkeit die Tapferkeit im engeren Sinn des richtigen Umgangs mit Gefahren; eine andere Unterart wäre etwa die Ausdauer bei der Verfolgung eines Ziels, dessen Erreichung Anstrengung kostet. Da diese spezielleren Tugenden einfach Unterformen der Besonnenheit und Standhaftigkeit sind, lässt sich auf sie die Mesoteslehre ebenfalls anwenden. Auch sie beziehen sich nur auf die Form oder Art und Weise des Verhaltens zu den eigenen Wünschen und Affekten; für die Zuschreibung z. B. der spezielleren Tugend der Ausdauer spielt es keine Rolle, welches der Inhalt des Ziels ist, das jemand trotz Mühen beharrlich verfolgt.

Es scheint nun auf den ersten Blick naheliegend, dass man auf diesem Weg auch die moralischen Tugenden in die Mesoteskonzeption einbeziehen kann, da zu den Unterarten unserer Strebungen und Affekte auch solche gehören, in denen wir uns auf andere Menschen beziehen. In Wirklichkeit lässt sich zwar die Mesoteslehre ohne weiteres auch auf diese psychischen Gegebenheiten anwenden, weil sie die Einstellung zum Wollen und Erleiden ganz allgemein betrifft; die spezielleren Tugenden, zu denen man auf diese Weise kommt, sind jedoch nicht die moralischen Tugenden. Betrachten wir ein Beispiel einer auf andere Menschen bezogenen ἀρετή, das Aristoteles selbst gibt, die Freundschaft. Diese bestimmt er im Kontext der Mesoteslehre als die richtige Mitte zwischen der Schmeichelei, in der man sich voll und ganz dem Wollen anderer anpasst, und dem Menschenhass, in dem einem andere völlig gleichgültig sind (1233b30). Diese Charakterisierung der φιλία entspricht genau der Mesoteslehre, wie ich sie oben erläutert habe: die φιλία ist dasjenige Verhalten zu den auf andere Menschen bezogenen Affekten, in dem man einerseits fähig ist, echte Beziehungen zu anderen zu haben, ohne dabei andererseits die eigene Selbständigkeit zu verlieren. Aristoteles verwendet jedoch den Begriff der Freundschaft auch in moralischen Zusammenhängen, wenn er z. B. sagt, dass Gerechtigkeit und Freundschaft sich auf denselben Gegenstandsbereich beziehen (1159b25 f.) und Gerechtigkeit ohne Freundschaft nicht möglich ist (1155a26 f.). Hier ist mit φιλία nicht einfach die Fähigkeit zu echten menschlichen Beziehungen gemeint, sondern eine moralische Einstellung der allgemeinen Menschenfreundlichkeit, aus der heraus man alle so sieht und behandelt, wie man persönliche Freunde sehen und behandeln würde. Daraus aber, dass jemand die φιλία im Sinne der mittleren Haltung zu altruistischen Affekten besitzt, folgt nicht automatisch, dass er auch die φιλία im Sinne der moralischen Einstellung besitzt. Letztere ist von strukturell anderer Art als die φιλία als μεσότης. Die moralische ἀρετή der φιλία besitzt derjenige, der diese bestimmte inhaltliche Konzeption einer allgemeinen Freundschaft tatsächlich in der großen Mehrzahl der relevanten Situationen befolgt. Die Rede von der richtigen Mitte eines Affekts greift hier nicht, weil sich die Zuschreibung einer moralischen Tugend auf die möglichst durchgängige Befolgung einer inhaltlichen normativen Konzeption bezieht. Natürlich kann man auch für die moralischen Einstellungen sagen, dass es ratsam ist, sie ihrerseits in der mittleren Weise zu haben. Das heißt dann aber, dass man die eigenen moralischen Wertvorstellungen, welchen Inhalts auch immer, weder fanatisch verfolgen noch sich durch Hindernisse von ihrer Realisierung abhalten lassen sollte. Dieser Punkt jedoch betrifft alle Arten von Zielsetzungen und sagt daher nichts über die spezifische Struktur der moralischen Tugenden aus.

Die Mesoteslehre lässt sich also nur auf die Tugenden des individuellen Lebens, auf Besonnenheit und Standhaftigkeit und ihre Unterformen anwenden. Diese Tugenden lassen sich unmittelbar aus der Struktur der individuellen Existenz als Vorbedingung für jede Weise eines guten Lebens, oder vielleicht auch stärker, als ein Grundbestandteil ansonsten verschiedener Weisen des guten Lebens erweisen. Die moralischen Tugenden hingegen ergeben sich nicht aus der allgemeinen Verfassung der individuellen Existenz, sondern sie werden relativ zu bestimmten Inhalten zugeschrieben. Damit ist nicht ausgeschlossen, dass man die moralischen Tugenden mit anderen Gründen als ratsam für das individuelle Leben erweisen könnte. In der Tat müsste man das können, wenn moralisches Handeln aus einer inneren Motivation heraus möglich sein soll. Aber der primäre Gegenstand der Begründung ist hier die Wertvorstellung oder Norm, durch deren Befolgung die jeweilige moralische Tugend definiert ist. Thomas von Aquin hat diesen Unterschied zwischen den zwei Typen von Tugenden treffsicher formuliert: Nur Besonnenheit und Standhaftigkeit sind Tugenden des Strebevermögens, d.h., sie ergeben sich aus der bloßen Tatsache unseres Bezugs auf ein gutes Leben in der Affektivität und Überlegungsfähigkeit. Demgegenüber sind die moralischen Tugenden wie Gerechtigkeit oder Nächstenliebe Tugenden des Willens, wobei Thomas mit dem Willensbegriff die Fähigkeit zum Handeln nach überlegten oder begründeten Wertvorstellungen oder Zielsetzungen meint.[17]

17 Thomas von Aquin, *Summa Theologiae* 1a2ae Q.56 art. 6. In der modernen Literatur zum Tugendbegriff wird der Unterschied zwischen den zwei Typen von Tugenden, soweit ich sehe, nur bei von Wright klar formuliert, der ihn so fasst, dass bei den moralischen Tugenden eine logische Lücke zwischen der praktischen Einsicht, die sich auf das eigene gute Leben bezieht, und einer Entscheidung für das Leben gemäß den moralischen Tugenden besteht (von Wright, *The Varieties of Goodness,* S.153). In einem neueren Aufsatz versucht Carr einen Unterschied zwischen zwei Arten von Tugenden herauszuarbeiten und für die Aristoteles-Interpretation fruchtbar zu machen (David Carr, »Two Kinds of Virtue«, in: *Proceedings of the Aristotelian Society* New Series 85 [1984/85], S.47-61). Carr übernimmt v. Wrights Auffassung der selbstbezogenen Tugenden als Tugenden der Selbstkontrolle, was mir für die Aristoteles-Interpretation nicht ganz angemessen scheint. Er unterscheidet hiervon als zweiten Typ diejenigen Tugenden, die er *virtues of attachment* nennt, wobei deren Eigenart bei ihm aber weniger zur Klarheit kommt als in der erwähnten kurzen Passage bei von Wright. Am Ende kommt Carr zu dem merkwürdigen Ergebnis, dass die selbstbezogenen Tugenden eine Achtung für das jeweilige Prinzip voraussetzen, dass also z.B. der Tapfere aus Achtung für das Prinzip der Tapferkeit handelt, während sich die moralischen Tugenden eher aus unserer Natur ergeben, was mir die Sachlage auf den Kopf zu stellen scheint.

Kunst, Philosophie und die Frage nach dem guten Leben

Die »Berliner Gespräche« stehen unter dem Rahmenthema »Rehabilitierung der philosophischen Ästhetik«. Wenn wir die Ästhetik als ein ernstzunehmendes und wichtiges Feld philosophischer Forschung rechtfertigen wollen, dann müssen wir Auskunft darüber geben können, was die Fragen und Themen dieser Disziplin sind, worin ihre Relevanz innerhalb des philosophischen Nachdenkens liegt und ob und wie sie sich mit den Verfahren der Philosophie behandeln lassen. Mein Beitrag möchte hierzu einige Thesen zur Diskussion stellen, die allerdings eher programmatisch bleiben und ihre Tragfähigkeit erst in einer konkreten Ausarbeitung erweisen könnten.

I. Vorschlag einer Kernfrage für die philosophische Ästhetik

Gehen wir von einer möglichst unstrittigen Bestimmung der Aufgabe philosophischer Untersuchung aus, dann hat diese auf die eine oder andere Weise mit der Klärung von Grundbegriffen oder grundlegenden Verstehensstrukturen zu tun. Für die philosophische Ästhetik würde das heißen, daß ihr Untersuchungsgegenstand die Rede über ästhetische Phänomene wäre, daß sie also Grundbegriffe dieses Bereichs wie »Schönheit«, »ästhetische Erfahrung«, »Kunstwerk« usw. oder die Bedeutung ästhetischer Werturteile aufzuklären hätte. Diese Aufgabenstellung hat den Vorteil, daß sie eine Rehabilitierung der Ästhetik in methodischer Hinsicht ermöglichen würde, sofern man annehmen kann, daß eine Begriffsanalyse mit klaren Methoden durchführbar ist. Ein Blick auf die kurze Geschichte der sprachanalytischen Ästhetik zeigt jedoch, daß dieses Unternehmen nicht weit führt; ebensowenig erweckt es den Eindruck einer besonderen philosophischen Relevanz. Das läßt vermuten, daß meine bisherige Charakterisierung der allgemeinen philosophischen Thematik und Methode noch unterbestimmt ist und präzisiert werden müßte, wenn wir zu einer sinnvollen Aufgabenstellung für die Ästhetik kommen wollen.

Gehen wir jetzt zunächst von der umgekehrten Seite aus und fragen, was in substantielleren ästhetischen Abhandlungen faktisch untersucht wird, so läßt sich beobachten, daß diese meist von einem engeren Interesse geleitet sind; es gilt der Kunst, spezieller noch dem ›großen‹ Kunstwerk. Dabei zeichnet sich weiterhin eine allgemeine Tendenz zu der Auffassung ab, daß solche Werke »Sichtweisen« oder »Sinnzusammenhänge« präsentieren oder artikulieren. Das scheint nun in der Tat plausibel. Andererseits sind auch ästhetische Ansätze dieser Art nicht frei von Problemen. Der Begriff der Sichtweise ist umfassend und entsprechend vage, und so bewegen sich auch Theorien, die ihn ins Zentrum stellen, häufig auf der Ebene sehr allgemeiner und pauschaler Aussagen. Hinzu kommt, daß sie meist mit dem Anspruch auftreten, eine allgemeine ästhetische Theorie vorzulegen, die alle Fragen, die traditionell zu dieser Disziplin gehören, integrieren kann, ein Anspruch, der bisher nirgends befriedigend eingelöst ist. Man könnte ferner bezweifeln, ob die Vorstellung, Kunstwerke seien Präsentationen von Sichtweisen, auf alle Typen von Kunst anwendbar ist. Sie scheint primär auf die sprachliche, vielleicht auch auf die optische Kunst zu passen, während weniger klar ist, was es heißen sollte, daß ein musikalisches Werk eine Weise ausdrückt, die Welt zu sehen.

Wenn eine philosophische Klärung der verschiedenen ästhetischen Grundbegriffe oder des ästhetischen Urteils unergiebig bleibt und wenn andererseits der Ansatz beim Begriff der Sichtweise nicht den ganzen Phänomenbereich von Ästhetik und Kunst zu erfassen scheint und zudem an Vagheit leidet, dann könnte man daraus die Konsequenz ziehen, die philosophische Ästhetik als eigenständige Disziplin zu verabschieden und ihren Beitrag in eine ästhetische Theorie im weiteren Sinn aufzulösen. Denn zu einer phänomenal umfassenden und hinreichend differenzierten Kunsttheorie kommen wir offenbar nur dadurch, daß wir uns mit der Theorie und Geschichte der einzelnen Künste befassen. Die Philosophie hätte dann nur noch eine Hilfsfunktion innerhalb von Literaturwissenschaft, Musikwissenschaft usw., insofern sie auf begriffliche Klarheit und methodisches Vorgehen achten könnte. Diese Konsequenz scheint mir jedoch nicht zwingend. Richtig ist, daß die Philosophie nicht allein in der Lage ist, eine zugleich umfassende und gehaltvolle Theorie der Kunst zu entwickeln. Wenn sie diesen zu hohen Anspruch aufgibt, hat sie jedoch andererseits eine genuine, d.h. ihrer eigenen Aufgabe entspringende Fragestellung im Kontext der Ästhetik. Sie ist eben diejenige Fragestellung, die von Ansätzen, die den Begriff der Sichtweise ins Zentrum stellen, intendiert wird.

Die Aussage, daß die Philosophie die Klärung von Grundbegriffen oder grundlegenden Verstehensstrukturen zur Aufgabe hat, läßt sich in einem ersten Schritt dadurch präzisieren, daß wir das gemeinsame Motiv hinter diesen Bemühungen benennen. Es dürfte nicht weiter kontrovers sein, die Aufgabe der Philosophie in der menschlichen Selbstreflexion zu sehen. Demnach wäre das Motiv des Philosophierens, daß wir uns selbst besser verstehen wollen, und hinter diesem Motiv läßt sich wiederum das praktische Motiv der Suche nach dem guten Leben vermuten, für die das Selbstverstehen Voraussetzung ist. Gehen wir jetzt zur philosophischen Beschreibung der Kunst als Artikulation von Sichtweisen oder Sinnzusammenhängen über, so bestimmt z. B. Danto diese Leistung der Kunst durch die Formulierung, daß Kunstwerke »instruments of self-revelation« sind,[1] und wir finden z.B. bei Wellmer die weiter gehende These, daß sie uns dadurch zu neuen Formen der persönlichen Identität verhelfen könnten.[2] Das würde heißen, daß es Philosophie und Kunst um dasselbe geht, um Selbstverständigung vor dem Hintergrund der Frage nach dem guten Leben. Ich würde jedoch statt einer solchen schlichten Gleichsetzung lieber sagen: Es gibt hier in der Tat ein Interesse, in dem sich Kunst und Philosophie überschneiden. Die Kunst geht hierin jedoch nicht auf, und man sollte daher nicht beanspruchen, daß wir von diesem Kreuzungspunkt aus zu einer vollständigen Theorie der Kunst kommen. Wir sollten statt dessen sagen, daß dieser gemeinsame Punkt genau das enthält, was uns als Philosophen an der Kunst vorrangig interessiert. Dieser Punkt gibt uns daher gerade eine Frage vor, die wir zur Leitfrage der philosophischen Ästhetik machen können und die als einzige in der Lage ist, eine ästhetische Untersuchung als genuin philosophisches Projekt zu organisieren.

Wie diese Kernfrage der philosophischen Ästhetik lautet, liegt jetzt auf der Hand. Zu fragen wäre, auf welche Weise Kunst auf der

1 Arthur C. Danto, *The Transfiguration of the Commonplace*, Cambridge/Mass. 1981, S. 9; deutsche Ausgabe: *Die Verklärung des Gewöhnlichen*, Frankfurt/M. 1984.

2 Albrecht Wellmer, *Zur Dialektik von Moderne und Postmoderne*, Frankfurt/M. 1985, S. 28, S. 33.

einen Seite und Philosophie auf der anderen Seite die Suche nach Selbstverständigung und dem guten Leben vollziehen, wie sie sich dabei unterscheiden, ob sie einfach nebeneinanderstehen oder sich überlagern oder ergänzen usw. Damit ist zugleich deutlich, daß es sich hier um eine zentrale Frage nicht nur der Disziplin der Ästhetik, sondern der Philosophie im ganzen handelt, weil sie eine Reflexion von Aufgabe und Verfahren der Philosophie selbst erfordert. Auf der anderen Seite verlangt die Bestimmung des spezifischen Beitrags der Kunst, daß wir nicht bei den genannten pauschalen Thesen stehenbleiben, sondern diese konkret ausarbeiten. Das ist nicht ohne eine Behandlung der traditionellen Themen der Ästhetik (wie Schönheit, ästhetische Lust, Katharsis usw.) möglich, und vielleicht auch nicht ohne Hilfe der einzelnen Kunstwissenschaften (wobei aber diese jetzt Hilfsfunktion für die Bearbeitung einer der Philosophie eigentümlichen Frage hätten, und nicht umgekehrt). Daß solche philosophischen Klärungen zwar für sich, aber gerade selten im Kontext der vorgeschlagenen Leitfrage unternommen werden, ist wohl nicht einfach ein Versäumnis, sondern eine Folge besonderer Schwierigkeiten. Wenn wir Kunst unter dem Gesichtspunkt untersuchen, daß sie zur Selbstverständigung beiträgt, so steht diese Zugangsweise zunächst eher quer zu sonstigen ästhetischen Kategorien oder vielleicht sogar in Spannung zu diesen. Denn unter dieser Zugangsweise läßt sich auch eine Kunst fassen, die die Möglichkeit eines guten Lebens leugnet, die Zerrissenheit statt den Zusammenhang aufzeigt, die sich dem Interesse an Wahrnehmungslust verweigert. Insofern die moderne Kunst dies in der Tat versucht, ist diese Spannung aber auch eine innerhalb der Kunst selbst, die daher von jeder Untersuchung der ästhetischen Kategorien thematisiert werden müßte. Und die von mir ausgezeichnete philosophische Zugangsweise hat hier den Vorteil, daß sie einen Rahmen bildet, der die Intentionen der modernen Kunst aufnehmen kann. Andererseits lassen sich diese nicht ohne Rückbezug auf den traditionellen Begriff der Kunst verstehen, so daß auch die philosophische Perspektive auf die Kunst die Vermittlung mit den traditionellen ästhetischen Kategorien herstellen muß.

Unser derzeitiges philosophisches Interesse an der Kunst setzt also eine bestimmte Konstellation von Kunst und Philosophie voraus, die nicht allgemein und selbstverständlich ist, sondern sich in der historischen Entwicklung beider Unternehmen zu einem bestimmten Zeitpunkt herausgebildet hat. Daher kann man sich die Gemeinsamkeit und Verschiedenheit in ihrer Aufgabenstellung und Vorgehensweise in einer ersten und groben Weise dadurch verdeutlichen, daß man sich die Hauptschritte in dieser Entwicklung vor Augen stellt.

II. Eine quasi-historische Skizze

1. *Biologische Vorstufen von ästhetischem Verhalten und Kunst.* Wie für andere menschliche Verhaltensweisen lassen sich auch hier primitive Voraussetzungen feststellen, die teils schon bei höheren Tieren vorhanden sind, teils in den frühesten Stadien der Menschheit (d. h. noch vor der Ausbildung von Mythen). In der Biologie wird auf die sog. »Ausdrucksfunktion« hingewiesen, die sich bereits bei Tieren findet, d. h. die Parallelität von morphologischer und psychischer Entwicklung als zwei Seiten ein und desselben Vorgangs.[3] Bereits bei Tieren findet sich die Fähigkeit zur Gestaltwahrnehmung,[4] die bestimmten Gestaltgesetzen, wie Auffälligkeit vor einem Hintergrund, Geschlossenheit, Symmetrie usw., folgt. Das allein stellt noch nicht die Fähigkeit zu ästhetischem Verhalten dar, geht aber sicher als Grundlage in dieses ein. Die Lust an der Erzeugung und Betrachtung schöner Formen läßt sich auf die Gestaltgesetze zurückführen, insbesondere auf die Tendenz zur einfachsten Struktur, die Lust am Ausdruck selbst auf die Parallelität von äußerer Gestalt und psychischer Struktur. Diese biologischen Wurzeln der Kunst sind in den traditionellen ästhetischen Kategorien noch deutlich greifbar.

Man könnte jetzt schärfer zwischen drei Funktionen unterscheiden, die die künstlerische Tätigkeit von hier aus gewinnt. (i) Schon bei frühesten Werkzeugfunden fällt auf, daß diese nicht einfach zweckbezogen hergestellt sind, sondern dem ästhetischen Prinzip der einfachsten Gestalt entsprechen. Die Funktion der Gestaltung der Gebrauchsdinge und der Umwelt könnte man darin sehen, daß diese so markiert und dadurch erkennbar wird. Die gestaltende Tätigkeit hätte hier also eine kognitive Funktion. (ii) Das Phänomen

3 Vgl. dazu Adolf Portmann, *Zoologie und das neue Bild vom Menschen*, Hamburg 1956, S. 91.

4 Vgl. F. J. J. Buytendijk, *Mensch und Tier*, Hamburg 1958, S. 55.

der Lust an Schmuck und Pracht könnte man vom Gestaltgesetz der Auffälligkeit her fassen. Das Individuum gibt sich dadurch gegenüber anderen eine bestimmte Gestalt, macht sich für diese auf besondere Weise erkennbar, sei es zur Erhöhung des sexuellen Reizes, sei es als Kennzeichen eines besonderen Machtstatus innerhalb der Gruppe. Die Funktion des Ästhetischen wäre hier also eine soziale. (iii) Der vorige Punkt hat nichts mit einer äußeren Darstellung innerer Vorgänge zu tun. Hierzu läßt sich eine Vorform vielmehr am ehesten in rhythmischer Bewegung und Tanz sehen, die man aus dem Prinzip der Isomorphie von Bewegungsstruktur und psychischer Struktur herleiten könnte. Insofern diese Isomorphie nicht nur zwischen dem inneren Erleben des Menschen und seinem eigenen äußeren Verhalten besteht, sondern auch zwischen der eigenen Psyche und Strukturen der übrigen Natur wahrgenommen und empfunden wird,[5] haben wir es hier mit einer ästhetischen Funktion zu tun, die das eigene Wollen und Fühlen als Weise des natürlichen Seins oder als Leben im Ganzen der Natur erfahrbar macht. Ich werde diese Funktion als die expressive Funktion bezeichnen.

Diese Spekulationen über die Ursprünge der Kunst sprechen dafür, daß wir hier mit mehreren Wurzeln rechnen müssen, die zwar alle mit der Gestaltproblematik zu tun haben, aber auf verschiedene Weisen, die sich nicht aufeinander reduzieren lassen. Ästhetische Theorien, die mit nur einer Grundthese arbeiten, müssen die Phänomene daher verkürzen. So passen Theorien, wonach die Kunst eine kognitive Funktion hat, primär zu (i), der Begriff der Schönheit scheint seine Herkunft primär aus (ii) zu haben. Der Begriff der ästhetischen Lust im heute üblichen vagen Sinn paßt vielleicht allgemein; im spezifischen Sinn der lustvollen Selbsterfahrung gehört er primär zu (iii). Ähnlich könnte man für die verschiedenen Kunstgattungen zu zeigen versuchen, daß die einen mehr aus der einen, die anderen mehr aus der anderen dieser Wurzeln verständlich sind (Kunstgewerbe und Architektur aus (i), aber auch mit Elementen von (ii), Bildhauerei und Malerei aus (ii), aber auch mit Elementen aus (iii), Tanz und Musik aus (iii)). Diese Einordnung gelingt allerdings nicht ganz, weil die meisten Kunstgat-

5 Vgl. Rudolf Arnheim, »Gestaltpsychologie und künstlerische Form«, in: Dieter Henrich, Wolfgang Iser (Hg.), *Theorien der Kunst*, Frankfurt/M. 1982, S. 132-147, dort S. 146.

tungen erst in einem Stadium auftreten, in dem die Rolle der Kunst sich bereits geändert hat.

2. *Die mythische Phase.* Man könnte in den künstlerischen Vermögen, wie ich sie bisher beschrieben habe, einen Zwischenschritt im Übergang vom Bewußtsein, wie es auch höhere Tiere haben, zum menschlichen Selbstbewußtsein sehen. Mit der Entwicklung der Sprache und des Selbstbewußtseins entsteht in jeweiligen Menschengruppen die Frage, wer sie selbst sind, woher sie kommen, wie sie sich die Welt erklären können, in der sie sich vorfinden, usw. Die erste Antwort auf diese Frage sind mythische Vorstellungen. Diese lassen sich verbal in der Form von Erzählungen artikulieren, gehen allerdings in dieser Artikulation nie vollständig auf. Sie bilden vielmehr eine Kernvorstellung, die die Frage nach Sein und Identität der Gruppe nur dadurch vollständig beantworten kann, daß sie alle Lebensbereiche prägt, daß sie sich in jeder einzelnen institutionellen Form, Wertvorstellung oder was immer auswirkt.[6] Die Kunst hat hier in der Selbstdefinition der Gruppe keine eigenständige Aufgabe. Sie ist eine Lebensfunktion oder Institution neben anderen. Gleichwohl wandelt sich jetzt ihr Charakter, insofern auch sie ihre Grundfunktionen in einer Form ausüben muß, in der sich das gemeinsame vom Mythos bestimmte Selbstverständnis zeigt. Eine besondere Rolle kommt jedoch der jetzt erst auftretenden sprachlichen Kunst zu. Denn auch wenn sich die gemeinsame Identität im ganzen konkreten Leben nie vollständig aussprechen läßt – soweit sie sich herausheben und artikulieren läßt, geschieht das in Erzählungen über die Götter, Sagen, Heldenliedern usw. Es scheint denkbar, daß solche mythischen Erzählungen in einem ersten Stadium noch gar nicht als eine Art von Kunst auftreten, d.h. in einer eher beliebigen Weise vorgebracht werden können.[7] Insofern jedoch der Mythos gerade den Kern der einheitlichen Gestaltung des gemeinsamen Lebens enthält, wird auch seine Artikulation bald den Gestaltgesetzen unterworfen – wohl unter Aufnahme aller Verfahren, die die Wurzeln der künstlerischen Tätigkeit bereitstellen. So könnte man Aufbaugesetze, Wiederholung von

6 Siehe dazu Cornelius Castoriadis' Konzeption des »Imaginären« in: *Gesellschaft als imaginäre Institution*, Frankfurt/M. 1984, S. 236, S. 243 ff.

7 Anders F. Koppe, *Grundbegriffe der Ästhetik*, Frankfurt/M. 1983, der annimmt, daß der Mythos nicht nur zu Anfang, sondern generell an keinen bestimmten Zeichencharakter gebunden ist. Siehe S. 140.

Formeln usw. mit (i) in Verbindung bringen, Ausschmückung mit (ii), Metrik, wo vorhanden, oder ansonsten den Einsatz rhetorischer Mittel zur Auslösung affektiver Wirkungen mit (iii). Anders als bei den frühesten Formen von Kunst, Tanz und Kunstgewerbe geht es bei dieser neuen sprachlichen Kunst jedoch entscheidend um den Ausdruck eines bestimmten Inhalts, um das, was hier gesagt und gestaltet wird.

3. *Die Ablösung des Mythos durch die Philosophie.* Mit dem ersten Auftreten wissenschaftlicher Bemühungen beginnt der Mythos seine Überzeugungskraft im Bereich der Wirklichkeitserklärung zu verlieren, und sofern die aufkommende Wissenschaft zu einem Glauben an die menschliche Erkenntnisfähigkeit und Vernunft führt, greift die Schwächung des mythischen Denkens nach und nach auch auf andere Gebiete über. Wie die griechische Aufklärung zeigt, sind es insbesondere zwei Lebensbereiche, die durch diese Entwicklung ihre Basis verlieren, die moralischen Normen auf der einen Seite und die Maximen der individuellen Lebensführung auf der anderen Seite. Eine neue Basis scheint sich jetzt nur noch durch Erkenntnis finden zu lassen, und so wird im Ausgang von der Sokratischen Aufforderung zur menschlichen Selbsterkenntnis die Frage nach dem Guten, die Frage, wie man leben solle, zur Grundfrage der Philosophie. Gefragt ist dabei zunächst ebenso nach dem gerechten gemeinsamen Zusammenleben wie nach dem guten individuellen Leben. Jedoch beziehen sich die Analysen und Argumentationen bei Platon ebenso wie bei Aristoteles primär auf die letztere Frage, und bei Aristoteles hat diese den alltäglichen Sinn der Frage nach dem guten, für Menschen praktisch erreichbaren Leben. Gleichwohl führt auch bei Aristoteles die Beantwortung der Frage von der Ethik in die Metaphysik, und das hängt nun mit einer für das Weitere wichtigen Eigenschaft dieser Frage zusammen.

Die Frage nach dem guten menschlichen Leben ist die Frage nach dem Glück (*eudaimonia*), d.h. dem vollkommenen Glück in einem ganzen Leben. Dieses Glück ist unter realen Bedingungen nicht möglich. Um überhaupt zu einer Antwort zu kommen, müßten wir also die Frage schwächer stellen, etwa so, wie man in der Welt, wie sie ist, möglichst sinnvoll oder befriedigend leben kann (ich werde im folgenden den Begriff des guten Lebens in diesem Sinn verwenden). Der Mythos hatte immer auch die Funktion, diese Kluft zwischen dem intendierten Glück und den realen Lebensmöglichkeiten, in denen Glück und Unglück sich abwechseln, wegzudeuten. Ich werde die Frage nach dem guten Leben, sofern sie diese Dimension der Deutung des unvermeidlichen Negativen wie Leiden, Tod enthält, als die Frage nach dem Lebenssinn oder kürzer als die Sinnfrage bezeichnen. Aristoteles versucht nun, den Inhalt der menschlichen Eudaimonia allgemein aus dem Wesen des Menschen, aus seiner Bestimmung (*ergon*) abzuleiten. Dieses Wesen besteht in der Vernunftfähigkeit, und so besteht die Eudaimonia in einem Leben, in dem diese Fähigkeit möglichst vollkommen aktualisiert wird. Die Identifikation mit der Vernünftigkeit, die von äußeren Wechselfällen unabhängig macht, gibt eine Glücksmöglichkeit vor, die zugleich der Sinnfrage Rechnung trägt. Das moralische Verhalten zu anderen Menschen wird relativ zum guten individuellen Leben gerechtfertigt, insofern versucht wird, es als eine notwendige Bedingung von diesem zu erweisen. Der künstlerischen Betätigung mißt Aristoteles bei der Bemühung um das gute Leben eine gewisse Rolle zu, die jedoch untergeordnet bleibt; sie kann als Mittel der affektiven Erziehung dienen und ferner zur Erholung von Anstrengungen.

4. *Die neue Rolle der Kunst.* Der Aristotelische Versuch, aus der Verfassung des menschlichen Seins abzuleiten, wie zu leben für das Individuum gut ist, steht schon aus begrifflichen Gründen auf schwachen Füßen. Der zunehmende Zerfall überkommener gemeinsamer Lebensformen, hinter den Aristoteles noch einmal zurückzugehen versucht, macht vollends deutlich, daß die Suche nach einer für alle Menschen gültigen Bestimmung des Inhalts des guten Lebens aussichtslos ist. Wenn diese Suche das eigentliche Motiv des Philosophierens war, was wird dann in dieser Situation aus der Philosophie? Und da die Frage nach dem guten Leben für das Individuum nach wie vor die Grundfrage bleibt, wer kümmert sich jetzt um diese Frage?

Zunächst zur Philosophie. Die große Philosophie zumindest bleibt nach wie vor implizit oder explizit auf die Frage nach dem guten Leben bezogen. Implizit gilt das für dasjenige Philosophieren, das spekulative metaphysische Systeme errichtet. Hinter diesen Unternehmen steht derjenige Aspekt der Frage, den ich die Sinnfrage genannt habe: Wenn das Subjekt die Welt als vollkommenes einheitliches System zu fassen vermag, stützt das die Vorstellung, daß auch das individuelle Leben trotz unvermeidlicher negativer

Erfahrungen als Teil eines vollkommenen Ganzen einen besonderen Wert hat, und es kann sich durch Identifikation mit diesem Wert über die negativen Seiten des Lebens erheben.[8] Dieses Verfahren vermag jedoch aus zwei Gründen nicht zu befriedigen. Erstens gelingt kein solches System, weil sich das konkrete Ganze so immer nur unter Auslassungen und Einseitigkeiten einfangen läßt; und selbst wenn es gelingen sollte, könnte man sich immer noch fragen, warum die Möglichkeit eines solchen theoretisch-metaphysischen Systems als Beweis für die Lösbarkeit praktischer Lebensprobleme gesehen werden kann bzw. muß. Zweitens und damit zusammenhängend lassen sich aus solchen Systemen keine konkreten praktischen Anweisungen der individuellen Lebensführung entnehmen. Das ist nun allerdings kein Mangel speziell dieser Art von Philosophie, sondern der Philosophie im allgemeinen, sofern sie sich als eine Wissenschaft versteht, die begründbare generelle Aussagen macht. Denn es scheint von vornherein klar, daß die Frage, wie für ein bestimmtes Individuum unter bestimmten Lebensbedingungen zu leben gut ist, sich so nicht beantworten läßt.

Wie die Philosophie sich gleichwohl noch auf die Frage nach dem guten Leben beziehen kann, ist besonders deutlich bei Kant zu sehen, der diesen Bezug explizit hervorhebt. Auch für Kant ist wie für die Griechen die Philosophie letztlich (d. h. gemäß dem, was er den »Weltbegriff« von Philosophie nennt) Weisheitslehre, die im Dienste der Suche nach dem höchsten Gut, nach den letzten Zwecken der menschlichen Vernunft steht. Der Beitrag der Philosophie kann jedoch nur propädeutisch und kritisch sein, indem sie die menschlichen Vermögen und ihre Grenzen untersucht.[9] Nur was die Moral im engeren Sinn betrifft, ist Kant der Meinung, daß sich ihr Grundprinzip aus der Vernunft ableiten läßt. Nehmen wir Kants Auffassung nur soweit zur Kenntnis und klammern die *Kritik der Urteilskraft* aus, dann heißt das: Die Philosophie kann durch allgemeine Vorklärungen zur Frage nach dem guten Leben beitragen, ohne sie beantworten zu können. Sie kann weder die Sinnfrage beantworten, noch kann sie die bescheidenere Frage des

8 Vgl. Nietzsches Text vom »Hinfall der kosmologischen Werte«, in: Friedrich Nietzsche, Karl Schlechta (Hg.), *Werke III*, Darmstadt 1960, S. 676 ff.

9 Immanuel Kant, *Kritik der reinen Vernunft*, in: Königlich Preußische Akademie der Wissenschaften (Hg.), *Kants gesammelte Werke* [Akademie-Ausgabe] Bd. III, Berlin 1904, S. 878; ders., *Logik*, Akademie-Ausgabe Bd. IX, Berlin 1923, S. 23 ff.

Individuums nach der unter seinen realen Bedingungen bestmöglichen Lebensweise beantworten. Das scheint mir nun genau richtig zu sein, nur daß man noch näher überlegen müßte, was die Philosophie hier wie an Vorklärungen unternehmen kann. Darauf komme ich zurück.

Nachdem die Philosophie eingesteht, daß sie die Frage, durch die sie von Anfang an motiviert war und durch die sie weiter motiviert bleibt, mit ihren Mitteln nicht beantworten kann, fehlt eine Instanz, die für ihre Beantwortung zuständig ist. In dieser Situation wird die Frage von der Kunst, genauer von der Literatur, übernommen, womit diese zum ersten Mal nicht nur eine menschliche Praxis unter anderen ist, sondern zur Rolle derjenigen Betätigung aufsteigt, die mit *der* menschlichen Grundfrage befaßt ist. Daß das geschieht, ist aus mehreren Gründen naheliegend, und auch die Art und Weise, auf die es zunächst geschieht, läßt sich leicht erklären. Die Literatur hatte bereits als Sprachrohr des Mythos die Aufgabe der Artikulation von Weltbildern. Sie kann ferner Weisen des konkreten Lebens beschreiben und verfügt daher über die Mittel, mögliche konkrete Selbstverständnisse zu formulieren und Vorschläge von Weisen des guten Lebens zu artikulieren. Zugleich jedoch erhebt sich jetzt auch der weiter gehende Anspruch, eine neue Lösung für die Sinnfrage zur Verfügung zu stellen. Das Streben nach dem vollkommenen Glück geht eine naheliegende Verbindung mit den Wurzeln der Kunst in den Gestaltgesetzen ein. Wie Koppes ästhetische Theorie zeigt, kann die nicht-beliebige formale Einheit des Kunstwerks die Funktion haben, das Kontingente und Negative des wirklichen Lebens zu überwinden, indem sie das Sinnbedürfnis wenigstens kontrafaktisch als erfüllt erscheinen läßt.[10] Das stimmige Ganze des Kunstwerks kann das sicher eher leisten als stimmige metaphysische Systeme, erstens weil es vom konkreten Leben handelt, zweitens weil es selbst eine konkret-sinnliche Einheit ist, wodurch es möglich scheinen könnte, daß auch das konkrete individuelle Leben zu einer solchen Einheit werden könnte.

Diesen starken Anspruch kann das Kunstwerk sicher ebensowenig erfüllen wie die Philosophie. Er gehört jedoch nicht wesentlich zur Kunst, sondern wird erst in einer bestimmten historischen Situation erhoben, in der die Kunst die neue Rolle der Verwalterin

10 Koppe, *Grundbegriffe der Ästhetik*, S. 132 f.

der Sinnfrage übernimmt. Aber auch wenn wir von übertriebenen Ansprüchen absehen, so zeichnet sich jedenfalls ab, daß die philosophisch interessante und unmittelbar aus der Geschichte der Philosophie selbst entspringende Rolle der Kunst darin liegt, daß sie zu der Frage nach dem sinnvollen individuellen Leben sei es mehr, sei es anderes beitragen kann als die Philosophie und daß sie das deswegen kann, weil ihr Feld das Konkrete ist und weil ihr Ursprung in der Gestalterfahrung sie in die Lage versetzt, Weisen der Selbstgestaltung zu fassen. Offen ist dabei vorläufig noch, was sie hier genauer tun kann. Ebenso hatte ich oben offengelassen, was genau die Philosophie mit ihren negativen Mitteln beitragen kann. Zu diesen Fragen möchte ich jetzt wenigstens einige Hinweise geben, wobei ich mich auf die Rolle der Kunst konzentriere und auf die Philosophie nur so weit eingehe, wie das als Hintergrund erforderlich ist.

III. Funktionen der Kunst im Kontext der Frage nach dem guten Leben

1. *Philosophie als Selbstaufklärung.* Ich beschränke mich auf diejenige Konzeption von Philosophie, die ich schon oben als die meiner Ansicht nach überzeugendste erwähnt habe. Demnach philosophieren wir motiviert durch die Frage nach dem guten Leben, zugleich aber wissend, daß wir innerhalb der Philosophie nur Vorbereitendes zu ihr sagen können. Ich habe weiterhin oben schon die ebenfalls plausible Annahme benutzt, daß das für die Philosophie spezifische Unternehmen in der Klärung von Grundbegriffen oder grundlegenden Verstehensstrukturen besteht. Nehmen wir diese beiden Aussagen über das letzte Motiv und die spezifischen Gegenstände bzw. Verfahren zusammen, dann bietet sich folgende Bestimmung der Aufgabe des Philosophierens an: Die Frage, wie zu leben gut ist, läßt sich nicht nur erst dann beantworten, sondern vielmehr auch erst dann angemessen stellen, wenn wir uns über ihre verschiedenen Dimensionen Klarheit verschafft haben. Diese Frage ist aber nicht nur die motivational letzte, sondern zugleich die komplexeste aller Fragen.[11] Ihre Beantwortung würde u. a. auch ein vollständiges

11 Vgl. auch Ernst Tugendhat, *Vorlesungen zur Einführung in die sprachanalytische Philosophie*, Frankfurt/M. 1976, S. 117.

Tatsachen- und Kausalwissen voraussetzen. Um aber überhaupt zu wissen, in welcher Form sich die Frage stellt, was die Struktur ihrer Komplexität ist, müßten wir wissen, wie wir als die Wesen, in denen diese Frage infolge ihrer Konstitution unvermeidlich entsteht, in unserem Sein/Leben grundsätzlich oder allgemein verfaßt sind. Zu dieser Konstitution gehört, daß wir in einer Welt sind, daß wir zusammen mit anderen sind, daß wir denken, handeln und fühlen, daß wir zeitlich existieren usw. und daß wir in und durch alle diese Bezugsformen und Seinsweisen – und nur so – auf das je eigene Leben und gute Leben ausgerichtet sind.

Die Aufgabe der Philosophie wäre also die Klärung dieser grundlegenden Aspekte unserer existentiellen Konstitution, die dadurch organisiert wäre, daß sie aus der Perspektive des Rückbezugs auf das je eigene (gute) Leben geschieht, womit sie sich als eine formale oder allgemeine Selbstaufklärung bezeichnen läßt. Sofern diese Selbstaufklärung mit den diskursiven Mitteln der Philosophie möglich ist, kann sie nur von der gemeinsamen Sprache ausgehen. Dadurch wird der Selbstbezug, der immer einer auf das je eigene individuelle Leben ist, indirekt, weil die philosophische Selbstaufklärung vom Standpunkt eines »wir«, das die Sprecher einer Sprache bilden, geschieht. Der Gegenstand der Untersuchung läßt sich jetzt ebenfalls von der Sprache her bestimmen. Zu klären wären Grundbegriffe wie »Ding«, »Zeit«, »Wahrheit«, »Handlung«. Man könnte sie im Anschluß an Kant als *a priori* gegebene Begriffe im Gegensatz zu empirischen Begriffen (wie »Gold«) bezeichnen und sie dadurch charakterisieren, daß sie unverzichtbar sind, d. h. zentral für unser grundsätzliches Selbstverständnis als Menschen, so daß wir uns nicht mehr als die Wesen, die wir sind, verstehen könnten, wenn wir sie aus unserem Leben wegdenken würden.[12] Die Klärung solcher Begriffe ist ein eigentümliches Unternehmen. Es ist ein Selbstmißverständnis der analytischen Philosophie, daß sie sich durch Beschreibung der Verwendungsweise der entsprechenden Wörter leisten läßt. Denn diese Wörter sind jeweils eine Art Problemtitel für ein komplexes Feld von Phänomenen, so daß ihre Klärung im Durchsichtigmachen der Struktur eines solchen Feldes besteht. Hinzu kommt, daß diese Felder nicht für sich stehen, sondern als

12 Ich übernehme diese Überlegung aus Ernst Tugendhat, »Panorama de conceptos de filosofía«, in: *Cuadernos de filosofía y letras* VII-1/2 (1984), S. 5-17, dort S. 13 ff.

Dimensionen unseres gesamten Vorverständnisses interdependent sind. Da wir selbst im Zentrum dieser Strukturen stehen, können wir sie nie im ganzen überschauen und erfassen, sondern nur schrittweise nach und nach aufhellen. Das aber heißt, daß wir nicht nur beschreiben, sondern durch die Art der Auswahl, Gewichtsetzung, Reihenfolge, Zusammenstellung immer auch unser Verstehen neu organisieren.

2. *Kunst als alternatives Verfahren der Begriffsbestimmung.* Zu den unverzichtbaren Grundbegriffen gehören auch Begriffe wie »Gerechtigkeit«, »Liebe«, »Trauer« usw. Was diese Begriffe angeht, scheint eine philosophische Klärung unseres Sprachverstehens nicht weit zu führen, wenngleich aus verschiedenen Gründen. Der Begriff der Gerechtigkeit ist ein normativer Begriff, der sich auf ein Ideal des gesellschaftlichen Zusammenlebens bezieht, das noch nirgends vollständig realisiert ist und daher nicht durch Beschreibung bestimmt werden kann. Die Aufgabe wäre also hier, einen präzisen Inhalt dieses Begriffs allererst zu entwickeln. Insofern das eine kreative Aufgabe ist, könnte man sie der Kunst zuweisen. Wie schon Platon sagt, ist jedoch nicht nur der Künstler kreativ tätig, sondern auch derjenige, der Gesetze und Institutionen entwirft,[13] und die Artikulation einer Konzeption sozialer Gerechtigkeit scheint in der Tat nicht Gegenstand der Kunst, sondern der konkreten Entwicklung gerechter Institutionen. Sicher kann auch die Kunst mit solchen Begriffen zu tun haben, aber dabei geht es immer um die Art und Weise, wie sich die jeweiligen Strukturen im konkreten individuellen Leben und Zusammenleben auswirken. Das kann von Bedeutung für das Entwerfen von Institutionen sein, auch wenn dieses selbst nicht das Anliegen der Kunst ist.

Die anderen Begriffe, die ich genannt habe, sind jedoch nicht wesentlich normativ (auch wenn manche von ihnen normative Komponenten haben mögen). Dennoch wird niemand bestreiten, daß wir in der Literatur mehr über sie erfahren als in der Philosophie. Offenbar gibt es hier zwei Klassen von Grundbegriffen. Die Philosophie befaßt sich mit denjenigen unverzichtbaren Begriffen, die in der Perspektive des Wir einer intersubjektiven Sprache stehen. In diesen Strukturen bewegt sich zwar auch alles individuelle Selbstverstehen, das individuelle Leben geht jedoch hierin nicht

13 Platon, *Symposion*, 209a.

auf. Was sich der direkten intersubjektiven Mitteilung entzieht, sind subjektive Gefühlsqualitäten. Mitteilen läßt sich zwar, daß ich dieses oder jenes Gefühl habe, aber nicht, was ich genau fühle, wie es für mich ist, dieses Gefühl zu haben.[14] Und nicht nur läßt es sich nicht mitteilen, sondern ich kann es auch für mich selbst nicht sprachlich ausdrücken. Gleichwohl kann man sagen, daß solche subjektiven Erfahrungen ebenso zu unserem Vorverständnis, zu dem uns immer schon Bekannten gehören, wie das für die Themen der Philosophie gilt. Und während wir uns innerhalb der Strukturen, die die Philosophie untersucht, in der Selbstaufklärung auf das Wir beziehen, haben wir in demjenigen Verstehensbereich, den das Gefühl ausmacht, einen individuellen Selbstbezug, auch wenn dieser in die Bahnen des intersubjektiven Sprachverstehens eingebettet bleibt. Diesen individuellen Kern des Verstehens, der in der subjektiven Erfahrung liegt, kann die Philosophie mit ihren Mitteln nicht ausdrücklich machen, während die Kunst gerade dazu in der Lage ist.

Um wenigstens kurz anzudeuten, wie das geschieht:[15] Gefühle sind deswegen Grundformen des Selbstverstehens in und durch Weisen des Seins in der Welt, weil sie die individuelle Reaktion auf äußere und innere Situationen sind. Greifen wir auf oben (iii) (S. 140) zurück, dann läßt sich der subjektive Gehalt eines Fühlens durch Benutzung von Isomorphien artikulieren, durch die Gestaltung hinreichend komplexer konkreter Erfahrungssituationen, an denen sich die Gefühlsqualität erkennen läßt. Damit dieser Ausdruck zugleich Mitteilungsfunktion erfüllen kann, muß man hinreichende Gemeinsamkeiten des subjektiven Erlebens voraussetzen, die das Kunstwerk exemplarisch zur Darstellung bringt.[16]

3. *Kunsterfahrung als Zugangsweise zum eigenen Leben im ganzen.* Wie die philosophische Selbstaufklärung auf die Interdependenz der thematischen Grundbegriffe stößt, führt auch die künstlerische Artikulation subjektiver Grunderfahrungen auf eine Ganzheit. Gefühle stehen in besonderem Maße im Fluß des subjektiven Erle-

14 Vgl. auch Barrie Falk, »The Communicability of Feeling«, in: Eva Schaper (Hg.), *Pleasure, Preference and Value*, Cambridge 1983, S. 57-85, dort S. 58.

15 Zum folgenden siehe auch meinen Artikel »Was es heißt, sein Leben zu leben«, in: *Philosophische Rundschau* 33 (1986), S. 242-265, III.

16 Vgl. Kants Lehre vom »Gemeinsinn« sowie Falk, »The Communicability of Feeling«, S. 63, S. 71 ff.

bens, sie sind oft von merkwürdiger Unbestimmtheit (man denke an Befindlichkeiten und Stimmungen). Das liegt daran, daß sie nicht nur auf die vorhandenen hervorspringenden inneren oder äußeren Faktoren reagieren, sondern in ihrer Qualität vom gesamten Kontext ebenso wie vom Ganzen der eigenen Lebenserfahrung geprägt sind, ebenso wie sie umgekehrt die gesamte Lebenseinstellung beeinflussen und revidieren können.[17] Das aber heißt, daß sich Gefühle als grundlegende Weisen des Welt- und Selbstbezugs erst dann vollständig artikulieren lassen, wenn ihre Rolle im Leben im ganzen, ihr struktureller Zusammenhang mit anderen Grundgegebenheiten erfaßt wird. Ferner: Die Frage nach dem guten Leben ist selbst eine affektive Frage, die sich primär aus einem negativen Lebensgefühl heraus stellt, indem das Leben affektiv als nicht so beschaffen wahrgenommen wird, wie man es gerne hätte. Die Frage läßt sich daher auch formulieren als die Frage, wie man so leben kann, daß man das Leben affektiv als sinnvoll erfährt. Demnach haben wir im Lebensgefühl, in der affektiven Gesamtbefindlichkeit die primäre und elementarste Form der Beziehung auf das je eigene Leben im ganzen. Dies jedoch so, daß dieses »im ganzen« hier auf einen offen-unbestimmten Hintergrund verweist, als der die nicht gegenständlich gegebene Ganzheit aller äußeren Lebenssituationen, der eigenen Lebensgeschichte und der gegenwärtigen psychischen Komplexität erfahren wird. Wie aber ist uns dann das eigene Leben im ganzen überhaupt zugänglich, d. h., wie ist individuelle Selbsterkenntnis möglich, die Voraussetzung für die konkrete Frage nach dem guten Leben ist?

Auf einer ersten Ebene durch die Kenntnis der aus dem unbestimmten Ganzen heraustretenden bekannten Situationsbestandteile, der erinnerten Erlebnisse, der äußeren Verhaltensweisen. Will man jedoch auf dieser Grundlage verstehen, wie man selbst insgesamt ist, muß man dieses komplexe Material in einen Zusammenhang bringen. Dafür gibt es Deutungsmuster in den kulturell vorhandenen Lebensauffassungen und insbesondere in Kunstwerken, genauer in Werken der Literatur. Diese artikulieren zwar konkrete Weisen des individuellen Lebens, jedoch nicht als Darstellung des Selbstverständnisses ihres Erzeugers, sondern als

17 Vgl. dazu Wilhelm Dilthey, »Ideen über eine beschreibende und zergliedernde Psychologie«, in: *Gesammelte Schriften*, Bd. V, Stuttgart 1957, S. 139-240, dort S. 172, S. 177, S. 185.

exemplarische Modelle. Fragen wir uns, was hier die Organisationsprinzipien sind und was den exemplarischen Charakter ausmacht, so hat beides mit den für das menschliche Selbstverständnis unverzichtbaren Grundbegriffen zu tun. Diese sind im Verstehen aller Menschen vorhanden, wenn auch in verschiedenen Epochen und Gesellschaften in verschiedener Ausprägung, und die Art ihrer Gewichtung und Verbindung konstituiert die Verschiedenheit von Lebensformen. In diese Organisationsformen konkreten Lebens gehören allerdings die in der Philosophie thematischen Grundbegriffe ebenso wie die Begriffe für subjektive Gefühle, so daß hier die Abgrenzung von Philosophie und Kunst undeutlich wird. Ich bin mir über diesen Punkt vorläufig nicht ganz im klaren, aber vielleicht könnte man sagen:[18] Es gibt Grundbegriffe, die sich nur durch die Kunst artikulieren lassen (etwa solche für Stimmungen oder Willensbewegungen durch Musik und Lyrik). Andere Grundbegriffe, wie »Zeit«, »Freiheit«, sind Gegenstand der Philosophie ebenso wie der Kunst, nur auf verschiedene Weise. Die Philosophie kann diese Begriffe nur aus der Wir-Perspektive klären, während sie nicht sichtbar machen kann, wie die unter ihnen gefaßten Strukturen sich in der individuellen Lebenserfahrung auswirken. Sie kann außerdem nicht zeigen, wie sich konkrete innere und äußere Situationen durch diese Strukturen ordnen lassen. Da sich die Frage, wer ich bin, als Vorfrage der Frage nach dem guten Leben für das Individuum immer unter konkreten Bedingungen stellt, sind hier aber exemplarische konkrete Modelle erforderlich, anhand derer man das komplexe eigene Leben vor sich bringen kann.

4. *Kunstwerke als Vorschläge von Weisen sinnvollen Lebens.* Die philosophische Untersuchung kann sich bewußt als vorläufiger

18 Siehe hierzu auch Stein Haugom Olsen, »Thematic Concepts. Where Philosophy Meets Literature«, in: A. Phillips Griffiths (Hg.), *Philosophy and Literature*, Cambridge 1984, S. 75-93. Was Olsen mit »thematischen Begriffen« meint, entspricht ungefähr dem, was ich »Problemtitel« genannt habe. Olsens These ist, daß die Philosophie Aussagen *über* die Realität macht, auf die sich die Begriffe beziehen, während die Literatur sich indirekt durch die Präsentationsweise auf sie bezieht (S. 91). Ich bin nicht sicher, ob sich der Unterschied so fassen läßt, weil ja auch die Philosophie z. B. nicht mit ein paar Sätzen sagt, was z. B. die Zeit ist, sondern das nur dadurch aufzeigen kann, daß sie das ganze zugehörige Phänomenfeld auf bestimmte Weise ordnet, so daß die Struktur nicht direkt ausgesagt wird, sondern sich in der Art und Weise der Organisation der Zusammenhänge zeigt.

Schritt in einem nie abgeschlossenen Unternehmen verstehen. Die Frage, wie für mich zu leben gut ist, tritt jedoch in konkreten Lebenssituationen auf und läßt sich in ihnen nur in angemessener Form stellen, wenn man die horizontale und vertikale Komplexität des eigenen derzeitigen Lebens als von einer bestimmten Gestalt sieht – man kann sich darüber im klaren sein, daß jede solche Gestaltgebung einseitig und unvollständig bleibt, aber man kann es nicht vermeiden, das eigene Leben als bestimmte Ganzheit zu behandeln, weil es anders nicht faßbar ist. Eine abgeschlossene Ganzheit wäre jedoch allenfalls vergangenes Leben, während das Leben, welches vollzogen wird, mit Bezug auf die Zukunft unabgeschlossen ist. Daher liegt in der Frage, wie man jetzt ist, wie man sich in seinem jetzigen Sein versteht, immer zugleich ein Vorgriff auf die Zukunft, weil die Gestalt, in der man das jetzige Leben sieht, ihre Organisation u.a. auch aus Vorstellungen darüber gewinnt, wie man sein will. Das scheint zu heißen, daß das Kunstwerk, indem es das konkrete Leben als organisierte Ganzheit zugänglich macht, gar nicht umhinkann zu unterstellen, daß sich das ganze Leben als sinnvoller Zusammenhang sehen läßt und Antworten auf die Frage nach dem guten Leben möglich sind. Daher der Vorwurf der Scheinhaftigkeit des Kunstwerks, das die Möglichkeit von Lebenssinn annehmen muß und so der verbreiteten Erfahrung von Sinnlosigkeit nicht wirklich Rechnung tragen kann.[19]

Dieser Vorwurf arbeitet jedoch mit der Vermischung verschiedener Bedeutungen des Sinnbegriffs. Daß das Kunstwerk das Leben als Sinnzusammenhang darstellt, kann mehreres heißen. Erstens kann der Sinnbegriff so gemeint sein, daß er dem Begriff des Verstehens korrespondiert. In dieser Bedeutung, die ich in 3. verwendet habe, ist es gänzlich unproblematisch, das Leben als Sinnzusammenhang darzustellen und etwas, woraus wir gar nicht herauskönnen, weil wir das Leben als sprachliche Wesen leben, die innerhalb bestimmter begrifflicher Strukturen stehen. In etwas anderer Weise geht es um Sinn in 2., nämlich um die Artikulierbarkeit oder Einholbarkeit des Konkreten in verstehbaren Sinn. Hier geht es um die Artikulation neuen Sinns, was im übrigen in der Philosophie ebenso vorkommt wie in der Kunst. Das Verfahren ist hier primär negativ, z.B. indem

19 Z.B. bei Theodor W. Adorno, *Ästhetische Theorie, Gesammelte Schriften* 7, Frankfurt/M. 1970, S. 193, S. 229 ff.

die Kunst bewußt gegen bisherige Wahrnehmungsgewohnheiten verstößt und bewußt unverständlich zu sein versucht, ein Verfahren, das jedoch immer auf dem Hintergrund des bereits vorhandenen Verstehens arbeitet und dieses erweitert oder verschiebt, bis sich die Ausdehnung so weit etabliert hat, daß wir jetzt Sinnzusammenhänge mit ihren Mitteln sehen, womit derselbe Prozeß von neuem beginnen kann. Aber auch wenn dieser Prozeß prinzipiell unabgeschlossen ist, läßt sich doch das Leben auf jeder Stufe als verstehbarer Sinnzusammenhang fassen. All das aber hat noch nichts mit einer positiven Antwort auf die Frage nach dem guten Leben oder die Sinnfrage zu tun. Nicht nur in der Kunst, sondern auch alltäglich kommen wir nicht umhin, das Leben als Sinnzusammenhang zu sehen. Das Einheitsprinzip kann dabei jedoch ebenso in der Sicht bestehen, daß das Leben sinnlos ist oder ein befriedigendes Leben, so wie das Leben und die Welt beschaffen sind, nicht möglich ist. Das ist der praktisch-affektive Sinn von »Sinn«, den man von »Sinn« als Korrelat zu »Verstehen« zunächst unterscheiden müßte, um dann fragen zu können, wie beides zusammenhängt, statt von vornherein beides auf unklare Weise zu vermischen.

Die Sinnfrage hatte ich bestimmt als diejenige Form der Frage nach dem guten Leben, die dem Streben nach dem vollkommenen Glück Rechnung zu tragen versucht. Da es faktisch kein Leben ohne negative Erfahrungen gibt, ist das nur durch Umdeutung des Negativen möglich. Das führt zu einem Verstehenszusammenhang, der mehr leistet als nur ein Verstehen, denn sofern man seine Sichtweise teilt, kann man nun affektiv das Leben, auch wo es für das unmittelbare Erleben negativ ist, als auf einer höheren Ebene sinnvoll erfahren. Lehnt man diese Umdeutung der Wirklichkeit ab, dann wird die Frage nach dem guten Leben zu der bescheideneren Frage, wie man unter den gegebenen Bedingungen möglichst sinnvoll leben kann. Es ist diese Frage, zu der das Kunstwerk ebenso wie die individuelle Selbstaufklärung mögliche Vorschläge formuliert, die ebenso negativ wie positiv sein können. Wenn man die Frage möglichst schwach faßt als die Frage, wie man sein/leben will, gibt es aber hier, selbst wenn man ein wirklich befriedigendes Leben nicht für möglich hält, immer Antworten, weil es Wahlmöglichkeiten und dadurch wenn nicht gute, so doch bessere Vorschläge gibt. Es wäre hier auch die Vorstellung denkbar, daß das Leben als etwas dargestellt wird, was in diesem praktischen Sinn kein Sinnzusammenhang ist, und d.h. was sich in seinen verschiedenen Seiten affektiv nicht mehr in einem Grundgefühl der Zufriedenheit mit dem eigenen Leben erfahren läßt. Aber diese affektive Unmöglichkeit kann sich ohne weiteres verstehen und ausdrücken lassen.

5. *Der Umgang mit Kunst als Bestandteil sinnvollen Lebens.* Ich habe bisher den Zusammenhang von Sinnverstehen und affektivem Lebenssinn noch ausgeklammert. Ein solcher Zusammenhang besteht auf verschiedenen Ebenen. Durch die Fähigkeit, die eigene Lebenssituation ausdrücklich zu machen, wird das Leben zwar noch nicht sinnvoll. Sie ist jedoch die Voraussetzung dafür, daß man mit dem Leben umgehen kann, und daher stellt sie einen ersten Schritt bei der Suche nach einer sinnvollen Selbstbestimmung dar. Daß hierin noch mehr liegt, wird deutlicher, wenn man beachtet, daß das Kunstwerk gerade auf eigentümliche Weise verstehbaren Sinn so artikuliert, daß es dabei affektiv wahrgenommen wird, daß es durch affektive Identifikation wirkt.[20] Für dieses Phänomen hat vielleicht die alte Aristotelische Vorstellung von der kathartischen Wirkung der Kunst immer noch einigen Erklärungswert. Während wir alltäglich in die eigene Affektivität verstrickt sind, bringt die Rezeption von Kunst die Affekte in einer von unseren alltäglichen Bestrebungen losgelösten Situation ins Spiel, in der daher auch negative Affekte keine Behinderung der aktiven Lebensführung bedeuten, so daß sie hier frei spielen und daher als lustvoll erfahren werden können. Das bedeutet, daß die Affekte zwar auftreten, aber in einer Form, in der wir uns zugleich mit ihnen konfrontieren und sie erkennen können, in der wir eine reflexive Distanz zu ihnen gewinnen können.[21] Das könnte man nun so aufnehmen, daß der Umgang mit Kunstwerken in der Tat eine affektive Einheit des Lebens fördert, die allerdings keine inhaltliche wäre, sondern die einer reflektiert-distanzierten Einstellung zur Affektivität bzw. zum eigenen Leben überhaupt. Vielleicht kann man hier Seels Konzeption einbringen, daß wir in der ästhetischen Erfahrung die Erfahrung von Möglichkeiten machen, Erfahrung

20 Das macht Hans Robert Jauß mit Recht gegen Adorno geltend, *Ästhetische Erfahrung und literarische Hermeneutik*, Frankfurt/M. 1982, S. 51.

21 Ob das die richtige Interpretation der Aristotelischen Lehre ist, ist allerdings strittig. Zum Stand siehe die Zusammenfassung durch Hellmut Flashar, »Katharsis«, in: Karlfried Gründer (Hg.), *Historisches Wörterbuch der Philosophie*, Bd. 4, Basel 1976.

zu haben.[22] Es käme dann weniger darauf an, daß das Kunstwerk bestimmte Vorschläge für ein Wie des Lebens macht, sondern daß es solche Vorschläge als mögliche darstellt, durch deren affektive Wahrnehmung reflexive Distanz und dadurch Freiheit und Offenheit in der eigenen konkreten Suche nach der bestmöglichen Lebensweise gewonnen werden kann. Zwar macht auch diese Freiheit das Leben noch nicht glücklich, sie ist jedoch durchaus schon selbst eine Quelle von Lebenssinn, insofern das Gefühl der Einheit mit sich und die Gewißheit, mit dem Leben umgehen zu können und die erfreulichen Seiten des Lebens, wo sie sich zeigen, genießen zu können, ein positives Gefühl ist.

Diese Leistung der Kunst hat primär mit Ursprung (i) in meinem historischen Schema zu tun, mit der kognitiven Funktion, die auf die erläuterte Weise zugleich eine affektive ist. Die Kunst könnte aber auch dadurch zu affektivem Lebenssinn beitragen, daß sie die Genußfähigkeit sensibilisiert, indem sie die erfreulichen Seiten des Lebens, die in der alltäglichen Routine leicht übersehen werden, in den Blick rückt – das würde primär an Ursprung (ii) in der Freude am Schönen anschließen. Schließlich könnte sie gemäß 2. zur Entwicklung »gefühlter Lebendigkeit« beitragen,[23] was mit dem expressiven Ursprung (iii) zusammenhängt. D. h. zur Aufdekkung der Fülle und Vielfalt der eigenen Gefühle und Strebungen, die wiederum allgemein und unabhängig vom bestimmten Wie des Lebens eine Bedingung sinnvollen Lebens darstellt, weil ohne diese materiale Grundlage das Leben trotz der Fähigkeit zu einem einheitlich-reflektierten Selbstverhältnis als leer empfunden würde. Da dieser Ausdruck innerer Fülle nur durch Korrelation mit Äußerem möglich ist, bedingen sich hier allerdings Differenziertheit der künstlerischen Artikulation und Differenziertheit der Naturerfahrung wechselseitig, so daß diese Wirkung nicht von der Kunsterfahrung allein hervorgebracht wird.

22 Martin Seel, *Die Kunst der Entzweiung. Zum Begriff der ästhetischen Rationalität*, Frankfurt/M. 1985, S. 74.

23 So formuliert Wilhelm Dilthey, »Die Einbildungskraft des Dichters«, in: *Gesammelte Schriften* Bd. 6, Leipzig, Berlin 1938, S. 164.

IV. Einige Folgerungen und Fragen

Man müßte jetzt prüfen, welche Konsequenzen diese Überlegungen für die ästhetische Theorie haben. Das kann ich hier nicht mehr tun, sondern möchte nur noch ein paar offenkundige Punkte festhalten. Daß Kunstwerke Sichtweisen oder Sinnzusammenhänge artikulieren, ist zwar zutreffend, jedoch auf verschiedene Arten der Fall, die man auseinanderhalten und genauer klären müßte. Diejenigen Punkte, in denen sich dieses Bestreben der Kunst unmittelbar mit der philosophischen Bemühung berührt oder sie komplementiert, sind iii.2. und 3., so daß man in ihrer Klärung die zentrale Frage einer genuin philosophischen Ästhetik sehen könnte. Es zeigte sich weiterhin, daß die allgemeine Bestimmung der Kunst als Artikulation von Sinnzusammenhängen sich durchaus an die traditionellen ästhetischen Kategorien anschließen läßt, wenn auch an jeweils verschiedene. Beachtet man die verschiedenen Ursprünge der Kunst, dann wird deutlich, daß Begriffe wie »Schönheit« oder »Lust« nicht in jedem Kontext passen bzw. in verschiedenen Kontexten Verschiedenes meinen. So hat etwa »Schönheit« primär mit Ursprung (ii) zu tun, und insofern ist es kein Problem, wenn Kunstwerke, die primär der Ermöglichung einer reflektiert-offenen Lebenseinstellung dienen, nicht im engeren Sinn schön sind. Ferner ist die kathartische Lust, die diese erzeugen, ein Gefühl von ganz anderer Struktur als die kontemplative Freude am Schönen, und beide unterscheiden sich noch mal von der Lust im Fühlen der eigenen Lebendigkeit.

Es verwundert jetzt auch nicht mehr, daß der Streit über die richtige Erklärung ästhetischer Wertsätze so unfruchtbar bleibt. Denn dieser Wert läßt sich weder an der Lust festmachen, da diese kein einheitliches Phänomen ist, noch an der Schönheit, da diese nicht allgemein relevant ist. Macht man andererseits den ästhetischen Wert an der Gelungenheit der Präsentation einer Sichtweise von Welt/Leben fest, so verwechselt man das Urteil der ästhetischen Gelungenheit mit dem Urteil darüber, ob ein Werk unter der Perspektive unserer philosophischen Grundfrage Gewicht hat.[24] Es ist jedoch denkbar, daß ein Werk zu dieser Frage Wichtiges beiträgt, obwohl es etwas weniger gelungen ist, als es sein könn-

24 Diese Verwechslung scheint mir bei Seel vorzuliegen, siehe etwa *Die Kunst der Entzweiung*, S. 305.

te (wenngleich sicher nicht, wenn es völlig mißlungen ist), und es ist insbesondere umgekehrt denkbar, daß ein Werk ästhetisch wertvoll ist, ohne daß es für die Suche nach einem Wie des Lebens relevant ist. Denn diese Aufgabe wird von der Kunst erst zu einem bestimmten historischen Zeitpunkt übernommen, und sie kann sicher auch danach noch andere Funktionen haben als diejenigen, die von einem philosophischen Standpunkt die interessantesten sind. Aber auch wo die Kunst im Kontext der Frage nach dem guten Leben steht, läßt sich die Gelungenheit nicht direkt auf den Beitrag zu dieser Frage beziehen. Wir beurteilen auch die Gelungenheit einer philosophischen Untersuchung nicht nach ihrer direkten lebenspraktischen Relevanz, sondern danach, ob sie die Problemlage innerhalb der philosophischen Forschung, auf die sie trifft, einen Schritt voranbringt. Ähnlich haben auch die verschiedenen Kunstgattungen ihre spezifischen internen Problemstellungen, die durch eine Fortentwicklung der Ausdrucksmittel zu lösen sind.[25] Das führt zu einem Punkt, den ich ausgeblendet habe und dem man nachgehen müßte, daß nämlich die Kunst, auch wenn sie dem Rückbezug der Selbstverständigung auf die affektive individuelle Sinnerfahrung näher kommen kann als die Philosophie, auf gewisse Weise ebenso ein Unternehmen aus der Perspektive des Wir bleibt, weil jedes Kunstwerk ein Schritt im Gesamtunternehmen der Kunst als historisch-gesellschaftlicher Praxis ist und erst als ein solcher Schritt, der auf die Problemlage innerhalb dieser Praxis antwortet, in seiner vollen Dimension erfaßt wird.

Was die Art solcher internen Probleme und ihrer Lösung durch Weiterentwicklung des Begriffssystems oder der sonstigen Ausdrucksmittel ist, müßte jetzt für die Philosophie nicht weniger geklärt werden als für die Kunst. Denn aus meiner ungefähren Bestimmung der Aufgabe der Philosophie läßt sich noch nicht ersehen, worin die angemessene Methode zur Bearbeitung dieser Aufgabe bestünde.

25 Vgl. Panofskys Begriff des »künstlerischen Problems« (»The History of Art as a Humanistic Discipline«, S. 21), wie es z. B. in der Suche nach der geeigneten Darstellung menschlicher Proportionen im Bild vorliegt (»The History of the Theory of Human Proportions as a Reflection of the History of Styles«). Beide Artikel in Erwin Panofsky, *Meaning in the Visual Arts*, New York 1955.

Die Freundschaftskonzeption in Platons *Lysis*

Montaigne schreibt über seine Freundschaft mit Etienne de la Boetie: »Wenn man in mich dringt zu sagen, warum ich ihn liebte, so fühle ich, daß sich dies nicht aussprechen läßt, ich antworte denn: weil er er war; weil ich ich war.«[1] Sollte das alles sein, dann brauchen wir eine philosophische Klärung der Freundschaftsbeziehung nicht zu versuchen. Aber vielleicht läßt sich mehr sagen. Die antiken Philosophen zumindest waren dieser Meinung. Eine besondere Rolle spielt das Thema in Platons Dialog *Lysis.* Nicht nur, daß der Frage nach dem Wesen der Freundschaft der ganze Dialog gewidmet ist. Vielmehr scheint diese Frage unentbehrlich für *die* praktische Frage überhaupt, die Frage nach dem guten menschlichen Leben, zu sein.

Der *Lysis* ist einer der umstrittensten platonischen Dialoge. Er gilt manchen Autoren als mißglückt,[2] anderen als konfus und rätselhaft.[3] Für einen mißlungenen Dialog besitzt er einen überraschend kunstvollen Aufbau. Er ist bis in Details hinein mit Bedacht gestaltet. Auf die zahlreichen Dreierschemata, die ein Grundmuster bilden, ist hingewiesen worden.[4] Man kann jedoch auch eine Verknüpfung von Zweier- und Dreierschemata sehen. Eingerahmt von 1. der Einleitungsszene und einer sehr kurzen Schlußszene, enthält der Dialog zwei Gespräche: 2. ein vorbereitendes Gespräch, das Sokrates mit Lysis führt (207d-210e); 3. das Hauptgespräch zwischen Sokrates, Lysis und Menexenos, das nach einem kurzen Zwischenspiel in 211d beginnt und zwei Teile hat: 3.1 einen eher oberflächlichen Teil, der die Freundschaftsthematik fortsetzt (211d-216b); 3.2 einen tiefer gehenden Teil, der zum *philon* im Sinn des Gegenstands des menschlichen Strebens übergeht (ab 216c1). Ich beschränke mich vorläufig auf diese grobe Gliederung, da sich die genaueren Schritte erst im Zusammenhang mit dem Inhalt unterscheiden lassen.

1 Michel de Montaigne, *Essais*, Zürich [6]1985, S. 225.

2 So W. K. C. Guthrie, *A History of Greek Philosophy* IV, Cambridge 1975, S. 143.

3 Z. B. Ian M. Crombie, *An Examination of Plato's Doctrines*, London 1962, S. 20.

4 Siehe v. a. Robert G. Hoerber, »Plato's Lysis«, in: *Phronesis* 4 (1959), S. 15-28, S. 17 f.

1. Vorbereitendes

Sokrates trifft in einer Palaistra auf eine Gruppe von Knaben und (jüngeren) Männern; er selbst bezeichnet sich (ein Beispiel für die Dreiergruppierungen) als alten Mann (223b5). Hippothales und Ktesippos, die Sokrates hereinbitten, gehören zur Gruppe der jüngeren Männer. Ktesippos ist ein Vertreter der Eristik. Hippothales ist, wie Sokrates sogleich erfährt, auf übertriebene Weise in den Jungen Lysis verliebt. Lysis wird als schön, vortrefflich, hörbegierig und zugleich als scheu und zurückhaltend charakterisiert. Er hat die Werbung des Hippothales bisher nicht angenommen. Eine wechselseitige Freundschaft besteht zwischen den beiden Jungen Lysis und Menexenos; letzterer ist Schüler (und wohl auch Geliebter) des Ktesippos. Der Ausgangspunkt des Dialogs sind also konkrete Freundschaftsbeziehungen zwischen Personen. Man kann daher erwarten, daß es u. a. um die Beschaffenheit solcher Beziehungen gehen wird.[5]

Es sind zwei Formen von Freundschaft, die eingeführt werden: 1. die wechselseitige Freundschaft zwischen (Alters-)Gleichen (anhand von Lysis und Menexenos); 2. die Liebe/Freundschaft zwischen (älterem) Liebhaber und (jüngerem) Geliebten (anhand von Hippothales und Lysis), welche zwei Richtungen hat: a) die aktive Liebe des Älteren zum Jüngeren; b) die potentielle Erwiderung durch den Jüngeren (bei Lysis nicht vorhanden), die aus dem bloß passiven Geliebtwerden ebenfalls eine aktive Beziehung machen würde. Diese Form bleibt auch dann asymmetrisch, wenn a) und b) zusammen vorliegen, also die Freundschaft erwidert wird. Bei der im eigentlichen Sinn wechselseitigen Freundschaft ist das, was Befreundetsein auf beiden Seiten bedeutet, im Prinzip dasselbe. Bei der zweiten Form, die ich als gegenseitige bezeichnen werde, gilt das nicht. Die Liebe und Gegenliebe[6] haben, wie wir noch genauer sehen werden, unterschiedlichen Gehalt.

Es fällt auf, daß in der Eingangsszene und dem ersten Gespräch

5 Daher ist eine Interpretation, wie sie A. W. Begemann, *Plato's Lysis. Onderzoek naar de plaats van den dialoog in het œuvre*, Amsterdam 1960, in Anknüpfung an Theodor Becker, »Zur Erklärung von Platons Lysis«, in: *Philologus* 41 (1882), S. 284-308, vertritt, wonach es im *Lysis* im Grunde nur um die Logik von Relationsausdrücken gehe, nicht sehr plausibel.

6 Den Ausdruck *ant-eros* verwendet Platon selbst in *Phaidros* 255e1.

mehr von Liebe (*eros*) als von Freundschaft (*philia*) die Rede ist. Ich werde die Unterschiede zwischen beidem im folgenden vernachlässigen, da sie in unserem Text keine große Rolle spielen.[7] Was beide Wörter betrifft, so sollten wir nicht vorschnell unsere Vorstellungen von Freundschaft und Liebe in den Text hineintragen, sondern sehen, was Platon selbst meint. Wichtig für das Verständnis des Dialogs ist die Mehrdeutigkeit des Wortes *philia*, die wir durchaus nachahmen können. Das Wort kann entweder vom Substantiv *philos* (Freund) abgeleitet sein und die Freundschaft zwischen Personen bedeuten. Es kann zweitens vom Adjektiv *philos/philon* abgeleitet sein und dann entweder aktive oder passive Bedeutung haben: Die aktive Bedeutung besteht darin, daß eine Person einer Sache freund ist, etwas mag, wünscht, für gut hält, eine Vorliebe dafür hat; die passive Bedeutung wäre umgekehrt, daß eine Sache einer Person lieb/erwünscht ist.[8] Der Ausdruck *philon* steht in seiner Bedeutung am ehesten dem *kalon* nahe, ist aber vielleicht etwas subjektiver. Das *kalon* ist das Schöne im Sinn des Richtigen, des mit Gründen Vorgezogenen, das *philon* das, was man mag (wenngleich im Fürguthalten der Bezug zum Objektiven von vornherein angelegt ist). Auch wenn man das, wofür man eine Vorliebe hat, gewöhnlich haben will, scheint diese Komponente des Wollens oder Strebens in der Bedeutung des *philon* eher schwach ausgeprägt. Doch das wird sich im Verlauf der Interpretation noch genauer zeigen. Wichtig ist, daß im Griechischen *philia* im Sinn von Freundschaft und *philia* im Sinn des Mögens zwei deutlich verschiedene Bedeutungen des Wortes sind. Man würde den Witz des Dialogs verfehlen, wenn man den Zusammenhang zwischen dem letztlich Erwünschten und der Freundschaft einfach auf die Gemeinsamkeit des Wortes zurückführen würde. Daß das letztlich Gewünschte als *philon* bezeichnet wird, ist nicht Platons übliche Terminologie. Wenn dieser Ausdruck im *Lysis* verwendet wird, kann das daher nur an der Absicht liegen, einen bestimmten sachlichen Zusammenhang zwischen den beiden verschiedenen Formen von *philia* aufzuweisen.

7 Zu möglichen Unterschieden siehe Drew A. Hyland, »Eros, epithymia, and philia in Plato«, in: *Phronesis* 13 (1968), S. 32-46.

8 Zur Übersetzungsfrage siehe auch Anthony William Price, *Love and Friendship in Plato and Aristotle*, Oxford 1989, S. 2 ff., und Gregory Vlastos, »The Individual as Object of Love in Plato«, in: ders., *Platonic Studies*, Princeton 21981, S. 3-42, S. 4.

Wir erfahren, daß Hippothales auf eine wahnsinnige Weise in Lysis verliebt ist und diesen ständig mit abgenutzten Reden preist. Seine Liebe scheint also zunächst, in der Terminologie des *Phaidros* geredet,[9] die Form eines bloß sinnlichen Begehrens nach dem schönen Knaben zu haben (Sokrates fragt gleich zu Anfang, wer der Schöne ist (204b1 f.)). Die Liebe des Hippothales beruht jedoch zugleich auf bestimmten Überzeugungen: Sokrates unterstellt, daß Hippothales sich die Eroberung des Geliebten als *kosmos*, als Zuwachs an Wert, anrechnen werde (205e1). Daß er ihn beständig preist, heißt, daß er ihn für lobenswert hält. Daß er dabei nur bekannte Tatsachen verwendet und nichts Eigenes zu sagen hat, zeigt allerdings, daß er über das Gute, das Lysis für ihn bedeutet, nicht selbständig nachgedacht hat und folglich auch nicht darüber, was für ihn selbst Gutsein bedeutet. Daß in den Lobpreisungen der Reichtum und das Ansehen der Familie hervorgehoben werden, spricht dafür, daß Hippothales das für ihn Gute letztlich in der Ehre sieht und die Eroberung des Jungen als für seine eigene Ehre nützlich betrachtet – so daß die Freundschaft, die er sucht, mit Aristoteles geredet eine auf Nutzen basierende Freundschaft sein dürfte.

Das Nutzenmotiv wird aufgenommen, indem Sokrates auf die schädlichen Folgen verweist, die Hippothales sich selbst durch seine übertriebene Werbung zufügen könnte: Durch zuviel Lob mache er den Geliebten nur eingebildet und noch schwerer zu erobern. Statt dessen müsse man ihn demütigen, indem man ihn auf seine Unbrauchbarkeit hinweist. Sokrates ist bereit, eine solche Unterredung beispielhaft vorzuführen.

2. Das Vorgespräch

An die Stelle des Verhältnisses Liebhaber/Geliebter tritt im Gespräch das Verhältnis Eltern/Kinder, das ebenfalls zur asymmetrischen Form von Freundschaft gehört. Man könnte vermuten,

9 Ich werde großzügig zwischen Texten aus verschiedenen Perioden des platonischen Werks hin- und herspringen, da ich der Auffassung bin, daß es zwischen diesen Perioden mehr Kontinuitäten als Brüche gibt. Was die Einordnung des *Lysis* betrifft, so gehe ich von der üblichen Chronologie *Lysis – Symposion – Phaidros* aus (vgl. Robin 1964).

daß die Elternliebe als die richtige Art derjenigen Liebe dargestellt werden soll, die Hippothales auf unvernünftige Weise zeigt. Die Schlußszene gibt jedoch Grund daran zu zweifeln, ob die Eltern für Lysis immer das Richtige tun.[10] Der echte Liebende, von dem in 222a6f. die Rede ist, ist sicherlich Sokrates selbst. Doch über seine Art Liebe wird nichts gesagt; sie zeigt sich im Verlauf des Dialogs.[11] Die Elternliebe äußert sich darin, daß die Eltern das Glück der Kinder wollen und fördern. Hier fällt beiläufig eine wichtige Bestimmung von Freundschaft: Freundschaft zeigt sich darin, daß man das Glück des anderen will.[12] Was das Glück ist, wird nicht gefragt. Vielmehr wird die unter Jugendlichen übliche Vorstellung eingesetzt, daß glücklich ist, wer alles tun kann, was er will. Dann scheint es um das Glück des Lysis schlecht bestellt, da er vieles nicht tun darf. Die Erklärung dafür ist schnell gefunden: Er darf nur das tun, worauf er sich versteht, was er kann und weiß (209c). Wenn die Eltern das Glück des Kindes wollen, scheint das verständlich; ließen sie ihm jede Freiheit in Dingen, von denen es nichts versteht, würde es sich häufig selbst schaden. Diese naheliegende Erklärung wird im Text übersprungen. Statt dessen finden wir eine eher merkwürdige Erläuterung: Der Vater, die Griechen, die Menschen allgemein würden Lysis die Regelung ihrer Angelegenheiten überlassen, sie würden die Seinen werden, sobald er brauchbar und nützlich ist, sobald er das nötige Wissen hat. Auf den Sinn dieses Wunsches nach einer Allherrschaft, der Lysis unterstellt wird, komme ich später zurück. Leichter zu verstehen ist, welche Funktion die Verschiebung vom Schaden für das Kind selbst zum Nutzen/Schaden der anderen hat. Sie dient dazu, die Frage nach der Grundlage von Freundschaft aufzuwerfen: Wenn wir andere aufgrund ihrer Nützlichkeit für unser eigenes gutes Leben zu Freunden wählen,

10 Dazu David Bolotin, *Plato's Dialogue on Friendship*, Ithaca, London 1979, S. 66.

11 Daß wir im *Lysis* primär auf das Verhalten des Sokrates achten sollen, daß hier gerade das zum Thema wird, was Sokrates in den Frühdialogen allgemein tut, betonen auch Jean-Claude Fraisse, *Philia. La notion d'amitié dans la philosophie antique*, Paris 1974, S. 127, und Zachary Paul Seech, *Plato's Lysis as drama and philosophy*, Ph. D. Thesis, Univ. of California, San Diego 1979, *passim.*

12 Das ist von der aristotelischen Bestimmung, wonach man Freunden um ihrer selbst willen das Gute wünscht (EN 1155b31), nicht zu weit entfernt. Price hat daher recht, wenn er (a. a. O., S. 10 f.) die von Vlastos behauptete Diskrepanz zwischen einer egoistischen platonischen und einer nicht-egoistischen aristotelischen Sicht von Freundschaft bestreitet.

dann wird rätselhaft, worauf die *philia* der Eltern zu den Kindern oder der Liebhaber zu den Knaben beruhen könnte.

Was die Absicht der Vorführung betrifft, so bewirkt Sokrates bei Lysis das Eingeständnis, daß er nicht nützlich ist und so eigentlich für niemanden als Freund erstrebenswert ist. Obwohl Sokrates angekündigt hatte, ihn zu demütigen, ist der Verlauf allerdings freundschaftlich und scherzhaft. Das liegt daran, daß Lysis nicht überheblich, sondern bereit ist, seine Unwissenheit zuzugeben. Das folgende Gespräch mit Menexenos, der sich etwas auf seine eristischen Fähigkeiten einbildet, wird sehr viel schärfer und härter geführt. Daß Lysis einsieht, daß er noch wenig weiß/kann, ist aber genaugenommen für die Zwecke des Hippothales noch nicht genug. Wenn er Lysis nach wie vor (auch wenn der Grund jetzt unklar wird) für sich gewinnen will, müßte er, statt die Qualitäten des Jungen zu preisen, vielmehr umgekehrt sich selbst als nützlich hinstellen. Für Lysis, der mit der Frage konfrontiert ist, ob er dem Werben des Älteren stattgeben will, wäre ebendies das Kriterium, um den richtigen vom falschen Liebhaber zu unterscheiden.

Der erste Schritt führt also statt zur Erklärung einer gegenseitigen Freundschaft zwischen Jüngeren und Älteren nur zu einer Umkehrung der Verhältnisse: Was faktisch der Fall ist, daß die Eltern bzw. Liebhaber die Kinder lieben, ist das eigentlich Unerklärliche. (Die einfache Erklärung, daß der Nutzen zeitverschoben für die Älteren ebenfalls vorhanden sein wird, reicht nicht aus. Aristoteles verweist auf Formen der Mutterliebe, die überhaupt keine Gegenleistung oder Dankbarkeit erwarten (EN 1159a28 ff.). Und auch dort, wo dieser spätere Nutzen gegeben ist, wiegt er die »Kosten« bei weitem nicht auf. Man könnte die Elternliebe als natürliches Faktum betrachten, das Ursachen, aber keine Gründe hat. Der Liebhaber hingegen wählt freiwillig einen Geliebten, so daß die Frage nach Gründen naheliegt.) Hingegen läßt sich leicht verstehen, daß Kinder diejenigen lieben sollten, die ihnen nützlich sind, die ihr Glück fördern. Diese Richtung der Liebe ist faktisch häufig gerade nicht vorhanden: Kinder lieben die Älteren dann nicht, wenn diese sie in ihrem eigenen Interesse einschränken oder strafen (213a).

Wenn es für diese Richtung der *philia* einen Grund gibt, so wirft er seinerseits ein neues Problem auf: Der Grund ist ein (einseitiger) Nutzen, so daß Freundschaft letztlich egoistisch fundiert wäre. Das scheint der Aussage zu widersprechen, daß man das Glück des

Freundes will. Dieses eigennützige Element in der Freundschaft ist jedoch schwer zu vermeiden, da wir letztlich in allem auf das eigene (gute) Leben rückbezogen sind. Wir stehen daher vor einem Dilemma, wenn wir eine »echte« Freundschaft suchen, wo der Freund einfachhin, und nicht um seines Nutzens willen, geliebt wird. Daß Platon eine solche echte Freundschaft im Auge hat, halte ich für sicher, auch wenn es sich nicht direkt aus dem Text belegen läßt. Die Dreiteilung der Lebensformen gemäß den Zielen des Guten, des Nützlichen und der Lust stammt nicht erst von Aristoteles, sondern ist ein Topos, der schon bei Platon geläufig ist, und es ist mehr als naheliegend, die Formen der Freundschaft zwischen Personen nach ebendiesen drei möglichen Lebensausrichtungen einzuteilen. Platon erwähnt eine Freundschaft zwischen Guten, die nicht auf den Nutzen bezogen ist, in *Nomoi* 837a ff. Die Aufdringlichkeit des Nutzenkriteriums im *Lysis* soll vermutlich gerade auf seine Beschränktheit hinweisen. Ebenso ist im *Phaidros* nicht zu übersehen, daß die bloß auf Nutzen abzielende Freundschaft oder Liebe disqualifiziert wird. Ich unterstelle daher, daß Platon sich des Grunddilemmas der Erklärung von Freundschaft, der Spannung zwischen unvermeidlichem Selbstbezug und Liebe des Freundes um des Freundes willen, bewußt ist und daß wir daher das weitere Gespräch u. a. auf Hinweise zur Auflösung des Dilemmas befragen können.

3. Das Hauptgespräch

Das vorbereitende Gespräch und das Hauptgespräch sind durch ein kurzes Zwischenspiel verbunden (210e-211d). Erst hier wird das Thema des Dialogs explizit eingeführt. Sokrates ist *philhetairos* (211e8). Wie andere in ihrem ganzen Leben auf Geld oder Pferde usw. aus sind, so will er Freunde haben. Die Arten des Strebens, die hier angeführt werden, sind, anders als punktuelle sinnliche Begierden, so beschaffen, daß sie das ganze Leben bestimmen. Es gibt, wie Sokrates sagt, *eine* Sache, die jeder in seinem Leben am meisten will. An gewöhnliche Begierden angeglichen ist die Rede von einem Besitz (*ktema;* 211d7), die natürlich bei Freunden unpassend ist und wohl an Hippothales anknüpft, der solche Vorstellungen von Eroberung und Besitz hat.

Sokrates will am meisten im Leben Freunde haben. Doch er weiß nicht einmal, wie der eine des anderen Freund wird (212a5 f.) oder »was der Freund ist« (223b7). Lysis und Menexenos *sind* offenbar Freunde, im Sinn der wechselseitigen Freundschaft zwischen Gleichen. Von ihnen müßte also zu erfahren sein, was Freundschaft ist bzw. wer ein geeigneter Freund ist. Das ist allerdings in Wirklichkeit kaum zu erwarten. Die Freundschaft, die zwischen den beiden besteht, dürfte, wenn wir noch mal die aristotelische Einteilung heranziehen, am ehesten auf der Lust am Umgang miteinander beruhen. Die Gemeinsamkeit (207c10), die Sokrates ebenfalls beiläufig als ein Charakteristikum von Freundschaft nennt, geht daher zwischen den beiden nicht sehr weit.[13] Sie sind nicht nur Freunde, sondern auch Konkurrenten. Z. B. streiten sie darüber, wer der Ältere ist. Dies sicher nur im Spaß. Jedoch freuen sie sich auch nicht, wie man bei Freunden erwarten würde, über die Fähigkeiten und Leistungen des anderen. Lysis ärgert sich vielmehr über die eristischen Künste des Menexenos und bittet Sokrates, sie zu dämpfen (211c1 ff.).

Mit dieser Unterredung mit Menexenos (211c10-213d5), die dem Vorgespräch mit Lysis korrespondiert, beginnt der Hauptteil des Dialogs, der eigentliche Elenchos. Nachdem er in einer ersten Aporie steckenbleibt, geht das Gespräch auf Lysis über (213d6). Kurz bevor es in 216c1 seine höchste Ebene erreicht, sind ab 216a3 beide Jungen ins Gespräch einbezogen, was deutlich durch die Verwendung des Dualis markiert wird.

3.1 Die Freundschaft zwischen Personen

3.1.1 Versuch der Bestimmung durch die Art der Relation

Gefragt wird, ob die Freundschaftsbeziehung aktiv, passiv oder wechselseitig ist. Nach einer bewußt konfusen Argumentation werden alle drei Möglichkeiten verworfen. Die Verwirrung entsteht durch Spielen mit der Mehrdeutigkeit des Wortes *philia* bzw. *philos/philon*, ein Spiel, mit dem die Eristik nachgeahmt wird, um Menexenos zu demonstrieren, daß man so zu keinen klaren Aussagen kommt. Wie schon angedeutet, würde Platon sicher sagen, daß

13 Vgl. Bolotin, *Plato's Dialogue on Friendship*, S. 80, S. 106.

eine echte persönliche Freundschaft entweder wechselseitig oder gegenseitig ist bzw. sein müßte (siehe oben, S. 164).

Dagegen scheint zu sprechen, daß man nicht nur mit Personen, sondern auch mit anderem befreundet sein kann. Jemand kann ein Weinliebhaber oder Weisheitsfreund sein; der Wein oder die Weisheit aber können keine Freundschaft erwidern (212d). Das ist jedoch ein Einwand nicht gegen die Zweiseitigkeit persönlicher Freundschaft, sondern gegen das eristische Operieren mit Mehrdeutigkeiten. Der Einwand besagt also, daß man die beiden Wortbedeutungen, das Befreundetsein zwischen Personen und das Mögen von Dingen, zunächst deutlich unterscheiden müßte und erst danach den möglichen sachlichen Zusammenhang zwischen den beiden Phänomenen untersuchen kann.

3.1.2 Versuch der Bestimmung durch Eigenschaften der Relata

Nach der Sichtung von Wortbedeutungen werden Auffassungen von Dichtern und Naturphilosophen überprüft. Diese haben die Meinung, daß Gleiches sich anzieht und daher befreundet ist, ebenso vertreten wie die umgekehrte Auffassung, daß Ungleiches bzw. Entgegengesetztes sich anzieht. Beide Möglichkeiten werden erneut durch eine bewußt unklare Argumentation widerlegt; Wichtiges kommt beiläufig vor. Gleiche können nicht befreundet sein, denn dann müßten auch die Schlechten befreundet sein. Der Schlechte aber tut anderen unrecht, weshalb man ihn nicht zum Freund haben will. Er ist nicht einmal sich selbst freund, weil er sich selbst nicht gleich ist (214c7 ff.). Die Freundschaft mit sich selbst ist das, worum es Sokrates letztlich geht. Gemeint ist damit die Harmonie der Seele, die Besonnenheit als vernünftiger Umgang mit der Affektivität. Diese herzustellen ist gerade das Ziel des Elenchos, der nicht irgendwelche Meinungen prüft, sondern Meinungen, sofern sie das Überzeugungssystem einer Person bilden, das durch die Prüfung von Verdrehungen durch Affekte befreit und geordnet werden soll. Nur eine Person, die auf diese Weise in der eigenen Seele geordnet ist, ist mit sich selbst im Einklang oder befreundet. Nur sie scheint als Freund geeignet, weil nur sie nicht nach diesen oder jenen Affekten handelt, sondern beständig und verläßlich ist.

Das wird nicht ausgeführt. Festgehalten wird vielmehr, daß die

Gleichen nur insofern Freunde sein können, als sie gut sind. Und auch das wird sogleich verworfen: Die Ähnlichen/Gleichen nützen sich gegenseitig nicht, und die Guten schon gar nicht, denn sie genügen sich selbst. Ohne ein Brauchen, ein Bedürfnis nach wechselseitiger Hilfe, scheint es aber keinen Raum für Freundschaft zu geben (214e). Das ist sicher so gemeint, und es erscheint richtig. Die verbleibende Möglichkeit, daß Freundschaft zwischen Entgegengesetzten besteht, wird ebenfalls verworfen, weil sie implizieren würde, daß Gerechte und Ungerechte, Gute und Schlechte befreundet wären.

In Wirklichkeit bleiben alle diese expliziten Argumente an der Oberfläche. Es wurde weder überlegt, ob nicht Personen in manchen Hinsichten ähnlich, in anderen unähnlich sein könnten;[14] es wurde auch nicht gefragt, was mit dem Gutsein von Personen gemeint ist und ob es wirklich Selbstgenügsamkeit bedeutet. Man könnte im Hintergrund dieser Überlegung die Freundschaft zwischen den verschiedenen Funktionsgruppen in der Polis angedeutet sehen.[15] Die Mitglieder dieser Gruppen sind ähnlich, sofern sie alle Staatsbürger sind, aber verschieden, sofern sie verschiedene Funktionen ausüben. Sie sind gut/brauchbar, sofern sie ihre Funktion gut erfüllen, aber sie sind nicht selbstgenügsam, sondern darauf angewiesen, daß auch jeder andere das Seinige tut. Sie brauchen sich also gegenseitig, sofern das Ganze und jeder Einzelne nur gedeiht, wenn jeder seine Aufgabe gut erfüllt. Darauf mag hier in der Tat angespielt sein, jedoch ist das sicher nicht der Sinn von Freundschaft, um den es im *Lysis* primär geht. Die politische Freundschaft braucht nicht in der Weise persönlich zu sein, wie das für unsere Ausgangsbeispiele gilt. Und in diesen konkreten Beziehungen gehören die Freunde nicht verschiedenen Gruppen, sondern ein und derselben Gruppe an, der Gruppe derer, die potentielle Herrscher sind.

14 Vgl. Donald Norman Levin, »Some Observations Concerning Plato's Lysis«, in: John P. Anton, George L. Kustas (Hg.), *Essays in Ancient Greek Philosophy*, Albany 1972, S. 236-258, dort S. 246.

15 Darauf weist Seech, *Plato's Lysis as drama and philosophy*, S. 136, hin.

Das Einsetzen tiefer gehender Überlegungen wird dadurch angezeigt, daß Sokrates plötzlich intuitiv eine bestimmte Erklärung als richtig erahnt (216d3). Die Frage nach der persönlichen Freundschaft gerät jetzt eine Weile aus dem Blick. Thema ist nicht mehr der *philos*, sondern das *philon*. Vorab wird angedeutet, daß die Frage nach dem Ziel des Mögens/Strebens zu dem Ergebnis führen könnte, das *philon* sei das Schöne (*kalon*) bzw. Gute (*agathon*), was glatt und schlüpfrig klinge (216c6). Dieses Bedenken ist aufschlußreich. Es zeigt, daß die Gleichsetzung der gesuchten Lebensorientierung mit dem Guten, Schönen, Nützlichen, in der die Frühdialoge hinter der offiziellen Aporie jeweils enden, eine bloße Leerformel ist. Sobald wir für das Gute etwas Bestimmtes einsetzen, stellt sich heraus, daß es nicht vollkommen und in jeder Hinsicht gut ist. Suchen wir bescheidener statt nach dem vollkommen Guten nach dem menschenmöglichen guten Leben, so läßt auch dieses sich nicht zugleich allgemein und inhaltlich bestimmen. Was für die eine Person eine gute Weise des Lebens ist, kann für eine andere schlecht sein (vgl. *Hipp. Maj.* 291d9 ff., 292e8 ff.). Wie kann es dann aber ein Wissen vom guten Leben geben, wenn Wissen wesentlich allgemein ist?

An der gleichen Stelle, an der Sokrates auf die Schlüpfrigkeit der Gleichsetzung des *philon* mit dem *kalon/agathon* hinweist, besteht er auf genauen Einteilungen, Begriffszergliederungen, auf einem methodisch geordneten Vorgehen. Im vorhergehenden Stück wurden anhand von Wortbedeutungen und bekannten Meinungen die Phänomene des relevanten Felds gesammelt. Worauf es ankäme, wäre also, den konkreten Phänomenbereich, mit dem eine jeweilige praktische Überlegung zu tun hat, geregelt zu durchdringen.[16] Ebendies ist es, was der Elenchos leistet, und ein so geregeltes Nachdenken scheint das zu sein, was konkreten praktischen Überlegungen den ihnen allein erreichbaren Wissenscharakter verleiht. (Die weitere Unterredung hält sich daran natürlich nicht vollständig, denn die beiden Jungen sollen ja in Verwirrung geraten, um ihr Nichtwissen einzusehen.)

Im letzten Schritt ergaben sich Schwierigkeiten mit der wohl

16 Siehe dazu auch Peter Stemmer, *Platons Dialektik. Die frühen und mittleren Dialoge*, Berlin 1992, S. 269.

üblichen These, daß echte Freundschaft die zwischen Guten ist. Zur Auflösung wird jetzt eine genauere Einteilung verlangt. Wir müssen nicht nur zwei, sondern drei Genera unterscheiden: das Gute, das Schlechte und das weder Gute noch Schlechte, welches gut oder schlecht sein kann. Damit eröffnen sich zwei neue Formen von Freundschaft: Das weder Gute noch Schlechte könnte ebendiesem freund sein; oder das weder Gute noch Schlechte könnte dem Guten freund sein. Daß man dem Schlechten nicht freund sein kann, war bereits gezeigt. Auch die Möglichkeit, daß das weder Gute noch Schlechte untereinander befreundet sein könnte, wird schon im Vorfeld ausgeschieden, sofern das Ähnliche keinen Nutzen voneinander haben könne.

Die verbleibende Möglichkeit, daß das weder Gute noch Schlechte das Gute lieben könnte, wird in zwei Varianten durchgespielt, zuerst in einer nachträglich (221d5 f.) als unnötig umständlich und überladen bezeichneten Version, sodann in einer einfacheren und klareren Form (ab 218c3).

3.2.1 Die Liebe zum Guten als Mittel gegen Übel

Für den Leib, der als solcher weder gesund noch krank ist, ist, wenn er akzidentell krank ist, die Heilkunst ein *philon*, sofern sie das Übel der Krankheit zu beseitigen verspricht. Sie wird gewollt als das, was nützlich als Mittel gegen Übel ist. Man fragt sich, ob die eigentliche Bedeutung, das affektive Mögen, hier vorliegt, was wohl eher nicht der Fall ist.[17] Nach demselben Modell wird die Liebe zur Weisheit konstruiert: *philosophoi* sind diejenigen, die weder weise noch ganz unverständig sind, sofern sie ihr Nichtwissen einsehen, und die die Weisheit lieben als Mittel zur Befreiung von Unwissenheit. Nun ist die menschliche Zwischenstellung zwischen Wissen und Nichtwissen erstens kein Akzidens, und zweitens entspricht die Weisheit nicht der Heilkunst, sondern der Gesundheit. Trotz dieser Unstimmigkeiten behauptet Sokrates gerade jetzt, die Bestimmung des *philon* sei gefunden: Es ist das Gute, das vom weder Guten noch Schlechten aufgrund der akzidentellen Anwesenheit eines Übels geliebt wird.

17 Platon selbst sagt, daß man »gezwungen« sei, das Mittel zu lieben (217b3), und daß man von »mögen« hier nur dem Wort nach rede (220b1).

3.2.2 Umwillen und Grund der Liebe zum Guten

Das angebliche Resultat wird sogleich wieder in Frage gestellt, und die Strukturmomente, die bisher unklar ausgefüllt waren, werden jetzt als solche herausgehoben: Man liebt/erstrebt etwas immer a) umwillen von etwas (*heneka tinos*) und b) aufgrund von etwas (*dia ti*). Nach dem Bisherigen: Man liebt die Heilkunst um der Gesundheit willen wegen einer Krankheit. Die Komponente des Umwillen, des Ziels wird zuerst aufgenommen (219c4-220b5), danach (220b6 ff.) die des Grundes. Schließlich wird (221e3 ff.) der Bogen zur *philia* im persönlichen Sinn zurückgeschlagen.

3.2.2.1 Das *proton philon* als Umwillen. Die Heilkunst wird nicht als solche geliebt, sondern nur als Mittel zur Gesundheit. Würde dasselbe auch für die Gesundheit gelten usw., dann gerieten wir in einen infiniten Regreß und könnten nie sagen, was wir wirklich wollen. Es müßte daher ein letztes Ziel geben, das uns nicht mehr als Mittel, sondern um seiner selbst willen lieb ist und um dessentwillen uns alles andere lieb ist. Dies wäre das *proton philon*, das wahrhaft Erstrebte. Worin dieses besteht, läßt sich unschwer erraten: Man kann bei jedem Ziel weiter nach dem Warum fragen; erst bei der *eudaimonia* verliert diese Frage ihren Sinn (*Symp.* 205a). Jedoch ist damit nicht viel gewonnen. Was wir erreicht haben, ist die schon in Aussicht gestellte leere Gleichsetzung des *philon* mit dem Guten (guten Leben). Als mittlere Wesen, die zwischen Wissen und Unwissen, zwischen Gut und Schlecht stehen, wissen wir nicht, was das Gute ist. Das Streben nach dem Guten müßte daher ein und dasselbe sein wie das Streben nach dem Wissen vom Guten.

3.2.2.2 Die Begierde als Grund. Auch das Gute würde nicht um seiner selbst willen geliebt, wenn wir es nach dem bisherigen Modell nur als Mittel zur Beseitigung von Übeln erstreben. Sokrates schlägt vor, daß wir uns die Übel einmal wegdenken. Dann bleiben, sofern wir Menschen und d. h. natürliche Lebewesen sind, immer noch Begierden übrig, und zwar diejenigen, die als solche weder gut noch schlecht sind, aber je nach Situation beides sein können, wie z. B. Hunger und Durst. Sofern etwas eine Begierde erfüllt, ist es uns aber lieb, erwünscht. Folglich wäre das *dia ti*, der Grund des *philein*, nicht die Anwesenheit von Übeln, sondern einfach die *epithymia*, das Begehren (221d3); anders gesagt: nicht das Nichthabenwollen von Übeln, sondern das Habenwollen von etwas. Warum die Begierde auf diese Weise der *Grund* des Mögens ist, ist nicht sehr klar. Wenn wir lieben, was wir begehren, fallen dann *philia* und *epithymia* nicht einfach zusammen?

In der Tat werden kurz darauf *epithymia, philia* und außerdem *eros* in einer Reihe aufgeführt, als ob sie alle letztlich dasselbe wären (221e4). Aber wenn sie nicht identisch sind: Ist das Erstrebte automatisch das Gute, oder ist nicht eher umgekehrt das *philein* der Grund der *epithymia*, d. h., begehren wir nicht etwas deswegen, weil wir es für gut halten?[18] Diese Art von Grund ist mit dem *dia ti* sicher nicht gemeint. Denn auch Platon selbst ist der Meinung, daß die Begierde nicht in dem Sinn Gründe liefert, daß ihr zu entnehmen ist, welche *bestimmten* Dinge wir mögen oder vorziehen. Eine natürliche Begierde wie Durst hat als ihren Gegenstand das Getränk einfachhin und nicht dieses oder jenes bestimmte Getränk (*Politeia* 437d8 ff.). Wenn die Begierde das *dia ti* der *philia* ist, kann damit also höchstens gemeint sein, daß sie die Ursache oder Erklärung dafür ist, daß wir überhaupt Dinge mögen und vorziehen. Man könnte auch sagen, daß die Begierde die Ursache im Sinn der Motivation oder Bewegursache ist, die in der Rede vom *philein* ähnlich wie in unserem Ausdruck »mögen« nur schwach mitgemeint ist. Das *dia ti* hat also jedenfalls nichts mit einem Grund in dem Sinn zu tun, in dem wir ihn schon im Zusammenhang der Freundschaft suchten und auch für das *philon* bräuchten: einem Entscheidungsgrund oder Kriterium, an dem sich erkennen läßt, was wir als Gegenstand der Erfüllung jeweiliger Begierden vorziehen sollten.

3.2.3 Die Liebe zum Zugehörigen. Rückkehr zur Frage nach der Freundschaft

Die Vorstellung, daß wir wesentlich begehrende Wesen sind, wird durch einen weiteren Begriff präzisiert, den der Bedürftigkeit (221d7). Gegenstand der Begierden ist das, wonach wir ein Bedürf-

18 Vgl. Hans von Arnim, *Platos Jugenddialoge und die Entstehungszeit des Phaidros*, Hamburg 1914, S. 56.

nis haben, was uns fehlt. Dieses wird als das Zugehörige (*oikeion*) bezeichnet (221e3); nicht in dem Sinn, daß wir unser Streben erfüllen könnten, wenn wir ein fehlendes Stück unserer Natur ergänzen, sondern so, daß das uns als Menschen wesentlich Zugehörige das erstrebte Gute ist (vgl. *Symp.* 205e6). Was trägt aber dann der neue Begriff des Bedürfnisses und der Zugehörigkeit überhaupt bei? Der Begriff des Bedürfnisses ist objektiver als der der Begierde. Der Ausdruck *philon* bezeichnet Strebensinhalte mehr unter dem Aspekt des subjektiven Mögens/Fürguthaltens, auch wenn darin die Frage nach dem wirklich Guten, nach dem, was man lieben sollte, schon angelegt ist und von Anfang an gestellt wurde. Der Übergang zum *oikeion* hat offenkundig die Funktion, diesen bewertenden Aspekt, wonach es zugehörige, geeignete, richtige ebenso wie unpassende und falsche Gegenstände des Strebens gibt, schärfer herauszuheben. Mehr jedenfalls scheint durch den Übergang vom *philon* zum *kalon/agathon* und von diesem zum *oikeion* nicht gewonnen. Denn zur Frage, was jeweils für eine Person das *oikeion* ist, wie man es findet und woran man es erkennt, wird explizit nichts gesagt.

Vielmehr wird an diesem Punkt unter Benutzung der Mehrdeutigkeit des Ausdrucks *oikeion* die Frage der persönlichen Freundschaft wiederaufgenommen. Wie *philos/n* eine befreundete Person ebenso wie eine geliebte Sache bezeichnen kann, kann mit *oikeios/n* eine verwandte Person (entweder im wörtlichen oder im übertragenen Sinn) ebenso wie eine zugehörige Sache (dies ebenfalls entweder im wörtlichen Sinn des Besitzes oder im übertragenen Sinn der Geeignetheit) gemeint sein. Auch Freunde sind ein *oikeion.* Wir haben eine Begierde oder ein Bedürfnis nach Freunden auf dieselbe Weise wie nach anderen Dingen. Daß das Haben von Freunden einer von mehreren Bestandteilen des guten Lebens, ein Mittel/Beitrag zum eigenen Glück ist, ist natürlich nicht falsch. Es fällt jedoch hinter die ganze Erklärungsbemühung zurück. Man würde erwarten, daß die persönliche Freundschaftsbeziehung jetzt aus dem wesentlichen menschlichen Bezug auf das Gute als *oikeion* verstanden wird. Statt dessen werden beide Beziehungen einfach parallel gesetzt und der Begriff des *oikeion* heruntergespielt: Wenn zwei Personen Freunde sind, dann müßte das, wenn man das Zugehörige liebt, darauf beruhen, daß sie ihrer Natur nach verwandt oder einander zugehörig sind (221e5). Dasselbe soll gelten, wenn eine Person die andere liebt: Sie liebt sie als zugehörige, als der Seele oder dem Charakter nach verwandte. Da Verwandtschaft immer beide Seiten involviert, folgt, daß immer auch der Geliebte die Liebe entgegnen muß.

Die beiden Jungen stimmen Sokrates nur noch unwillig zu, während Hippothales vor Freude die Farbe wechselt. Er hat offenkundig nicht bemerkt, daß Sokrates vom wahren Liebhaber redet, womit er gewiß nicht Hippothales, sondern sich selbst meint. Und das ist vielleicht in der Tat nicht leicht zu bemerken, sofern darüber, woran man den wahren Freund erkennt, nach wie vor nicht viel Konkretes gesagt ist. Im übrigen wird auch das vorläufige scheinbare Ergebnis noch mal zurückgenommen, da mit den Zugehörigen die Ähnlichen gemeint sein könnten, die sich nicht nützlich sind (228b8).

Trotz dieser Aporie, in der der Dialog vordergründig endet, liegen nach dem Durchgang durch die Überlegungen zum *proton philon* einige Zusammenhänge auf der Hand. So könnte man etwa sagen: Die Freundschaftsrelation läßt sich nicht erklären, wenn man sie einfach als eine Beziehung zwischen zwei Personen betrachtet. Wir haben gesehen, daß jede Person primär und wesentlich in einer Beziehung zum Guten steht. Dann ließe sich Freundschaft so verstehen, daß zwei Personen gemeinsam auf ein Drittes, das Gute, bezogen sind (das wäre zugleich die sachliche Erklärung der Mischung von Zweier- und Dreiergruppen im Aufbau). Wenn wir als Menschen mittlere Wesen sind, die dieses Gute nie vollständig haben, dann sind wir, sofern wir gleich oder ähnlich sind, ähnlich in diesem Mangel, so daß die Gleichheit durchaus Raum für ein wechselseitiges Brauchen läßt. Ferner: Weder gut noch schlecht in dem Sinn, daß sie beides werden können, sind insbesondere junge Menschen. Sie sollten sich zusammen bemühen, gut zu werden, indem sie sich gemeinsam an etwas Gutem orientieren. Diese Struktur, daß zwei Personen zusammen sich auf das Gute als Drittes richten, könnte man vielleicht im Dialog dadurch dargestellt sehen, daß Lysis und Menexenos im Schlußteil durch den Dualis zu einer Einheit zusammengefaßt werden und gleichzeitig auf eine dritte Person, die das menschenmögliche Gutsein bereits erreicht hat und daher das Gute gewissermaßen personalisieren könnte, bezogen sind.

Doch wie sind diese Zusammenhänge genauer zu verstehen? Sollen wir annehmen, daß persönliche Freundschaft nicht nur hilfreich für die Suche nach dem guten menschlichen Leben ist, sondern notwendig und wesentlich? Sollte sie wesentlich sein, gilt das für die wechselseitige Freundschaft zwischen Gleichen oder für die gegenseitige zwischen Älteren und Jüngeren oder für beide? Wenn wir die Freundschaft nicht einfach als zweiseitige Relation fassen, sondern als eine gemeinsame Beziehung zweier Personen auf ein nicht-persönliches Drittes, das Gute, wird dadurch das Dilemma des Selbstbezugs, der Nutzenorientiertheit, wirklich überwunden, und auf welche Weise? Schließlich: Haben wir durch dieses Verständnis von Freundschaft eine Erklärung für die Liebe der Älteren zu Jüngeren gefunden, die bisher zu fehlen schien? Zur Beantwortung dieser Fragen stütze ich mich nicht nur auf den *Lysis*, sondern ziehe auch andere Dialoge heran. An manchen Stellen werde ich Überlegungen sinngemäß weiterführen, ohne noch auf eine direkte Textbasis bei Platon verweisen zu können.

4. Perspektiven

4.1 Freundschaft in der Polis

Sokrates nimmt an, daß Lysis sich dann für *eudaimon* halten würde, wenn er über die ganze Polis oder letztlich über die ganze Welt herrschen könnte. Hinter dieser Zielsetzung steht nicht nur die Machtgier und der Größenwahn der jungen Athener vornehmer Abstammung (vgl. ähnlich *Alk.* 1). In ihr äußert sich vielmehr eine Dimension, die grundsätzlich zur menschlichen Vorstellung vom guten Leben gehört. Menschen können nicht nur an persönlichem Unglück leiden, sondern ebenso an der Schlechtigkeit der Welt. Die Sinnhaftigkeit des individuellen Lebens hängt auch von der Beschaffenheit seines Kontextes ab. Das individuelle Leben wäre folglich erst dann wirklich gut, wenn auch das Ganze, in dem es steht, gut wäre. Was uns fehlt, das *oikeion*, wäre das Gutsein des Ganzen. Dies ließe sich nur dadurch sicherstellen, daß man selbst das Ganze einrichtet und leitet.

Gegen diese Zielsetzung lautet der Standardeinwand des Sokrates, daß wir nur das regeln können, was im Bereich unseres praktischen Wissens und Könnens liegt, was *oikeion* im engeren Sinn der Zugehörigkeit zum eigenen Verfügungsbereich ist. Das gilt für das Ganze der Welt sicher nicht. Schon der Wunsch, den kleineren Kontext, das soziale Ganze der Polis, auf Dauer vollkommen gut einzurichten, übersteigt nicht nur unser faktisches Wissen; er übersieht außerdem, daß in der konkreten Wirklichkeit nichts bedingungslos gut ist, sondern alles immer gute und schlechte Seiten und Folgen hat (weshalb ein Unternehmen, wie Platon es in der *Politeia* in Angriff nimmt, nur als abstraktes möglich ist). Trotzdem könnte man die aufs Ganze gerichtete Dimension der *eudaimonia* so zu realisieren versuchen, daß man sich um eine schrittweise Verbesserung der Polis bemüht. Während sich die jungen Athener die Leitung der Polis so vorstellen, daß man alles unter Kontrolle hat und so von allem selbst einen Nutzen hat, weist Sokrates darauf hin, daß künftige Herrscher zunächst nach dem Wissen von der guten politischen Ordnung suchen müssen: Die Polis wird nur dann eine sinnvolle Ganzheit bilden, wenn in ihr Eintracht besteht, und Eintracht wird nur bestehen, wenn Gerechtigkeit herrscht, wenn alle ihre Aufgabe gut erfüllen und dadurch das Ganze gedeiht und in der Folge auch seine Mitglieder glücklich leben. Hier könnte man zum einen den Begriff der politischen Freundschaft zwischen den verschiedenen Funktionsgruppen im Staat einführen (siehe oben, S. 167), wie er in der *Politeia* vorkommt, den ich jedoch übergehen möchte. Man könnte zweitens sagen, daß eine sinnvolle Ordnung der Polis leichter zu erreichen ist, wenn sich diejenigen, die Fähigkeiten und Neigungen zum Regieren haben, zusammentun und Freunde sind. Das wäre eine Freundschaft zwischen Gleichen, wie sie zwischen Menexenos und Lysis bestehen könnte, wenn sie etwas älter und Politiker geworden sind.

Diese Form von Freundschaft würde den Nutzenstandpunkt hintergehen. Denn der Bezugspunkt der Freundschaft wäre die gemeinsame Bemühung um das Gutsein der Polis, allgemeiner, um diejenige Dimension des Glücks, die nicht individuell, sondern ihrem Sinn nach gemeinsam ist. Die befreundeten Politiker würden sich in der Leitung der Polis unterstützen. Sie würden dadurch nicht direkt in ihrem eigenen Glück profitieren, sondern nur indirekt, sofern durch ein Besserwerden des Ganzen auch das Leben aller einzelnen besser wird. Andererseits fragt man sich, ob dann wirklich die andere Person als individuelle zum Freund wird, ob man ihr persönliches Glück will. Unklar bleibt weiter, ob eine persönliche Freundschaft in diesem Kontext notwendig ist, ob nicht Kooperation und wechselseitige Achtung genügen. Man könnte ebenso fragen, ob sie möglich ist oder ob nicht zwischen Gleichen der *agon*, die Konkurrenz, wie sie zwischen Lysis und Menexenos vorgeführt wird, in der Natur der Sache liegt.[19] Gegen eine solche Interpretation des Dialogs spricht die Tatsache, daß gerade die Freundschaft zwischen Lysis und Menexenos den Ausgangspunkt des Hauptgesprächs bildet und auch für diese Art der Freundschaft am Ende ein Ergebnis formuliert wird.[20] Sokrates hat offenbar eine solche Freundschaft zwischen Politikern empfohlen.[21] Bei Platon spielt sie jedoch keine entscheidende Rolle. Das mag daran liegen, daß die Beschaffenheit der Polis von so vielen inneren und äußeren Kontingenzen abhängt, daß einige Freunde sie ebensowenig dauerhaft gut einrichten könnten wie eine Person allein.

4.2 Freundschaft mit sich selbst und Freundschaft zwischen Guten

Wenn die Polis wie zu Platons Zeiten in der Auflösung begriffen ist, sind die Möglichkeiten der Einwirkung auf das soziale Ganze besonders gering. Will man gleichwohl an der Veränderung des Ganzen zum Guten festhalten, bleibt jetzt als Objekt der Einwirkung nur die basale Ebene der Individuen übrig, die die Polis konstituieren: Das Gutsein und Gutbleiben einer Polis könnte man nur so sicherstellen, daß alle ihre Bestandteile gut sind. Dabei ist auch auf dieser Ebene die Reichweite des Handelns begrenzt. Worüber man handelnd verfügen kann, sind die eigene Person/Seele und vielleicht noch einige wenige andere Personen. Diese Wendung ist nach dem gerade Gesagten nicht so zu verstehen, daß jetzt

19 Man könnte überdies fragen, ob nicht der Wettstreit zwischen Gleichen (begrenzt durch gegenseitige Achtung) mehr zum Gedeihen des Ganzen beiträgt als zuviel Eintracht. Vgl. Immanuel Kant, »Idee zu einer allgemeinen Geschichte in weltbürgerlicher Absicht«, in: *Gesammelte Schriften*, Akademie-Ausgabe, Bd. VIII, Berlin 1912/23, S. 20f.

20 Ich sehe allerdings auch für die umgekehrte Interpretation, daß die wechselseitige Freundschaft zwischen Guten im *Lysis* als primär erwiesen werde (z. B. Hans-Georg Gadamer, »Logos und Ergon im platonischen ›Lysis‹«, in: ders., *Kleine Schriften* III, Tübingen 1972, S. 50-63; Hoerber, »Plato's Lysis«), keine Textgrundlage.

21 Wenn wir Xenophon, *Memorabilia* II. 6. 25-26 glauben.

die aufs Ganze gerichtete Dimension der *eudaimonia* gestrichen und nur noch das private Glück gesucht würde. Vielmehr wird die Bemühung um das Gutsein der eigenen Person (und vielleicht noch einiger weniger anderer Personen) als die einzig verfügbare Möglichkeit der Realisierung des Guten in der Welt gesehen.

Das Verfügen über die eigene Person ist der primäre Sinn, in dem Platon das Wort *oikeion* verwendet. Eine Person ist dann gut verfaßt, wenn sie das Ihre, das *oikeion,* tut; das tut sie dann, wenn die Teile ihrer Seele das Ihre tun, und d. h., wenn die Überlegung die Affekte und das Streben leitet. Eine solche Person stimmt mit sich selbst überein, ist mit sich selbst befreundet (*Politeia* 443c9 ff.). Das Gutsein der Person scheint so doch nicht nur als Voraussetzung des Gutseins der Polis gefaßt zu sein. Vielmehr gewinnt es offenbar eine Selbständigkeit, indem das Gutsein oder Einssein der Person zum Ersatz für das nicht bewirkbare Gutsein des Ganzen wird und die Freundschaft mit sich selbst, die im *Lysis* nur beiläufig erwähnt wird (siehe oben, S. 164), zum zentralen Fall von Freundschaft. Man könnte denken: nicht nur zum zentralen, sondern zum einzig möglichen Fall. Denn eine solche Person ist offenbar selbstgenügsam. Wozu braucht sie Freunde?

Aristoteles, der ebenfalls die Freundschaft mit sich selbst zum Paradigma nimmt (vgl. EN IX 8), hält unter Personen die Freundschaft zwischen Gleichen, die gut sind, für die zentrale. Es bereitet ihm aber offensichtlich Mühe, eine Erklärung für das Brauchen zu finden. Der einfachere Teil der Erklärung lautet: Wer gut ist, liebt das Gutsein und freut sich daher über dieses auch bei anderen. Liebt man dann wirklich die andere Person als solche und nicht letztlich nur ihre Eigenschaften? Wenn man mit Aristoteles annimmt, daß das ethische Gutsein das für uns als Menschen Wesentliche ist, entfällt diese Entgegensetzung. Aber warum ist man dann nicht mit allen guten Menschen, sondern nur mit wenigen befreundet? Das dürfte daran liegen, daß Freundschaft nicht nur auf dem Gutsein beruht, sondern auf zusätzlichen konkreten Gemeinsamkeiten, die sich im Verlauf einer gemeinsamen Lebensgeschichte noch verstärken (vgl. EN 1156b26). Warum wir Freunde *brauchen*, ist damit immer noch nicht erklärt. Der Grund scheint zu sein, daß man nicht einfach gut sein, sondern sich als gut sehen/wissen will. Da man das eigene Leben nur im Vollzug erfährt, kann man das Gutsein der Person im ganzen besser an anderen betrachten. Sofern man das *eigene* Gutsein an einer *anderen* Person wahrnehmen will, muß diese sehr eng verbunden sein, sie muß ein *alter ego* sein, mit dem man sich identifiziert (vgl. EE 1245a30, 1245a35 ff., EN 1169b33 ff.).

Aristoteles hat hier zweifellos Phänomene im Auge, die für das Selbstverhältnis wichtig sind. Inwiefern sie geeignet sind, die wechselseitige Freundschaft zwischen Gleichen zu fundieren, ist mir weniger klar. Was das Brauchen von Freunden angeht, scheint es aussichtsreicher, von Platons Modell des Menschen als mittlerem oder wesentlich bedürftigem Wesen auszugehen. Nehmen wir dieses Modell ernst, dann ist das erwähnte Bild der Freundschaft mit sich selbst aus dem iv. Buch der *Politeia* vereinfacht. Daß wir eine funktionierende Einheit aus Vernunft, Affekt und Streben herstellen, sagt nichts darüber, wie man konkret leben sollte. Wir finden uns faktisch nicht mit diesen drei klar getrennten Seelenteilen vor, sondern mit einer komplexen Menge einzelner Meinungen, Wünsche, Gefühle, Absichten usw., wobei Gefühlen und Absichten Meinungen zugrunde liegen, während umgekehrt Meinungen affektgefärbt und motivationsbesetzt sein können. Als so beschaffene Wesen sind wir uns nicht vollständig in der Weise der Selbstdurchsichtigkeit zu eigen; das Verfügen über die eigene Person kann nicht als ein direktes Erkennen und Ordnen der Bestandteile des Inneren vor sich gehen. Denn diese Ordnung könnte die Person nur herstellen, wenn sie eine konkrete Konzeption des für sie guten Lebens, des Telos, schon hätte. Als mittlere Wesen, die das Gute nie vollständig wissen, fehlt uns gerade eine inhaltlich ausgefüllte Bestimmung des Telos. Die Selbsterkenntnis und die Selbstbeherrschung kann sich daher nur in der indirekten Weise des Elenchos vollziehen.

Der Elenchos bleibt wesentlich unabgeschlossen. Entsprechend bleibt die Selbstübereinstimmung, die durch ihn erreicht wird, vorläufig und revidierbar. Die in den Frühdialogen häufige These, daß mangels Kenntnis eines inhaltlichen Guten das einzig für uns schlechthin Gute das Wissen ist, ist daher mit Vorsicht zu genießen. Was immer gut und nie schlecht ist, ist das göttliche Wissen, ein endgültig richtiges Wissen, das wir nicht haben. Wer gut als Person ist, d. h. nach dem menschenmöglichen Wissen sucht, ist folglich nie vollständig gut, also auch nicht selbstgenügsam. Man könnte jetzt vermuten, daß gute Personen Freunde brauchen, um sich wechselseitig im nie fertigen Streben nach dem eigenen Besserwerden zu unterstützen. Die Übereinstimmung mit der eigenen Person ist jedoch unabhängig von der Übereinstimmung mit anderen Menschen (*Gorgias* 482c). Der Elenchos gewinnt seine vorläufige Richtigkeit nicht durch einen Konsens, sondern durch den Wahrheitsbezug des Logos, dessen interner Ordnung er zu folgen versucht. Die Beteiligung einer zweiten Person mag dabei förderlich sein; sie ist aber nicht konstitutiv oder wesentlich. Wenn also der Kern des *Lysis* sein sollte, daß Freundschaft und *eudaimonia* notwendig zusammenhängen, müssen wir in einem anderen Kontext suchen.

4.3 Pädagogischer Eros

Das Streben nach dem vollkommen Guten läßt sich letztlich nur dadurch realisieren, daß wir uns bemühen, gut als Person zu werden. Das Verfahren dieser Bemühung ist der Elenchos. Die Inhalte, an denen er sich vollzieht, sind die konkreten äußeren und inneren Daten, die die Lebenssituation einer Person ausmachen. Was die Suche nach dem konkreten guten Leben betrifft, gibt es daher nicht *das* gute menschliche Leben, welches für alle dasselbe ist, sondern verschiedene Weisen des guten Lebens, die jeweils gut für Personen der und der Art unter äußeren Umständen der und der Art sind (vgl. *Phaidros* 271d ff.).[22] Die Suche nach einer solchen bestimmten Form des guten Lebens ist nicht nur prinzipiell unabgeschlossen. Sie bricht zudem kontingent ab, wenn ein individuelles Leben endet, das in sie involviert war. Da das Gesuchte nicht eine rein individualistische Weise des Lebens war, sondern eine für alle Personen mit ähnlichen Voraussetzungen geeignete Lebensform, kann das Unternehmen der Älteren jedoch immer durch andere, Jüngere fortgesetzt werden, die ungefähr ähnliche Anlagen und Vorstellungen haben. Zwischen diesen liegen freundschaftliche Gefühle von vornherein nahe; sie brauchen infolge des Altersunterschieds nicht durch Konkurrenz gestört zu werden (auch wenn das faktisch vorkommt, liegt es jedenfalls nicht wie bei Altersgleichen quasi zwangsläufig in der Natur der Dinge, vgl. oben, S. 165). Die letztliche Grundlage der affektiven Zuneigung aber wäre die Erwartung, daß die Jüngeren das, was einem selbst das Wichtigste ist, eine bestimmte Weise menschlichen Gutseins, weiterentwickeln.

22 Daß Platon diese Meinung durchaus schon in den Frühdialogen hat, weist Henry Teloh, *Socratic Education in Plato's Early Dialogues*, Notre Dame 1986, nach.

Das ist kein eigennütziger Grund, da man in dieser Lebensweise gerade auch das für den Freund bestmögliche Leben sieht. Wer meint, daß man Freunde dann doch nur um des Guten willen, als Mittel zum Guten liebt, übersieht, daß man sie auf diese Weise gerade um ihrer selbst willen liebt, weil das Suchen nach dem Guten ebendas ist, was wir wesentlich sind.

Den Egoismusverdacht könnte man allerdings durch Bilder zu stützen versuchen, die Platon selbst verwendet. Das *Symposion* könnte nahelegen, daß die Liebe zu Jüngeren eine Art von Ersatz für die individuelle Unsterblichkeit ist, und der *Phaidros*, daß man durch die Gestaltung der Seele des Jüngeren in den Besitz eines vollkommenen Gebildes gelangt (252d). Beide Texte legen zumindest nahe, daß man den Jüngeren wegen seiner Schönheit begehrt und besitzen will. Doch Bilder sollte man nicht wörtlich verstehen. Daß man mit der Schönheit der Jüngeren eine Annäherung an das vollkommen Gute erwirbt, scheint eine Verkehrung der Verhältnisse. Die Jüngeren mögen *kaloi* in der sinnlich-ästhetischen Bedeutung des Worts sein. Aber für sie trifft in besonderem Maß zu, daß sie weder gut noch schlecht, sondern potentiell beides sind. Denn ihre Seele ist noch nicht gestaltet, während die Älteren immerhin die für Menschen erreichbare »schöne« Gestalt der Seele ausgebildet haben können. Der Schluß des *Symposion* legt nahe, daß dies eine bewußte Verkehrung ist. (Sofern sie gleichwohl eine Basis hat, könnte sie darin liegen, daß die physische Schönheit, die Wohlgebildetheit lebender Organismen, das einzige Modell einer konkreten Ganzheit ist, das wir haben.)

Der pädagogische Eros zielt jedenfalls nicht darauf, den Inhalt des eigenen Personseins über die Zeit zu retten oder eine schöne bzw. gute Person zu besitzen (wie Hippothales meint, wenn er durch die Eroberung des Lysis selbst an *kosmos* gewinnen will). Deutlicher ist das Bild im *Theaitetos*, das Sokrates die Hebammenkunst zuschreibt, d. h. die Fähigkeit, Jüngere darin zu unterstützen, daß sie selbst richtiges Wissen hervorbringen. Im *Theaitetos* wird auch die Vorstellung kritisiert, das Wissen habe die Form eines Besitzens von Wissensstücken, die man wie Dinge weitergeben kann. Wenn Sokrates im *Lysis* Freunde als *ktema* bezeichnet, ist das ähnlich kritisch gemeint. Weder sind Freunde ein Besitz, den man beliebig gestalten kann, noch ist das Wissen, das sie fortsetzen sollen, von der Art, daß es sich einfach aushändigen ließe. Vielmehr geht es darum, den Jüngeren eine bestimmte Lebenshaltung, das Leben der Selbstprüfung nahezubringen, die sich dann an konkreten Inhalten betätigt, in denen die Ähnlichkeiten liegen. Dann bedeutet die Freundschaft jedoch aus der Perspektive des Jüngeren keinen handgreiflichen Nutzen. Der Ältere besorgt nicht sein Glück, sondern hält ihn nur dazu an, selbst nach dem für ihn guten Leben zu suchen. Wenn wir von Anfang an ein Begehren bzw. Bedürfnis nach dem Guten bzw. nach dem Wissen vom Guten haben, wird jetzt die Funktion der Freundschaft gerade aus dieser Richtung unklar, in der sie bisher am leichtesten begründbar schien.

Im *Lysis* geht es um das Gute, sofern es das *philon* bzw. das *kalon* ist. Das *kalon* ist das Gute unter dem Aspekt seiner Attraktivität oder Motivationskraft. Das praktische Überlegen hat für Platon in der Tat selbst die Form eines Begehrens. Aber wie er ständig betont, ist dieses Begehren motivational schwach (*Nomoi* 644d ff.), häufig verschüttet (*Politeia* 491b ff.). Das ist nicht verwunderlich. Junge Menschen wollen das Gutsein des Ganzen, wovon sich nirgends ein Wissen findet. Sie orientieren sich daher am bekannten Modell gewöhnlicher Begierden, die durch bestimmte Gegenstände befriedigt werden. Entsprechend stellen sie sich die Suche nach dem Ganzen so vor, daß man möglichst alle einzelnen Begierden erfüllt, indem man über alles herrscht und so aus allem Nutzen zieht. Solche Macht verspricht außerdem Ehre und Bewunderung. Das Gegenmodell, wonach wir nur überlegend nach dem guten Leben suchen können und es nur soweit realisieren können, wie jeweils unser Wissen reicht, ist weniger attraktiv. Wir wissen nicht, ob das Gute, das wir zu wissen begehren, überhaupt existiert; wir wissen daher auch nicht, ob wir ihm in der beständigen Selbstprüfung wirklich näher kommen. Das einzige, dessen wir uns sicher sein können, ist, daß wir uns soweit wie möglich um Klarheit und Konsistenz des Überlegens bemüht haben (*Phaidros* 265d).[23]

23 Für die Interpretation des *Phaidros* dürfte das bedeuten, daß die Definition des Eros als einer Form von Wahnsinn wieder eingeklammert wird. Die »These« des Phaidros wäre dann vielmehr, daß der wahre Liebhaber weder der Nicht-Verliebte noch der wahnsinnig Verliebte wäre, sondern in der richtigen Mitte zwischen beiden zu suchen ist, und d. h. wie Sokrates im *Lysis* und auch sonst gleichzeitig liebend und vernünftig ist. Das spricht gegen Martha Nussbaum, *The Fragility of Goodness*, Cambridge 1986, Kap. VII., die bei Platon eine Spannung zwischen persönlicher Liebe und Vernunftstreben herauszuarbeiten versucht.

Ein Ziel, dessen Existenz und Inhalt wir nicht kennen, und ein Leben auf dieses Ziel hin, das keine äußere Macht und Ehre, sondern nur die Ordnung der eigenen Seele verspricht, kann keine große motivierende Kraft haben. Es gibt jedoch eine indirekte Möglichkeit, die »Existenz« einer regulativen Idee zu erkennen, nämlich an ihren Auswirkungen, d.h., insofern sie greifbar ist und Gestalt annimmt in Personen, die eine entsprechende Ausrichtung auf überzeugende Weise verkörpern und vorleben. Eine solche Person erweckt Bewunderung und außerdem Gefühle der Verwandtschaft und Zuneigung, wenn ihre Seelenharmonie in der Auseinandersetzung mit ähnlichen inneren und äußeren Problemen gewonnen ist, mit denen man selbst konfrontiert ist. Diese Anziehung scheint geeignet, die schwache Motivation zum Guten zu verstärken. Denn die Liebe ist ähnlich auf das Ganze bezogen wie die Vernunft. Eine mit sich übereinstimmende Person repräsentiert das Gutsein des Ganzen. Sie ist jedoch eine konkrete und bestimmte Ganzheit, die man wahrnehmen und lieben kann. Während das *proton philon* nicht antwortet, kann sie Zuneigung erwidern und mit Lob und Tadel reagieren. Die Liebe zu einer Person ist ein starker Affekt, weil sie die Person als ganze ergreift und dadurch alle einzelnen Begierden unter sich faßt und einheitlich ausrichtet (vgl. *Symposion* 196c). Wenn diese Liebe sich auf einen Älteren als auf eine Person bezieht, die auf bewundernswerte Weise die Suche nach dem richtigen Leben verkörpert, dann wird sie nicht zu einer inhaltlichen Angleichung, sondern zu einer eigenen Bemühung um eine solche Lebensweise anspornen. Da in der Jugend zwar die Motivation zu dieser bestimmten Weise des Lebens schwach, aber das Begehren oder Wollen als solches stark ist, könnte umgekehrt die Kraft dieses Strebens die älteren erneut motivieren, die erreichte vorläufige Einheit mit sich nicht zur Besonnenheit im Sinn der »bürgerlichen« Tugend erstarren zu lassen, sondern sich beständig um ein Besserwerden der eigenen Person zu bemühen (vgl. *Phaidros* 252e5 ff.).

Wenn diese Überlegungen nicht ganz falsch sind, dann wäre diejenige Form von Freundschaft, die in einem wesentlichen Zusammenhang zum *proton philon*, dem Guten bzw. der Eudaimonia steht, der pädagogische Eros und seine Gegenseite: Sofern wir bereits suchend auf eine bestimmte Konzeption des guten Lebens ausgerichtet sind, sind wir auf andere angewiesen, die diese Suche fortsetzen werden; sofern das Gute verkörpert im Vorbild einheitlicher Personen vorkommt, kann es Jüngere, die noch ziellos suchen, anziehen. Die zweite Richtung ist vielleicht nicht wirklich notwendig, da Jüngere, wie Platon häufig sagt, auch durch einen glücklichen Zufall auf den richtigen Weg kommen könnten. Hingegen ist die erste Richtung notwendig, sofern wir uns wesentlich so verstehen, daß es uns um die Entwicklung einer bestimmten Konzeption des guten Lebens geht. Und dieses Selbstverständnis scheint durchaus plausibel.

Doch es bleiben offene Fragen. Erstens enthält die erläuterte Vorstellung eines pädagogischen Eros eine Lücke. Sie betrifft die Frage, wie die ältere Person die zur Weiterentwicklung ihrer Lebenskonzeption fähige Jüngere findet, wenn das Kriterium der physischen Schönheit nicht ernst zu nehmen ist. Zweitens wäre zu prüfen, ob die vorgeschlagene Interpretation sich mit anderen Tendenzen bei Platon vereinbaren läßt, in denen die persönliche Zuneigung eher als ein zu überwindendes Durchgangsstadium erscheint. Drittens muß es überraschen, daß die wechselseitige Freundschaft zwischen Gleichen, die man gewöhnlich für paradigmatisch halten würde, sich offenbar nicht so leicht als wesentlicher Bestandteil der Suche nach dem guten Leben erweisen läßt. Schließlich wäre zu fragen, ob wir mit der Vorstellung eines pädagogischen Eros heute noch etwas anfangen können. Ich vermute, daß sie nicht einfach deswegen aus dem Blick geraten ist, weil wir den Sinn der damaligen Praxis der Knabenliebe nicht ohne weiteres nachvollziehen können. Denn eine Reihe der erläuterten Phänomene scheinen auch unabhängig davon denkbar. Der pädagogische Eros ist hauptsächlich deswegen kein Thema mehr, weil er im Verdacht steht, autoritär zu sein. Die Interpretation, für die ich plädiert habe, räumt diesen Verdacht weitgehend aus. Es könnte also lohnend sein, das Thema unvoreingenommen neu zu bedenken.[24]

24 Ich danke Peter Stemmer für eine kritische Lektüre der Erstfassung des Artikels.

Jenes Tages bleibender Umriß

Eine philosophische Lektüre von Handkes Versuchstrilogie

1. Philosophie und Literatur: Annäherungen

Der Streit zwischen Philosophie und Literatur ist so alt wie die Philosophie selbst. Er beginnt damit, daß Sokrates und Platon die Philosophie zu einem eigenständigen Unternehmen machen, das die Frage zum Thema hat, auf welche Weise man leben sollte, eben die Frage also, mit der sich von alters her die Dichter befaßt haben. Da die Philosophie ihre Aussagen mit Gründen und Erklärungen stützt, was nicht zum Vorgehen der Dichter gehört, beansprucht sie die Führungsrolle. Der Streit zwischen Philosophie und Literatur hat seitdem viele Phasen durchlebt, in deren Verlauf sich auch die beiden Unternehmen selbst gewandelt haben. Während anfänglich die Philosophie überlegen scheint, wendet sich spätestens in der Romantik das Blatt endgültig zugunsten der Literatur. Hier und heute kann man allerdings kaum noch von einem Sieg der Literatur sprechen, weil die Philosophie sich häufig freiwillig der Literatur angleicht, unterordnet oder in ihrer Nähe Schutz sucht. Das zeigt sich insbesondere in zwei Tendenzen. Die erste besteht darin, daß die Philosophie sich selbst für eine Art von Literatur hält, sofern der Stil für sie ähnlich wichtig sein soll wie für die Literatur. Die zweite Tendenz läuft darauf hin, die Frage nach dem guten Leben der Literatur allein zu überlassen. Die Philosophie soll trotz dieses Verzichts auf ihre ursprüngliche Frage nicht ganz verschwinden; sie bleibt als Bestandteil des umfassenderen Unternehmens der Literaturkritik erhalten.

Beide Tendenzen lassen sich auf dem Hintergrund ein und derselben Problemlage verstehen: des Verlusts der Metaphysik, d. h. der Einsicht, daß eine systematische Erkenntnis des Ganzen nicht nur nicht zu erreichen, sondern auch keine sinnvolle Aufgabenstellung für die Philosophie ist. Gleichwohl ist diese Ganzheitsintention im Hintergrund immer noch wirkkräftig und äußert sich in verschiedenen Versuchen ihrer indirekten Rettung. Im Sinne der ersten Tendenz sieht das so aus, daß das Suchen nach Ganzheit auf der Seite des Subjekts betont wird, das die philosophische Theorie durch seinen individuellen Stil prägt und zu einer Formeinheit in einem der Literatur ähnlichen Sinn macht.[1] In eine etwas andere Richtung geht Rortys Vorschlag, der Philosophie bleibe nach dem Ende der Metaphysik die Aufgabe der kreativen Selbstgestaltung des Individuums.[2] Auch hinter diesem Vorschlag steht wohl das Bemühen, ein Betätigungsfeld für die Ganzheitsintention der Philosophie zu finden. Andererseits mag es sogleich verwundern, daß die Philosophie, die mit Gründen und allgemeinen Sätzen operiert, die richtige Instanz für die Gestaltung des konkreten Lebens sein könnte.

Auf den ersten Blick naheliegender erscheint daher die umgekehrte Vorstellung, daß die Literatur, die konkrete Ganzheiten schafft, auch in der Lage ist, konkrete Antworten auf die Frage nach dem guten menschlichen Leben zu artikulieren. Das ist die zweite Tendenz, die sich derzeit in der praktischen Philosophie verstärkt, nämlich Modelle gelungenen Lebens in der Literatur zu suchen und das Philosophieren auf die Interpretation und Erklärung geeigneter Texte zu verwenden. Die bekannteste Vertreterin dieser Richtung ist Martha Nussbaum.[3] Aber auch Rorty z. B., der die individuelle Selbstgestaltung der Philosophie aufträgt, weist der Literatur Aufgaben mit Bezug auf Fragen der sozialen Moral zu.[4] Das ist nicht in dem Sinn gemeint, daß literarische Texte als Beispielsammlungen für ethische Probleme gelesen würden; vielmehr ist die These, daß gerade eine auf literarische Qualitäten wie Form, Stil usw. achtende Interpretation ethisch relevante Aussagen herausarbeiten kann.[5]

Gleichwohl fragt man sich, ob diese Erwartung nicht auf einem verkürzten Verständnis von Literatur beruht. Wenn die ursprüngliche Frage nach dem Guten eine Ganzheitsintention impliziert und das im ganzen gelungene Leben ebensowenig denkbar ist wie das ganze Wissen, dann erbt die Literatur, die aufgrund des Werkcharakters das Ganzheitsstreben nicht loswerden kann, die Probleme der Metaphysik. Diese können sicher existentiell erfahren werden, aber es ist nicht von vornherein klar, daß eine literarische Bemü-

1 Vgl. z. B. Manfred Frank, *Stil in der Philosophie*, Stuttgart 1992.

2 Richard Rorty, *Contingency, Irony and Solidarity*, Cambridge 1989, S. 79 f.

3 Siehe Martha Nussbaum, *Love's Knowledge*, Oxford 1990, Kap. 1.

4 Rorty, *Contingency, Irony and Solidarity*, S. 94.

5 Nussbaum, *Love's Knowledge*, S. 29.

hung um das Problem von Form und Ganzheit mit dem Versuch einer Artikulation von konkreten Konzeptionen guten Lebens zusammenfällt.

Um etwas mehr Klarheit darüber zu gewinnen, wie unverzichtbar die metaphysische Ganzheitsintention für die Philosophie einerseits und die Literatur andererseits ist, ob und wie sehr die Philosophie heute zur Literatur werden sollte, ob sich wirklich ethische und moralische Theorie durch Literaturkritik ersetzen läßt, möchte ich im folgenden einen Text interpretieren, der von seiner eigenen Problemstellung her unmittelbar einschlägig ist, weil er die Frage nach dem geglückten Leben in eins mit der Frage nach dem geglückten Werk zum Thema macht und zugleich explizite Bezüge zur Philosophie enthält, Handkes *Versuch über den geglückten Tag.*

2. Literatur und individuelles Leben: Die Suche nach der Form

Der Text von Handke[6] enthält Passagen, die für sich betrachtet und ohne Kenntnis des Kontexts ebenso Bestandteil eines philosophischen wie eines literarischen Essays sein könnten. So wird nach gängiger philosophischer Methode das Thema fixiert erstens durch Abgrenzungen innerhalb des sprachlichen Felds, zweitens durch eine philosophiehistorische Einordnung. Was letztere betrifft, so erfahren wir, daß ein Versuch gemacht wird, für die Frage nach dem gelingenden Leben ein neues Modell zu entwickeln; es soll die traditionellen Modelle vom ergriffenen Augenblick, in dem zugleich das Gelingen des Ganzen angelegt ist, und vom durch Tätigsein geglückten ganzen Leben ablösen. Der Versuch gibt sich jedoch eindeutig als ein nicht philosophischer, sondern literarischer dadurch zu erkennen, daß er zum Ziel hat, den geglückten Tag zu *erzählen* (T 17). Sein Ausgangsproblem ist, daß sich über ein im ganzen durch Tätigsein geglücktes Leben heute nichts sagen läßt, weil die Zeit der Abenteuer, folglich auch der Epen, d. h. eines Erzählens, das ganze Menschenleben umspannt, vorbei ist (T 14).

6 Peter Handke, *Versuch über den geglückten Tag*, Frankfurt/M. 1991, abgekürzt mit »T«. Die Abkürzung »M« bezieht sich auf Handke, *Versuch über die Müdigkeit*, Frankfurt/M. 1989, »J« auf Handke, *Versuch über die Jukebox*, Frankfurt/M. 1990.

Das Suchen ist dadurch von Anfang an ebenso formal wie inhaltlich. Das Modell des Erzählens besteht in der traditionellen Form des Epos, des Romans. Mit dem Obsoletwerden dieser Form gibt es kein Muster eines ganzen Lebens mehr, und das betrifft ebenso das individuelle Leben selbst wie das Erzählen von ihm. Daher die Idee, den überschaubaren Zeitraum eines Tages zu nehmen und zu ordnen, um so vielleicht ein Muster auch für größere Zeiträume zu finden (T 20). Es steht also in eins mit der Möglichkeit der Erzählform die Erlebbarkeit des geglückten Tages in Frage.

Dieses Leitproblem durchzieht bereits die beiden früheren Versuche, die den *Versuch über den geglückten Tag* vorbereiten. Erst durch sie wird es überhaupt soweit gewonnen und formuliert, daß es im dritten Versuch direkt zum Thema werden kann. Also muß auch die Interpretin sich zunächst mit den beiden vorhergehenden Texten befassen.

a) Versuch über die Müdigkeit

Der Autor will in dem ersten der drei Versuche »erzählen von den unterschiedlichen Weltbildern der verschiedenen Müdigkeiten« (M 14). Das scheint ein eher unüblicher Gegenstand des Erzählens zu sein. Gewöhnlich würde man erwarten, daß Begebenheiten erzählt werden. Wie kann die Beschreibung verschiedener Müdigkeitsarten ein Erzählen sein? In der zitierten Absichtserklärung ist der Begriff der Müdigkeit mit dem des Weltbilds korreliert. Müdigkeit ist eine Art subjektiver Befindlichkeit, die Physisches und Psychisches gleichermaßen umfaßt, die die Person als ganze ergreift. In der entscheidenden Form, zu der ich noch genauer komme, hat die Müdigkeit Verwandtschaft mit Stimmungen; dafür spricht auch die Erwähnung von Weltbildern. Die Müdigkeit ist eine Gesamtbefindlichkeit, die sich in ihrer letztlichen Form nicht auf diesen oder jenen einzelnen Gegenstand bezieht, sondern die einen Bezug auf Welt im ganzen hat, wobei dieser Weltbezug gerade unbestimmt, unartikuliert ist. Wo aber ist dann etwas Erzählbares?

Stellen wir das Problem der letzten Müdigkeit noch zurück, dann gibt es viele Spielarten von alltäglicher Müdigkeit. Von diesen Müdigkeiten hat der Autor exemplarische Vorstellungen, erzählbare Bilder (M 29, 33). Müdigkeit wird subjektiv erlebt, der Text ist entsprechend in der Ich-Form geschrieben. Wie wird ein solches

Befinden erzählbar? Die Bilder sind Erinnerungen an komplexe Situationen, welche zunächst unartikuliert sind. Das Befinden, das sie enthalten, läßt sich auch in der alltäglichen Selbstwahrnehmung und Mitteilung nur durch Korrelation mit äußeren Ereignissen, Handlungen usw. in seiner Qualität bestimmen. Ebendies ist es, was Handke in der Beschreibung der verschiedenen Müdigkeiten tut: er expliziert die Situationen, aus denen die Müdigkeit hervorgeht, und die Auswirkungen, die sie auf die gegenwärtige Situationswahrnehmung hat. Warum kann man die Umstände nicht einfach aufzählen, warum muß man sie erzählen? Wie die Müdigkeit für das Subjekt ist, wie es sie fühlt und wie es sich daher als müdes zur Welt verhält, hängt davon ab, wie es die inneren und äußeren Faktoren bewertet, ordnet und gewichtet, anders gesagt, von der Form, die es der Situation gibt (vgl. T 39). Da es sich nicht um irgendwelche Sätze, z. B. chemische oder mathematische Aussagen, handelt, sondern um Sätze über konkrete Erlebnisse und Ereignisse, die von einer zeitlich existierenden Person geäußert werden, ist eine Ordnung etwas, was man im weiten Sinn immer ein Erzählen nennen kann.

Nun enthält der Text einzelne kleine Erzählungen in diesem Sinn, aber er ist nicht im ganzen eine wirklich kohärente Erzählung. Andererseits zerfällt er nicht in völlig disparate Stücke. Abgesehen von der Andeutung einer dialogischen Form, einem fragenden und auf Präzisierungen und Explikationen drängenden Du, dessen Funktion mir nicht übermäßig einsichtig ist, gewinnt der Text eine lose Einheit dadurch, daß die Beschreibungsversuche verschiedener Müdigkeiten Vorbereitungen auf die Darstellung der letzten Müdigkeit sind. Diese aber läßt sich gerade nicht mehr durch Erzählen einholen, weshalb an ihr die Abschließbarkeit des Unternehmens scheitert. Bisher hat ein Ich, das verschiedene Müdigkeiten erlebt hat, Ausdrücke der Müdigkeit, Müdigkeitserzählungen, geformt, oder es hat das zumindest versucht. Jetzt, in der letzten Müdigkeit, formt nicht mehr das Ich die Situation, einen Ausschnitt von Welt, sondern die Müdigkeit übermannt das Subjekt. Das Ich und das, was für seine Fähigkeit des Erzählens unentbehrlich ist, die Sprache, verschwinden. Die Müdigkeit selbst gliedert und gibt allen Dingen Form. Sie läßt die unzusammenhängenden Dinge sich zu einer Folge fügen, als Teile einer Erzählung, in der die Dinge sich wortlos selbst erzählen und in der die Menschheitsgeschichte sich ohne Worte selbst erzählt, in der sich, anders gesagt, das ideale Epos realisiert (M 53-57). Der Autor verweist in diesem Zusammenhang auf die Philosophie, die Idee vom Ding an sich, von einem Erfassen der Wirklichkeit in ihrer Totalität (M 67-69).

Es geht also um das bekannte Problem der Uneinholbarkeit des Ganzen für das menschliche Subjekt, und da der Autor selbst mehrfach auf die philosophische Herkunft des Problems verweist, stellt sich die Frage, worin seine für die Literatur und das Erzählen spezifische Dimension liegt. Sofern die Erfahrung der letzten Müdigkeit im Text in Annäherungen doch zur Sprache kommt, geschieht das so, daß sie eine grundsätzlichere Form dessen ist, was auch die eher erzählbaren Müdigkeiten ausmacht. Diese bestimmten Müdigkeiten sind Reaktionen einer Person auf das konkrete Ganze ihrer gegenwärtigen Situation, und die Person selbst ist beteiligt nicht als bloßes Erkenntnissubjekt, sondern mit ihrem ganzen gegenwärtigen Meinen, Wollen und Fühlen. Wenn wir jetzt extrapolieren, muß es auch bei der letzten Müdigkeit um einen Bezug auf die Welt als konkretes Ganzes, als Gesamtheit der Lebensbezüge eines Individuums gehen und um dieses Individuum, sofern es auf sein konkretes Leben im ganzen bezogen ist, sofern es auf ein im ganzen sinnvolles oder gutes Leben ausgerichtet ist.

Daß die Person, die nach dem konkret sinnvollen Ganzen sucht, gerade dort, wo es sich zu zeigen scheint, von der Bildfläche verschwinden muß, hat dann mehrere Gründe. Zum einen die Begrenztheit ihres Wissens; das Ganze in seiner Ordnung läßt sich nur auf einen Blick erfassen, während das Erzählen diskursiv und zeitlich verfahren muß. Zum anderen ihre Subjektivität; sofern das Ganze eine Ordnung hat, ist sie für die Person mit ihrer alltäglichen Einstellung nicht als sinnvolle verstehbar oder erfahrbar. Denn zu unserer alltäglichen Einstellung gehören Meinungen oder Wertungen, mit denen wir die jeweiligen Situationsbestandteile als für uns, für unsere Wünsche, Bedürfnisse, Erwartungen, normativen Überzeugungen usw. gut oder schlecht beurteilen. Der letzten Müdigkeit hingegen wäre alles, jeder konkrete Vorgang, »gleich wert«, ihre Haltung zum Ganzen lautet: »es ist so gut wie schön, und es gehört sich so, und so soll es auch weiter sein, und es ist, vor allem, wahr« (M 69).

Diese Einstellung läßt sich nicht einnehmen, solange man mit den eigenen Wertungen an der Situation beteiligt ist. Sie wird allenfalls möglich in bestimmten Momenten mystischer Einheitserlebnisse, und Handke gibt zu, daß seine Beschreibung der letzten Müdigkeit etwas Mystisches hat (M 76). Die Erfahrung der eigentlichen Müdigkeit wird allerdings so eindringlich beschrieben und in ihren nichtbeschreibbaren Momenten durch Beschreibung der erzählbaren Müdigkeiten vorbereitet, daß ihre Möglichkeit auch für die, die sie nicht aus eigener Erfahrung kennen, sinnfällig wird. Doch auch wenn der plastische Aufweis der Existenz der Erfahrung gelingt, das eigentliche Problem liegt darin, wie wir aus ihr eine andauernde Einstellung für das künftige Leben und Handeln entwickeln können. Die gesuchte Einstellung ist die des Schriftstellers, der gerade nicht wertet und urteilt, sondern erzählt, und zwar »herzlos« erzählt (M 23), und das heißt, so sachlich und objektiv erzählt, wie jemand erzählen könnte, der die vollständige Ordnung des Ganzen und die Bedeutungshaftigkeit jedes Details nicht nur mystisch geschaut, sondern explizit verstanden hätte.

Der *Versuch über die Müdigkeit* handelt von der Schwierigkeit der Erreichung einer solchen Haltung, die für den Schriftsteller notwendig ist, und für jede Person, die ein vollständig reflektiertes und zugleich vollständig sinnvolles Leben sucht. Er handelt von der Schwierigkeit, überhaupt nur die Ausgangssituation zu gewinnen, aus der heraus sich mit einer solchen Suche beginnen läßt. Denn nicht nur bleiben seltene Erfahrungen wie die der letzten Müdigkeit unartikuliert und ichlos. Das wieder zu sich gekommene Ich stößt, versucht es, seine Erfahrung zur Sprache zu bringen, auf Widerstände aus seiner gewöhnlichen Lebensverfassung, die nicht nur das Gelingen der Artikulation gefährden, sondern bereits die Motivation zu einem entsprechenden Versuch durch den Verdacht der Aussichtslosigkeit schwächen.

Der Text führt diesen Kampf durchgängig vor: Erzählung wird ständig gefordert, aber die kurzen Teilerzählungen werden häufig von anderen Formen, z. B. von Fragen, theoretischen Überlegungen usw., unterbrochen. Werturteile, die die Sicht auf das Ganze versperren, unterlaufen immer wieder. So werden die Müdigkeiten als entweder bösartige oder schöne charakterisiert. Eine lange Passage beschreibt in deutlich verurteilendem Ton konkrete Formen der Tierquälerei am spanischen Aufenthaltsort des Autors, ohne jede Einbindung in das Thema der Müdigkeit. Jedoch wird explizit überlegt, ob solche Ereignisse erzählbar sind. Wir erhalten offiziell eine negative Antwort, mit der Begründung, daß die Sätze überredend und nicht erzählend wären (M 65). Die tiefer gehende Frage, ob das am Inhalt oder der mangelnden Herzlosigkeit des Autors liegt, unterbleibt; aber ich vermute, die Leser sollen sich darüber wundern und sie selbst stellen. Der *Versuch über die Müdigkeit* endet ferner unabgeschlossen, indem auf der letzten Seite die Jukebox erwähnt und ein neuer Text angekündigt wird.

Was der erste Versuch demnach zeigen soll, ist, wie sich gegen Widerstände und trotz prinzipieller Schwierigkeiten die Erfahrung der Müdigkeit (oder eine ähnliche Erfahrung) in ihrer Bedeutung für das Leben einholen läßt. Die sprachlose und ichlose Ganzheitserfahrung der Müdigkeit, mit der der Text endet, lehrt, einen Anfang zu machen (M 67). Sie enthält zwar kein explizites inhaltliches Ziel, aber sie legt die Existenz eines lohnenden Ziels durch gewisse Erlebnisse und Wirkungen nahe. Sie bewegt uns auf diese Weise zum Beginn einer Suche, der Suche nach der Ganzheit im Erzählen ebenso wie im individuellen Leben. Das erfordert ein Wiederfinden der Sprache ebenso wie der Subjektivität.

b) Versuch über die Jukebox

Der *Versuch über die Müdigkeit* ist zeitlich betrachtet der Gegenwart zuzuordnen. Eine Befindlichkeit mit dem in ihr liegenden Weltbezug wird subjektiv gegenwärtig erlebt. Das durch sie motivierte Fragen und Suchen, das Bedürfnis nach Artikulation, ist die gegenwärtige Situation des Schriftstellers. Es liegt nahe, den Anfang, den die Müdigkeit lehrt, so zu machen, daß man die unbestimmte Erfahrung selbst in ihrem Gehalt einzuholen versucht. Da die letzte Müdigkeit einen unbestimmt-ganzheitlichen Weltbezug hat, ist eine direkte vollständige Explikation nicht möglich. Man könnte aber, wie die Darstellung der ganzheitlichen Müdigkeit durch Stücke über »kleinere« Müdigkeiten eingeführt wird, auch die Artikulation des Bezugs auf die Welt im ganzen durch die Explikation kleinerer und faßbarer Bezüge vorbereiten. Als Durchführung ebendieses Unternehmens läßt sich der *Versuch über die Jukebox* verstehen. Er setzt an bei der Beziehung des Autors zu einem konkreten Ding (oder, genauer, konkreten Dingen einer Art), der Jukebox, und sucht, »die Bedeutung dieses Dings in den verschiedenen Phasen seines [...] Lebens« (J 11) zu klären. Der

Schwerpunkt des Unternehmens liegt dabei in der Beschreibung der Vergangenheit, wo in der Tat am meisten Aussicht besteht, daß man das eigene Leben quasi von außen als überschaubares Objekt vor sich bringen kann, daß eine zusammenhängende geordnete Erzählung möglich ist.

Daß das eine nicht durchhaltbare Vereinfachung ist, macht der Text genügend deutlich. Das Problem der Artikulation von Ganzheit, d. h. der Erreichung einer Form des Lebens mit seinen ganzen Bezügen, das der erste Versuch aufgeworfen hat, wird im mittleren Versuch nicht gelöst, sondern nur in seinen Schwierigkeiten vorgeführt. Es gibt eine längere Passage im Text, die explizit auf das Formproblem eingeht (J 67-75). Dort erfahren wir, daß der Autor zunächst die Idee eines Dialogs verfolgte, danach ein unverbundenes Nebeneinander vieler verschiedener Stilformen, welches den heutigen Erfahrungen des Unzusammenhängenden, Vereinzelten, gemäß wäre. Dem geht schon relativ früh im Text eine gegenläufige Andeutung vorher. Der Autor konstatiert eine Spannung zwischen dem im Traum immer noch als möglich erfahrenen Weltenepos (J 29) und dem jetzigen kleinen Vorhaben der Beschreibung der Bedeutung der Jukebox im Leben einer bestimmten Person. Die Spannung löst sich auf, indem sich ganz plötzlich der Rhythmus des Erzählens einheitlich, gleichmäßig und geradlinig mit Bezug auf das kleine unbedeutende Thema von selbst einstellt (J 70-72). Doch bleibt diese Auflösung mit Vorbehalten versehen; es wird sofort Zweifel laut, ob das traditionelle Erzählen nicht »ein sinnloses Immer-wieder-Anrennen gegen ein längst verschlossenes Tor« ist, ein Trug (J 74).

Diese Vorbehalte zeigen sich deutlicher in dem, was der mittlere Versuch faktisch tut. Während der erste Versuch in der Tat ein Gemisch von Stilformen ebenso wie inhaltlich nicht passende Stücke enthält, wird im zweiten Versuch immerhin durchgängiger erzählt und beschrieben. Beschrieben werden in der ersten Hälfte vorwiegend alltägliche Beobachtungen am gegenwärtigen Aufenthaltsort, ebenso die gegenwärtige Situation des Autors, seine Schreibschwierigkeiten bzw. genauer Schreibanfangsschwierigkeiten. Das entspricht dem üblichen Verfahren, die subjektive Lebenseinstellung durch Bezug auf die Lebenssituation auszuformulieren. Nichts dergleichen kommt jedoch in Wirklichkeit zustande. Die Situationsdetails für sich werden anschaulich vorgestellt, aber sie bleiben jeweils für sich stehen, finden weder miteinander einen deutlichen Zusammenhang noch mit der Situation des Schriftstellers. Und dies ist der Fall, obwohl er sich absichtlich an einen kleinen Ort in Spanien zurückgezogen hat, wo nichts los ist, wo nur ein Minimum an Reizen und Ablenkungen vorkommt, obwohl er also eine Art Experiment in der Gleichsetzung von Leben und Schreiben unternimmt, um durch Minimalisierung und Vereinfachung der Situationsumstände auch eine einheitliche und vollständige Erzählung möglich zu machen. Das anfängliche Mißlingen des Experiments dürfte damit zu erklären sein, daß ein Zusammenhang für eine zeitlich lebende und erzählend schreibende Person sich nicht aus einzelnen gegenwärtigen Tatsachen herstellen läßt.

Ein gewisser Fortschritt wird in der zweiten Hälfte möglich, in der der ursprüngliche Plan, das Erzählen von Erinnerungen, realisiert wird. Durch diese Beschäftigung mit der Vergangenheit erhält auch die Gegenwart Gelenke (J 103), also eine gewisse Form. Aber auch umgekehrt: Der gegenwärtige Ort soll in der Erzählung mit vorkommen (J 73), was man so verstehen könnte, daß auch die Vergangenheit nur Konturen gewinnt, wenn man sie auf die eigene gegenwärtige Lebenssituation bezieht. Ein wirklicher Zusammenhang stellt sich allerdings auch auf diese Art nicht ein. Die einzelnen Erzählungen über Begegnungen mit Jukeboxen sind ebenso unverbunden wie die einzelnen Beobachtungen in der Gegenwart. Sofern es einen gewissen Zusammenhang gibt, wird er durch die räumliche Ordnung, die Reihenfolge der Orte unter Einbeziehung des derzeitigen Orts, konstituiert. Da der Erzähl- und Lebenszusammenhang in der Zeit verläuft, muß diese Ordnung eher äußerlich bleiben. Entsprechend ist der Text in der 3. Person abgefaßt, und die Person selbst kommt bezeichnenderweise in dem ihr im Traum erscheinenden Weltenepos nicht vor (J 29). Das Gewärtigen, das Aufmerksamsein für die Bedeutung der Dinge, das durch das Zusammen von Vergangenheit und Gegenwart möglich wird, bleibt passiv, oder genauer, der Schriftsteller ist nur ein Medium der Bedeutung der Sprache und der Dinge.

Diese Stufe soll wohl als notwendiges Durchgangsstadium auf dem Weg zur eigentlichen schriftstellerischen Tätigkeit verstanden werden. Der erste Versuch führt vom fühlenden Subjekt zum gänzlichen Zurücktreten des Ich und der Sprache, und schließlich zur Lehre von einem Anfangen. Dieses Anfangen, das noch keine Person nennt, besteht im Zurückfinden zur Sprache, somit im Versuch der nachträglichen Formulierung des Gehalts oder der Bedeutung der mystischen Ganzheitserfahrung. Diese Erfahrung ist eine, in der alles gleichviel gilt. Das Beschreiben einer solchen Haltung läßt sich leichter von einem schreibenden Medium vornehmen, also dann, wenn sich nach der bloßen Präsenz der Welt zuerst nur die Sprache, aber noch nicht das Subjekt wiederfindet, die Sprache also als Beschreibungsmittel, nicht in ihrer Ausdrucksfunktion. Entsprechend kann der Schriftsteller jetzt Ereignisse, die ihn negativ berühren, herzlos von außen beschreiben (z. B. J 119, J 76). Dieses ichlose Stadium mag wichtig sein noch aus einem weiteren Grund. Wo das Epos und mit ihm Abenteuer und Heldentum verlorengegangen sind, bleiben nur noch Kleinigkeiten zu erzählen, die für die subjektive Einstellung wenig Bedeutung zu haben scheinen. Die Fähigkeit, ihre Bedeutung zu sehen, Zusammenhänge zwischen Details schrittweise von unten her zu schaffen, verlangt, daß man neutral darauf aufmerksam ist, daß jede Kleinigkeit eine Funktion innerhalb des Ganzen hat und daher bedeutungshaft ist.

c) Versuch über den geglückten Tag

Der *Versuch über die Müdigkeit* weist die Existenz einer lohnenden Richtung des Suchens auf, ausgehend von einer ichlosen und sprachlosen Präsenz des Ganzen. Der darauffolgende *Versuch über die Jukebox* versucht, die objektive Haltung einer Erforschung der Bestandteile der Realität auszuarbeiten anhand einer Beschreibung der gegenwärtigen und vergangenen Lebenssituationen der von außen gesehenen Person. Daß so kein echter Zusammenhang aufkommt, liegt daran, daß die für uns als Menschen allein formgebende Instanz, die Ausrichtung auf etwas, was im Leben erstrebt wird (etwa die im ersten Versuch nahegelegte Idee der Ganzheit), also die Zukunftsdimension des Lebens, fehlt und mit ihr die Person mit ihrer subjektiven Perspektive fehlt, für die die Dinge bedeutungshaft in einem nicht nur äußerlichen Sinn zusammenhängen können. Im *Versuch über den geglückten Tag* werden die Zukunftsdimension und in eins damit das Ich hinzugefügt. Das allerdings ist nicht nur ein Gewinn an Vollständigkeit in der Problemstellung, sondern wirft zugleich neue Schwierigkeiten auf.

Der Erfahrung mangelnden Zusammenhangs in der Welt, an

der der mittlere Versuch sich abarbeitet, entspricht die Erfahrung der eigenen Zerstreutheit. Die Herstellung von Ordnung wird zu einem subjektiven Bedürfnis der Person, die unter der eigenen Zerstreutheit leidet (T 21). Nachdem die Sprache, zumindest in ihrer deskriptiven Funktion, bereits im mittleren Versuch wieder laut wird, meldet sich jetzt zwischen Dingen und Wörtern endlich eine dritte Stimme, eine erzählende. Sie wird charakterisiert als dunkel, schwach, holprig, nicht interessiert an Folgerichtigkeit, aus dem Unterholz kommend (T 28). Im dritten Versuch herrscht die erste Person vor, durchbrochen von der zweiten, einer Art Dialogpartner, der Fragen stellt und Zweifel äußert; stellenweise geht die erste Person auch wieder in die dritte über. Die dritte Stimme ist zu unterscheiden von dem, was in den beiden vorhergehenden Versuchen Erzählen war. Sie erzählt nicht in der Weise, wie die Welt sprachlos sich selbst erzählt; auch nicht so, wie im mittleren Versuch die einheitliche Erzählung sich der Person als Medium bemächtigt. Sie erzählt in der Weise, die dort gerade durch die einheitliche Erzählung aus dem Feld geschlagen wurde, einem Umzirkeln, Umreißen, Annähern aus verschiedenen Richtungen (J 70; vgl. T 17). Die dritte Stimme im dritten Versuch kann, wenn sie dunkel und stottrig ist, nur eine sein, die diese Weise des Erzählens zu gewinnen versucht. Die dritte Stimme gehört dem Wesen, das nicht statisch vorgegebene Dinge beschreibt, sondern einen Zusammenhang für seine eigene Zukunft zu gewinnen versucht. Nachdem uns Modelle des im ganzen geordneten Lebens nicht mehr zur Verfügung stehen, soll die Idee vom geglückten Tag dabei leitend sein. Diese Idee kann man als eine mögliche Fassung dessen verstehen, was die letzte Müdigkeit als Richtung einer Suche vorscheinen läßt. Der geglückte Tag ist nicht etwas, das es schon gibt, wovon wir konkrete Vorstellungsbilder hätten, die nur auf die sprachliche Artikulation warten. Die Vorstellung vom geglückten Tag ist kein Bild, sondern nur eine Idee, nur Licht (T 23), oder am Ende noch schwächer, nur ein Traum (T 90). Die gesuchte Erzählung müßte entsprechend eine Zukunftserzählung sein (T 24). Nur wenn sie gelänge, wenn sich paradigmatisch ein konkreter Tag als gelungener erzählen ließe, wäre die Existenz der Idee erwiesen (T 22).

Wenn sich ein im ganzen gelungenes Leben nicht mehr erzählen läßt und die Existenz der Person sich zeitlich vollzieht, liegt das Experimentieren mit der kleineren zeitlichen Einheit des Tages durchaus nahe. Handke selbst verweist darauf, daß in befriedeten Zeiten die Leute Tagebücher schreiben (T 29). Und bereits im mittleren Versuch findet sich eine Stelle, die zeigt, was jemand am Abend eines geglückten Tages sagen könnte: »Ich tue meine Arbeit. Sie entspricht mir.« (J 119)

Doch das ist eine bloß äußerliche Feststellung, und nicht eine Erzählung, die an einem konkreten Tagesverlauf das Glücken sichtbar macht. Im *Versuch über den geglückten Tag* finden sich verschiedenartige Annäherungen an das Gesuchte. Ganz zu Anfang des Versuchs werden Formen aus anderen Bereichen genannt, die als Analogie dienen können: Linien in einem Gemälde von Hogarth (wie überhaupt Gemälde ein wichtiges Paradigma der Ganzheit für Handke sind; vgl. auch M 69), die Linien in einem Stein. Hinzugefügt wird dem die schwerer zu fassende »Linie« in einem Erlebnis, in dem äußere und innere Gegebenheiten und Bewegungen nicht nur zu einer Form zusammenfinden, sondern diese Linie auch als solche, als Glücken von Form, erlebt wird (T 66). Weitere Näherungen sind dem traditionellen Modell des Epos und des geglückten Lebens entnommen: ein Tag ist geglückt, wenn Gefahren bestanden werden, wenn die Person den Tag meistert, wobei mangels zusammenhängender inhaltlicher Abenteuer die Gefahr, die Aufgabe schlicht in der Form des Tags, in seiner Zeitlichkeit liegt (T 29 f.). Der Tag ist geglückt, wenn man in die unzusammenhängenden Ereignisse Form und Einheit bringt, wenn man den Rhythmus des Tages findet (T 35 f.). Dabei ist keine Vollkommenheit erforderlich, vielmehr ist es in der heute angemessenen Idee vom geglückten Tag durchaus möglich, daß die Form beginnt und wieder abbricht oder nach langem Tasten erst spät gefunden wird (T 39 f.), daß die Linie, die wir dem Tag zu geben versuchen, ins Stottern gerät, Seitenwege nimmt usw. (T 19).

Das Stottern der Tageslinie entspricht dem schon erwähnten Stottern der erzählenden Stimme, und daher überrascht es kaum, wenn sich für Handke die Idee vom geglückten Tag »von einer Lebensidee in eine Schreibidee« verwandelt (T 63). Die Idee des Glückens des Tages ist nach der Wiedergewinnung des Ich die Idee vom bewußt reflektierten Gelingen, und dieses ist nichts anderes als die Idee eines von der Person selbst kohärent erzählbaren Tages. Doch liegen gerade in dieser Beteiligung des bewußten, um sprachliche Artikulation bemühten Subjekts die Hindernisse des Glückens. Eine Formung der Tagesbestandteile, die alles sich zu einem zwanglosen Ganzen zusammenfügen läßt, die das Zusammenspiel aller Kräfte in einem interesselosen Wohlgefallen zur Alltagshaltung werden läßt (T 48), scheint für uns als menschliche Wesen, die den Tag auf dem Hintergrund ihrer Gefühle, Meinungen, Bedürfnisse usw. erleben, kaum zu erreichen.

Die Phantasie, die für Handke eine Instanz ist, die uns mit einer höheren Seinsebene verbindet, stellt uns die Idee immerhin vor Augen (T 71). Aber auch wenn die Phantasie uns geschenkt ist, ist das durch sie bewirkte Verhalten des Sichannäherns an eine Idee nicht wie das Gewärtigen im mittleren Versuch rein medial. Die Person selbst kann Anstrengungen unternehmen, dem Tag eine Linie zu geben, indem sie eine geeignete Haltung gegenüber Störungen zu finden versucht – sie kann in eins damit Anstrengungen unternehmen, den Tag erzählbar zu machen, indem sie Wörter sucht, die für seine Teile möglichst gut passen; und diese sind die Deutungen, unter denen sie die Teile erlebt. Trotzdem scheint es auf den ersten Blick vielleicht nicht überzeugend, daß eine Haltungsänderung, der Versuch, »die Geistesgegenwart aufzubringen für die andere Spielart dieses Moments« (T 49), auch angesichts schwerwiegender negativer Erlebnisse oder Widerfahrnisse hilft. Man könnte darauf antworten, daß zu den Vorteilen der Idee des geglückten Tages gegenüber der des gelungenen ganzen Lebens gerade gehört, daß sie nicht impliziert, daß jeder Tag müßte glücken können. Vielmehr wird versucht, Paradigmata geglückter Tage unter gewöhnlichen Bedingungen zu finden, vielleicht verbunden mit der Hoffnung, daß sie zwar nicht auf jeden Tag übertragbar sind, aber daß sich doch analoge Ausprägungen der Idee auch für schwerere Tage finden könnten. Das Glücken auch nur eines Tages ist nicht nichts (T 79); ein Tag, der als eine Linie habend gelebt wird, hat einen Umriß, der bleibt (T 67), somit etwas, was Gelingen grundsätzlich auch für die Zukunft als möglich erscheinen läßt.

Doch die Beteiligung des Ich wirft Probleme prinzipieller Art für das Gelingen schon eines einzelnen Tages auch ohne besondere Störungen auf. Die Formanstrengung selbst, die teils Erfolg hat, teils scheitert, behindert das Gelingen, weil sie als Störung wahrgenommen werden kann. Der Tag könnte nur ganz glücken, seine vollkommene Erzählung nur gelingen, wenn das bewußte Subjekt, das sich gerade erst schüchtern gemeldet hat, wieder verschwinden würde. Es müßte wie zuvor zum Medium werden. Nicht nur, weil nur so der Tag als ganzer sich zusammenhängend darstellen könnte. Sondern auch deswegen, weil es nur einen geglückten Tag erleben kann, wenn es nicht von der Vorstellung gestört wird, daß der Tag glücken soll (T 75). Das allerdings ist paradox, weil das Erlebnissubjekt nicht mehr da ist.

Aber die Verabschiedung des Ich ist zum einen nicht gleichbedeutend mit seinem Fehlen im *Versuch über die Jukebox.* Sie steht auf einer höheren Ebene, weil die Person sich selbst nach dem Durchgang durch eine Stufe der Bemühung und Anstrengung um Formung in der Weise zurücknimmt, daß sie sich in den objektiven Zusammenhang des Ganzen eingliedert, ein explizites Einverständnis mit ihrer Unganzheit, Sterblichkeit erreicht (T 75). Sie ist zum anderen nicht endgültig. Die Passage steht im Irrealis, und sie kann nicht das letzte Wort sein, solange der Autor weiterschreibt. Die erzählende Stimme spricht weiter, unternimmt Ansätze zu Teilerzählungen und verhält sich dabei nicht nur medial. Davon zeugen ein klein gewordener Radiergummi und Haufen von Bleistiftholz. Der Schriftsteller hat den Traum vom geglückten Tag nicht gehabt, sondern gemacht (T 90 f.). Er hat, anders gesagt, nicht (nur) durch die Sprache in ihrer darstellend-beschreibenden Verwendung die Dinge sich zeigen lassen, sondern er hat die Sprache in ihrem expressiven Potential zur Ausgestaltung seiner Lebens- und Schreibidee gezwungen. Er hat mit ihr um jedes Wort gekämpft, um mit besser passenden Wörtern auch dem Glücken des Tages näher zu kommen (T 27). In der Tat hängt ja das Glücken des Tages von der Deutung der Bestandteile durch die Person ab, und die Deutung besteht in einer bestimmten Beschreibungsweise, die ein Zusammenstimmen verstehbar macht.

Der *Versuch über den geglückten Tag* ist letztlich eine Inszenierung dessen, was Versuchen der Herstellung von Ganzheit, der einheitlichen Form im Leben wie im Schreiben, hier und heute heißen könnte. Der Text selbst ist, sofern er diese Suche vorführt, ganz und unganz zugleich. Er ist ganz, indem er dort endet, wo die Leitidee oder der Traum vom geglückten Tag soweit ausgearbeitet ist, wie das ohne Ermüdung und Wiederholung möglich ist. Er ist unganz, indem das Verbrauchtsein dieser Idee nicht das Ende der Anstrengung bedeutet, sondern vorverweist auf einen anderen Traum, in dem das eine Gesuchte, die Form, sich in verwandelter Weise neu erstreben läßt (T 91). Diese Verwandlung ist möglich, weil das Ganze des menschlichen Lebens nichts in seinem konkreten Gehalt Vorgegebenes ist, sondern erst gestaltet werden muß, ohne daß eine einmal erreichte Gestalt je endgültig wäre. Das Ganze ist also, wie Handkes Trilogie, eine Art unganzer Ganzheit. Aus diesem Grund kann es nacheinander in der Form verschiedener Ideen gesucht werden, kann jede Idee durch eine zeitgemäßere Formulierung der Spannung von Unganzheit und Ganzheit abgelöst werden.

3. Philosophie, Literatur, Leben: Trennungen

Handkes Trilogie stellt in meinen Augen einen gelungenen Versuch dar, auf der Höhe des heutigen Problembewußtseins mit dem alten Problem der Ganzheit umzugehen. Die Auswertung der Interpretation mit Bezug auf die unter 1. aufgeworfenen Fragen kann aus Gründen des Umfangs nur kurz und stichworthaft sein.[7] Es sind zwei große Fragenkomplexe, in die sich die Probleme aufteilen lassen: einmal die Frage nach dem Ganzheitsbezug von Philosophie und Literatur, zum anderen die Frage nach ihrer ethischen und moralischen Relevanz. Ich beginne mit dem ersten Fragenkomplex.

Daß Handkes Thema in den drei Essays das Ganzheitsproblem ist, ist evident. Die Frage ist, was genau dabei Ganzheit heißt. Das Ganze könnte auf drei Ebenen angesiedelt sein; es könnte sein: 1. das Ganze der Wirklichkeit/Welt, 2. das Ganze unserer Bezüge zur Welt/das Ganze des Verstehens, 3. das Ganze des individuellen Lebens (oder vielleicht auch der Menschheitsgeschichte). Bei Handke spielen in der Tat alle drei Ebenen eine Rolle, primär aber die erste und die dritte. Die erste Ebene herrscht vor im ersten und zweiten Versuch, und sie ist auch sonst bei Handke häufig das zentrale Anliegen. Die schriftstellerische Bemühung nimmt ihren Ausgang von einer Ganzheitserfahrung, die ebenso ichlos wie sprachlos ist, wo sich also sozusagen die nackte Wirklichkeit zeigt, das Ding an sich, wie der Autor selbst andeutet. Zu fragen wäre,

7 Für ausführliche, grundsätzliche, dafür aber nicht durch Interpretationen gestützte Überlegungen zum Verhältnis von Kunst im allgemeinen zu Philosophie und Ganzheitsstreben siehe meinen Artikel »Kunst, Philosophie und die Frage nach dem guten Leben« in diesem Band.

welche Ganzheit dabei genauer gesucht wird. Erinnern wir uns, daß die implizite Ganzheitserfahrung die Bedeutung hat, zu einer Suche zu veranlassen, daß die Suche die nach einer Explikation der Bedeutung einzelner Dinge und Ereignisse nicht einfach im Sinn einer konkreten Wiedergabe, sondern als Aufzeigen ihres Wesens, ihrer Bedeutung ist; daß diese Bedeutung im zweiten Essay zu der Bedeutung für das Leben einer Person wird; daß im dritten Versuch die Formbemühung im Schreiben und im Leben zusammenfallen. Dann dürfte das konkrete Ganze weniger im Sinn der Gesamtheit aller konkreten Dinge und Ereignisse gemeint sein (obwohl es auch so gemeint ist), sondern eher so, daß die Dinghaftigkeit von Dingen gezeigt werden soll, die natürlich mit ihrer Bezogenheit auf das Ganze zu tun hat, aber doch eher beschreibbar ist als dieses selbst. Das Ding in seiner Wirklichkeit könnte also eine Art Modell für Ganzheit sein, wie sie die Person sucht, die zwar ein abgeschlossener Organismus und insofern ein Ding ist, aber sich als solches nicht vollständig zugänglich und in der zeitlichen Dimension ihrer Existenz, solange sie diese erlebt, nie abgeschlossen ist. Dazu paßt, daß Handke häufig die Werke der Malerei als Vorbilder von Ganzheit erwähnt, die am deutlichsten eine gegenständliche Einheit darstellen.

Es gibt also Grund zu vermuten, daß das ursprüngliche Ganzheitsstreben in der Tat der Suche des Individuums nach einem im ganzen sinnvollen oder gelungenen Leben entspringt. Die Literatur antwortet, wie sich gezeigt hat, direkt auf dieses Ganzheitsbedürfnis, indem sie Lebenszusammenhänge zu artikulieren versucht. Sie wird dabei auch mit der zweiten Ebene von Ganzheit, der Ordnung von Verstehensbezügen, zu tun haben, weil wir u. a. durch sie als Personen konstituiert sind. Aber sie verwendet die Sprache nicht nach der Ordnung dieser intersubjektiven Bezüge, sondern nach der Ordnung des Erzählens, so nämlich, daß sie Erlebnisse und Ereignisse in einen Sinnzusammenhang zu bringen versucht, indem sie die Sätze in ihrer sinnlichen Qualität zu einem Werk zusammenfügt. Sie hat also mit der zweiten Ganzheit, der des Verstehens, nur beiläufig zu tun, weil sie nicht ihre Strukturen als solche aufzeigt, sondern vielmehr zeigt, wie sie für das individuelle Leben sind, welche Bedeutung sie für das individuelle Leben haben.

Daß die Literatur konkrete individuelle Lebenszusammenhänge oder kleinere Einheiten gestaltet, heißt allerdings nicht, daß sie diese konkreten Lebensweisen oder Tagesläufe etc. inhaltlich empfiehlt. Das Konkrete hat vielmehr paradigmatische Funktion. Es zeigt Möglichkeiten auf, die für andersartige Situationen entsprechend abgewandelt, nicht direkt, sondern sinngemäß verstanden werden müßten.

Wenn das Konkrete in der Literatur nicht konkret gemeint ist, wodurch unterscheidet sich dann ihre Funktion von der der Philosophie? Die Philosophie hat primär mit Ganzheit im zweiten Sinn, also der Ganzheit des Verstehens zu tun; jedoch liegt auch ihr motivationaler Hintergrund in der Ganzheit im ersten und letztlich im dritten Sinn. Diese Motivation kann in der Philosophie anders als in der Literatur nur der Hintergrund, nicht das Thema selbst sein. Die Philosophie kann als allgemeine Wissenschaft, die Zusammenhänge der Erklärung, Begründung, Erläuterung usw. zwischen allgemeinen Aussagen ausarbeitet, zum konkreten individuellen Ganzheitsbedürfnis nicht direkt beitragen. Das Ganze des Verstehens und der Sprache, mit dem sie zu tun hat, ist kein geschlossenes Ganzes, sondern ein offenes Ganzes nach der Art eines unfertigen Netzes, dessen Struktur sich verschieben und erweitern kann (d. h., es ist nicht nur faktisch unganz, sondern die Ganzheit eines Dings wäre auch kein passendes Modell seiner Ganzheit). Metaphysik im Sinn des Bemühens, ein solches Ganzes durch ein einheitliches geschlossenes Satzsystem zu erfassen, ist daher wenig sinnvoll. Die Literatur, oder allgemeiner die Kunst, ist als Erbin der Metaphysik viel besser geeignet.

Wenn das so ist, dann dürfte für die Philosophie der Stil weniger wichtig sein, als viele heute zu denken geneigt sind. Er ist wichtig insofern, als die Philosophie nicht wahrnehmbare Fakten beschreibt, die für sich selbst sprechen, sondern Strukturen und Zusammenhänge im Verstehen erst explizit macht; und je besser diese dargestellt sind, um so eher wird man es für plausibel halten, daß eine möglichst sinnvolle und erhellende Gliederung geleistet wurde. Aber die Philosophie sagt, *was* die Zusammenhänge sind, und das ist etwas, das sich sagen läßt. Hingegen zeigt die Literatur, wie die Zusammenhänge im individuellen Leben erfahren werden, und das ist etwas, das sich nur zeigen läßt durch die merkwürdige Einheit von Inhalt und Form, die im strengen Sinn nur der Kunst eigentümlich ist. Trotzdem kann es philosophische Werke geben, für die der Stil wesentlich zum Gehalt beiträgt; denn es kann natürlich Texte geben, die eine Mischung zwischen Philosophie und Literatur bilden.[8]

Was den zweiten Fragenkomplex, den möglichen Beitrag zur Ethik, betrifft, so ist die Antwort für die Literatur klar: Ihr Ideal ist das Ganze im ersten Sinn der ganzen Realität, und das geglückte gute Leben oder der geglückte Tag ist der, der ganz ist in diesem Sinn, daß für die Person *alles* eine Bedeutung hat, wo also das Gute wie das Schlechte (im Sinn der alltäglichen Wertungen) gleichermaßen seinen Platz hat und »herzlos« beschrieben werden kann. Sicher wird damit eine bestimmte Haltung oder Einstellung zur Welt und zum Leben vorgeführt, zu der es Alternativen gibt. Aber es handelt sich eher um eine Meta-Haltung als um eine bestimmte konkrete Lebensweise, oder, sofern es sich um eine konkrete Lebensweise handelt, dann um die des Schriftstellers, für den Leben und Schreiben bzw. Lesen zusammenfallen, oder allgemeiner desjenigen, der die Weiterbearbeitung des Formproblems zu seiner Aufgabe gemacht hat. Es wäre daher wenig sinnvoll, Handkes Text als Empfehlung des schriftstellerischen Lebens für jeden Leser zu nehmen. Was der Text vorführt, ist Paradigma dafür, wie das Ganzheitsstreben im Leben wirksam werden könnte, ein Paradigma, das den Rezipienten durch seine Gelungenheit in ein Spiel seiner Erkenntniskräfte versetzt, das ihn selbst auf den Weg bringt zu fragen, wie in seinem Leben unter seinen Bedingungen und Aufgaben ein Zusammenhang aussehen könnte.

Wenn das so ist, dann lassen sich Antworten auf ethische und moralische Fragen aus der Literatur nicht entnehmen. Es lassen sich ihr gewiß Beispiele für moralische Entscheidungen entnehmen, die sich aber auch in der Wirklichkeit finden, wenngleich nicht so deutlich zubereitet. Hingegen kann die Literatur eine wichtige Rolle spielen bei der Ausarbeitung der Dimensionen des Lebens und Zusammenlebens, die in einer unverkürzten Beurtei-

8 Das deutlichste Beispiel sind die frühen Dialoge Platons. Es gibt vielfältige Erklärungen der Funktion ihrer literarischen Form, wobei die Erklärung dadurch erschwert wird, daß die Funktion eine doppelte ist, sich nämlich einerseits auf den Dialogpartner bezieht, andererseits auf die Leserin bzw. den Leser. Klar ist, daß in den Frühdialogen überhaupt wenig Inhalte behauptet werden und die Begrenztheit des menschlichen Wissens betont wird. Gerade dann aber fragt man sich, wie sich die Tätigkeit des Philosophierens gleichwohl empfehlen läßt. Was diesen Aspekt, die Motivation zu einer Lebensweise, betrifft, ist der Stil sicher auf eine Weise relevant, auf die er es für die Inhalte nicht ist.

lung eines ethischen Problems bedacht werden müssen; sie kann Möglichkeiten vorstellig machen, die Zusammenhänge zwischen diesen Dimensionen des Praktischen zu ordnen, die verschiedenen Aspekte zu gewichten usw. Daher wird auch Literaturkritik keine moralischen Einsichten, sondern Einsichten in mögliche Sichtweisen der Struktur moralischer Probleme liefern.

Sicher kann auch die Philosophie die Struktur derjenigen Verstehensbereiche klären, die mit ethischen Entscheidungen zu tun haben. Aber sie hat gegenüber der Literatur den Nachteil, daß sie nicht aufzeigen kann, wie eine ethische Frage für die Person selbst ist, was sie in ihrem Leben bedeutet. Sie hat außerdem den Nachteil, daß sie mit allgemeinen begrifflichen Mitteln arbeitet und daher komplexen konkreten Situationen sehr viel ferner bleiben muß als die Literatur, die gerade mit der Formulierung konkreter Zusammenhänge arbeitet. Da die Philosophie andererseits so vorgeht, daß sie Aussagen behauptet und Meinungen vertritt, könnte es sein, daß gerade sie eher ethische und moralische Wertungen ausspricht als die Literatur. Diese kann sie zwar nicht aus sich selbst entnehmen. Aber was eine interessante praktische Philosophie heute tut, ist, daß sie sich auf Anwendungsprobleme einläßt, und was hier zu ordnen ist, sind nicht einfach allgemeinste Begriffe (die oft erst zu suchen wären), sondern die vorhandenen Meinungssysteme. Diese enthalten bereits Annahmen über das Richtige, und sofern die Philosophie sie nach gut sokratischer Manier überprüft, könnte sie für die Richtigkeit derjenigen praktischen Meinungen, die diese Prüfung überstehen, eintreten. Doch das bleibt eine Vermutung, die bei anderer Gelegenheit auszuarbeiten wäre.

Zur Struktur der Frage nach dem guten Leben

1. Die Wiederentdeckung der Frage nach dem guten Leben in der Moralphilosophie

Die Thematik des guten Lebens, die spätestens seit der Aufklärung als keiner streng begründeten Antworten fähig aus der Philosophie verbannt war, hat in den letzten Jahren auf zwei Weisen eine Renaissance erfahren.

Einmal kommen Vertreter einer universalistischen Moral zunehmend zu der Einsicht, daß die Moral an verschiedenen Punkten auf Fragen des guten Lebens verweist. Das gilt für die Motivationsfrage, warum man also ein bestimmtes System moralischer Normen befolgen sollte, es gilt aber auch für die Frage, welche Grundnormen wir einführen oder welche Menschenrechte wir allen gewähren sollen. Auf die letztere Frage liegt die Antwort nahe, daß diese Rechte die Grundbedingungen für ein gutes Leben sichern müssen, womit sich die Frage stellt, was die allgemein notwendigen Voraussetzungen oder Bestandteile eines solchen Lebens, unabhängig von seinem speziellen Inhalt, sind.[1] Die Frage so zu stellen ist wichtig und sinnvoll, jedoch philosophisch wenig interessant. Die hierauf zu erwartenden Antworten sind empirisch allgemeine Sätze über menschliche Grundbedürfnisse, etwa das Bedürfnis nach materieller Sicherheit, sozialen Kontakten, befriedigenden Tätigkeiten, Freiheitsspielräumen usw.[2]

Zweitens haben Kritiker der modernen universalistischen Moral darauf hingewiesen, daß diese sich nur scheinbar auf die formale Lösung von Interessenkonflikten beschränkt und in Wirklichkeit substantielle Prämissen enthält, die zumindest Teile einer Konzep-

1 Siehe dazu James Griffin, *Well-Being. Its Meaning, Measurement and Moral Importance*, Oxford 1986, S. 40 ff.

2 Das geschieht zum Beispiel in den Beiträgen in Martha Nussbaum, Amartya Sen (Hg.), *The Quality of Life*, Oxford 1993, die sich allerdings teilweise als philosophische ausgeben. Zu explizit empirischen Analysen siehe zum Beispiel Michael Argyle, *The Psychology of Happiness*, London 1987, oder Andrea Abele, Peter Becker (Hg.), *Wohlbefinden. Theorie – Empirie – Diagnostik*, Weinheim und München 1991.

tion des guten Lebens ausmachen.[3] Wenn das zutreffen sollte, stellt sich die Frage, welche Konzeption des guten Lebens, folglich welche Konzeption der Moral hier und heute angemessen ist. Man kann auch von der ersten Frage zu dieser zweiten kommen, wenn man sich klarmacht, daß zwischen den Grundbedürfnissen Konflikte auftreten können (zum Beispiel zwischen dem Sicherheits- und dem Freiheitsbedürfnis), deren Lösung eine Rangordnung und so eine systematische Konzeption des guten Lebens erfordert. Nun ist die Formulierung einer gewichteten Konzeption keine rein empirische Angelegenheit mehr, aber es scheint mir auch bei ihr fraglich, ob sie eine Sache der Philosophie ist.

Auch in diesem zweiten Kontext bleibt die Behandlung der Frage nach dem guten Leben im übrigen im Schatten der Moralphilosophie.[4] Sofern sie zum Gegenstand einer philosophischen Bemühung wird, geschieht das größtenteils mit einem eher vagen und nicht begründeten Vorgehen, ohne Reflexion auf den – nicht auf die Moralphilosophie beschränkten – Sinn und Status der Frage und die Methoden und Ziele ihrer Bearbeitung. Ich vermute, daß die Frage so beschaffen ist, daß die Philosophie allenfalls für die Explikation des Sinns, nicht aber für ihre Beantwortung zuständig ist, daß aber der Frage als Frage eine besondere Rolle in der Philosophie zukommt, der man nicht gerecht wird, wenn man sie nur als das Thema der Teildisziplin der Ethik versteht.

2. Der Ort der Frage nach dem guten Leben in der menschlichen Existenz

Eine zentrale Rolle spielte die Frage nach dem guten Leben in der antiken Philosophie,[5] und wenn nicht das gute Leben, so ist doch die menschliche Existenz der Kern, von dem existenzphilosophi-

3 Alasdair MacIntyre, *After Virtue*, London 1981; deutsch: *Der Verlust der Tugend*, Frankfurt/M., New York 1987.

4 Das gilt zum Beispiel für Martin Seel, *Versuch über die Form des Glücks*, Frankfurt/M. 1995.

5 Siehe Ursula Wolf, *Die Suche nach dem guten Leben. Platons Frühdialoge*, Reinbek 1996, Einleitung. (Aktualisierte Neuauflage: *Die Suche nach dem guten Leben. Einführung in Platons Frühdialoge*, Frankfurt/M. 2013.)

sche Ansätze ausgehen.[6] Der Ausdruck »gutes Leben« ist dabei zu verstehen im Sinn des griechischen *eudaimonia*, welches einen stärkeren Sinn hat als das Wort »Glück«. Dieses ist oft hedonistisch gefärbt und bezeichnet das Andauern positiver Gefühle oder aber den glücklichen Zufall (*eutychia*). Wenn eine Person *eudaimon* ist, heißt das, daß es ihr in ihrem Leben in jeder Hinsicht gutgeht.

Warum sind wir mit der so verstandenen Frage nach dem guten Leben bei etwas so Fundamentalem, daß es den Kern der Philosophie abgeben könnte? Sind wir denn bei der möglichst grundlegenden Fassung auch nur der ethischen Frage angelangt? Vielleicht ist es nicht selbstverständlich, daß jede Person ihr Leben so leben muß, daß sie nach dem guten eigenen Leben fragt, daß also ihr letztes Lebensziel im Gutsein ihres eigenen Lebens besteht. Sie könnte ihr Leben statt dessen der Mitwirkung bei der Realisierung eines übergeordneten Ziels widmen, etwa der Einrichtung einer gerechten Welt. Dasselbe gilt für altruistische Ziele, etwa daß eine Frau Beruf und Ehe opfert, um kranke Angehörige zu pflegen.[7] Man könnte diese Möglichkeit zu integrieren versuchen, indem man sagt, für eine solche Person liege das eigene Glück gerade darin, für das übergeordnete oder altruistische Ziel zu leben. Eine solche Beschreibung mag in manchen Fällen passen; es gibt aber Leute, die das selbst nicht auf diese Weise wahrnehmen und dennoch so leben. Gleichwohl könnte es Gründe geben, an der Zentralität der Frage nach dem *guten* Leben festzuhalten. Denn es könnte sich herausstellen, daß Lebensweisen, die nicht am eigenen guten Leben orientiert sind, eine (nicht notwendig explizite) Reaktion auf die mangelnde Erkennbarkeit und Erreichbarkeit eines vollständig und in jeder Hinsicht guten menschlichen Lebens darstellen.

Es läge für ein Wesen, das als selbständiger Organismus sein Leben vollzieht, in der Tat am nächsten, sich auf das Gutsein des eigenen Lebens auszurichten. Doch das im ganzen gute Leben, das Glück im starken Sinn, ist weniger ein reales Handlungsziel als eine Idealvorstellung oder ein Grenzbegriff. Die Erfüllung unserer Wünsche hängt nicht nur von unserem eigenen Tun ab, sondern

6 Siehe Ursula Wolf, »Gefühle im Leben und in der Philosophie«, in: Hinrich Fink-Eitel und Georg Lohmann (Hg.), *Zur Philosophie der Gefühle*, Frankfurt/M. 1993.

7 Das Beispiel findet sich in Anthony Kenny, »Happiness«, in: Joel Feinberg (Hg.), *Moral Concepts*, Oxford 1969, S. 48.

ebenso von äußeren Umständen und Geschehnissen. Das Leben wird nicht nur aktiv vollzogen, sondern auch passiv erfahren. Dabei sind schon auf der aktiven Seite unsere Handlungsfähigkeiten und die Lebenszeit begrenzt. Auf der passiven Seite sind wir häufig mit Gegebenheiten konfrontiert, die unseren Wünschen und Plänen entgegenlaufen und entsprechend negative Gefühle hervorrufen. Das heißt, daß in der menschlichen Existenz bestimmte unauflösbare Spannungen oder Probleme angelegt sind, aus denen heraus sich gerade die Frage nach dem guten Leben in einem sehr grundsätzlichen Sinn stellt.[8] Und angesichts des prinzipiellen Charakters dieser Probleme sollten wir diese Frage vielleicht nicht mehr als die nach einem vollkommen guten Leben fassen, sondern eher fragen, wie wir als Menschen, das heißt als Wesen mit der genannten Konstitution, so gut wie möglich oder sinnvoll leben können. Macht man den Grund für diese Abschwächung der Frage explizit, erhält sie die Form: Wie kann man sinnvoll leben, wenn doch das Glück nicht erreichbar ist? Und von hier aus ist es nur noch ein kleiner Schritt zu der Frage: Hat das Leben überhaupt einen Sinn, wenn ein vollkommen glückliches Leben nicht zu erreichen ist?

3. Die Relevanz der Frage nach dem guten Leben für die Philosophie

Die angedeutete Verortung der Frage in der Existenz und der Zusammenhang mit der Sinnfrage gibt einen ersten Hinweis, warum die Frage nach dem guten Leben für die Philosophie eine so große Rolle spielt. Ich denke, man könnte zeigen, daß sämtliche metaphysischen Systeme im Hintergrund durch die Frage nach dem guten Leben motiviert sind. Wie man von dieser Frage zur Metaphysik kommt, ließe sich folgendermaßen erklären: Angenommen, die menschliche Existenz ist in der Tat so strukturiert, daß sie in einer Spannung zwischen dem Wollen des vollkommenen Glücks und der Begrenztheit der menschlichen Möglichkeiten steht und daß diese Spannung prinzipiell nicht zu beheben ist. Es

8 Dazu ausführlicher Ursula Wolf, »Was es heißt, sein Leben zu leben«, in: *Philosophische Rundschau* 33 (1986), S. 242-265; »Etwas ist in mir da«, in: *Zeitschrift für philosophische Forschung* 45 (1991), S. 93-111; »Gefühle im Leben und in der Philosophie«.

liegt dann nahe, die Welt und unsere Stellung in ihr wenigstens in Gedanken so umzudeuten, daß wir, wenn schon nicht vollkommen glücklich, so wenigstens wichtige Bestandteile in einem sinnvoll zusammenhängenden Ganzen sind.[9] Eine solche Deutung könnte in der Annahme bestehen, das menschliche Unglück habe eine höhere Funktion innerhalb des Ganzen, zum Beispiel indem es einem göttlichen Plan dient oder sich in eine höhere Ordnung fügt. Auf diese Weise, durch seinen Anteil an einer höheren Ganzheit, kann man der menschlichen Existenz einen Wert zusprechen.

Daß die metaphysischen Systeme sich als Umdeutungen der ursprünglichen Frage nach dem Glück in eine Frage zunächst des Sinns und dann des menschlichen Werts verstehen lassen, hat Nietzsche mit aller Schärfe herausgestellt. Ähnliche Hinweise finden sich bei Adorno. Wenn diese Hinweise zutreffend sind, was meines Erachtens der Fall ist, dann zeigt sich hier eine viel weiter reichende Verbindung zwischen der Philosophie und der Frage nach dem guten Leben, als wir sie in der heutigen Debatte finden, wo die Frage auf den ethischen Kontext beschränkt bleibt. Die Philosophie insgesamt wäre dann als Versuch zu verstehen, Deutungszusammenhänge als Ersatz für die Unerreichbarkeit des Glücks zu erarbeiten. Doch die Verbindung so direkt zu sehen wäre zu vereinfacht. Natürlich hat kein Philosoph sein Unternehmen absichtlich mit dieser Zielsetzung durchgeführt. Eher könnte man sagen, daß die Frage nach dem guten Leben bzw. die existentiellen Spannungen das Motiv sind, das philosophische Bemühungen in Gang setzt.

Die im letzten Absatz geäußerten Vermutungen müßten anhand eines Durchgangs durch die Philosophiegeschichte belegt werden. Das ist eine Aufgabe, die sich nicht in Kurzfassung leisten läßt, so daß ich es hier bei programmatischen Äußerungen bewenden lassen muß. Sind sie zutreffend, wäre die nächste Frage, was daraus für die Philosophie heute folgt. Sobald man Umdeutungen als solche durchschaut, verlieren sie ihre Glaubwürdigkeit. Dann liegt es nahe, daß wir wieder auf die alltägliche Frage nach dem guten Leben zurückgehen oder, um jede Vorentscheidung zu vermeiden, auf die Frage, wie man möglichst sinnvoll leben kann oder, noch neutraler mit der Formulierung des Sokrates, wie man leben soll-

9 Vgl. Odo Marquard, *Abschied vom Prinzipiellen*, Stuttgart 1981, S. 123.

te. Beginnt man mit dieser Formulierung noch vor allen Verschiebungen, ist allerdings erneut die Frage, inwiefern sie unmittelbar Gegenstand der Philosophie sein kann. Wie eine bestimmte Person in ihrer konkreten Situation am besten lebt, ist sicher kein geeigneter Gegenstand philosophischer Forschung. Was alle Menschen an Minimalbedingungen brauchen, um so oder anders sinnvoll zu leben, ist, wie erwähnt, ebenfalls keine Frage der Philosophie, sondern der empirischen Untersuchung. Um herauszufinden, ob nicht doch auch für die Philosophie nach der Metaphysik, will sie nicht ihre Substanz preisgeben, die Ausrichtung auf das gute Leben maßgeblich bleibt und was an der Frage nach dem guten Leben einen Angriffspunkt für die Philosophie bietet, müssen wir zunächst Klarheit darüber gewinnen, welche Bedeutungsaspekte die Frage überhaupt hat. Ich werde zunächst auf einige Mehrdeutigkeiten hinweisen, sodann verschiedene Ebenen oder Schichten unterscheiden und schließlich einen Kern der Frage herausstellen, der die für die Philosophie relevante Ebene enthalten könnte.

4. Vorläufige Analyse der Frage, wie man leben sollte

a) Unklarheiten und Mehrdeutigkeiten

Man könnte als erstes überlegen, was für eine Art von Frage hier vorliegt. Sie ist sicher keine Tatsachenfrage, auf die mit einem Aussagesatz zu antworten wäre. Die Antwort müßte in einem im weitesten Sinn auffordernden Satz bestehen, wozu auch Absichts- oder Wollenssätze gehören. Die Frage ist nicht, was ich in mir vorfinde, sondern welche Entscheidung ich treffe, welche Absicht ich bilde, was ich tun will. Solche Sätze sind aber ihrerseits auf bestimmte Aussagen bezogen, nämlich auf Wertaussagen. Wo die Frage ist, was ich tun will, besteht ein Spielraum der Wahl und der praktischen Überlegung, der in Aussagen der Form »Es ist gut, so zu handeln« zum Ausdruck kommt.

Offen ist weiter, was das »sollte« bedeutet. Handelt es sich um das moralische Sollen, also den Ausdruck einer Verpflichtung? Doch die Frage sollte ja möglichst weit und neutral verstanden werden, und moralische Gründe sind sicher nur eine mögliche Art praktischer Gesichtspunkte. Dann liegt es nahe, das Sollen prudentiell zu verstehen, also im Sinn von »ist ratsam«, »ist mit Gründen vorzuziehen«.

Das wirft die Frage auf, ob und auf welche Weise Sätze über das gute Leben begründbar sind. Den Satz »Das zu tun ist für mich, dich, alle Menschen ratsam« könnte man zu übersetzen versuchen in »Das zu tun ist zuträglich für mein, dein, das menschliche gute Leben«. Letzteres scheint der Form nach ein hypothetischer Wertsatz zu sein, der besagt, daß etwas gut zu einem vorgegebenen Ziel ist. Doch solange wir keine inhaltlich ausgefüllte Konzeption des guten Lebens haben, trügt dieser Schein. Das wird deutlich, wenn wir die neutralere Formulierung »es ist ratsam, daß ich so und so lebe« verwenden. Andererseits spricht die Tatsache, daß hier das Wort »ich« vorkommt, nicht gegen die Möglichkeit von Gründen, solange man sagen kann »es ist ratsam, daß ich – und jede andere Person mit ähnlichen Voraussetzungen in einer ähnlichen Situation – so und so leben sollte«.

Die klassische Formulierung der Frage ist ohnehin unpersönlich (»wie *man* leben sollte«), und sofern wir auf den Raum für Überlegung und Begründung achten, der mit der Frage verbunden ist, liegt es nahe, diese Form als primär anzusehen. Jedoch *stellt sich* die Frage wesentlich aus der individuellen Existenz heraus; in ihr sind die erwähnten Spannungen angelegt, und ein Leben vollziehen oder führen kann nicht ein Man oder Wir, sondern nur ein Individuum. Ebenso sind Antworten auf die Frage nach dem geeigneten Wie des Lebens nicht einfach Erkenntnisse, sondern das Finden einer Antwort wird auch durch affektive Reaktionen wie Zufriedenheit angezeigt. Affekte aber sind ebenfalls etwas, was Individuen und nicht Gruppen haben.

Wenn die Frage, die sich dem Individuum stellt, nicht die hypothetische Frage ist, mit welchen Mitteln man ein inhaltlich vorgegebenes gutes Leben erreichen kann, was ist dann aber überhaupt Gegenstand der Frage? Ob wir nun fragen »Wie zu leben ist gut für mich?« oder »Welches ist die für mich beste Lebensweise?« oder »Wie sollte ich leben?«, wir können darauf nicht mit einem einzigen Wort oder Satz antworten. Denn ein ganzes Leben ist etwas Komplexes, sowohl in horizontaler wie in vertikaler Richtung. (Mit »horizontaler Komplexität« bezeichne ich die Komplexität, die das Leben schon zu einem Zeitpunkt hat, sofern sein Träger ein Organismus mit mannigfaltigen Wünschen, Gefühlen, Meinungen ist, mit »vertikaler Komplexität« die Erstreckung des Lebens in der Zeit.) Sofern das Leben so beschaffen ist, müßte man auf die Frage, wie eine Person leben sollte, antworten, indem man eine vollständige Lebensweise in ihrer horizontalen ebenso wie vertikalen Erstrekkung ausbuchstabiert.

Wenn die Frage nach dem guten Leben eine zentrale Rolle in der Philosophie spielen soll, scheint das ein merkwürdiges Ergebnis, denn Antworten dieser Art finden wir nicht in der Philosophie, sondern in narrativen Texten, etwa in Romanen oder Biographien. Wir treffen hier also auf eine Konkurrenz von Philosophie und Literatur, die meines Erachtens in der Tat besteht und deren Charakter zu klären wäre.[10] Stärker noch: Wenn die Frage nur so zu beantworten ist, kann dann die Philosophie, die ein diskursivwissenschaftliches Unternehmen ist, überhaupt für die Klärung der Frage zuständig sein? Wir müssen daher jetzt versuchen, die Frage etwas genauer zu fassen und ihre verschiedenen Schichten herauszuarbeiten.[11]

b) Ebenen der Frage

Gehen wir nicht von metaphysisch verbogenen, sondern von alltäglichen Verwendungen der Frage, wie man leben sollte, aus, dann handelt es sich um eine Frage, die eine bestimmte Person in ihrer konkreten Lebenssituation stellt, jedoch so stellt, daß sie dabei ihr Leben im ganzen im Auge hat. Auf einer ersten Ebene setzt die Beantwortung dieser Frage theoretisches Wissen voraus, die genaue und vollständige Kenntnis der relevanten Tatsachen, das Kausalwissen darüber, welche Entscheidungen welche Folgen haben werden, usw. Zum theoretischen Wissen kann man logische und

10 Siehe dazu Ursula Wolf, »Kunst, Philosophie und die Frage nach dem guten Leben«, in: Franz Koppe (Hg.), *Perspektiven der Kunstphilosophie*, Frankfurt/M. 1991, in diesem Band S. 135-157, sowie »Jenes Tages bleibender Umriß. Eine philosophische Lektüre von Handkes Versuchstrilogie«, in: Ludwig Nagl und Hugh J. Silverman (Hg.), *Textualität der Philosophie, Philosophie und Literatur*, Wien und München 1994, S. 33-52, in diesem Band S.184-203.

11 Die Literatur hierzu ist spärlich. Zu nennen ist die 7. Vorlesung in Ernst Tugendhat, *Vorlesungen zur Einführung in die sprachanalytische Philosophie*, Frankfurt/M. 1976, Kap. I in Bernard Williams, *Ethics and the Limits of Philosophy*, London 1985, ferner meine eigenen Versuche in den erwähnten Aufsätzen sowie in Ursula Wolf, *Das Problem des moralischen Sollens*, Berlin 1984, Kap. VII.

rechnerische Erkenntnisse zählen, so die Frage nach Konsistenz der Entscheidungen oder die Berechnung eines optimalen Nutzens unter Voraussetzung bestimmter Ziele und Situationsbedingungen. Obwohl auch solche Überlegungen interessante philosophische Probleme etwa bezüglich des Rationalitätsbegriffs aufwerfen, können wir sie in unserem Zusammenhang ausklammern, weil es hier um die grundlegenden praktischen Aspekte der Frage geht.

Aber bleiben denn notwendig solche Aspekte übrig, oder könnten wir nicht sagen, die Frage, wie ich leben sollte, sei einfach die Frage nach derjenigen Kombination gegebener Wünsche, die ein Maximum an Befriedigung liefert?[12] Es gibt eine Reihe von Autoren, die zusätzliche spezifisch praktische Aspekte geltend machen. Sie verweisen darauf, daß wir als Menschen nicht nur faktische Wünsche in uns vorfinden, sondern daß wir frei in dem stärkeren Sinn sind, daß wir zu diesen Wünschen Stellung nehmen können, also Ziele und Wünsche ihrerseits als gut oder schlecht beurteilen und wählen können.[13] Andere legen das Gewicht auf die Vernunftfähigkeit und ein Interesse an Vernunft, welches bedeute, daß wir unsere Ziele ihrerseits hinterfragen und begründen wollen.[14] Diese Erläuterungen der spezifisch praktischen Ebene der Frage nach dem guten Leben scheinen mir nicht befriedigend. Daß wir als Menschen frei auf der zweiten Ebene der Wahl auch von Zielen sind, daß wir als vernünftige Wesen nach der Begründung unserer Lebensweise suchen *können*, erklärt noch nicht, was das Motiv oder Interesse ist, aus dem heraus wir die Frage als grundlegende praktische Frage tatsächlich stellen, und noch weniger erklärt es, warum die Frage quasi von selbst sich stellt.

Einen Schritt weiter, wenn auch vielleicht in die falsche Richtung, führen Lösungen, die den Zusammenhang mit der Moral herstellen.[15] Angenommen, eine Person hat den Wunsch, eine

12 So zum Beispiel John Rawls, *A Theory of Justice*, Cambridge/Mass. 1971, § 63; deutsch: *Eine Theorie der Gerechtigkeit*, Frankfurt/M. 1975, oder John David Mabbott, »Reason and Desire«, in: *Philosophy* 28 (1953), S. 113-123.

13 Zu den Wünschen zweiter Ordnung vgl. Harry Frankfurt, »Freedom of the Will and the Concept of a Person«, in: *Journal of Philosophy* 68 (1971), S. 5-20.

14 Tugendhat, *Vorlesungen zur Einführung in die sprachanalytische Philosophie*.

15 So Charles Taylor, »What is Human Agency?«, in: ders., *Philosophical Papers*, Bd. 1, Cambridge/UK 1985; deutsch: »Was ist menschliches Handeln?«, in: *Negative Freiheit?*, Frankfurt/M. 1988, S. 9-51.

bestimmte Handlung auszuführen, kommt aber auf der zweiten Ebene dazu, diesen Wunsch als feige zu bewerten. Wenn sie den Wunsch in diesem Fall zurückstellt, kann das daran liegen, daß sie nicht jemand mit der schlechten Haltung der Feigheit sein will, allgemeiner, daß sie ein guter Mensch sein will. Das spezifisch Praktische unserer Frage wäre also darin zu sehen, daß alle Menschen das Bedürfnis haben, gut oder wertvoll als Personen zu sein. Man kann sich jedoch bereits an der sprachlichen Form klarmachen, daß dadurch unterderhand der Sinn der Frage geändert wird.

Wir waren von Formulierungen ausgegangen wie »Wie sollte ich leben?«, »Wie zu leben ist gut für mich?«. Genaugenommen unterlaufen jetzt zwei Verschiebungen: Erstens von dieser Frage zur Frage »Welche Person, was für ein Mensch will ich sein bzw. ist es gut für mich zu sein?« zu »Wie werde ich eine gute bzw. wertvolle Person?«. Was die erste Verschiebung angeht, so kommt ihr eine gewisse Plausibilität zu, sofern wir gesehen haben, daß die Frage nach dem guten Leben irreduzibel an die Ich-Perspektive gebunden ist. Trotzdem ist vorläufig offen, ob die Person ihr gutes Leben nicht in etwas suchen könnte, das außerhalb der Gestaltung ihres individuellen Personseins liegt. Viel weniger zwingend ist die zweite Verschiebung. Unterstellt, die erste Verschiebung sei legitim, dann wäre jetzt die Frage so zu formulieren: »Was für eine Person ist es gut (ratsam) für mich zu sein?« Die Antwort müßte die Form haben: »Es ist gut, eine Person der und der Art zu sein«. Dieses Satzpräfix »Es ist gut (ratsam), daß« wird aber jetzt einfach in das Attribut »wertvoll« verwandelt und in den Satz hineingezogen. Aus »Was für eine Person ist es gut zu sein?« wird »Was ist eine gute Person?«. Der Unterschied ist kein bloß sprachlicher, sondern läßt sich auch sachlich erläutern: Daß eine Person als Person gut oder wertvoll ist, hat immer moralische Konnotationen. Die Frage, was für eine Person man sein sollte, ist aber nicht auf die soziale oder moralische Seite des Lebens beschränkt, sondern kann auch nach ganz anderen Seiten des Personseins fragen.

Wenn wir uns nicht auf ein bestimmtes Verständnis festlegen wollen, sollten wir daher die zweite Schicht unserer Frage in der konkret-praktischen Frage sehen, wie eine bestimmte Person unter diesen konkreten Bedingungen am besten leben sollte (dies jedenfalls unter der Voraussetzung, daß wir jetzt die theoretischen Aspekte als bereits beantwortet ausklammern). Dabei bleibt allerdings vorläufig unklar, was an diesen praktischen Aspekten es ist, wodurch sie über bloße zweckrationale Fragen hinausgehen. Der Versuch einer Erklärung dieser Aspekte führt zu einer dritten Schicht der Frage, wie man leben sollte.

Ich habe bereits angedeutet, daß man die Frage aus bestimmten prinzipiellen Spannungen in der menschlichen Existenz herleiten könnte. Man müßte die Phänomene, in denen die Spannungen zum Vorschein kommen, insbesondere affektive bzw. stimmungsmäßige Erfahrungen, genauer beschreiben und analysieren, was ich hier nicht tun kann.[16] Es scheint jedoch unmittelbar einleuchtend, zu sagen, daß Spannungen wie die zwischen großen Zielen und begrenzten Fähigkeiten, vielfältigen Wünschen und begrenzter Zeit usw. unsere faktische Lebensweise immer wieder erschüttern und unsere konkreten Errungenschaften als unwichtig oder beliebig oder nicht lohnend erscheinen lassen können. Eine auf diese Schicht bezogene Frage hätte dann ungefähr die Form: Wie können wir als Wesen mit *dieser* existentiellen Struktur in einer Welt mit *dieser* Struktur möglichst gut leben?

Diese dritte und grundlegende Schicht der Frage nach dem guten Leben ist auf merkwürdige Weise zugleich individuell und allgemein. Sie ist allgemein, sofern sie sich auf menschliche Wesen als solche bezieht, ohne an bestimmte Zeitpunkte, Umstände usw. gebunden zu sein.[17] Andererseits bleibt die Frage individuell, sofern es die einzelne Person ist, die ein Leben führt, in ihrem Leben von existentiellen Spannungen beunruhigt werden und positive Lebensgefühle wie Zufriedenheit erleben kann. Sie bleibt also zu unterscheiden von der moralischen Frage, wie wir gemeinsam leben wollen. Diese geht nicht aus existentiellen Erfahrungen hervor, sondern aus dem Zusammenstoß von Interessen und der Notwendigkeit der Regelung des Zusammenlebens von Personen mit divergierenden Wünschen und Lebensformen. Die Frage des guten Lebens fragt, wie das Individuum, gegeben seine Existenzverfassung und die Verfassung der Welt, am besten leben kann. Die Frage der Moral fragt, wie Individuen, die sich zu ihren Existenzbedingungen auf verschiedene Weise verhalten, ihr Zusammenleben am besten regeln können.

16 Dazu Wolf, »Gefühle im Leben und in der Philosophie«.

17 Ähnlich Williams, *Ethics and the Limits of Philosophy*, S. 20.

5. Das Programm einer formalen Selbstklärung

Der Kern der Frage nach dem guten Leben, den wir jetzt herausgeschält haben, lautet: Wie sollte ich als ein *so* konstituiertes Wesen in einer *so* konstituierten Welt leben? Die Formulierung macht deutlich, daß wir es nicht mit einer gewöhnlichen Frage zu tun haben, die sich mit ein paar Sätzen beantworten ließe. Wie das zweimalige »so« anzeigt, ist die Frage selbst in ihrem Sinn gar nicht ausformuliert. Wir sind also vorläufig gar nicht in der Lage, die Frage auch nur vollständig artikuliert zu stellen, viel weniger natürlich, sie zu beantworten. Um die Frage stellen zu können, müßte man also die menschliche Existenz einerseits und die Welt andererseits oder den Verstehens- und Handlungszusammenhang zwischen Mensch und Welt ausbuchstabieren. Das aber entspricht ungefähr dem, was man sich gewöhnlich unter der Aufgabe der Philosophie vorstellt: Klärung unseres Selbst- und Weltverständnisses im ganzen. Der Explikation des allgemeinen oder formalen Kerns der Frage nach dem guten Leben würde dabei genauer nicht die Analyse des konkreten Verständnisses entsprechen, sondern die Ausarbeitung seiner allgemeinen oder formalen Struktur.

Es gibt Auffassungen der Philosophie, die eine solche Strukturuntersuchung so verstehen, daß sie unmittelbar zu der vorgeschlagenen Herleitung aus den existentiellen Spannungen paßt. So finden wir eine aporetische Auffassung der Philosophie beim frühen Platon. Aristoteles stellt seine Aussagen regelmäßig als Auflösungen von Aporien dar. Kant redet von Antinomien der Vernunft. In der zeitgenössischen Debatte hat Nozick den Unterschied zwischen Philosophie und Einzelwissenschaften so beschrieben, daß die Wissenschaft fragt, wie sich das und das verhält, während die Philosophie fragt, wie das eine der Fall sein kann, vorausgesetzt das und das andere, das dazu in einer Spannung steht.[18] Zum Beispiel: Wie ist Wissen möglich, wenn es nur die vielen veränderlichen sinnlichen Dinge gibt? Oder: Wie ist Freiheit möglich, wenn die Welt durchgängig kausal determiniert ist? Eine von solchen Aporien geleitete philosophische Untersuchung müßte das zugehörige Feld an Phänomenen, Begriffen, Meinungen durchgehen und zu artikulieren versuchen.

18 Robert Nozick, *Philosophical Explanations*, Oxford 1981, S. 9.

Die jetzt erwähnten Fragen legen nahe, daß die Artikulation unseres Selbstverständnisses jeweils auf einen Grenzbegriff wie Wissen bzw. Wahrheit, Freiheit bezogen ist. In der Tat ist von Platon bis Gadamer die These verbreitet, daß die menschliche Selbstdeutung wesentlich einen Vorgriff auf das Gute enthält, auf eine wohlgeordnete Ganzheit, die letztlich vom Ideal eines vollkommen glücklichen individuellen Lebens gespeist ist. Darin liegt die Gefahr, die Unerreichbarkeit des Glücks mittels eines harmonisierenden Selbst- und Weltverstehens zu kaschieren. Es scheint, als könne man diese Gefahr nur dadurch vermeiden, daß man sich ausschließlich auf die Artikulation der Frage bezieht und jeden Bezug auf die gesuchte Antwort ausklammert. Doch das ist ebenfalls nicht sinnvoll, wenn denn die Frage letztlich auf eine Antwort ausgerichtet ist und nur durch die Leitidee eines vollkommen guten Lebens hervorgetrieben wird. Wie könnte man dieser Gefahr aber dann entgehen?

Wenn wir uns darüber im klaren sind, daß eine Antwort zwar erstrebt, aber grundsätzlich nicht vollständig zu erreichen ist, dann könnte man bei der Ausarbeitung der Struktur der Frage auch anders vorgehen. Man müßte dann eigentlich angesichts einer Spannung die Artikulation auf beide Extreme hin vornehmen, also jeweils mögliche alternative Sichtweisen ausbuchstabieren. Was das Problem der Freiheit angeht, könnte man also einerseits herausstellen, wie wir selbst uns sehen, wie die Welt aussieht, wie angrenzende Verstehensbereiche sich darstellen, wenn wir Freiheit voraussetzen, und andererseits zeigen, was genau es bedeuten würde, wenn wir das Gegenteil tun. Aufgabe der Philosophie kann meines Erachtens nur sein, diese verschiedenen Sichtweisen zu explizieren. Welche man sich zu eigen machen sollte, ist keine Frage der *richtigen* Entscheidung, weil weder die eine noch die andere Perspektive die ganze Wahrheit ist, sondern eher eine Frage der subjektiven Färbung der Lebenshaltung, also von Optimismus oder Pessimismus, Selbstvertrauen oder Zurückhaltung usw.

6. Die Spaltung der Untersuchung

Wenn die Aufgabe der Philosophie darin besteht, daß sie die Frage nach dem guten Leben in ihren formal-allgemeinen Aspekten artikuliert, dabei immer nur Teile des Gesamtverstehens durcharbeiten kann und außerdem, will sie nicht zum metaphysischen System werden, alternative Sichtweisen jeweiliger Teilstrukturen anbietet, dann scheint jetzt ihr Rückbezug auf die ursprüngliche individuelle Frage nach dem guten Leben eher schwach zu sein. Denn das Individuum ist unvermeidlich mit der Frage konfrontiert, wie es leben sollte, und es kann nicht gut darauf warten, bis eine philosophische Klärung aller Teilstrukturen des Selbst- und Weltverstehens erreicht ist, sowenig wie es als *eine* Person mit *einem* Leben zu jeweiligen existentiellen Aporien gleichzeitig mehrere sich ausschließende Haltungen einnehmen kann.

Hinzu kommt, daß die philosophische Untersuchung der Frage nach dem guten Leben für Menschen nicht nur hinsichtlich der Allgemeinheit, sondern auch strukturell von der individuellen Frage nach dem guten Leben verschieden bleibt. Die Philosophie ist an die Perspektive des Wir gebunden, sie artikuliert das intersubjektive Verstehen von Leben und Welt. Da andererseits der Bezugspunkt der Strukturbildung regulative Begriffe wie Glück sind, die der individuellen Existenz zugehören, geraten wir in die Schwierigkeit, daß sich Ich-Perspektive und Wir-Perspektive hier überlagern und die Frage, wie dann die Philosophie überhaupt Strukturartikulation im Sinn des formalen Kerns der individuellen Frage nach dem guten Leben sein kann, einer erneuten und ausführlicheren Behandlung bedürfte. An dieser Stelle beschränke ich mich auf die Vermutung, die individuelle Frage könnte statt direktes Thema der Philosophie das Motiv zum Philosophieren sein, womit allerdings die Frage nach dem Gegenstand und dem Zusammenhang von Motiv und Gegenstand offenbleibt.

Was andererseits die individuelle Frage nach dem guten Leben betrifft, so kann sie oft genug auf die Durchdringung des formalen Kerns verzichten.[19] Wo die Frage im Kontext der Moraltheorie steht, ist in der Tat dieser Kern uninteressant, denn die Bedürfnisse, die Menschenrechte begründen, folgen aus allgemeinen empirischen Sätzen. Er ist ebenfalls eher uninteressant im alltäglichen Leben, weil die existentiellen Spannungen grundsätzlich nicht lösbar sind, so daß es keinen zwingenden Grund gibt, über sie nachzudenken, weder in einem Autonomie-Interesse noch in sonst etwas. Wo sie sich andererseits in Ausnahmesituationen aufdrängen,

19 Siehe Wolf »Gefühle im Leben und in der Philosophie«.

fordern sie das Nachdenken heraus. Dieses braucht, wo es um die ganze konkrete Frage mit allen drei Ebenen geht, nicht zum Philosophieren zu führen, sondern ist sinnvoll schon dann geleistet, wenn die Person nach einer für ihre Anlagen und Möglichkeiten geeigneten Lebenshaltung fragt.

Gleichwohl fallen die formale Frage als Kern einer vollständigen konkret-individuellen Frage und die bloße formal-allgemeine Frage, wie ich sie der Philosophie zugewiesen habe, nicht vollständig auseinander. So ist meine Hypothese, daß je nach historischer Epoche oder Kultur die eine oder andere existentielle Problematik (Vergänglichkeit, Kürze des Lebens, Wechselhaftigkeit der Umstände, Unübersichtlichkeit der Welt, Leere des Wollens usw.)[20] das individuelle Lebensgefühl beherrscht und dadurch zugleich den jeweils nächstliegenden konkreten Lebensbereich überlagert. Ein Durchgang durch gleichzeitige philosophische Lehren, in denen sich die jeweils prominente Aporie niederschlägt, kann daher hilfreich dafür sein, die wichtigsten Dimensionen auch der individuellen Frage aufzufinden.

20 Siehe Ursula Wolf, »Einleitung«, in: Aristoteles, *Metaphysik*, Reinbek 1994, S. 13 f., und Ursula Wolf, *Die Suche nach dem guten Leben*, S. 173 ff. Kurz nach diesem Aufsatz ist erschienen: Ursula Wolf, *Die Philosophie und die Suche nach dem guten Leben*, Reinbek 1999.

Tugend und Glück. Was Platon und Aristoteles lehren

Das Wort »Tugend« klingt altmodisch und konservativ. Das mag daher kommen, daß man bei diesem Wort heute zuerst die sogenannten sekundären Tugenden wie Disziplin, Gehorsam, Fleiß assoziiert. Diese Tugenden sind bloß formal, sie können sich mit beliebigen Inhalten verbinden und haben so eine Tendenz, sich zu verselbständigen. Und wo die Inhalte nicht ihrerseits bedacht werden, sondern nur ihre Befolgung interessiert, handelt es sich gewöhnlich um die unhinterfragten überkommenen Vorstellungen vom Richtigen. Eine zweite Gruppe von Haltungen, an die man unter dem Stichwort »Tugend« denkt, hat einen inhaltlichen Sinn; zu diesen Primärtugenden gehören insbesondere die moralischen Tugenden wie Gerechtigkeit, Hilfsbereitschaft usw. Doch weisen auch diese Tugenden eine gewisse Relativität auf. Denn worin beispielsweise gerechtes Handeln besteht, ist in verschiedenen Gesellschaften verschieden verstanden worden und wird auch hier und heute innerhalb unserer Gesellschaft verschieden verstanden.

Sowohl bei den sekundären wie bei den primären Tugenden kann eine Kluft zwischen den Forderungen der Tugend und den individuellen Wünschen bestehen. Wo Kindern einfachhin beigebracht wird, den Anordnungen von Eltern und Lehrern zu gehorchen, ohne daß man diese begründet, wo sie zum fleißigen Lernen angehalten werden, ohne daß ihnen der Sinn und Wert der Lerninhalte erläutert wird, werden ihnen diese sogenannten Tugenden äußerlich bleiben. Aber auch im Fall der moralischen Tugenden könnte die Sozialisation sich auf den Hinweis beschränken, daß Gerechtigkeit bei uns eben so und so verstanden wird und man daher entsprechend handeln müsse. Sollen Primär- und Sekundärtugenden den Individuen nicht äußerlich bleiben, müßte man erklären oder begründen, warum es für die Person sinnvoll ist, bestimmte Tugenden zu besitzen und auszuüben. Doch meistens wird nicht dies geleistet, sondern es werden Handlungsregeln oder Normen zu begründen versucht, und so gerät der Tugendbegriff noch auf andere Weise in Zweifel, denn Tugenden wären dann nichts weiter als Dispositionen, sich an bestimmte Normen zu halten.

Nicht nur scheint also das Haben von Tugenden äußerlich und für selbstbestimmte Individuen nicht wünschenswert; auch die ganze Rede von Tugenden scheint entbehrlich. Darin liegen zwei verschiedene Probleme, die wir von Anfang an trennen sollten. Die *erste* Frage lautet, ob wir den *Begriff* der Tugend im größeren Kontext unserer Rede von menschlichen Handlungen, Motiven, Moral usw. brauchen oder ob er überflüssig ist. Diese Frage ist eine Frage der Handlungstheorie, die eine Klärung des genannten Begriffs- oder Verstehensfelds verlangt. Sollte sich der Begriff als unentbehrlich erweisen, stellt sich *zweitens* die praktische Frage, ob es für Personen erstrebenswert ist, Tugenden zu haben, *welche Tugenden* man haben sollte, ob die bekannten tradierten Tugenden noch vertretbar sind oder ob man sich Tugenden denken kann, die das autonome Individuum als Teil seiner Persönlichkeit bejahen kann.

1. Zum Begriff einer Tugend

Was vielen heute anstößig vorkommt, ist genaugenommen das Wort »Tugend«, und zwar einfach aufgrund der Wortgeschichte. Über das Phänomen oder die Sache, auf die sich das Wort bezieht, ist damit jedoch noch nichts ausgemacht. Die Bedeutung und den Stellenwert dieser Sache kann man von zwei Seiten her deutlich machen, zunächst im Kontext der Moral, sodann im Kontext des guten individuellen Lebens.

In der Moralphilosophie, die in Deutschland durch Kant geprägt ist, hat man sich vorwiegend an der Frage der moralischen Richtigkeit von Handlungen und der Begründung von Normen orientiert. Die Frage nach den handelnden Personen und der Verankerung der Moral in deren Charakter wurde wenig beachtet, weil Kant die Moral aus der reinen Vernunft und gerade nicht aus der empirischen Natur des Menschen ableiten wollte. Das ist, wenn man an einer zwingenden Begründung der Moral interessiert ist, verständlich. Jedoch hat bereits Schopenhauer gegen Kant darauf hingewiesen, daß – wie alle Handlungen – auch moralische Handlungen aus der empirischen Beschaffenheit von Personen erklärbar sein müssen, daß sich zumindest im Prinzip aufweisen lassen muß, wie Handeln aus echter moralischer Motivation möglich ist. Schopenhauer hat als das echte moralische Motiv das Mitleid aufgewiesen, in dem das Wohl anderer Menschen (oder auch Tiere) mich ebenso direkt zum Handeln bewegt wie sonst mein eigenes. Dagegen wird häufig geltend gemacht, daß das Mitleid ein natürliches Gefühl und wie alle solchen Affekte launisch ist. Wer ist wirklich sicher, daß er angesichts des Mißgeschicks einer ihm verhaßten Person Mitleid und nicht Schadenfreude empfindet? Ein gewöhnliches natürliches Gefühl reicht also nicht aus, um die Verankerung der Moral in den handelnden Personen zu gewährleisten. Wenn moralische Normen tatsächlich das Zusammenleben in der Gesellschaft bestimmen sollen, dann müssen die Personen entsprechende Charakterdispositionen ausbilden, aufgrund derer sie die Normen befolgen. Doch auch das genügt noch nicht, wenn wir eine wirklich moralische Gemeinschaft haben wollen. Die Charakterhaltung könnte ja so beschaffen sein, daß die Person Handlungen unternimmt, welche äußerlich den moralischen Normen gemäß sind, aber aus sekundären Gründen getan werden, also etwa um Strafe oder Tadel oder Schuldgefühle zu vermeiden. Hingegen wird man sich eine wirklich moralische Gesellschaft so vorstellen, daß sich ihre Mitglieder mit den Normen identifizieren, sie aus Einsicht befolgen und so die entsprechenden Charaktereigenschaften bejahen.

Wir haben jetzt *eine* Möglichkeit verfolgt, den Begriff der Tugend zu lokalisieren. Demnach sind Tugenden Dispositionen, sich gut zu verhalten, wobei das, was hier »gut« heißt, durch die sozialen Normen bestimmt ist. So gesehen wären Tugenden ein psychologisch und sozial wichtiges, aber moraltheoretisch nicht sonderlich interessantes Phänomen. Letzteres deswegen nicht, weil sie nur relativ zu Normen definiert wären, die Frage also, was moralisch richtig ist und welche Charakterhaltungen Tugenden sind, auf die Frage nach der Begründetheit der entsprechenden Normen verweist. Doch vielleicht ist damit das Phänomen der Tugenden noch nicht zureichend charakterisiert. Wie schon erwähnt, können Normen der Person äußerlich sein. Das gilt auch dort, wo Normen begründet sind. Denn der Begründungstyp, den wir auf Normen anwenden, zeigt, daß die Norm moralisch richtig, gut für die Regelung des Zusammenlebens ist. Davon zu unterscheiden sind die Gründe für das Individuum, sich an die richtige Norm im Rahmen seines Lebens zu halten. Wenn das zutrifft, ist sie aber deswegen noch nicht etwas, was das Individuum selbst im Kontext seiner Gründe befolgen will. Hinzu kommt, daß Tugenden sich auf Handlungsbereiche erstrecken können, die sich der Erfassung durch explizit formulierbare Normen entziehen, etwa die Tugend der Freundlichkeit oder Dankbarkeit. Die antike Philosophie nimmt außerdem Tugenden an, die nicht den moralischen Charakter betreffen, sondern den Intellekt auszeichnen, etwa die moralische Urteilsfähigkeit der Person.

Die antike Philosophie lokalisiert das Phänomen der Tugenden auf ganz andere Weise; sie führt es nicht in Korrespondenz zu den gesellschaftlichen Normen ein, sondern so, daß gerade das Individuum in der Suche nach dem eigenen Glück solche Charakterhaltungen, wie die Tugenden sie darstellen, braucht. Der antike Begriff der Tugend ist nicht auf den moralischen Kontext beschränkt, und erst wenn wir uns diesen erweiterten Kontext des Phänomens klarmachen, wird deutlich, daß es eine zentrale Rolle spielt und weder verzichtbar noch anstößig ist, wie anrüchig auch das *Wort* »Tugend« sein mag. Außerdem wird dann klar, wie die Frage, welche Tugenden wir brauchen, zu verstehen und zu beantworten ist.

In der philosophischen Begrifflichkeit dient »Tugend« als Äquivalent für das griechische Wort *arete.* Dieses Wort ist schwer übersetzbar. Es gehört zu *agathos*, »tauglich«, »gut« und läßt sich zunächst einführen in funktionalen Kontexten, relativ zu einem Zweck einer Art von Dingen. Zum Beispiel sind Messer zum Schneiden da, haben die Funktion des Schneidens, und ein *gutes* Messer besitzt die für diese Art von Dingen spezifische *arete*, es ist tauglich zum Schneiden, man kann mit ihm gut schneiden. Auch unser Wort »Tugend« leitet sich etymologisch von »taugen« ab, hat aber diesen ursprünglichen Bedeutungskontext heute verloren.

Wenn die Tugend im Sinn der *arete* das Gutsein von etwas derart ist, daß es seine Aufgabe gut erfüllt, worin besteht dann die *arete* des Menschen? Das ist leicht zu beantworten für die Griechen in der archaischen Periode, wo ein klares Ziel des menschlichen Lebens vorgegeben ist, der Heldenruhm. Gut mit Bezug auf diese Aufgabe ist, wer die Charaktereigenschaft der Tapferkeit besitzt, und so wäre diese die entscheidende Tugend. Später, in der Phase der Polis, verfällt dieses Ideal und wird durch die Vorstellung abgelöst, daß das Individuum eine Funktion innerhalb des Ganzen des Stadtstaates hat. Entsprechend rücken Charaktertugenden wie Besonnenheit und Gerechtigkeit in den Vordergrund. Doch hier stoßen wir auf ein Problem, das Sokrates in Platons Frühdialogen immer wieder herausstellt. Die tatsächliche Polisordnung ist nicht optimal, und wenn die menschliche *arete* als Tauglichkeit zur Erfüllung einer Aufgabe in dieser Ordnung bestimmt ist, dann handelt es sich um ein menschliches Gutsein relativ zu dieser, aber nicht um das *wahre* menschliche Gutsein, das mit Bezug auf eine *gute* Ordnung definiert sein müßte. Diese gute Ordnung ist, wie Sokrates sagt, nicht die faktische Ordnung, sondern die »göttliche«, wobei »göttlich« einfach gleichbedeutend mit »wahr« oder »richtig« ist. Diese Ordnung des Ganzen kennen wir, wie Sokrates sagt, als Menschen nicht vollständig, oder wie wir vielleicht dasselbe ausdrücken würden: wir sind nicht im Besitz einer vollständig artikulierten Sozialutopie, der sich konkrete Direktiven für die Frage nach den guten individuellen Handlungen entnehmen lassen. Kann man dann überhaupt von einer Aufgabe des Menschen reden und Tugenden mit Bezug auf sie bestimmen?

Wenn das gute Ganze und unsere Stellung in ihm nicht wißbar ist, liegt es nahe zu sagen, daß wir als Menschen nicht eine äußere Aufgabe haben, sondern eine interne Funktion, welche darin besteht, das eigene Leben zu vollziehen. Der Zielpunkt dieses Vollzugs, darin ist sich die gesamte griechische Philosophie einig, ist das gute Leben, das Glück. Die *arete*, die Tugend, ist gemäß dieser Konzeption das, was uns befähigt, das eigene Leben gut zu vollziehen und glücklich zu leben. In diese Überlegung werden auch die moralischen Tugenden eingebaut. Sie sind, so die antike Philosophie, erforderlich, um ein glückliches Leben zu leben.

2. Glückstugenden

Aristoteles bestimmt unsere interne Funktion so, daß er nach den spezifisch menschlichen Fähigkeiten fragt, welche uns von Pflanzen und Tieren unterscheiden. Er teilt diese Fähigkeiten in zwei große Bereiche ein: die intellektuellen Fähigkeiten einerseits und das sogenannte Strebevermögen, worunter die Affektivität und das Wollen fallen, andererseits. Wer die intellektuellen Fähigkeiten in hohem Maße besitzt und gut ausübt, weist die Tugenden des Vernunftvermögens auf. Diese werden ihrerseits in theoretische und praktische eingeteilt. Dabei weist die praktische Vernunfttugend, die sogenannte Phronesis, die Eigentümlichkeit auf, nicht ohne die

Tugenden des Strebevermögens aufzutreten. Diese sind umgekehrt in vollem Sinn nicht ohne die Phronesis vorhanden, jedoch müssen Vorstufen von ihnen schon in der Kindheit noch vor Ausbildung eigener Überlegungsfähigkeit antrainiert werden, damit die Tugenden in vollem Sinn samt praktischer Vernunfttugend erworben werden können.

Aristoteles geht davon aus, daß wir natürliche Fähigkeiten haben, Gefühle oder Affekte zu empfinden. Diese Affekte reagieren jeweils in einer mit Lust oder Unlust besetzten Weise auf bestimmte Situationen, mit denen wir von außen konfrontiert werden. So reagiert der Affekt der Furcht auf Gefahrensituationen, der Affekt des Zorns auf Kränkungen, und dies so, daß mit dem Gefühl zugleich ein Handlungsantrieb oder Wunsch einhergeht, beim Zorn etwa das Streben nach Rache, bei der Furcht der Wunsch zu fliehen. Wie es mannigfache Situationen gibt, in denen wir uns befinden, so sind die Affektantworten mannigfach; sie sind außerdem von Natur aus teils heftig, teils schwach. Menschen werden nun, so Aristoteles, bereits in der Kindheit, wo sie noch nicht selbst über ihr Leben nachdenken können, abgerichtet in der Weise, daß sie bei den »richtigen« Gegenständen Lust und Unlust empfinden, indem zum Beispiel Furcht getadelt und Mut gelobt wird. Dadurch entsteht jeweils eine feste Haltung (*hexis*), auf Situationen der und der Art so und so zu reagieren. Die gute Haltung, im Beispiel die Tapferkeit, ist die *arete* oder Tugend. Sie ist jeweils die Mitte zwischen zwei schlechten Haltungen, hier der Tollkühnheit und der Feigheit. Diese Rede von der Mitte hat einen gewissen quantitativen Sinn, was die Affekte angeht. Mit Bezug auf die Handlung ist sie bloß metaphorisch und verweist auf die Ergänzung durch die Vernunft; die mittlere Handlung ist nämlich diejenige, die gemäß der praktischen Überlegung richtig ist.

Das für unsere heutigen Ideale vom autonomen Individuum Befremdliche an dieser Auffassung ist, daß auf der ersten Stufe der Erzieher bestimmt, welche Charakterdispositionen Kinder entwikkeln sollen. Und woher weiß dieser, welches die geeigneten Charaktereigenschaften sind, die angewöhnt werden sollten? Sokrates ist von einigen Mitbürgern angeklagt und verurteilt worden mit dem Vorwurf, er verderbe die Jugend. Dagegen läßt Platon seinen Sokrates immer wieder sagen, gerade er kenne und lehre die *wahre* menschliche Tugend. Wie aber läßt sich entscheiden, ob Sokrates recht hat oder seine Gegner, zumal die bekannte Einsicht des Sokrates in das eigene Nichtwissen gerade auf diesen Kontext bezogen ist? Die Gegenspieler des Sokrates, die Redner und Sophisten, plädieren weniger für andere inhaltliche Tugenden als vielmehr für ein Leben, das sich *ad hoc* den Erfordernissen des Tages anpaßt. Und ist es nicht in der Tat eher im Sinn einer reflektierten Person, jeweils in der Situation zu überlegen, was das Beste ist, statt aufgrund eines verfestigten Charakters zu entscheiden?

Beginnen wir mit der letzten Frage. Die moderne Ethik insbesondere deutscher Spielart hat in der Tat einseitig die Vernunftfähigkeit des Menschen betont. Doch wenn wir den Tugendbegriff wie erläutert im umfassenderen Kontext lokalisieren, dann hat die vernünftige Überlegung als letzten Bezugspunkt das für die jeweilige Person im ganzen gute Leben. Um dieses gute Leben zu finden, müssen wir allen Aspekten unserer Ausstattung Rechnung tragen. Als empirische Organismen sind wir, ob wir wollen oder nicht, Wesen mit Kausaleigenschaften. Die Gewöhnung an Verhaltensweisen in der Kindheit ebenso wie die Wiederholung von Handlungsmustern im späteren Leben schlägt sich in Dispositionen nieder. Das liberale Ideal einer Erziehung zur eigenen Vernunft oder Autonomie, welche inhaltliche Werte der späteren Entscheidung des erwachsenen Individuums überläßt, ist in dieser Hinsicht illusionär, weil sich Charakterhaltungen, die Reaktionen ebenso wie Ziele bestimmen, unvermeidlich schon im präreflexiven Alter verfestigen.

Doch ist auch Aristoteles der Meinung, daß die charakterliche Tugend im vollständigen Sinn erst vorliegt, wo sie sich beim Erwachsenen mit der intellektuellen Tugend der praktischen Urteilsfähigkeit verbindet. Zum richtigen praktischen Überlegen ist allerdings nur fähig, wer zuvor schon den richtigen Charakter erworben hat. Die Ausrichtung auf das gute Leben liegt in den Wünschen der Person, die aus ihrem Charakter hervorgehen. Die praktische Überlegung bezieht sich lediglich darauf, wie diese Wünsche in der konkreten Situation zu artikulieren sind, um Bestandteile des guten Lebens zu sein. Platon führt in seinen frühen sokratischen Dialogen immer wieder vor Augen, wie Menschen, denen die richtige Charakterbildung fehlt, auch nicht in der Lage sind, der vernünftigen Überprüfung ihrer praktischen Meinungen zu folgen. Das heißt aber, daß Menschen genau dann ihr Leben im Sinn der ganzen menschlichen *arete* vollziehen, wenn sie in ihrer gesamten

Persönlichkeit so geordnet sind, daß sie in allem, was sie tun, durch ihr ganzes Leben hindurch der Vernunft folgen. Und dieses Vernünftigsein soll gerade das gute oder glückliche Leben ausmachen.

Eine solche Vorstellung vom Glück erscheint uns vielleicht nicht gerade attraktiv. Gehört zum Glück nicht auch, daß man sich manchmal auf Erfahrungen einläßt, die mit einem ruhigen Leben der Vernunft nicht vereinbar sind? Daß man gegen alle Vernunft an einem Traum festhält, der einem viel bedeutet? Um die griechische Sicht zu verstehen, muß man sich klarmachen, daß der Begriff des Glücks, der Eudaimonia, für sie einen stärkeren Sinn hat als unser Begriff des Glücks. Gefragt ist damit nach einem in jeder Hinsicht und vollständig und durchgängig guten Leben, das gesucht wird als Gegenentwurf zur Wechselhaftigkeit. Das griechische Lebensgefühl ist tief geprägt von der Erfahrung, daß wir als Menschen von außen dem Wechsel günstiger und ungünstiger Bedingungen und von innen dem Auf und Ab der eigenen Affekte ausgesetzt sind. Ungünstige Bedingungen und unlustvolle Affekte schmälern das Glück, und daher können wir, so die Überlegung im Hintergrund, vollkommen glücklich nur leben, wenn wir eine Lebensform finden, die uns unabhängig von dieser Veränderlichkeit macht. Das Leben der Tugend bietet genau eine solche Möglichkeit: Es befähigt uns, überlegt zu handeln und so eine reflexive Distanz zur eigenen Affektivität zu haben; und es ist etwas, was bei uns liegt und uns so unabhängig von äußerem Wechsel macht. Dies dürfte ungefähr die Motivation sein, die hinter dem Ideal des Lebens der Tugend als dem glücklichen Leben steht.

Doch schon Platon weiß, daß auch dieses Lebensideal Mängel hat. Erstens bleibt die Fähigkeit zur praktischen Überlegung eine menschliche Fähigkeit und somit das entsprechende Leben irrtumsanfällig. Des weiteren verlangt die Ausübung der Tugenden in der Realität das Vorliegen geeigneter Bedingungen (beispielsweise kann Großzügigkeit üben nur, wer über entsprechendes Vermögen verfügt). Schließlich verbiegt dieser Vorschlag die alltägliche Vorstellung vom Glück, für die neben dem Gutsein der Person auch ihr äußeres Glück eine Rolle spielt. Dieser Punkt wird von Aristoteles deutlich herausgestellt: Es entspricht nicht der üblichen Auffassung vom Glück, wenn man behaupten würde, daß Priamos, nachdem er all seine Söhne verloren hat, aber sein Schicksal in der Weise der *arete* trägt, vollkommen glücklich ist. Aristoteles sieht sich durch diese Beobachtung veranlaßt, einen zweiten, stärkeren Glücksbegriff einzuführen. Priamos mag *eudaimon* sein, aber *makarios*, vollkommen glücklich, wäre er erst, wenn auch die äußeren Umstände entsprechend wären.

Die ausschließliche Auszeichnung des Lebens gemäß der Tugend kann man daher als Vereinseitung betrachten, die der Überwindung der Wechselhaftigkeit des Lebens dient. Sehen wir von dieser Vereinseitung ab, dann kann das gute Leben noch anderes enthalten. Die antike Empfehlung der Tugenden behält dennoch einige Plausibilität, wenn wir uns klarmachen, daß wir Wesen sind, die in ihrer materialen Ausstattung Affekte und Antriebe und letztlich kausale Dispositionen und Fähigkeiten haben, die aber gleichzeitig mit Hilfe der Vernunft über Situationen hinausgehen und nach dem für sie im ganzen guten Leben fragen *können.* Das Interesse an einer einheitlichen Organisation der materialen Ausstattung liegt dann zumindest nahe. Sicher *muß* man diese ganzheitliche Frage nicht stellen, sondern kann auch so leben, daß man verschiedene Konzeptionen für verschiedene Lebensbereiche und Lebensabschnitte hat. Aber da die Überlegungsfähigkeit diese Teile übergreift, da unsere verschiedenen Wünsche in Konflikt geraten und so eine übergeordnete Abwägung verlangen können, da wir in begrenzter Lebenszeit nicht alle Ziele erreichen können, sondern auswählen müssen, spricht einiges für die Bemühung um eine einheitliche Persönlichkeit. Der Hinweis des Aristoteles, daß wir später einmal frühere Handlungen bereuen können und uns dann zerrissen und uneins mit uns fühlen, scheint auch heute noch verständlich, wie etwa die Vorstellung von der persönlichen Identität zeigt.

3. Moralische Tugenden

Sofern sich die Tugend als nützlich herausgestellt hat, gehört sie in die zweite der eingangs genannten Lokalisierungen, ist also ratsam im Kontext des guten Lebens. Neben der Vernunftfähigkeit könnte man insbesondere zwei der klassischen Charaktertugenden nennen, die sich hier einordnen lassen, die Tapferkeit und die Besonnenheit, bezogen auf die beiden Seiten unserer materialen Ausstattung, die Affekte und die Antriebe. Die Tapferkeit ist dabei im weiten Sinn zu verstehen als Standhaftigkeit oder Durchhaltevermögen, das heißt als diejenige Charakterhaltung, die uns an langfristigen Zielen festhalten läßt, auch dort, wo momentane Unlust dagegensteht. Die Besonnenheit auf der anderen Seite wäre das Korrektiv der Begierden und Wünsche; sie würde sicherstellen, daß wir nur denjenigen Wünschen folgen, die von der Überlegung gebilligt werden. Tatsächlich könnte man sagen, daß wir hier zu einer Rehabilitierung gerade der verdächtigen formalen Tugenden gekommen sind, denn Durchhalten und Besonnenheit sind nicht an bestimmte inhaltliche Ziele oder Wünsche gebunden, sondern beziehen sich auf den Umgang mit Zielen und Begierden allgemein. Diese beiden Tugenden sind weniger anstößig als die heute angeführten Sekundärtugenden, die den Beigeschmack der Abhängigkeit und Äußerlichkeit haben. Denn es handelt sich jetzt um Charakterhaltungen, die für die Person selbst im Kontext ihrer Ausrichtung auf ein im ganzen gutes Leben wichtig sind. Wenn wir die Sekundärtugend der Disziplin ersetzen durch die Fähigkeit, an den eigenen Zielen festzuhalten, und wenn wir den Gehorsam gegenüber Vorgesetzten oder Älteren ersetzen durch die Einstellung, in der die eigenen Affekte und Wünsche auf die Vernunft hören, gewinnen wir Tugenden, die zu besitzen und auszuüben für die Person einen guten Sinn hat.

Läßt sich ähnliches auch für die moralischen Tugenden zeigen? Platon und Aristoteles versuchen auf diese Weise zu begründen, daß die Moralität für das Individuum ein notwendiger Bestandteil seines Glücks ist. So führt Platon aus, wer besonnen in seiner Persönlichkeit sei, der tue auch anderen gegenüber das Richtige, verfüge also auch über die Tugend der Gerechtigkeit. Eine genauere Erklärung für diesen Übergang gibt Platon allerdings nicht. Auch Aristoteles parallelisiert die moralischen Tugenden mit den Glückstugenden. Das Argument für letztere war, daß ihr Besitz die Einheit der Person sicherstellt, die so ihre Affekte im richtigen Maß hat und vernunftgeleitet mit ihnen umgehen kann. Doch betrachten wir eine moralische Tugend wie die Menschenfreundlichkeit, so geht es genaugenommen nicht darum, den Affekt der Freundlichkeit im richtigen Maß, nicht zu viel und nicht zu wenig zu haben. Das Entscheidende an der moralischen Tugend ist nicht das richtige Maß im Einzelfall, sondern die Universalität, also eine Einstellung, aufgrund derer man allen Menschen gegenüber freundlich gesinnt ist. Es handelt sich also bei den moralischen Tugenden offenbar um internalisierte allgemeine Normen. Ist dann, um die Eingangsfragen aufzunehmen, die Rede von *moralischen* Tugenden sekundär oder sogar entbehrlich gegenüber der von allgemeinen sozialen Normen, und wie verhält sich die Begründung der jeweiligen Norm zu den Gründen, die das Individuum motivieren können, sich die Norm in der Weise einer Tugend anzueignen?

Ein gängiges Argument dafür, daß sich moralische Tugenden nicht auf Normen reduzieren lassen, lautet, daß einige Tugenden wie Dankbarkeit oder Freundlichkeit sich auf sehr verschiedene Weisen im Handeln zeigen können und nicht eine eindeutige Norm der Art »Immer wenn die und die Situation besteht, tue das und das« implizieren. Aber das gilt vielleicht genaugenommen für alle Normen. Auch eine sprachlich schlicht formulierbare Norm wie »Du sollst nicht lügen« ist nur eine ungefähre Handlungsregel, deren Befolgung in schwierigen Situationen, etwa wenn ein Konflikt mit einer anderen Norm besteht, abgewogen werden muß. Und umgekehrt kann man natürlich auch eine Norm »Man soll allen Menschen gegenüber freundlich sein« aussprechen, auch wenn diese keine sehr klaren konkreten Handlungsanweisungen enthält. Der normative Gehalt ist also derselbe, ob er in einer allgemeinen Handlungsregel formuliert oder in einer Tugend internalisiert ist. Der Unterschied liegt im Zugang zu diesem Inhalt. Denn es ist natürlich etwas anderes, ob etwas in der Form einer Norm gefordert oder von einer Person als Teil ihres Charakters gewollt wird. Zur moralischen Tugend der Person gehört, wie Aristoteles herausgestellt hat, die praktische Urteilsfähigkeit, die Sensibilität der Einschätzung von Situationen, und dies ist etwas, was nur Personen mit Tugenden haben können und was anders nicht anzutreffen ist. Solange wir nur von sozialen Normen und von Individuen reden, die mit diesen Normen konfrontiert werden und sie befolgen oder nicht, wäre allenfalls eine mechanische Anwendung von Normen denkbar, und das Phänomen einer angemessenen und sensiblen Bewertung von konkreten moralischen Situationen wäre nicht verständlich zu machen.

Doch warum sollten Personen moralische Tugenden, die soziale Normen implizieren, also Forderungen, eigene Wünsche zurückzustellen, überhaupt bejahen und beibehalten wollen, sobald sie sich über diesen Tatbestand im klaren sind? Das erwähnte Argument Platons, wer besonnen sei, habe auch die moralischen Tugenden, hat ungefähr folgenden Sinn: Wer besonnen ist, ist eins mit sich selbst, in seiner eigenen Persönlichkeit wohlgeordnet. Ein solcher Mensch will aber auch in einer Gesellschaft leben, die in einer guten Verfassung ist; diese Wohlgeordnetheit des sozialen Kontextes ist eine Glücksbedingung auch des individuellen Lebens. Also müßte die Person eigentlich versuchen, die Gesellschaft im ganzen gut zu ordnen, wozu ihr aber die Macht fehlt. Sie kann daher nur umgekehrt vorgehen, nämlich selbst gut sein und die Menschen in der näheren Umgebung gut zu machen versuchen. Auch wenn es keine Garantie gibt, daß eigenes gerechtes Handeln Gerechtigkeit bei anderen erzeugt, so bringt doch, wer ungerecht handelt, ein Stück mehr Ungerechtigkeit in die Welt und vermindert so auch die eigenen Glücksbedingungen.

Vielleicht ist dieses Argument, wenn man von der klassischen Wertschätzung von Ordnung und Harmonie einmal absieht, nicht ganz unsinnig. Man könnte es dann so aufnehmen: Zum eigenen guten Leben gehört auch, daß es den anderen gutgeht, denn das Wissen vom Leiden anderer kann uns betreffen und unser eigenes Glück mindern. Folglich müssen wir das Vorhandensein von Moralität wollen, damit vermeidbares – von Menschen selbst erzeugtes – Leiden verhindert wird. Auch wenn die Moralität eines Individuums allein dazu nicht viel beiträgt, liegt in dieser Überlegung doch, daß die Person das Moralischsein bejahen und für eine wünschenswerte Eigenschaft von Personen halten müßte, also Grund hätte, moralische Tugenden als Bestandteile auch ihres eigenen Personseins zu wollen.

Warum sich die metaphysischen Fragen nicht beantworten, aber auch nicht überwinden lassen

> Jedoch eins ist geblieben: das scharfumrissene helle Licht, das Carnap mit seiner Forderung nach Durchsichtigkeit und Sachhaltigkeit [...] auf philosophische Probleme richtete. [...] als das neue Licht zuerst aufgeblendet wurde, schien es, als seien alle metaphysischen Probleme verschwunden. Nach und nach wurden fast alle wiederentdeckt: sei es, daß sich unsere Augen, zunächst durch die Helligkeit geblendet, erst allmählich an genaues Sehen gewöhnt haben, sei es, daß die metaphysischen Probleme, von der Lichtfülle zuerst vertrieben, inzwischen wieder zutraulich genug geworden sind, sich ihrem alten Rätselfreund, dem Menschen, von neuem zu nähern.
>
> Günther Patzig (1966) in seinem Nachwort zu Carnap, *Scheinprobleme in der Philosophie*

I. Drei Momente der Distanz

In den Jahren, aus denen Patzigs Äußerung stammt, galten die Arbeiten des Logischen Positivismus in der Tat als besonders klar, scharf und entsprechend auch leicht verständlich. Neuerdings jedoch mache ich in Seminaren die Erfahrung, dass die Studierenden eine Generation später ausgerechnet diese vollständig durchsichtigen Texte für schwer nachvollziehbar halten. Obwohl ich nicht ganz sicher bin, was der Grund ist, vermute ich, er hängt damit zusammen, dass man es heute für selbstverständlich hält, dass die Philosophie unsere alltäglichen Vorstellungen einfangen und der Pluralität dieser Vorstellungen Rechnung tragen muss; mit diesen Erwartungen ist ein Reduktionismus von der Strenge und Ausschließlichkeit, wie Carnap ihn vertritt, in der Tat nicht sehr befriedigend.

Doch bereits Patzig konstatiert, dass wir Carnaps metaphysikkritische Texte nur noch mit Distanz lesen können. Das betrifft zum einen die Wissenschaftsgläubigkeit. In seiner »intellektuellen

Autobiographie« schreibt Carnap: »[...] die meisten der Kontroversen in der traditionellen Metaphysik erschienen mir steril und unfruchtbar. Wenn ich diese Art von Argumentation mit Untersuchungen und Diskussionen in der empirischen Wissenschaft oder in der logischen Analyse der Sprache verglich, fiel mir oft die Vagheit der Begriffe und die mangelnde Schlüssigkeit der Argumente auf.«[1] Die blinde Begeisterung für die Fortschritte in Wissenschaft und Logik aber können wir, wie Patzig formuliert, nach der Erfahrung »von den Arsenalen des Schreckens, die eben dieselben Wissenschaften dem Menschen in die Hände gegeben haben«, nicht mehr teilen.[2]

Noch ein weiteres Motiv, das Patzig anführt, die Abwehr gegen irrationalistische Formen von Metaphysik, die damals weit verbreitet waren, fehlt uns heute, weil diese Art von Metaphysik innerhalb der akademischen Philosophie ausgestorben ist. Was bleibt nach dieser mehrfachen Distanzierung von Carnaps Vorstellungen übrig?

II. Die Thesen

Rekapitulieren wir kurz die Thesen, die Carnap in dem klassischen metaphysikkritischen Aufsatz *Überwindung der Metaphysik durch logische Analyse der Sprache*[3] vertritt. Metaphysische Sätze sind nach Carnap nicht falsch, ungewiss oder unfruchtbar, sondern sinnlos (220), entweder weil sie sinnlose Wörter enthalten oder weil ihre Form keinen Sinn ergibt. Sinnvolle Wörter sind auf solche zurückführbar, die in Elementarsätzen vorkommen, die eine bestimmte Verifikationsmethode haben. Und sinnvoll geformte Sätze sind solche, die in einer logisch korrekt aufgebauten Sprache formuliert sind. Es gibt nur zwei Arten sinnvoller Sätze: empirische Sätze und Sätze der Logik und Mathematik (236). Carnaps These ist daher nicht nur, dass *metaphysische* Sätze sinnlos sind, sondern dass es

1 In: Paul Arthur Schilpp (Hg.), *The Philosophy of Rudolf Carnap*, La Salle 1963, S. 44 f.

2 Günther Patzig, Nachwort, in: Rudolf Carnap, *Scheinprobleme in der Philosophie*, Frankfurt/M. 1966, S. 97.

3 Rudolf Carnap, »Überwindung der Metaphysik durch logische Analyse der Sprache«, in: *Erkenntnis* 2 (1931), S. 219-241.

überhaupt keine *philosophischen* Sätze geben kann. Die Philosophie kann nur die Methode der logischen Analyse sein, die zur Auflösung sinnloser Sätze führt (237). Allerdings räumt Carnap dieser Methode doch auch eine gewisse positive Aufgabe ein; sie dient auch zur Klärung sinnvoller Begriffe, zur logischen Grundlegung der Realwissenschaften und Mathematik. Sätze, die diese positive Aufgabe erfüllen, bleiben allein als Nachfolge der Philosophie übrig; sie sind teils empirische Sätze, teils Sätze der Metalogik.

Natürlich meint Carnap damit nicht, dass nur empirische und logische Sätze sinnvoll im normalen alltäglichen Verständnis sind. Was er meint, muss man genauer so ausdrücken, dass alle anderen Sätze keine *kognitive* Bedeutung haben, keine Sachverhalte ausdrücken, nichts aussagen.[4] Einen Sinn in der gewöhnlichen Bedeutung, dass wir sie verstehen können, haben auch Sätze, die keine Aussagen machen, sondern Gefühle ausdrücken, Aufforderungen enthalten usw. Was die Metaphysik betrifft, verliert Carnaps These dadurch trotzdem nicht ihre Relevanz. Denn die Metaphysik beansprucht sicherlich, Aussagen zu machen, die Erkenntnisse enthalten.

Allerdings verwundert in diesem Zusammenhang, dass Carnap nirgends definiert, was er mit »Metaphysik« meint. Er führt lediglich Beispiele für metaphysische Sätze an, und er versucht ihre Funktion anzugeben, wonach sie zum Ausdruck des Lebensgefühls dienen (238). Aber das scheint nicht besonders hilfreich und entspricht im Ergebnis auch kaum dem, was man unter »Metaphysik« versteht. Der Satz »ich bin traurig« ist Ausdruck eines Lebensgefühls, aber sicher keine Metaphysik. Und ein Beispielsatz umgekehrt, wie ihn Carnap aus Heidegger zitiert, »Das Nichts ist ursprünglicher als das Nicht«, hat wenig von einem Gefühlsausdruck an sich. Ehe wir Carnaps Kritik an metaphysischen Sätzen bewerten können, müssen wir daher einen ungefähren Begriff von Metaphysik bestimmen.

4 Wie Carnap selbst später richtigstellt, siehe Schilpp, *The Philosophy of Rudolf Carnap*, S. 45.

III. Was ist Metaphysik?

Die Metaphysik ist die traditionelle Kerndisziplin der Philosophie. Sie hat, so die klassische Vorstellung, anders als die Einzelwissenschaften nicht diesen oder jenen Gegenstandsbereich zum Thema, sondern das Ganze, und zwar so, dass die Sätze der Philosophie in besonderem Maß notwendig oder begründet sind. Dies ist ein von vornherein problematischer Anspruch, weil gerade das Ganze nicht vollständig wissbar scheint; dann aber ist fraglich, wie es ausgerechnet mit Bezug auf das Ganze ein absolut notwendiges Wissen geben sollte. Da man sicher nicht in dem Sinn alles wissen kann, dass man alles Einzelne, was Gegenstand der verschiedenen Wissenschaften ist, inhaltlich weiß, liegt es nahe, ein formales Wissen vom Ganzen anzunehmen.

Ein formales Wissen liegt in der Tat vor in den Sätzen der Logik. Doch das Ganze der Metaphysik erschöpft sich nicht in dem, was die Sätze der mathematischen Logik oder Metalogik aussagen. Gegenstand der Metaphysik sollte alles, das Ganze der Phänomene oder des Verstehens sein, und das menschliche Verstehen reicht sehr viel weiter als die Logik. Darüber hinaus haben die Fragen und Sätze der Metaphysik eine andere Struktur als die der Einzelwissenschaften. Die Wissenschaft fragt, wie sich das und das verhält. Die typischen metaphysischen Fragen hingegen haben jeweils Aporien oder Spannungen zum Hintergrund und fragen daher, wie das eine möglich ist, gegeben das und das andere.[5] Also zum Beispiel: Wie kann man überhaupt ein sicheres Wissen erreichen, wenn es nur die vielen veränderlichen Dinge gibt? Oder: Wie ist Willensfreiheit möglich, wenn die Welt durchgängig kausal determiniert ist?

Diese Spannungen gehen, so meine Hypothese, aus Aporien hervor, die in der Struktur der menschlichen Existenz angelegt sind. Wenn wir Platons Philosophiebegriff zum Ausgangspunkt nehmen, ist die grundlegende Aporie die praktische, dass wir vollkommen glücklich werden wollen, aber als endliche Wesen in einer veränderlichen Welt leben und so ein vollkommen Gutes weder wissen noch erreichen können. Für ein Wesen, das einerseits in seinen Fähigkeiten begrenzt ist, aber andererseits zumindest *ex negativo* diese Grenzen transzendieren kann, insbesondere im prak-

5 Vgl. Robert Nozick, *Philosophical Explanations*, Oxford 1981, S. 9.

tischen Bereich, im Wunsch des vollkommenen Glücks, ergeben sich Spannungen im Selbst- und Weltbezug, die zur Bearbeitung drängen. Sofern die Philosophie sich zugleich als Suche nach dem Guten und als Wissenschaft von allem versteht, liegt es nahe, ihre Aufgabe vor allem in der Bearbeitung derjenigen Aporie zu sehen, die sich aus der Begrenztheit der menschlichen Vernunft ergibt, und zwar der theoretischen Vernunft ebenso wie der praktischen Überlegung.[6]

Nun kann die Reaktion auf die Aporien der Existenz verschieden aussehen. Die Reaktion kann entweder sein, dass feste Antworten auf die Aporien gegeben werden, wie das in Mythos oder Religion geschieht, aber auch in dogmatischen metaphysischen Systemen. Dagegen spricht, dass das Wesen der genannten Aporien gerade darin besteht, dass sie strukturell verankert und nicht aufhebbar sind. Dann kann die adäquate *philosophische* Reaktion nur in einer offenen metaphysischen Arbeit bestehen, in einer stückweisen und schrittweisen Reflexion auf die Spannungen, einer Reflexion, die gleichwohl nicht müßig ist, weil es zur Klärung des Selbstverständnisses beiträgt, die Spannungen auf dem jeweiligen Stand der Begriffsentwicklung immer neu zu artikulieren. Sofern diese Spannungen immer nur weiter durchgearbeitet, nicht aber aufgelöst, beantwortet oder überwunden werden, könnten wir auch sagen, dass genau genommen die philosophisch-begriffliche Arbeit darin besteht, dass die metaphysischen *Fragen* immer weiter ausformuliert werden. Wenn wir nicht Philosophie betreiben, sondern *im Alltag* unser Leben vollziehen, ist hingegen ein solcher endloser Reflexionsprozess nicht geeignet, uns im Umgang mit den Aporien der Existenz behilflich zu sein. Vielmehr können wir im konkreten praktischen Leben nicht umhin, die eine oder andere Einstellung zu den unauflösbaren Problemen der Existenz einzunehmen.

Carnaps Vorstellung, die Metaphysik sei Ausdruck des Lebensgefühls, passt mehr auf diese konkreten Formen des Umgangs mit den Aporien. Eine undogmatische Metaphysik hingegen gibt keine Ratschläge, welches die geeignete Lebenseinstellung ist. Denn sie bearbeitet zum einen nicht konkrete Probleme, sondern strukturelle, also allgemein-formale Spannungen in unserem Welt- und

6 Vgl. dazu ausführlicher Ursula Wolf, *Die Philosophie und die Frage nach dem guten Leben*, Reinbek 1999, Kap. 9 und 10.

Selbstverständnis. Zum anderen tut sie dies in der Weise eines Reflexionsprozesses mit offenem Ende, der sich seines fragmentarischen und unfertigen Charakters immer bewusst bleibt. Was das betrifft, könnte man Carnap zustimmen, dass die Methode, der Weg wichtiger ist als die jeweiligen Ergebnisse.

IV. Kognitive und nicht-kognitive Aspekte der Metaphysik

Gegen diesen Vorschlag einer Metaphysik als Reflexion auf unsere Verstehensstruktur müsste Carnap einwenden, dass die Sätze, in denen sich solche metaphysischen Bemühungen äußern, nicht sinnvoll sind, das heißt, wie erläutert, nicht kognitiv gehaltvoll sind, keine Aussagen machen. Doch auch die Rede vom kognitiven Gehalt lässt sich verschieden verstehen. Orientieren wir uns an der alltagssprachlichen Rede von Wissen und Erkennen, dann sind die Kriterien weniger streng. Carnaps Suche nach einer absolut gewissen Erkenntnis ist, so könnte man sagen, letztlich ihrerseits metaphysisch. Es war von Anfang an *die* Frage der Metaphysik, wie wir etwas notwendig oder sicher wissen können, obwohl alles in Fluss ist, und der positivistische Reduktionismus ist eine mögliche Antwort auf diese Frage. Er ist jedoch nur eine von mehreren möglichen Antworten, denn es gibt immer verschiedene Punkte, wo wir mit unserem Sicherheitsbedürfnis haltmachen können.

Aber wenn es in der Philosophie verschiedene mögliche wahre philosophische Sätze über dieselbe Frage geben kann, hat dann Carnap nicht gerade Recht, dass die philosophischen Sätze keinen kognitiven Gehalt haben, dass sie nur scheinbar wahrheitsfähige Aussagen sind? An dieser Stelle wird deutlich, dass Carnaps Vorstellung, die metaphysischen Sätze drückten in Wirklichkeit nur ein Lebensgefühl aus, durchaus einen richtigen Kern hat, der jedoch zum einen nicht ganz präzise gefasst ist und außerdem überdehnt wird.

Ein philosophischer Text enthält, gegen Carnaps Einwände, einzelne Aussagen, die jeweils wahr oder falsch sind, die kognitiven Gehalt haben. Denn auch das Verstehensganze ist zunächst etwas Gegebenes, an dem sich Aussagen messen lassen, auch wenn das Kognitive hier nicht in der Erkenntnis durch Rückführung auf Protokollsätze bestehen wird. Jedoch ist das, was uns an einer philosophischen Abhandlung interessiert, weniger der einzelne Satz und seine Wahrheit als vielmehr der ganze Text und seine Fähigkeit, das Verstehen zu einem bestimmten Thema auf eine erhellende und angemessene Weise zusammenzustellen, durchzuarbeiten und zu strukturieren. Wie wir aber philosophierend ein Thema angehen, welche Vormeinungen und Phänomene wir als interessant herausgreifen, in welcher Reihenfolge wir vorgehen, auf welche Frage und These hin wir die Klärung durchführen, all dies sind Dinge, die angesichts des diffusen und unabgeschlossenen und nie im Ganzen vor uns zu bringenden Charakters des Verstehensganzen nicht eine Sache der Wahrheit oder Falschheit darstellen, sondern davon geleitet sind, wie die oder der Philosophierende die Dinge sieht, welche Grundeinstellungen er selbst hat usw.

Bei der Frage beispielsweise, ob und wie Wissen möglich ist, obwohl sich alles verändert, muss auf die Form unseres theoretischen Weltverstehens reflektiert werden. Dabei gibt es zwei Pole, die als Fluchtpunkte der Bearbeitung dienen können, nämlich ein realistisches Modell von Wahrheit und Erkenntnis einerseits und eine skeptische Haltung andererseits. Von welcher dieser Einstellungen – oder ob einer zwischen ihnen liegenden – jemand bei der Durcharbeitung der Struktur des Weltverstehens ausgeht, ist nicht eine Frage von wahr oder falsch, sondern eine Frage der eigenen Weltsicht. An dieser Stelle gehen also in der Tat in das philosophische Arbeiten subjektive Lebenshaltungen ein, die ungefähr Carnaps Begriff eines Lebensgefühls entsprechen dürften. Jedoch betrifft dies die Auswahl und Zielsetzung philosophischer Untersuchungen, nicht deren Durchführung im engeren Sinn, die sich um Angemessenheit an die gegebenen Verstehensstrukturen bemühen muss.

Es gibt jedoch noch einen weiteren Aspekt philosophischer Untersuchungen, der über dieses Streben nach Angemessenheit hinausgeht. Im Durcharbeiten eines Verstehensbereichs wird die bisherige Grundbegrifflichkeit umgestaltet und weiterentwickelt. Wie dieses Moment, das nicht deskriptiv-kognitiv, sondern kreativ und imaginativ ist, genauer zu verstehen ist, wäre zu klären. In diesem Aspekt begrifflicher Phantasie könnte man eine Parallele zwischen Philosophie und Kunst sehen, da Letztere ebenfalls kreativ unsere Ausdrucksmöglichkeiten weiterentwickelt.

Wir können jetzt, was das Philosophieverständnis angeht, von Carnaps Metaphysikkritik so viel festhalten, dass er mit Recht auf subjektive und imaginative Momente in philosophischen Texten verweist, die in der Tat unvermeidlich sind und über solche Momente in anderen Wissenschaften hinausgehen. Während das subjektive Moment des Interesses, der Auswahl, der Reihenfolge in gewissem Maß alle Wissenschaften betrifft (entgegen den strengen Forderungen des Positivismus), gilt für die Philosophie aufgrund ihrer besonderen Frageform (wie ist das eine möglich, gegeben das andere?), dass sie das Verstehen immer entweder auf die Möglichkeit oder auf die Unmöglichkeit hin durcharbeiten kann. Und welches von beiden sie tut, hängt in der Tat, wie Carnap sagt, vom Lebensgefühl ab, anders gesagt davon, ob wir optimistisch oder pessimistisch hinsichtlich unserer Möglichkeiten sind. Gleichwohl ist es nicht richtig zu sagen, dass das Vorgehen in einer Artikulation dieses Lebensgefühls besteht. Dieses steuert vielmehr nur die Richtung des Vorgehens, während das, *was* artikuliert wird, die Struktur oder Grundbegrifflichkeit des intersubjektiven Verstehens ist.

Tiefer geht der Vergleich mit der Kunst, von der Carnap richtig sagt, dass sie etwas zum Ausdruck bringt, auch wenn er diese zutreffende allgemeine Angabe durch den Bezug auf das Lebensgefühl wieder verkürzt. Die Kunst mag auch Gefühle und das Lebensgefühl ausdrücken, aber das ist nur ein möglicher Inhalt neben anderen, etwa dem Ausdruck des Wollens, der Widerständigkeit der Welt oder was immer. Für den Vergleich mit der Philosophie ist wichtiger, dass beide im Bemühen um kreative Artikulation, um die weitere Ausbildung unserer Ausdrucksmittel übereinkommen. Der Unterschied liegt nur darin, dass die künstlerischen Symbolsysteme andere sind als die gewöhnliche Sprache, mit der die Philosophie arbeitet. Aber warum für die normale Sprache nicht ebenso wie für andere Zeichensysteme gelten soll, dass es aufgrund von Konfusionen, Spannungen usw. ein Bedürfnis nach der Weiterarbeit an den begrifflichen Zusammenhängen, der sprachlichen Verstehensstruktur gibt, ist nicht zu sehen.

III. Moral

Moralische Dilemmata und Wertkonflikte

Für Moraltheorien kantischen Typs steht im Zentrum des Interesses die Begründungsfrage. Probleme der Anwendung werden davon scharf getrennt und häufig aus der Theorie in den Bereich der Alltagsdiskurse verbannt.[1] Albrecht Wellmer hat in seinem Buch *Ethik und Dialog* diese Trennung zwischen Begründungs- und Anwendungsproblematik kritisiert und eine andere Variante einer ebenso kantischen wie diskursiven Ethik vorgeschlagen, in der beide Probleme gerade zusammenfallen. Dahinter steht die Vorstellung, daß es in moralischen Kontroversen um die Konkretisierung unseres moralischen Standpunkts geht, daß schwierige Anwendungsfälle, z. B. Konflikte zwischen mehreren Normen, die Klärung von Situationsdeutungen und Selbstverständnissen verlangen.[2] Ich denke, daß mit dieser These zwei Dinge gleichgesetzt werden, die man auseinanderhalten müßte. Moralische Kontroversen und moralische Konflikte sind nicht dasselbe und verweisen auch in der Moraltheorie auf verschiedene Phänomen- und Problemfelder.

Kontroversen sind Auseinandersetzungen zwischen verschiedenen moralischen Standpunkten bzw. ihren Anhängern, z. B. zwischen Liberalen und Katholiken in der Abtreibungsfrage. Diese Debatte ist keine Anwendungsdiskussion, die auf dem Boden ein und desselben moralischen Standpunkts über eine Situationsdeutung streitet. Vielmehr liegen hier zwei Standpunkte zugrunde, einmal der, daß alles menschliche Leben heilig ist, und zweitens der, daß Menschen als zu vernünftiger Kommunikation o. ä. fähige Wesen eine Würde haben. Solche Kontroversen weisen auf viel tiefer gehende moralische Divergenzen hin, als irgendeine Moraltheorie kantischer Spielart sie vorsieht; denn diese Theorien stehen ja auf dem Standpunkt, daß eine bessere Moralkonzeption heute nicht denkbar ist. Damit ignorieren sie ihre eigenen Grenzen und Mängel, insbesondere die Unfähigkeit, die für viele naheliegende Ausdehnung der Moral auf alle leidensfähigen Wesen, also auch

1 Jürgen Habermas, *Die neue Unübersichtlichkeit*, Frankfurt/M. 1985, S. 237.
2 Albrecht Wellmer, *Ethik und Dialog*, Frankfurt/M. 1986, S. 125 ff., v. a. S. 134, S. 136.

auf Tiere, vorzunehmen. Auch diese Frage, ob die Moral sich auf alle leidensfähigen oder auf alle kommunikationsfähigen Wesen bezieht, ist natürlich nicht eine Frage der Interpretation des kantischen Modells. Vielmehr ist gerade die Frage, ob das kantische Modell oder ein anderes besser ist. Die Beschäftigung mit moralischen Kontroversen ist daher wichtig, wenn es darum geht, welcher unter den verschiedenen heute vertretenen moralischen Standpunkten der richtige oder beste ist und welches die Kriterien oder Verfahren sind, mit denen sich das entscheiden läßt. Die Existenz und Heftigkeit von Kontroversen zeigt, daß die Annahme, es gebe einen letztlich gemeinsamen moralischen Standpunkt, illusionär ist. Sie zeigt auch, daß die Begründungsfrage in diesem Kontext weder lautet, wie der universalistische Standpunkt kantischer Art zu begründen ist, noch, wie Wellmer vorschlägt, wie dieser Standpunkt in konkreten Situationen auszulegen ist, sondern ob dieser oder ein anderer Standpunkt vorzuziehen ist, d.h., welcher Standpunkt der beste ist. Doch mit dieser Problematik habe ich mich an anderer Stelle befaßt.[3] Sie soll daher hier nicht mein Thema sein.

Mein Thema wird vielmehr das andere erwähnte Phänomen sein, das der moralischen Konflikte. Was diese betrifft, so kann man in der Tat sagen, daß sie Interpretationsprobleme, Fragen der Deutung von Situationen und Klärung von Selbstverständnissen aufwerfen. Das scheint zugleich zu heißen, daß sie keine moralspezifischen Überlegungsformen enthalten, sondern solche, die allgemein für prudentielle Fragen, also Fragen des guten Lebens, typisch sind. Schon deswegen bin ich anders als Wellmer nicht davon überzeugt, daß diese Überlegungen einen wesentlich diskursiven Charakter haben.[4] Wenn wir es auf diesem Gebiet mit einer Seite von moralischen Problemen zu tun haben, die sie als praktische Probleme im weitesten Sinn erweist, dann steht zu erwarten, daß uns die Befassung mit moralischen Konflikten zu Grundsatzproblemen der Moraltheorie führt, und zwar weniger zu Begründungsproblemen als zu Fragen des Was oder des Status der Moral im Kontext des Praktischen. Ich werde die Untersuchung so führen, daß ich mich an der angelsächsischen Debatte orientiere, die seit einigen Jahren unter dem Stichwort »moral conflict« geführt wird, wobei ich von

3 Ursula Wolf, *Das Tier in der Moral*, Frankfurt/M. 1990, Kap. V.
4 Wellmer, *Ethik und Dialog*, S. 137.

dem engeren und besonders problematischen Phänomen ausgehe, das »moralisches Dilemma« heißt.

I. Moralinterne Dilemmata

Unter einem moralischen Dilemma versteht man gewöhnlich eine Situation, in der eine Person in moralischer Hinsicht die Handlung H_1 tun sollte und die Handlung H_2 tun sollte, aber nicht beides tun kann.[5] Diese Unmöglichkeit kann auf Verschiedenem beruhen, je nachdem, was in Konflikt steht:

(1) eine Norm in der Anwendung auf zwei Personen (z. B. jemand soll A retten, aber auch B retten und kann nicht beides tun);

(2) zwei Normen in der Anwendung auf zwei Personen (jemand soll sowohl sein Versprechen gegenüber A halten wie B helfen, und er kann nicht beides tun);

(3) zwei Normen in der Anwendung auf eine Person (man sollte eine Person nicht belügen, sie aber auch nicht unglücklich machen, und es gibt Situationen, wo man nicht beide Normen erfüllen kann).

Von einem Dilemma kann man hier in zwei Dimensionen reden.[6] Erstens auf der Ebene des Moralsystems. Hier scheint (3) die größten Schwierigkeiten aufzuwerfen. Denn wenn unser System moralischer Normen in einer konkreten Anwendungssituation zu einem unauflösbaren Konflikt zwischen zwei Normen führen kann, könnte das heißen, daß das System in sich inkonsistent oder jedenfalls nicht in Ordnung ist, ähnlich wie eine wissenschaftliche Theorie, die mit Bezug auf ein und dieselbe wirkliche Situation zu zwei sich widersprechenden Aussagen führt, nicht in Ordnung wäre. Zweitens kann man davon reden, daß die handelnde Person

5 Diese Definition gibt Christopher W. Gowans in: ders. (Hg.), *Moral Dilemmas*, Oxford 1987.

6 Zur ersten Dimension vgl. z. B. Ruth Barcan Marcus, »*Moral Dilemmas and Consistency*«, in: Gowans (Hg.), *Moral Dilemmas*; zur zweiten z. B. Bernard Williams, *Moral Luck*, in: Bernard Williams, *Moral Luck*, Cambridge 1981.

vor einem Dilemma steht, insofern sie mit mehreren nicht zusammen erfüllbaren moralischen Forderungen konfrontiert ist; denn sollte es so sein, daß sich diese Forderungen tatsächlich gleichzeitig an sie richten, dann muß die Person eine Forderung verletzen, d. h., sie kann dann nicht umhin, schuldig zu werden. Dafür kommen alle der Formen (1)-(3) in Frage.

Beginnen wir mit der ersten Ebene, also Konflikten auf der Ebene des Moralsystems. Um den Punkt konkret diskutieren zu können, setze ich zunächst die übliche Alltagsmoral, d. h. eine Art Populärfassung der kantischen Moral einer Rücksicht auf alle Personen, voraus. Dies, die Rücksicht auf alle Personen, wäre ein moralischer Standpunkt, der die Form eines eher abstrakten Kerns hat. Dieser legt sich auseinander in konkrete Normen, u. a. andere nicht zu töten, nicht zu verletzen, nicht zu belügen usw. Betrachten wir jetzt einen bestimmten Konflikt der Form (3). Angenommen, ein Arzt oder Freunde oder Verwandte sind mit einer Person konfrontiert, die an einer tödlichen Krankheit leidet, ohne von dem tödlichen Charakter zu wissen, und nehmen wir an, die Person fragt, wie es wirklich um sie steht. Ihr die Wahrheit zu sagen bedeutet, ihr Angst und Schrecken zuzufügen, also gegen die Norm der Nicht-Verletzung zu verstoßen; ihr die Wahrheit vorzuenthalten ist ein Verstoß gegen das Lügenverbot. Es ist unvermeidlich, daß entweder die eine oder die andere Norm in der Situation verletzt wird. Aber heißt das, daß die Moral in sich Konflikte enthält oder jedenfalls unter realen Bedingungen in unaufhebbare Konflikte führt?

Das scheint mir nicht zwingend. Die Frage, was in der bestimmten Situation moralisch richtig ist, ist die Frage, was in dieser Situation die bestmögliche oder weitestmögliche Realisierung des moralischen Standpunkts ist. Der Bezug auf konkrete inhaltliche Normen ist demgegenüber sekundär.[7] Wenn wir die Person gut kennen, könnte es durchaus sein, daß wir wissen, daß nur eine der beiden Möglichkeiten wirklich Rücksicht auf sie bedeutet, womit kein echter Konflikt bestünde. Daß das Entscheidende an der Moral der abstrakte Kern, ein Ideal ist, ist eine These, die man vielleicht speziell dem Utilitarismus zuordnen würde, die aber genaugenommen von allen großen Moraltheorien vertreten wird. In allen diesen Theorien gelten die inhaltlichen sozialen Normen oder

7 So auch Wellmer, *Ethik und Dialog*, S. 129.

die korrespondierenden persönlichen Tugenden als sekundär gegenüber dem Kern der Moral. Das zeigt sich an der These von der Einheit der Tugenden in der antiken Ethik, an Kants Konzeption des kategorischen Imperativs usw. Ob die konkreten Normen und Tugenden in dem Maß sekundär sind, wie der klassische Utilitarismus annimmt, ist eine andere Frage, die ich eher verneinen würde, auf die es aber in diesem Kontext nicht so sehr ankommt. Wichtig ist, daß wir angesichts eines Dilemmas wie in (3) sagen können, daß die Anwendungssituation letztlich als eine zu beschreiben wäre, in der die Person mit Rücksicht behandelt werden soll. Und die Frage ist dann, worin Rücksicht in dieser Situation gegenüber der so beschaffenen Person besteht, und nicht, ob die Norm des Nicht-Lügens oder die des Nicht-Verletzens mehr wiegt.

Trotzdem bleibt die Situation auf eine Weise dilemmatisch. Was wir durch die jetzt gegebene Beschreibung nicht loswerden, ist die Tatsache, daß die Wirklichkeit so beschaffen ist, daß eine vollständige Rücksicht auf andere nicht möglich ist. Der Grund dafür ist, daß Personen und ihre Handlungssituationen komplex sind,[8] ein Faktum, das wir nicht ändern können. Daß wir alltäglich Situationen als solche erfahren und beschreiben, die mehrere nicht gleichzeitig einlösbare moralische Aspekte enthalten, zeigt, daß dieses Faktum der Komplexität auch für die Gegenstände der Moral gilt, auf eine Weise, wie das in der ursprünglichen kantischen Fassung nicht der Fall ist. Für Kant kann eine reale Unvereinbarkeit der verschiedenen inhaltlichen Normen einfach deswegen nicht auftreten, weil genaugenommen nicht Personen in ihrer ganzen empirischen Komplexität, sondern Personen als teilhaftig der Vernunft, als autonome Wesen, Gegenstand der moralischen Rücksicht sind. Das Auftreten moralischer Konflikte zeigt uns also etwas über den Gegenstand der Moral, daß nämlich die Rücksicht sich auf Wesen als konkrete Ganzheiten bezieht mit allen ihren Hinsichten des Wollens und Leidens (womit beiläufig auch jeder Grund entfällt, nur auf Personen Rücksicht zu nehmen statt auf alle Wesen, die ein Wohl haben).

Daß zwei oder mehr Forderungen der Rücksicht kollidieren können, läge aber jetzt daran, daß wir als Bestandteile unseres Wohles oder guten Lebens grundlegende Wünsche haben können,

8 Ebd., S. 127 ff.

die nicht zugleich erfüllbar sind, z. B. möglichst viel zu wissen und möglichst wenig zu leiden. Auch die Wünsche sind nicht inkonsistent oder widersprüchlich, sie sind nur unter Bedingungen der Realität nicht zugleich zu erfüllen, weil die Erfüllung des einen gerade die des anderen verhindert. Die eigentliche dilemmatische Struktur liegt dann aber hier in der Perspektive der vieles wünschenden Person selbst. Die moralischen Normen konkretisieren wesentliche Bestandteile des komplexen guten Lebens, die von anderen Personen tangiert werden können. Der moralische Standpunkt verlangt eine weitestmögliche Rücksicht auf diese Bestandteile. Daß er keine vollständige Rücksicht verlangen kann, bedeutet keine interne Konflikthaftigkeit der Moral, denn die Unvollständigkeit der Rücksicht ist nur eine Folge dessen, daß Personen in ihrem guten Leben Wünsche haben, die entweder nicht vollständig oder nicht zusammen realisierbar sind. So gesehen wird aus dem Konflikt zwischen verschiedenen Seiten der Rücksicht eher ein Zurückbleiben hinter einer vollkommenen Rücksicht.

Ganz Ähnliches läßt sich auch für die zweite Ebene der moralisch handelnden Person sagen. Natürlich bestehen hier Dilemmata im Sinn »schwieriger« Entscheidungen. Hingegen würde ich bestreiten, daß es ausweglose Situationen derart gibt, daß, was immer man tut, man etwas moralisch Verwerfliches tut und moralische Schuld auf sich lädt. Ob man dem Todkranken die Wahrheit sagt oder ihm durch Lügen das Leiden an der Wahrheit erspart, ist nicht etwas, was beides moralisch falsch ist – das Richtige ist hier vielmehr, was in den konkreten Umständen die moralische Sensibilität oder Urteilsfähigkeit als richtig oder besser erweist. Wer das tut, wird nicht schuldig; jedenfalls nicht im normalen moralischen Sinn, sondern höchstens in einem metaphysischen Sinn (wenn man unbedingt die Schuld für die Tatsache auf sich nehmen will, daß die Welt so eingerichtet ist, wie sie ist). Das alles müßte man jetzt genaugenommen für alle anderen Typen von Beispielen zeigen; ich beschränke mich auf eine Äußerung zu (1). Hier besteht offenbar ein Konflikt zwischen zwei Pflichten. Es handelt sich jedoch, mit Kant geredet, um positive Pflichten, die keine feste Höhe haben, sondern in ihrer Reichweite unbestimmt sind. Natürlich steht die handelnde Person vor der Frage, welche von beiden Personen sie retten will, wenn sie nur eine retten kann. Aber sie ist nicht verpflichtet, beide zu retten, und daher ist die Entscheidung zwischen diesen beiden Möglichkeiten nicht eine Wahl zwischen zwei Verpflichtungen, sondern eine prudentielle Entscheidung.[9]

Die subjektive Erfahrung, sich in einem moralischen Dilemma zu befinden, mag trotzdem auftreten und läßt sich durchaus erklären: der moralische Standpunkt ist *de facto* dadurch in der Wirklichkeit verankert, daß soziale Normen in Kraft sind und moralfähige Subjekte ihnen gemäß sozialisiert werden. Das heißt, die Personen haben die inhaltlichen Normen internalisiert in der Weise affektiv-motivationaler Dispositionen, sogenannter Tugenden. Daher werden, wo zwei Normen in ein und derselben Situation relevant sind, etwa andere nicht zu verletzen und nicht zu lügen, beide Motivationen zugleich auftreten und miteinander in Streit liegen. Aber auch wenn unsere psychische Konstitution diese Reaktion hervorruft, können wir uns sagen, daß es in der konkreten Situation um die Frage der angemessenen Handlung geht und daß der affektive Konflikt nur daher kommt, daß eine Handlungsdisposition etwas Generelles ist, das sich in relevanten Situationen immer äußert, auch wo die eigentliche Tugend im aristotelischen Sinn, die sich in überlegten Absichten äußert, etwas anderes verlangt.

II. Wertkonflikte

Wenn der Hintergrund sich scheinbar widerstreitender moralischer Forderungen nicht die Unvereinbarkeit von Aspekten der Moral, sondern der Konflikt zwischen Aspekten des guten Lebens der Person ist, der die moralische Rücksicht gilt, dann liegt es nahe, das Phänomen der Dilemmata direkt aus dieser Perspektive zu betrachten, in der es auftritt. Im Kontext der Moraltheorie wäre dabei insbesondere zu fragen, ob Personen in der Suche nach ihrem guten Leben mit Entscheidungen zwischen einer Forderung der Moral und einer Forderung eines anderen Wertbereichs konfrontiert sein können, die sie als ein echtes Dilemma erleben. Das zu klären ist wichtig für die Frage des Status der Moral, u. a. für die strittige Frage, ob die Moral prinzipiell gegenüber allen anderen Handlungs-

9 Daß scheinbare moralische Dilemmata in Wirklichkeit schwierige Entscheidungen nicht-moralischer Art sind, vertreten z. B. Alan Donagan, »*Consistency in Rationalist Moral Systems*«, in: Gowans (Hg.), *Moral Dilemmas*, und Douglas Odegard, »*Deep Moral Dilemmas*«, in: *Theoria* LIII (1987), S. 73-86.

gründen, also auch anderen Werten, den Ausschlag gibt (*overriding* ist) oder ob sie ein Wert auf derselben Ebene wie andere mögliche Werte ist.

Beispiele für Lebensentscheidungen mit Dilemma-Charakter finden sich etwa in der Debatte um die Möglichkeit einer bewundernswerten Unmoral. Ich beginne mit dem schon etwas überstrapazierten Beispiel eines Gauguin, der vor der tragischen Wahl steht, entweder seine Familie im Stich zu lassen oder auf die volle Entfaltung seiner künstlerischen Möglichkeiten zu verzichten.[10] Um die gewünschte Situation eines Dilemmas zu erhalten, müssen wir die Sache so beschreiben, daß Gauguin die Sorge für die Familie für seine moralische Pflicht hält und den Einsatz in der Kunst ebenfalls für seine Pflicht hält und daß er nicht beide Pflichten zugleich erfüllen kann. Fragt man sich konkret, was auf beiden Seiten auf dem Spiel steht und ob das total unvereinbar ist, so kann man durchaus Zweifel am Sinn des Beispiels bekommen; aber das gilt leider ebenso für alle anderen in dieser Debatte kursierenden Beispiele, und ich nehme daher vorläufig um der Argumentation willen an, daß wir ungefähr wissen, was mit dem Dilemma gemeint ist.

Fragen wir jetzt also, ob und warum es sich um ein echtes Dilemma handelt, d. h. eine Situation, wo man nur entweder das eine Schlechte oder das andere Schlechte tun kann. Es läßt sich ohne weiteres verstehen, daß es schlecht ist, gegen die Moral zu verstoßen, denn das liegt gerade im Sinn dessen, was Moral ist. Hingegen ist nicht von Anfang an klar, warum es schlecht ist, wenn Gauguin sich nicht vollständig der Kunst widmet. In einem ersten Sinn könnte es schlecht für Gauguin sein, nämlich dem von ihm gewünschten Leben abträglich. Aber der Punkt der modernen Vorstellung von Moral ist gerade, daß die Verfolgung individueller Wünsche oder Werte ihre Grenze dort hat, wo sie das gute Leben der anderen Individuen behindern würde. Anders formuliert: gemäß unserer heute üblichen liberalen Moralkonzeption ist die Moral nicht ein Wert neben anderen Werten. Sie ist genaugenommen vielleicht gar nicht ein Wert, d. h. etwas positiv Gutes, Erstrebenswertes (wer moralisch handelt, handelt richtig/korrekt und nicht positiv gut), sondern die Rahmenbedingung für die Realisierung

10 Das Beispiel wurde in die Debatte eingeführt durch Bernard Williams, *Ethical Consistency*, in: Gowans (Hg.), *Moral Dilemmas*.

der je verschiedenen Werte, d. h. dessen, was jeweilige Personen für gut und wünschenswert im Sinn ihres guten Lebens halten.

So betrachtet wäre Gauguin nicht in einem ernstzunehmenden Dilemma; vielmehr scheint klar, daß es unmoralisch ist, die Lebensperspektive der Familienmitglieder zugunsten der eigenen Wünsche zu zerstören, während es nicht falsch ist, auf einen eigenen Wunsch zu verzichten. Dagegen läßt sich einwenden, daß die Kunst als Aufgabe, selbst wenn man das auf meine Weise subjektiv interpretiert, etwas Stärkeres meint: Der Wunsch, sein weiteres Leben intensiv nur der Kunst zu widmen, ist für Gauguin nicht einer von mehreren Bestandteilen des guten Lebens, sondern der einzig sinnvolle Lebensinhalt, der ihm überhaupt wichtig ist. Wenn das so wäre, könnte er sich allerdings von Anfang an nicht in einem Dilemma befinden, denn wer sich im Leben nur einer einzigen Sache verpflichtet fühlt, kann nicht eine dilemmatische Entscheidungssituation zwischen zweierlei Verpflichtungen empfinden. Auch die Moral muß etwas sein, was für Gauguin Wichtigkeit hat, sonst bestünde für ihn kein Dilemma. Das scheint allerdings meiner Beschreibung zu widersprechen, daß die Moral nicht ein positiver Wert ist; denn jetzt sieht es doch so aus, daß sie mit anderen Werten auf einer Ebene konkurrieren kann. Wenn die Moral Rücksicht auf andere als auf Wesen verlangt, die ihr Wohl erstreben, dann ist darin natürlich ein gewisser positiver Bezug auf andere enthalten, der Wunsch, daß es nicht nur mir, sondern allen möglich sein sollte, auf ihre Weise ein gutes Leben zu leben.

Darin liegt eine Komplikation für das Wesen der Moral, die ich bisher unterschlagen habe. Der Wunsch, daß alle auf ihre Weise glücklich werden mögen, kann natürlich nicht so ins Handeln umgesetzt werden, daß man die anderen glücklich zu machen versucht. Das können bekanntlich nur sie selbst. Andererseits genügt es dafür sicher auch nicht, andere in ihrem Lebensvollzug nicht zu stören; denn faktisch leben viele nicht unter Bedingungen, unter denen ein sinnvolles Leben realisierbar ist, und was man daher im Sinn der Moral doch positiv tun müßte, wäre, daß man für Bedingungen sorgt, unter denen alle auf ihre Weise ihr Wohl suchen können. Daß das in der alltäglichen Moral gleichwohl nicht vorkommt, sondern diese, abgesehen von einer schwachen positiven Pflicht zur Hilfe in akuter Not, letztlich negativ ist, findet seine Erklärung darin, daß wir eine Verbesserung der Lebensbedingungen für alle nur durch strukturelle Veränderungen und nicht einfach durch individuelle Rücksicht auf Individuen erreichen können. Insofern Menschen sich die Förderung der Moral zum positiven Ziel machen, schließt daher das, was sie tun, nicht einfach an das übliche moralische Handeln an. Die Verbesserung der Voraussetzungen des Lebens für alle erfordert den Einsatz für politische Zielsetzungen und nicht die Einhaltung moralischer Verpflichtungen. (Zu überlegen wäre, wie sich dazu supererogatorisches Handeln verhält, das eine gewisse Zwischenstellung einnimmt, weil es in der Tat eine positive Förderung der Moral innerhalb des Rahmens der individuellen Moral darstellt.)

Doch kehren wir nach dieser Abschweifung zurück zu Gauguin und seinen Entscheidungsschwierigkeiten. Nehmen wir an, daß Gauguin tatsächlich auch moralische Motive im Sinn der gewöhnlichen eher negativen Moral hat und daß ihm die Kunst das einzig wichtige positive Ziel im Leben ist. Dann ist die weitere Frage, was die Rücksicht auf die Familie erfordern würde. Da es keine sinnvolle Norm zu sein scheint, daß man unter allen Umständen verpflichtet ist, weiter bei seiner Familie zu leben, kann allenfalls gefordert sein, daß man sich um die Folgeprobleme zu kümmern bereit ist. Sollte Gauguin sich sogar dagegen entscheiden, dann würde er einfach zugunsten seiner Begeisterung für die Kunst die Moral verletzen, also etwas moralisch Falsches tun. Dabei besteht für ihn keinerlei Dilemma, denn würde Gauguin sich umgekehrt entscheiden, so würde er nichts Falsches tun. Wenn die Kunst für ihn das Wichtigste im Leben ist, muß er gleichwohl auch für sich selbst materiell sorgen; daß er also noch anderes neben der Kunst tun muß, ist ohnehin nicht zu vermeiden und macht die künstlerische Betätigung auch nicht unmöglich, sondern nur ein wenig geringer im Umfang.

Nach dieser Interpretation verletzt also die Entscheidung für die moralische Rücksicht keinerlei Verpflichtung oder Wert, enthält also auch kein Dilemma. Sofern für die handelnde Person ein Problem besteht, liegt es darin, daß sie die Erfahrung macht, daß sie nicht alles, was sie wünscht, vollständig realisieren kann, was weniger eine Erfahrung der Diskrepanz zwischen Werten als der Begrenztheit oder Endlichkeit ist. Man könnte den Eindruck eines Dilemmas aber mit einer zweiten Interpretation zu verstärken versuchen, indem man sagt, daß die Moral nicht nur Verpflichtungen gegen andere, sondern auch gegen uns selbst enthält und daß Gauguin eine Pflicht gegen sich selbst hat, sein eigenes Leben gemäß seinen Anlagen zu realisieren. Die Rede von Pflichten gegen sich selbst ist allerdings nicht sehr klar. Sie hat nur dann einen Sinn, wenn man an eine höhere Instanz über oder auch in uns glaubt, die Anordnungen erteilt. Glaubt man daran nicht, sollte man besser mit Hilfe des Rechtsbegriffs sagen, daß auch Gauguin selbst ein Recht auf Berücksichtigung seines guten Lebens hat. Da die Rücksicht auf seine eigenen moralischen Rechte nicht seine Aufgabe, sondern die der anderen ist, ist die Situation aber genaugenommen nicht so beschaffen, daß Gauguin vor einem moralischen Dilemma steht, sondern eher so, daß zwischen ihm und seiner Familie ein Interessenkonflikt besteht. Angenommen jetzt, daß die moralische Pflicht nicht so eindeutig bei Gauguin liegt, dann konfligieren nicht die Moral und etwas anderes, ein Wert der Kunst oder ähnliches. Vielmehr zeigt sich innerhalb der konkreten moralischen Überlegung, daß nicht-moralische Interessen, das Interesse der Familie an Versorgung und das Interesse Gauguins an einem unabhängigen Leben, gegeneinanderstehen.

Während sich so das scheinbare Dilemma der einen Person in einen Interessenkonflikt zwischen zwei Personen verwandelt, gibt es noch eine dritte Interpretation, mit der man die Eindrücke eines Dilemmas untermauern könnte. Gegen meine Beschreibung des Beispiels könnte man sagen, daß sie die Probleme herunterspielt, indem sie die Hingabe an die Kunst als einen zwar wichtigen, aber eben doch subjektiven Wunsch sieht. Statt dessen sei gemeint, daß die Kunst etwas in sich Wertvolles ist, an das man sich binden und dadurch Verpflichtungen eingehen kann. Auch die moralischen Pflichten wären nach dieser Auffassung genaugenommen so aufzufassen, daß wir in Beziehungen zu Wesen stehen, die einen Wert haben, und in der Folge Verpflichtungen haben. Das scheint mir nicht nur beides in sich unverständlich, sondern zusätzlich in der Analogisierung schief zu sein. Daß die in der Moral noch immer verbreitete Vorstellung, ihre Objekte seien durch einen Wert oder eine Würde ausgezeichnet, heute ohne Basis und daher auch ohne Sinn ist, habe ich anderswo ausgeführt.[11] Daß Kunst, Wissenschaft oder ähnliches als objektive Werte existieren und daher Ansprüche

11 Wolf, *Das Tier in der Moral*, Kap. V.

an die in ihnen Tätigen stellen können, scheint mir noch weniger verständlich und im übrigen auch kaum wünschenswert. Denn wer die Kunst als einen absoluten Wert versteht, der ihn nötigt und der auf einer Ebene mit der Moral stehen kann, könnte ohne weiteres in eine Situation kommen, wo er sich nicht nur für berechtigt hält, zugunsten der Kunst seine Familie aufzugeben, sondern vielleicht einen Menschen zu ermorden, wenn das als Vorstufe für ein Produkt unbedingt erforderlich ist.

Sicher kann man der gängigen liberalen Auffassung von Moral vorwerfen, daß sie die Objekte der Moral zu sehr als Individuen mit einem subjektiven guten Leben sieht und zu wenig beachtet, daß wir das eigene Leben als Teilnehmer an sozialer Praxis vollziehen und wir daher gegenüber der Gesellschaft, die uns zur Teilnahme ausgebildet usw. hat, verpflichtet sein könnten, unsere Fähigkeiten zur Förderung der Praxis, in der wir am meisten vermögen, einzusetzen. Das ist ein sinnvoller und verständlicher Vorschlag, über dessen Berechtigung man reden kann. Ich kann diese Frage aber offenlassen, weil sie für unser Thema keinen wesentlichen Unterschied macht. Denn nach der üblichen Vorstellung gilt für die soziale Praxis ganz ebenso wie für das individuelle Handeln, für die Verfolgung intersubjektiver Zielsetzungen ganz ebenso wie für die Verfolgung des eigenen guten Lebens, daß sie durch das Recht der Individuen auf moralische Rücksicht begrenzt sind. Die Parallelisierung von solchen Zielsetzungen mit der Moral bleibt auch hier verkehrt. Man kann Normen, Forderungen, Rechte und leidensfähige Wesen selbst verletzen; aber eine Zielsetzung kann man nicht verletzen, sondern man kann nur hinter ihr zurückbleiben, also weniger tun, als zu ihrer Realisierung nötig wäre. Da eine umfassende soziale Praxis wie Kunst ohnehin kein festes letztes Ziel hat, man also nie mit ihr fertig sein kann, ist dieses Zurückbleiben schon dort unvermeidlich, wo jemand keine konkurrierenden Zielsetzungen hat. Andere eigene Ziele oder die Rücksicht auf die Ziele anderer Personen können das Zurückbleiben noch vergrößern. Ein Dilemma ist das in keinem Fall, weil ein solches nur objektiv existierende Werte verursachen können. Glaubt man an solche Werte nicht, kann man darunter leiden, daß man nichts vollkommen und vieles gar nicht tun kann, aber Trauer über das Zurückbleiben hinter der vollkommenen Realisierung unserer Lebensziele ist etwas anderes als tragische Verzweiflung über unsere Schuld gegenüber absoluten Werten.

Wenn wir Dilemmata im emphatischen Sinn damit los sind, bleiben natürlich gleichwohl Situationen, in denen mehrere Wünsche oder Interessen kollidieren, und es bleiben schwierige oder unentscheidbare Situationen. Daß sie existieren, ist ein Faktum, welches in der Komplexität und Kontingenz der menschlichen Existenz angelegt ist und daher nicht verschwinden wird. Die Frage, die ich zum Schluß stellen möchte, ist, wie solche Situationen am besten zu beschreiben sind und wie wir in ihnen urteilen. Zu diesem Zweck müßte man eine ganze Reihe von unterschiedlichen Situationstypen betrachten, während ich mich aus Gründen des Umfangs auf einige Hauptpunkte beschränken muß.

Die wichtigste Unterscheidung wäre die zwischen Wunschkonflikten innerhalb der Perspektive der ersten Person und Interessenkonflikten zwischen mehreren Personen. Während Konflikte der ersten Art nicht unbedingt moralisch zu sein brauchen, werfen Interessenkollisionen Fragen der Rücksicht oder Gerechtigkeit auf und betreffen daher immer die Moral. Kehren wir noch mal zu dem Interessenkonflikt zwischen Gauguin und seiner Familie zurück. Gauguin will ein unabhängiges Leben als Künstler führen, und seine Familie will mit ihm zusammenleben. Im einfachen Fall sind solche Konflikte dadurch lösbar, daß das Interesse auf der einen Seite ohne Zweifel schwerer wiegt als das auf der anderen Seite. Wenn z. B. Gauguin gerade im Begriff ist, das größte Bild seines Lebens zu vollenden, und eine Unterbrechung ihn behindern würde, würde sicher jeder, auch die Familie selbst, ihm zugestehen müssen, daß er etwas später als versprochen vom Atelier nach Hause zurückkehrt.

Daß die Moral individuelles Handeln zugunsten der Rücksicht auf andere begrenzt, heißt daher in einem bestimmten Sinn nicht, daß der moralische Aspekt, hier die Einhaltung eines Versprechens, immer den Ausschlag gibt gegenüber dem nicht-moralischen Aspekt, hier dem Weiterführen eines künstlerischen Ziels. Es scheint unproblematisch, eine kleine Verpflichtung zu brechen, wenn man sonst an etwas für das ganze Leben sehr Wichtigem gehindert würde. Man könnte sich daher fragen, ob das wirklich heißt, daß die Moral nicht automatisch ausschlaggebend ist, oder ob dieser Eindruck nur aus einer bestimmten Perspektive entsteht. Denn wenn wir die Situation nicht einseitig aus der Perspektive Gauguins beschreiben, sondern aus beiden Perspektiven betrachten, dann haben beide Seiten eine Verpflichtung zur Rücksicht, und auf Gauguins Seite steht das gewichtigere Interesse, so daß also nicht ein nichtmoralischer einen moralischen Grund überwiegt, sondern die richtige moralische Entscheidung so aussieht, daß von zwei nichtmoralischen Interessen das stärkere Berücksichtigung findet. Auch aus Gauguins eigener Perspektive kann man überlegen, daß seine Familie ein Recht auf Einlösung des Versprechens hat, daß er aber ebenfalls ein Recht auf Achtung seiner künstlerischen Tätigkeit hat und daß er daher aus ihrerseits moralischen Gründen berechtigt ist, die Norm, daß Versprechen zu halten sind, zu verletzen. Man könnte auch sagen, daß durch die Entscheidung in der Situation die Norm, die ja sekundär gegenüber dem moralischen Standpunkt ist, im Hinblick auf diesen Standpunkt präzisiert wird. Was sich dabei zeigt, ist, daß wir letztlich aus dem moralischen Charakter solcher Überlegungen nicht herauskommen, daß auch etwas, was scheinbar eine Ausnahme von der Moral ist, in Wirklichkeit dort, wo es uns akzeptabel erscheinen würde, eine Rechtfertigung innerhalb der Moral hat.

Das läßt sich m. E. am besten erklären, wenn man den Moralbegriff so faßt, wie ich es getan habe, nämlich die Moral bezieht auf die Grenzen, die das gute Leben der Individuen miteinander vereinbar macht. Das gute Leben aber ist der letzte Rahmen praktischer Überlegungen, es gibt dahinter keine andere weiter reichende oder höhere Ebene, auf der man Gründe anführen könnte. Wer also auf dieser Ebene etwas plausibel machen oder bestreiten will, kann das nur durch Gründe dieser Ebene selbst tun. Wenn man daher die Moral durch Bezug auf die Möglichkeit des guten Lebens für alle definiert, kommt sie auf dieselbe umfassende Überlegungsebene zu stehen, so daß es keine Gründe mehr außerhalb gibt.

Die Ebene der Überlegungen des guten Lebens ist primär in der Perspektive der ersten Person gegeben. Das bisherige Beispiel war jedoch ein Interessenkonflikt, der zwischen Personen auftritt. Damit ergibt sich die Frage, ob die Klärung von Konflikten zwischen Personen von derselben Struktur ist wie die Überlegungen über das individuelle gute Leben. Ich komme damit auf einen eingangs angekündigten Einwand gegen Wellmers Position zurück. Nehmen wir an, daß Gauguin und seine Familie sich nicht in dem leicht lösbaren Konflikt befinden, sondern über die Frage uneins sind, ob ihr Anspruch auf den Familienvater oder sein Anspruch auf ein unabhängiges Künstlerleben mehr wiegt. Nach Wellmer wäre das, was jetzt erforderlich wäre, eine diskursive Situationsdeutung, die den Konflikt früher oder später lösen könnte. Ich halte es jedoch für eher irreführend, die Perspektive der sozialen Interaktion so zu fassen. Gewiß muß man verlangen, daß sich jede Seite über die eigenen Interessen klarer wird und sich aufrichtig fragt, wie wichtig für ihr Leben sie wirklich sind, und gewiß können sich dabei beide Seiten zuhören, und die eine kann die andere auf Aspekte hinweisen, die sie vielleicht nicht bedacht hat. Aber daß das im Diskurs geschieht, ist nicht zwingend. Ebensogut kann jede Seite das allein tun und selbst auf verborgene Aspekte aufmerksam zu werden versuchen. Wenn eine solche Deutung aber auf beiden Seiten stattgefunden hat und nach wie vor keine Seite ihren Anspruch zurückzieht, hilft auch der Versuch einer weiteren Verständigung nichts, bzw. ihn zu verlangen würde bedeuten, daß wir uns nicht nur in unseren Konzeptionen guten Lebens respektieren sollten, sondern eine gemeinsame Auffassung guten Lebens entwickeln müßten. Eine solche Forderung, wie sie der *communitarianism* vertritt, erscheint mir weder realistisch noch wünschenswert.

Konflikte aus der intersubjektiven Perspektive betrachtet sind also nicht eine Sache einer gemeinsamen Überlegung über das gute Leben. Vielmehr haben wir es mit verschiedenen Vorstellungen vom Guten zu tun, mit divergierenden Werten, hinter denen es keine umfassende Überlegungsebene mehr gibt, sondern nur noch die Einstellung der Fairneß und Toleranz. Damit unterscheidet sich diese Perspektive deutlich von derjenigen persönlicher Konflikte, die sich im Kontext einer einheitlichen Überlegungsebene abspielen, auf der Ebene der praktischen Überlegungen oder Überlegung mit Bezug auf ein insgesamt gutes Leben.[12] Wir könnten einen ähnlichen Konflikt wie vorhin auf der intersubjektiven Ebene in die persönliche Perspektive verlegen, indem wir z. B. annehmen, daß Gauguin selbst zu der Auffassung kommt, daß der Wunsch seiner Familie gleich wichtig ist wie sein eigener. Wir könnten den

12 Nagels These von einer Fragmentierung der Werte (Thomas Nagel, »*The Fragmentation of Value*«, in: Thomas Nagel, *Moral Questions*, Cambridge 1979), hinter der es keine gemeinsame Ebene der Überlegungskriterien mehr gibt, scheint mir daher überzogen. In das andere Extrem, die gemeinsamen Überlegungen nach solchen des individuellen guten Lebens zu modellieren, verfällt Williams, *Moral Luck*.

Konflikt auch nicht-moralisch beschreiben als einen zwischen der Liebe zur Familie und der Hingabe an die Kunst. Sofern es eine gleichermaßen existierende wie begrifflich interessante Form von Wertkonflikten gibt, so liegt sie hier. Denn wir haben es einerseits in der Tat mit heterogenen Gegenständen zu tun, mit schwer vergleichbaren Wertbereichen (persönliche Beziehungen, berufliche oder andere Zielsetzungen usw.), die aber andererseits alle zusammen Bestandteile eines individuellen Lebens sein können und daher auf der höchsten Ebene der praktischen Überlegung über das gute Leben doch in einem einheitlichen Rahmen verbunden sind.

Weil das so ist, scheint mir die Annahme, daß das individuelle Leben in unversöhnliche Wertbereiche auseinanderbricht, als These über unsere Konstitution nicht zwingend (hingegen als empirischer Zustand ohne weiteres möglich). Hinter dieser Vorstellung würde ich vielmehr einen Rest einer Wertmetaphysik vermuten. Auch ohne diese kann es für eine Person schwierig sein, eine Entscheidung zu treffen, von zwei Dingen, die ihr beide sehr wichtig sind, eines zurückzustellen. Aber da man auch schon *einer* Sache, die einem wichtig ist, nie voll und ganz gerecht werden kann, ist das im Grunde vielleicht kein spezielles Problem von Wunschkonflikten. Wie man hingegen wenn nicht unversöhnliche, so doch verschiedenartige Wünsche überhaupt vergleicht, gewichtet, in einer einheitlichen Überlegung auf das gute Leben im ganzen bezieht, das wäre die nun folgende Frage.

Übergreifender Konsens und öffentliche Vernunft

Zu den Verfeinerungen und Erweiterungen, die die Rawlssche Gerechtigkeitstheorie in seinen neueren Aufsätzen erfährt, gehört die offene Konfrontation mit der Tatsache, daß der Liberalismus, den *A Theory of Justice* (John Rawls, *A Theory of Justice*, Cambridge, Mass. 1971, abgekürzt TJ) zu artikulieren versucht, nicht der einzige Standpunkt ist, mit dem wir heute zu rechnen haben. In der Antwort auf diese Tatsache entwickelt Rawls zwei eng miteinander verknüpfte Vorstellungen, die eines *overlapping consensus* und die von *public reason.*

Der Begriff des übergreifenden Konsenses ist ein eher deskriptiver Begriff, der sich auf das Phänomen bezieht, daß zwischen Gruppen mit divergierenden umfassenden Vorstellungen religiöser oder ähnlicher Art gleichwohl eine Überschneidung in den Meinungen zur politischen Gerechtigkeit bestehen könnte. Der Begriff der öffentlichen Vernunft ist deutlich normativ formuliert und besagt,[1] daß Bürger einer Demokratie, die wissen, daß sie verschiedene vernünftige umfassende Sichtweisen haben, als vernünftige Personen anderen die Grundlage ihrer Handlungen in solchen Begriffen zu erklären bereit sein sollten, von denen wir vernünftigerweise erwarten können, daß andere ihnen beipflichten.

Ich werde im folgenden zunächst versuchen, den Gehalt und den Stellenwert der beiden Vorstellungen zu erläutern, und zwar nicht nur innerhalb der Rawlsschen Gerechtigkeitstheorie, sondern im weiteren Kontext der gegenwärtigen Moraltheorie; denn es scheint, daß Rawls einen Vorschlag anzubieten hat, der zwischen der Aussichtslosigkeit einer Moralbegründung und dem unbefriedigenden Zustand einer völligen Grundlosigkeit der Moral hindurchsteuert. In einem zweiten Schritt möchte ich auf einige Probleme hinweisen, die auf diesem Weg anzutreffen sind und den Erfolg des Unternehmens fraglich machen. Ich beziehe mich in

1 Mit »deskriptiv« meine ich nicht, daß nach Rawls der Konsens schon vorhanden ist, sondern nur, daß der Begriff sich auf das entsprechende Phänomen, sei es faktisch oder künftig, bezieht. Hingegen ist der Begriff der öffentlichen Vernunft normativ in dem Sinn, daß in ihm als einer Qualität von Personen schon eine Aufforderung liegt, sich entsprechend zu verhalten.

der Hauptsache auf die Artikel »Justice as Fairness: Political not Metaphysical« (in: *Philosophy and Public Affairs* 14 (1985), S. 223-251, abgekürzt R 1985), »The Idea of an Overlapping Consensus« (in: *Oxford Journal of Legal Studies* 7 (1987), S. 1-25, abgekürzt R 1987) und »The Idea of Public Reason« (in: John Rawls, *Political Liberalism*, New York 1993, S. 212-254, abgekürzt PL).

1. Explikation

Der moraltheoretische Kontext, in dem Rawls' Vorstellungen von Konsens und Vernunft einen Ausweg aus den bisherigen Sackgassen zu versprechen scheinen, ist, wie erwähnt, der der Begründungsproblematik, d. h. der Frage, ob und wie sich grundlegende Prinzipien der Moral, aber auch konkrete Normen der Gerechtigkeit rechtfertigen lassen. Kantianer sind der Meinung, daß das Begründungsproblem lösbar ist. Zeitgenössische Kantianer konzipieren die Lösung so, daß sie von Überlegungen über das Phänomen der Aufklärung ausgehen. Die bekannte Geschichte lautet, daß die Menschen in früheren traditionalen Gesellschaften mythische, religiöse, metaphysische Vorstellungen vom guten (gemeinsamen) Leben hatten, daß aber die Menschen im Verlauf der Aufklärung zu der Einsicht kamen, daß solche »höheren« Überzeugungen unbegründet sind und sich daher nicht aufrechterhalten lassen oder sich bestenfalls in der Form subjektiver Vorlieben beibehalten lassen.[2] Die Folge ist, daß zwei Dinge, die früher verbunden waren, auseinanderfallen: die Moral im engeren Sinn von Gerechtigkeitsproblemen auf der einen Seite und Konzeptionen des guten Lebens, die jetzt nur noch als subjektive Projekte verstanden werden, auf der anderen Seite.[3]

Das ist natürlich nicht das einzige Bild der Situation in modernen Gesellschaften. Insbesondere drei weitere Modelle sind zu nennen: der Utilitarismus, der Kontraktualismus[4] und der Kommuni-

2 Siehe dazu Ernst Tugendhat, *Probleme der Ethik*, Stuttgart 1984, S. 126 ff. u. S. 164.

3 So z. B. Jürgen Habermas, »Diskursethik – Notizen zu einem Begründungsprogramm«, in: Jürgen Habermas, *Moralbewußtsein und kommunikatives Handeln*, Frankfurt/M. 1983, S. 53-125, dort S. 118.

4 Von einer Art Kontraktualismus kann man natürlich auch mit Bezug auf Rawls' *A Theory of Justice* sprechen. Ich meine jetzt aber die Vertragstheorie in der minima-

tarismus (*communitarianism*). Rawls geht davon aus, daß diese drei Modelle unbefriedigend sind. Da ich dem zustimme, will ich die Gründe nur erwähnen: der *communitarianism* ist schon deswegen nicht aussichtsreich, weil es unwahrscheinlich ist zu erwarten, daß die Mitglieder einer modernen Gesellschaft sich je auf eine geteilte Weltsicht einigen könnten; vielmehr ist es realistisch, mit Rawls anzunehmen, daß der Pluralismus der Lebenskonzeptionen nicht ein Übergangsstadium, sondern eine bleibende Tatsache ist (R 1987: 4). Der Kontraktualismus in dem Sinn, daß Individuen, die sich rein egoistisch verstehen, nur prudentiell Regelungen aushandeln, ist deswegen unbefriedigend, weil auf diese Weise das Ergebnis keine Stabilität haben wird, kein wechselseitiges Vertrauen erzeugt wird (R 1985: 247). Der Utilitarismus schließlich hat den bekannten Fehler, daß er die für moderne Verfassungsstaaten zentrale Unterscheidung zwischen Rechten der Bürger und Strategien, die gerade durch Rechte begrenzt sind, nicht klar fassen kann (R 1985: 226).

Auch wenn Rawls in den neuesten Aufsätzen nicht mehr wie zuvor eine einfachhin kantische Position vertritt, so ist die Position doch dadurch charakterisiert, daß sie die erwähnten Möglichkeiten ablehnt und an die kantische Auffassung anknüpft, allerdings so, daß sie in entscheidenden Punkten modifiziert wird. Die neue Position scheint mir in der Tat gerade dadurch vielversprechend, daß sie an den Vorteilen des kantischen Modells von Personen als Grenzen für Strategien festhält und andererseits die Schwachpunkte dieser Position zu vermeiden versucht. Der Grundfehler, den diese philosophische Position auch noch in ihren heutigen Varianten hat, wird von Rawls scharfsinnig diagnostiziert: Konzeptionen des Liberalismus, wie Kant oder Mill sie vertreten, sind durchaus nicht Sichtweisen, die von allen Mitgliedern der modernen Gesellschaft geteilt würden. Denn diese philosophischen Konzeptionen stellen in Wirklichkeit eben doch umfassende Konzeptionen (*comprehensive views*) des guten Lebens dar, indem sie Individualität (Mill) oder Autonomie (Kant) zum letzten Lebensziel erheben, und es ist ganz einfach nicht der Fall, daß diese umfassenden Konzeptionen von allen geteilt würden. Es gibt vielmehr neben diesen andere philosophisch-metaphysische Überzeugungen, und es gibt immer

listischen Variante, die von bloß eigeninteressierten Individuen ausgeht, welche Regelungen unter sich auszuhandeln versuchen.

noch zahlreiche Personen, die sich an religiösen Vorstellungen orientieren. Was aber können wir dann tun, wenn es erforderlich ist, daß wir uns auf gemeinsame gerechte Regelungen einigen?

Der Vorschlag, den Rawls macht, ist einfach und elegant: Wir beschränken uns, was den Gegenstand der Begründung angeht, auf das, was wir unbedingt brauchen, und das ist keine vollständige Moral oder Gerechtigkeitskonzeption, sondern nur eine Konzeption politischer Gerechtigkeit für die Grundstruktur (*basic structure*) der Gesellschaft, d. h. für die grundlegenden politischen, sozialen und ökonomischen Institutionen (R 1987: 3). Wir beschränken uns ebenso, was den Anspruch der Konzeption angeht, indem wir nicht nach der philosophisch richtigen Gerechtigkeitsvorstellung fragen, sondern nach einer politisch brauchbaren (R 1985: 230). Aufgrund dieser beiden Beschränkungen sowohl in der Reichweite wie im Anspruch besteht, so Rawls, die Hoffnung, daß wir eine Konzeption politischer Gerechtigkeit formulieren können, die durch einen übergreifenden Konsens gestützt wird, welcher von den entgegengesetzten religiösen, philosophischen und moralischen Lehren vertreten wird (R 1987: 1). Anders gesagt: Wir gebrauchen in unserer Rolle als Bürger einer modernen Demokratie nur unsere öffentliche Vernunft, die inhaltlich auf das Gemeinwohl und Gerechtigkeitsfragen beschränkt ist und in ihrem Begründungsanspruch so beschaffen ist, daß sie Rechtfertigungen von Handlungsweisen usw. in Begriffen vornimmt, von denen vernünftigerweise erwartet werden kann, daß auch andere ihnen beipflichten (PL 213, 218).

Worauf bezieht sich der Konsens? Einigkeit besteht offenbar von Anfang an darin, daß Freiheit und Gleichheit in der modernen Gesellschaft grundlegende Werte sind. Uneinigkeit besteht aber darüber, wie diese Werte zu verstehen und in der Grundstruktur der Gesellschaft zu gewichten sind (R 1985: 227). Die Übereinstimmung soll dadurch herbeigeführt werden, daß wir die Grundprinzipien der Freiheit und Gleichheit so zu organisieren versuchen, daß die konfligierenden Ansprüche in neuem Licht erscheinen. Dazu müssen wir sie auf etwas anderes, noch Grundlegenderes beziehen, und zwar auf die Vorstellung einer Gesellschaft als einem System fairer sozialer Kooperation zum wechselseitigen Vorteil (R 1985: 227) zwischen freien und gleichen Personen (R 1985: 229); dabei besagt die Freiheit der Personen, daß sie die Fähigkeit haben, eine eigene Konzeption vom Guten zu bilden und nach ihr rational zu leben, und die Gleichheit besagt, daß sie die Fähigkeit zu einem Gerechtigkeitssinn haben, d.h. die Fähigkeit zu fairer sozialer Kooperation (R 1985: 233).

2. Fragen

1. Zur Methode

Ich habe Rawls' Position als einen Versuch charakterisiert, eine bestimmte Konzeption von politischer Gerechtigkeit zu begründen. Vielleicht wäre es mit Bezug auf *A Theory of Justice* übertrieben, überhaupt von einer Begründung zu reden, weil dort nur eine bestimmte Position, ein liberaler Gerechtigkeitsstandpunkt, im Detail expliziert wird. Wenn Rawls jedoch in den späteren Aufsätzen konstatiert, daß nicht alle Bürger in modernen Demokratien einen Liberalismus im Sinne Kants vertreten, wenn er aber gleichwohl daran festhält, daß es Möglichkeiten der Einigung über grundlegende Gerechtigkeitsfragen gibt, die über einen *modus vivendi* hinausgehen, dann impliziert das, daß es Möglichkeiten der Rechtfertigung oder Begründung der Rawlsschen Gerechtigkeitsprinzipien z.B. gegenüber Bürgern gibt, die eine andere umfassende Weltsicht haben, als Rawls sie mit seinem kantisch geprägten Standpunkt vertritt.

Rawls stellt auch in den späteren Aufsätzen keine starken Begründungsansprüche, und das halte ich für sehr plausibel in einem Bereich, in dem es strenge Begründungen kaum geben kann. Die Rechtfertigung geht vielmehr so vor, daß wir innerhalb bestimmter politischer Traditionen bleiben (R 1985: 225) und von denjenigen Meinungen ausgehen, die in der öffentlichen Kultur einer konstitutionellen Demokratie enthalten sind (R 1985: 246). Wir suchen dann nach derjenigen Konzeption politischer Gerechtigkeit, die diese am besten auf den Punkt bringt. Die vorgesehene Methode ist also immer noch die des Überlegungsgleichgewichts (*reflective equilibrium*, R 1985: 228). Ich bin allerdings nicht sicher, daß diese Methode hier geeignet und ausreichend ist.

Genaugenommen müssen wir jetzt zwei Stufen der Rechtfertigung einer Gerechtigkeitskonzeption unterscheiden. Die erste Stufe ist die, wo ein Individuum oder ein Wir mit einer bestimmten umfassenden Sichtweise, z. B. dem Rawlsschen liberalen Kantianismus, eine grundlegende Gerechtigkeitsauffassung durch ein Hin- und Hergehen zwischen konkreten Überzeugungen und Prinzipienüberzeugungen zu artikulieren versucht. Das ist die Stufe, auf der die Methode des Überlegungsgleichgewichts ihren ursprünglichen Sinn hat und wo sie in der Tat einen Beitrag leisten kann. Für den wichtigen und schwierigen zweiten Schritt, den Versuch, diese so entwickelte Gerechtigkeitskonzeption auch anderen Personen nahezulegen, die abweichende umfassende Sichtweisen haben, scheint mir diese Methode nicht geeignet. Denn Reflektieren, Überlegen ist wesentlich etwas, was eine Person allein tut, während eine Argumentation zwischen zwei Personen mit divergierenden umfassenden Sichtweisen schwerlich die Form einer Reflexion haben kann. Will Rawls auch auf der zweiten Ebene der Rechtfertigung am Überlegungsgleichgewicht festhalten, dann muß das wohl so gemeint sein, daß jede einzelne Person mit dieser Methode überlegt, ob ihre wohlverstandenen Meinungen und bestimmte Gerechtigkeitsprinzipien zusammenpassen. Aber um wirklich zu zeigen, daß jede Person, welche umfassenden wohlverstandenen Meinungen sie auch haben mag, im Teilbereich der politischen Gerechtigkeit zu denselben Ergebnissen kommen wird, müßte man ein solches Überlegen von allen möglichen Standpunkten her tatsächlich durchprobieren bzw. genaugenommen von ihren Vertretern selbst vornehmen lassen. Das ist natürlich nicht praktikabel. Andererseits ist Rawls nicht so naiv anzunehmen, daß der *overlapping consensus* bereits existieren würde; er ist vielmehr etwas, was zustande kommen würde oder immerhin könnte, wenn alle entsprechend reflektieren würden. Aber wie kann man das wissen?

Was Rawls mit dem *overlapping consensus* meint, ist nicht, daß Personen einerseits diese und jene Konzeption vom Guten haben, und dann daneben und abgetrennt davon auch noch eine allen gemeinsame Vorstellung von politischer Gerechtigkeit. Gemeint ist vielmehr, daß die verschiedenen oder sogar sich widersprechenden umfassenden Sichtweisen sich in bestimmten Grundprinzipien überschneiden oder konvergieren, ähnlich wie verschiedene Prämissen zum gleichen Ergebnis führen können (R 1987: 9). Wenn das so ist, dann könnte der gesuchte Nachweis nur darin bestehen, daß man sich tatsächlich die wichtigsten umfassenden Lebenskonzeptionen vornimmt und sie in ihrem Gehalt explizit zu machen versucht, um zu sehen, ob sie die gewünschten Grundsätze in der Tat enthalten. Das ist etwas, was Rawls nirgends tut.

Was er tatsächlich tut, um die Grundprinzipien der Gerechtigkeit herzuleiten, ist etwas anderes, wie z. B. deutlich ist in dem Artikel »Social unity and primary goods« (R 1982). Er fragt nämlich nach objektiven Grundbedürfnissen, die jede Person als Vorbedingung eines guten Lebens erfüllt haben muß, gleichgültig welche spezielle Form des Lebens sie verfolgt. Rawls benennt solche Bedürfnisse zugegebenermaßen relativ zu seinem Begriff von Person und Gesellschaft, der mir nicht selbstverständlich scheint, und kommt entsprechend zu Ergebnissen und Gewichtungen von Grundansprüchen, die nicht selbstverständlich sind. Aber das Vorgehen, nach empirisch allgemeinen Voraussetzungen für jede Form guten Lebens zu fragen, scheint mir als solches aussichtsreich und in der Tat der einzige Punkt, wo eine Übereinstimmung zu erwarten ist. *Diese* Übereinstimmung wäre nicht die eines übergreifenden Konsenses, der hier gar nicht nötig ist, weil wir uns auf für alle wahrnehmbare allgemeine Tatsachen berufen könnten. Aber damit bin ich im Grunde schon bei den inhaltlichen Problemen.

2. Zum Inhalt

Auf der inhaltlichen Ebene sind es drei zusammenhängende Fragen, die ich anreißen möchte: a) Decken sich tatsächlich der benötigte Gegenstand des Konsenses, d. h. der Bereich der Gerechtigkeit für die Grundstruktur der Gesellschaft, mit den Punkten, wo wir vielleicht in der Tat heute auf einen Konsens hoffen können? b) Ist über diejenige Konzeption politischer Gerechtigkeit, die Rawls vertritt, in der Tat ein Konsens zu erwarten? c) Widerspricht die Idee einer Überschneidung in Grundfragen der Gesellschaft bzw. der Suche nach einer solchen Überschneidung nicht gerade dem Wesen dessen, was Rawls einen *comprehensive view* philosophischer oder religiöser Art nennt?

a) Bestimmung des Bereiches der Gerechtigkeit

Der erste Punkt weckt in der Tat in mir den Verdacht, daß Rawls' Position der Auffassung zeitgenössischer Kantianer nach wie vor sehr ähnlich ist. Sie ist ähnlich in der Grundidee einer Trennung von evaluativen Fragen und Gerechtigkeitsfragen, auch wenn die Trennlinie ein wenig anders verläuft. So scheint es bei Habermas, daß die ganze Moral als engerer und der Begründung fähiger Bereich ausgrenzbar ist, während sich Rawls auf diejenigen Gerechtigkeitsfragen beschränkt, die für die Organisation der Grundstruktur der Gesellschaft geklärt werden müssen. Aber das eine klingt mir ebenso nach Wunschdenken wie das andere. Denn es wäre schlicht ein glücklicher Zufall, wenn eine Konvergenz zwischen verschiedenen Lebensauffassungen gerade in den Punkten bestünde, wo wir eine Regelung finden *müssen.* Daß diese Punkte die politischen, sozialen und ökonomischen Institutionen betreffen, klingt im übrigen sehr umfassend und nicht so, als ginge es nur um einen Konsens in einigen ganz wenigen zentralen Fragen.

Man könnte dasselbe Problem auch mit Hilfe der Vorstellung von öffentlicher Vernunft formulieren. Sich im Sinn der öffentlichen Vernunft verhalten bedeutet, auf Rechtfertigungen aus der eigenen umfassenden Sichtweise, die andere nicht teilen, zu verzichten und nur solche Argumente zu verwenden, die auch andere mit anderen Sichtweisen teilen können, sofern sie sich nur ihrerseits auf die öffentliche Vernunft beschränken. Gleichzeitig ist die öffentliche Vernunft inhaltlich dadurch definiert, daß sie mit grundlegenden Fragen des Gemeinwohls und der politischen Gerechtigkeit zu tun hat (PL 213). Wie diese inhaltliche Bestimmung mit der formalmethodischen zusammenhängt, bleibt offen. Jedoch scheint es alles andere als trivial, daß sich Fragen, die mit den Verfahren der öffentlichen Vernunft verhandelbar sind, mit den lösungsbedürftigen Fragen politischer Gerechtigkeit decken. Es sei denn, der Begriff der öffentlichen Vernunft ist bereits mit substantiellen Voraussetzungen aufgeladen, oder umgekehrt betrachtet, die Inhalte der Gerechtigkeit werden in eine Verfahrensethik aufgelöst.

Es gibt in der Tat Hinweise in »The Idea of Public Reason«, die stark in die Richtung einer Verfahrensgerechtigkeit gehen. In diesem Text räumt Rawls ein, daß der Standpunkt der Gerechtigkeit als Fairneß, d. h. der von ihm selbst entwickelte inhaltliche Standpunkt, nicht die einzige inhaltliche Konzeption eines politischen Liberalismus ist (PL 216). Er räumt weiterhin ein, daß es Situationen geben kann, in denen die öffentliche Vernunft keine eindeutige Entscheidung in einer bestimmten Gerechtigkeitsfrage gibt (PL

240). Die Konsequenz, die Rawls daraus zieht, ist nicht, daß Rechtfertigungsmöglichkeit und inhaltliche Zugehörigkeit zum Bereich der Gerechtigkeit zweierlei sind. Die Konsequenz, die er zieht, ist vielmehr eine Auflösung des Inhalts in die Verfahren; denn bei Grundfragen der Verfassung und Gerechtigkeit soll die Debatte in Begriffen dessen weiter geführt werden, was wir für eine politische Konzeption halten. Wenn Personen mit verschiedenen politischen Konzeptionen dies tun, frage ich mich allerdings, ob diese Situation nicht zeigt, daß das Problem, das Rawls einräumt, die ganze vorher entwickelte Begründungsmethode entwertet. Denn in der jetzigen Beschreibung ist offenkundig das Verfahren selbst an substantielle Annahmen gebunden; wo diese divergieren, gibt es kein übergeordnetes Verfahren mehr, auch keine Begründung für die Vermutung, daß solche Divergenzen zumindest bei Grundsatzfragen keine sehr tiefen Dimensionen annehmen werden.

b) Inhaltliche Voraussetzungen der Rawlsschen Gerechtigkeitskonzeption

Die Schwierigkeiten, die mir die Rawlssche Methode bereitet, bleiben abstrakt, solange sich keine konkreten Anhaltspunkte für die geäußerten Bedenken anführen lassen. Ich denke, daß es solche konkreten Punkte gibt. Was Rawls mit dem Konsens über eine Konzeption politischer Gerechtigkeit konkret meint, entspricht ungefähr den Grundprinzipien, die er in *A Theory of Justice* entwickelt hat. Das aber sind keine selbstverständlichen Prinzipien. Nicht nur sind wir weit davon entfernt, daß sie faktisch von allen akzeptiert würden. Es scheint mir ebenfalls ziemlich unwahrscheinlich, daß alle sie akzeptieren würden, wenn sie geeignete Reflexionsprozesse durchlaufen würden.

Evident ist, daß das zweite Prinzip, wonach soziale und ökonomische Ungleichheiten so zu verteilen sind, daß sie zum größten Nutzen der am schlechtesten Gestellten sind usw. (TJ § 13), nicht von allen gesellschaftlichen Gruppen akzeptiert würde. Es würde in dieser Form sicher von Konservativen nicht unterschrieben, und das kann man herausfinden, indem man sich über ihren Standpunkt informiert und ihn in seine Bestandteile analysiert. Aber auch das weniger problematisch erscheinende erste Prinzip, das Personen die größtmöglichen Freiheiten einräumt, die mit den

Freiheiten anderer vereinbar sind (TJ § 11), kann zu tiefgehenden Meinungsverschiedenheiten führen, wenn wir z. B. an die Frage der Abtreibung denken. Denn die Debatte zeigt, daß Menschen mit bestimmten religiösen Überzeugungen das Freiheitsprinzip nicht in dieser radikalen Form akzeptieren würden. Rawls könnte darauf entweder antworten, daß die Abtreibungsfrage kein grundlegendes politisches Gerechtigkeitsproblem betrifft. Diese Antwort schiene mir nicht sehr befriedigend, weil die Frage des Umgangs mit menschlichem Leben natürlich zu den für jede Gesellschaft wesentlichen gehört. Oder er könnte antworten, daß nach seiner Position diejenigen, die aus religiösen Gründen für ein Verbot der Abtreibung sind, infolge der Konzeption einer öffentlichen Vernunft in der öffentlichen Debatte gerade von ihren Vorstellungen religiöser Art absehen müßten. Aber die Frage ist, ob das ein sinnvoller Ratschlag ist. Darauf komme ich zurück.

Wie insbesondere in Zusammenhang mit dem zweiten Prinzip deutlich ist, können auch Vertreter eines politischen Liberalismus, d. h. Personen, die bereit sind, religiöse u. a. Argumente aus politischen Grundsatzfragen herauszuhalten, verschiedener Auffassung in Fragen der Gerechtigkeit sein. Damit steht in Frage, wo und wie mit einem inhaltlichen Übergreifen von Meinungen zur Gerechtigkeit überhaupt zu rechnen ist. Wie erläutert, stellt Rawls sich die Überlappung so vor, daß es trotz divergierender Sichtweisen zu einer Überschneidung von Gerechtigkeitsüberzeugungen kommt. Das könnte man so verstehen, daß sich nur gewissermaßen die Oberflächenbedeutung der Meinungen deckt, während über ihren letztlichen Sinn Dissens besteht, der allerdings nichts schadet, solange wir uns äußerlich, d. h. in den tatsächlichen Regelungen, einig sind. Es scheint mir jedoch sehr unwahrscheinlich, daß es in Fragen gerade der Grundstruktur der Gesellschaft zusammenfallende Oberflächenmeinungen auf der Basis vollkommen voneinander abweichender Sichtweisen gibt. Wenn in der modernen Gesellschaft Christen und Atheisten in vielen Gerechtigkeitsfragen übereinstimmen, so m. E. einfach deswegen, weil sie eine Reihe von Aspekten der Sichtweise von Person und Gesellschaft teilen.

Im übrigen kann auch Rawls kaum meinen, daß es sich um eine nur oberflächliche Übereinstimmung handelt, wo Einigkeit über grundsätzliche Gerechtigkeitsfragen besteht. Denn wenn er, wie ebenfalls erläutert, gängige moderne Überzeugungen neu zu gewichten und in einer Grundkonzeption von Gerechtigkeit auf den Begriff zu bringen beansprucht, ist das etwas, was tief reicht, nämlich einen bestimmten Begriff von Person und Gesellschaft beansprucht, und diese beiden Begriffe sind so ziemlich das Grundlegendste, was es in diesem Zusammenhang gibt. Rawls' Personenbegriff aber ist nicht selbstverständlich. Er wird in der Fassung, die für die Rawlssche Gerechtigkeitstheorie die Grundlage bildet, sicher nicht nur von Nicht-Liberalen nicht geteilt, sondern auch nicht von allen Spielarten des politischen Liberalismus. Nicht jeder z. B. wird die starke Auffassung des sozialen Charakters der individuellen Existenz teilen, wonach wir unser ganzes Leben lang wesentlich Mitglied ein und derselben Gesellschaft sind und alle Lebenstätigkeiten wesentlich sozial sind (R 1985: 233). Ebenso ist der Vorrang der Freiheitsrechte vor anderen Rechten etwas, was sich nur relativ zur Rawlsschen Auffassung von Individuum und Gesellschaft ergibt. Die Ausformulierung des zweiten Prinzips hat weiterhin als Basis bestimmte Aspekte des Personbegriffs, die alles andere als trivial sind, z. B. starke Anforderungen an die Rationalität und Selbstverantwortlichkeit von Personen; diese weiten sich so aus, daß Rawls auf Kompensationen für diejenigen verzichtet, die aufgrund von mangelnder Selbstkontrolle Nachteile haben (R 1985: 243 f.).[5] Dasselbe gilt für den Begriff der Gesellschaft. Auch hier ist es alles andere als trivial und selbstverständlich, daß eine Gesellschaft zu definieren ist als System der fairen Kooperation zum wechselseitigen Vorteil (R 1985: 227).[6]

Was die Inhalte der Rawlsschen Gerechtigkeitskonzeption angeht, scheint mir daher das Ergebnis zu sein, daß sie auf massiven Voraussetzungen in den zugrundeliegenden Begriffen von Person und Gesellschaft beruhen. Es ist ein Irrtum zu meinen, daß an diesem tiefsten Punkt wenn nicht alle Sichtweisen, so doch wenigstens alle Varianten des politischen Liberalismus übereinstimmen. Noch weniger ist zu erwarten, daß es eine Überschneidungsmenge verschiedener Sichtweisen gerade in Grundsatzfragen der Gerechtigkeit geben wird, wenn diese Sichtweisen wirklich in der Tiefe,

5 Wenn man z. B. einen stärker empirischen Personenbegriff zugrunde legen würde, der auf die realen Schwächen und Probleme Rücksicht nimmt, käme man zu anderen Vorschlägen. Zur Kritik siehe Brian Barry, *Theories of Justice*, London 1989, S. 244.

6 Barry, *Theories of Justice*, S. 234 ff. u. S. 241 ff.

in den Vorstellungen von Person und Gesellschaft, divergieren. Die Folgen, d.h. Gerechtigkeitsüberzeugungen, können bei verschiedenen Prämissen, d.h. Sichtweisen, nicht überlappen. Was wie ein übergreifender Konsens und damit wie eine neue Lösung des Rechtfertigungsproblems aussieht, ist nichts anderes als eine Überschneidung oder Gemeinsamkeit in Aspekten der Sichtweisen selbst. Was bleibt, ist also die eher triviale Feststellung, daß die verschiedenen praktischen Sichtweisen, die wir in modernen Demokratien finden, bei allen Abweichungen doch auch einige Grundbestandteile gemeinsam haben.

Eine öffentliche Vernunft, so das überhaupt eine sinnvolle Einrichtung ist, kann sich folglich auch nur auf solche Gemeinsamkeiten beziehen. Sie bedeutet dann allerdings nicht mehr, daß man von der tieferen oder weiter reichenden Sichtweise, in der die eigenen Gerechtigkeitsüberzeugungen verankert sind, absieht, sondern auch hier etwas viel Trivialeres, nämlich daß wir diejenigen Fragen ausklammern müßten, die nicht gemeinsame Grundeinstellungen betreffen. Das zeigt dann allerdings, daß die Konstruktion uns praktisch nicht weit führt, weil viele wichtige Fragen, die geregelt werden müssen, leider nicht von dieser Art sind. Und vermutlich ist das der Grund, weshalb Rawls Personen mit öffentlicher Vernunft konstruiert, die von ihren umfassenden Sichtweisen absehen.

c) Die Paradoxie der Toleranz

Daß das nicht sinnvoll und möglich ist, läßt sich noch aus einer anderen Perspektive zeigen. Die ganze Idee, Vertreter verschiedener religiöser, philosophischer etc. Sichtweisen könnten nach grundlegenden Gerechtigkeitsprinzipien unter Absehung von ihren divergierenden umfassenden Sichtweisen suchen, ist in sich paradox. Für die jeweilige Person steht die Auffassung von Grundfragen der Gerechtigkeit im Kontext ihrer umfassenden Konzeption des (gemeinsamen) guten Lebens, d.h., sie gewinnt den Sinn oder Inhalt, den sie für die Person hat, aus dieser Einbettung. Dann aber kann die Person von dieser umfassenden Sichtweise nicht einfach absehen, weil sonst überhaupt kein gehaltvoller Begriff von Person und Gesellschaft übrigbleibt. Das Problem mit der öffentlichen Vernunft ist weniger, wie Rawls zwar nicht meint, aber erwägt, daß man unaufrichtig sein müßte, wenn man sich unter Einklammerung des Hintergrunds an Wertüberzeugungen auf politische Werte beschränkt (PL 241f.). Das Problem ist vielmehr, daß die ganze Strategie der Einklammerung umfassender Sichtweisen unaufrichtig oder inkonsistent ist. Die »Vermeidungsstrategie« (R 1985: 23) ist paradox, weil zu umfassenden Sichtweisen wesentlich gehört, daß man von ihrer Richtigkeit überzeugt ist. Und man kann nicht etwas gleichzeitig für richtig auf der grundlegendsten Ebene halten und es einklammern. Das ist das Grundproblem der liberalen Idee der Toleranz.[7] Rawls erwähnt zwar an verschiedenen Stellen die historische Erfahrung der Kollision konfligierender religiöser Sichtweisen, und er weist auf die Haltung der Toleranz hin, die sich in der Folge entwickelt hat (R 1985: 249), ohne jedoch auf die Paradoxien, die damit verbunden sind, einzugehen.

Die Idee der religiösen Toleranz mag in der Tat eine der historischen Wurzeln des Liberalismus sein. Aber ich denke, diese Toleranz kann verschiedene Formen haben. Einmal könnten die Personen wirklich überzeugt an ihrer Religion im bisherigen Sinn festhalten, aber nach der leidvollen Erfahrung von Religionskriegen sich auf Toleranz einigen. Das kann offenbar zu nicht mehr als einem *modus vivendi*, also einem Vertrag ohne gemeinsame Grundwerte führen. Wenn man wie Rawls zu einem stärkeren Ergebnis kommen will, könnte man die Toleranz so verstehen, wie das etwa in Lessings *Nathan* der Fall ist, wo hinter den Religionen, die auf diese Art subjektiviert werden, eine neue, umfassende Grundidee steht, die Idee einer gemeinsamen Menschlichkeit und Brüderlichkeit, die uns wichtiger ist als religiöse Unterschiede. Das sind die Vorstellungen der Aufklärung, wo die Religion an Bedeutung verliert zugunsten von anderen Idealen (wo also doch, entgegen R 1987: 13 u. 24 eine gewisse Indifferenz gegenüber religiöser Wahrheit unvermeidlich ist). Man könnte vielleicht eine weitere Möglichkeit darin sehen, daß sich die verschiedenen praktischen Bereiche immer mehr in voneinander einigermaßen unabhängige Subsysteme ausdifferenzieren, daß also die Religion, die bisher den Sinn aller praktischen Überzeugungen einer Person prägte, sich auf Fragen der individuellen Einstellung zum Leben zurückzieht oder auch

7 Das Grundproblem und die möglichen Reaktionen darauf werden deutlich formuliert in Susan Mendus (Hg.), *Justifying Toleration*, Cambridge 1988, Introduction.

immer abstrakter und losgelöster von konkreten Entscheidungen wird. Auch wenn es solche Entwicklungen gibt, bleibt das Faktum, daß moderne Menschen selbst ohne religiöse Überzeugungen divergierende Auffassungen in fundamentalen Gerechtigkeitsfragen haben können und haben.

Es gibt Stellen in R 1987, wo Rawls selbst nahelegt, daß er mehr voraussetzen muß als nur einen Konvergenzpunkt zwischen nach wie vor divergierenden und vielleicht sogar inkompatiblen Sichtweisen. So gibt er zu, daß es unvermeidlich sein könnte, wenn nicht eine ganze religiöse oder philosophische Lehre, so doch Teile von ihr heranzuziehen, und zwar gerade dann, wenn es um die fundamentalsten Fragen geht (R 1987: 14). Er faßt ferner das Problem ins Auge, daß die Grundrechte, die sich aus der politischen Gerechtigkeit ergeben, alle anderen Werte überwiegen, was ganz so aussieht, als hätten wir hier doch eine umfassende Sichtweise, die eine Gewichtung der verschiedenen Werte enthält (R 1987: 16 f.). Er versucht sich damit herauszureden, daß es sich bei Toleranz etc. um *sehr wichtige* Tugenden handelt (R 1987: 17) und daß die Werte, auf die sie sich beziehen, nicht unbedingt die in sich wichtigsten sein müßten; vielmehr könne man sagen, sie seien deswegen immer ausschlaggebend, weil wir sonst in Konflikt mit den Bedingungen kommen, die faire soziale Zusammenarbeit allererst möglich machen. An dieser Stelle setzt Rawls allerdings wieder eine bestimmte umfassende Sicht voraus, weil, wie oben erläutert, sein Begriff des Sozialen durchaus nicht der einzige heute übliche und denkbare ist.

3. Schluß

Wenn diese Kritik trifft, in welcher Lage sind wir dann hinsichtlich der Begründung der Gerechtigkeit grundlegender Institutionen? Die Lage ist nicht viel schlechter, als auch Rawls sie ehrlicherweise in seinen neuesten Arbeiten beschreibt. Es bleibt uns zumindest dreierlei. Es bleibt, zum einen, ein Bereich, wo sich in der Tat faktisch zwar nicht ein übergreifender Konsens, so doch Gemeinsamkeiten in den umfassenden Sichtweisen herausgebildet haben, wie in der hohen Bewertung individueller Autonomie usw. Es gibt zweitens einen Bereich, in dem wir, wie auch Rawls es manchmal tut, objektiv-empirische Bedingungen eines gerechten Zusammenlebens aufweisen können. Denn es gibt neben Präferenzen auch Bedürfnisse, deren Erfüllung Vorbedingung für jede Weise des guten Lebens ist, worin auch immer sie bestehen mag; dazu gehören Leben, materielle Güter, Freiheiten und Gelegenheiten.

Diese beiden Punkte sind durchaus eine gewisse Basis für die Verständigung über Fragen der politischen Gerechtigkeit. Allerdings reichen sie nicht aus, um eine kohärente Konzeption politischer Gerechtigkeit zu formulieren. Denn sobald es um Fragen der Gewichtung und Rangordnung von Werten geht, werden die Meinungsverschiedenheiten beginnen, und es wird keine Aussicht bestehen, daß alle sich auf die Rawlsschen Gerechtigkeitsprinzipien und die Rawlssche Gewichtung von Gütern einigen werden. Gerade deswegen aber ist es nicht ratsam, die Grundfragen der politischen Gerechtigkeit, wie Rawls vorschlägt, zu vermeiden und sie der Debatte zu entziehen.[8]

Wir haben schließlich drittens die Einstellung der Toleranz als *modus vivendi*, die durchaus nicht zu verachten ist, wo über Grundfragen der Gesellschaft ein Prinzipienstreit besteht und keine Einigung zu erwarten ist. Diese Form der Toleranz, die kein wirkliches Absehen von den eigenen Überzeugungen verlangt, sondern nur die pragmatische Konfrontation mit der Tatsache, daß auch andere ihre festen Überzeugungen haben und an ihnen festhalten werden, könnte natürlich allein keine moralische Basis für Politik abgeben, weil sie in der Tat nicht ausreicht, um wechselseitiges Vertrauen zu stiften. Jedoch ist diese Toleranz nicht das einzige, womit wir rechnen können. Sie ist einer von drei Punkten, und wir können in dem ersten Punkt, den faktischen Übereinstimmungen in der Sichtweise, in den modernen Demokratien auch eine weitgehende Übereinstimmung in der Grundidee der alltäglichen persönlichen Moral konstatieren – in der Idee der wechselseitigen Rücksicht und Achtung. Diese Gemeinsamkeit hat zur Folge, daß auch die bloße Toleranz nicht völlig losgelöst von einem moralischen Kontext ist. Andererseits bleibt der Gehalt dieser moralischen Grundidee zu vage, als daß sich aus ihr konkrete Aussagen über die Struktur gerechter Institutionen ergeben würden.

8 So z. B. auch in Chandran Kukathas, Philip Pettit, *Rawls. A Theory of Justice and its Critics*, Cambridge 1990, S. 149.

Grenzen des Individuums und Grenzen des Handelns. Überlegungen zum Klonen

Beim Klonen spielen Grenzen auf verschiedene Weisen eine Rolle. Die zwei wichtigsten scheinen mir die folgenden zu sein: Erstens. Ein Individuum ist ein abgegrenztes, von allen anderen Individuen unterschiedenes, ein einmaliges und einzigartiges Wesen. Zweitens. Nach unserer gängigen liberalen Vorstellung kann jede Person nach ihren eigenen Wünschen handeln, solange sie nicht die Rechte anderer verletzt, das heißt, diese stellen Grenzen für das Handeln dar. Auf den ersten Blick liegt es vielleicht nahe, diese beiden Reden von einer Grenze gleichzusetzen: Das Individuum als in seiner Besonderheit Begrenztes stellt die Grenze für das Handeln anderer dar. Doch das dürfte kaum zutreffen. Der Respekt, den wir anderen Personen schulden, erfordert nicht eine Berücksichtigung jeder beliebigen Laune, die sich eine Person als Bestandteil ihrer Einzigartigkeit zulegen mag.

Wir müssen daher, was das Klonen betrifft, zunächst zwei Fragen unterscheiden. Einmal die Frage, ob das Klonen gegen Rechte verstößt und so die Grenzen erlaubten Handelns verletzt. Zweitens die Frage, ob das Klonen die Grenze im Sinn der Ausgegrenztheit einmaliger Individuen überschreitet. Auch diejenigen, die die erste Frage verneinen, haben oft Bedenken gegen das Klonen, weil sie die zweite Frage bejahen oder jedenfalls teilweise bejahen. Aber auch die erste Frage, die auf den ersten Blick nur eine Anwendung unserer gewöhnlichen Moralkriterien erfordert, ist komplexer, als es zunächst scheint. Denn sie betrifft nicht nur Rechte von Personen, sondern auch die Frage, ob nicht die Natur oder das Natürliche einen Eigenwert hat und daher vielleicht ebenfalls eine Grenze für Eingriffe darstellt. Die folgenden Ausführungen behandeln im ersten Schritt die Frage der Rechte von Personen, zweitens die Problematik des Eigenwerts der Natur und drittens die Thematik der Grenzen des Individuums in seiner Einmaligkeit. Abschließend soll dann viertens noch kurz gefragt werden, wie die Folgen der Praxis des Klonens für uns selbst einzuschätzen sind.

Auch hier ist eine weitere Differenzierung nötig, die ich bisher unterschlagen habe, die jedoch gängig ist, die Unterscheidung zwischen moralischen und juristischen Rechten. Als Philosophin beschränke ich mich im Wesentlichen auf die Fragen der Moral. In der Tat scheint es mir sinnvoll zu sein, mit diesen Fragen zu beginnen, also zuerst zu fragen, ob die Praxis des Klonens moralisch vertretbar oder bedenklich ist. Wie der Umgang mit ihr gesetzlich zu regeln wäre, ist damit nicht entschieden, da nicht alles, was moralische Ablehnung verdient, in den Bereich des Rechts fällt, und da es umgekehrt Gründe geben kann, Handlungen, die im Einzelfall moralisch zulässig sind, aus Gründen anderer Art zu verhindern. Dennoch ist die moralische Zulässigkeit sicher ein wichtiges Kriterium auch für die Entscheidung über rechtliche Regelungen.

Man kann den Begriff eines moralischen Rechts vielleicht am einfachsten aus der kantischen Moralkonzeption erläutern, und zwar im Ausgang von der sogenannten Zweckeformel des Kategorischen Imperativs.[1] Wie Kant sagt, existieren vernünftige Wesen, wozu auch der Mensch gehört, als Zweck an sich und haben so einen Wert oder eine Würde. Damit ist gemeint, dass die menschliche Person sich zu ihrem Leben so verhält, dass sie dessen Vollzug als ihren eigenen Zweck sieht. Vernünftige Wesen sind, sagt Kant in der *Grundlegung zur Metaphysik der Sitten*, Personen, »weil ihre Natur sie schon als Zwecke an sich selbst, d. i. als etwas, das nicht bloß als Mittel gebraucht werden darf, auszeichnet, mithin so fern alle Willkür einschränkt« (428). Kant selbst verwendet hier also sofort die Redeweise von der Einschränkung oder Grenze, die das Leben anderer für unser Handeln darstellt. Wie er ein wenig später sagt, ist das »Prinzip der Menschheit als Zwecks an sich selbst« zugleich »die oberste einschränkende Bedingung der Freiheit der Handlungen eines jeden Menschen« (431). Zu erstrebender oder zu verwirklichender Zweck ist das Leben bzw. glückliche Leben für das jeweilige Individuum selbst. Für die anderen ist es negativer Zweck, ein Zweck, der nicht behindert, in den nicht eingegriffen

1 Obwohl Kant selbst nicht vom Rechts-, sondern vom Pflichtbegriff ausgeht. Die folgenden Zitate sind alle entnommen aus Immanuel Kant, *Grundlegung zur Metaphysik der Sitten*, zitiert nach: Preußische Akademie der Wissenschaften (Hg.), *Kants gesammelte Schriften* (Akademie-Ausgabe), Bd. IV, Berlin 1911.

werden darf. Da nun alle Personen in dieser Weise ihr eigenes Leben als Zweck haben, muss das Zusammenleben aller so aussehen, dass sie ein, wie Kant sagt, Reich der Zwecke bilden (433). Damit ist gesichert, dass nicht der eine verlangen kann, dass alle anderen Einschränkungen ihres Handelns aufgrund seiner ausgefallenen Launen in Kauf nehmen müssen, sondern dass er sich klarmachen muss, dass die anderen ebenso ihr Leben als Zweck sehen, als Wünsche und Interessen verfolgend, dass also alle aufeinander als zugleich Zwecke und Mittel bezogen sein müssen.

Was die Anwendung angeht, bleibt Kants Vorschlag eher abstrakt, und wenn man sich nicht auf die Debatte über die Anwendung des Kategorischen Imperativs einlassen will, ist es besser, inhaltlich vorzugehen und zu sagen, dass fundamentale moralische Rechte und damit Grenzen für das Handeln anderer immer dort vorliegen, wo für das Individuum Grundbedingungen des guten Lebens auf dem Spiel stehen, also etwa physische und psychische Unversehrtheit, die Möglichkeit zur Selbstverwirklichung in sinnvollen Tätigkeiten, die Möglichkeit befriedigender sozialer Beziehungen usw. Weiterhin würde ich die kantische Konzeption gern noch in einem Punkt erweitern und sagen, dass auch Tiere Wesen sind, die ihr eigenes Leben vollziehen und daher nicht nur zum Nutzen der Menschen, sondern gleichzeitig auch als Zwecke existieren und daher moralischen Schutz verdienen.[2]

Ist das Klonen menschlicher und tierlicher Individuen bereits insofern problematisch, als es solche moralischen Grundrechte, die zentrale Bedingungen des guten Lebens sichern, verletzt? An dieser Stelle müsste man sich zunächst über die technischen Details verständigen. Es gibt ja verschiedene Arten des Klonens, und die einfachste Methode, das Klonen von Embryonen, unterscheidet sich im Ergebnis nicht von dem Phänomen der Erzeugung von Zwillingen. Das Klonen aus Zellen erwachsener Menschen oder Tiere hingegen ist bisher nur selten gelungen. Jedoch ist es gerade diese Art des Klonens, die besonders strittig ist, und ich werde mich daher im Folgenden auf diese Art beschränken.

Was dieses Verfahren des Klonens betrifft, so ist klar, dass die Technik vorläufig nicht ausgereift und daher nicht sicher ist. Solan-

2 In der Tierrechtsdebatte kommt einer solchen erweiterten kantischen Position am nächsten Tom Regans Konzeption, wonach Tiere als Subjekte eines Lebens moralische Rechte haben. Siehe Tom Regan, *The Case for Animal Rights*, London 1984.

ge eine Reproduktionstechnik nicht sicher ist, besteht eine relativ hohe Wahrscheinlichkeit, dass wir Menschen oder Tiere erzeugen könnten, die Defekte haben werden, unter denen sie leiden und die sie im Leben behindern. Das heißt zwar nicht, dass wir sie direkt in ihren moralischen Rechten verletzen, denn sie sind ja zum Zeitpunkt des Klonens noch nicht vorhanden und können daher auch nicht geschädigt werden, und wir wissen auch nicht vorher, welche Individuen Defekte haben werden. Der moralische Vorwurf würde eher darin bestehen, dass wir leichtfertig handeln, indem wir für eine Gruppe künftiger Lebewesen Risiken schaffen, die über das normalerweise vertretbare Maß hinausgehen.

Aber Philosophen beschäftigen sich ja gern mit Hypothesen und Gedankenexperimenten, und nehmen wir daher an, die Technik sei hinreichend erprobt, so dass jedenfalls nicht mehr Pannen auftreten als bei der natürlichen Reproduktion. Welches wären dann Rechte des gezeugten Individuums, die durch das Klonen verletzt werden könnten? Einige gängige Antworten lauten: Das Recht auf eine zufallsabhängige natürliche Erzeugung, das Recht auf ungeplante natürliche Ausstattung,[3] das Recht auf Nichtwissen des eigenen Lebenslaufs.[4]

Keine dieser Antworten scheint mir wirklich überzeugend. Der Unterschied zur gewöhnlichen Erzeugung ist nur graduell. Was zunächst die Zufälligkeit angeht, so ist das Gelingen unserer planvollen Handlungen immer auch von Zufällen abhängig, und das gilt dann ebenso für das Gelingen des Klonens. Außerdem ist das Klonen nicht ganz so unnatürlich wie oft behauptet; denn die Zelle, die entnommen wird, ist sicher Bestandteil der Natur. Umgekehrt ist auch die sogenannte natürliche Reproduktion nicht nur zufällig, da Partner häufig planen, ob und wann sie ein Kind zeugen wollen. Ähnliches gilt für die ungeplante Ausstattung, denn auch dadurch, dass feststeht, wessen Ei- und Samenzellen zusammenkommen, ist schon ziemlich viel über die mögliche Konstitution des künftigen Menschen bestimmt. Der dritte Punkt schließlich trifft gar nicht zu, denn wie ein Leben verläuft, hängt von dem Zusammenwirken

3 So Ludwig Siep, »›Dolly‹ oder Die Optimierung der Natur«, in: Johann S. Ach u. a. (Hg.), *Hello Dolly? Über das Klonen*, Frankfurt/M. 1998, S. 191-198, dort S. 197.

4 So Hans Jonas, *Technik, Medizin und Ethik. Zur Praxis des Prinzips Verantwortung*, Frankfurt/M. 1985, S. 188 ff.

von Organismus und Umwelt ab.[5] Wie seine äußere Lebenssituation im Verlauf der Zeit aussehen wird, weiß ein geklonter Mensch genauso wenig wie ein natürlich gezeugter.[6]

Wenn alle diese Argumente gar nicht schlüssig sind, haben sie dann vielleicht einen verborgenen haltbaren Kern, der ihre Verbreitung und die Plausibilität, die sie für viele haben, erklärt? Ich denke, das Gemeinsame der genannten und ähnlicher Argumente ist eine Überzeugung vom Wert des Natürlichen, eine emotionale Abwehr gegen tiefere Eingriffe in die Natur oder natürliche Abläufe. Diese Tatsache muss man zunächst ernst nehmen, da sie ein Indiz dafür sein könnte, dass hier tief verankerte Werte auf dem Spiel stehen, die vielleicht nur noch nicht zureichend artikuliert sind, um schlüssig zu scheinen. Andererseits haben wir viele tiefe Gefühlsreaktionen, die auf Konfusionen oder veralteten internalisierten Werten beruhen, die wir bei genauerer Analyse nicht aufrechterhalten würden. Wir müssen also prüfen, von welcher Art die emotionalen Reaktionen auf das Klonen sind.[7]

2. Die Natur als angebliche Grenze

Der Punkt, bei dem wir jetzt angekommen sind, scheint mir einer der schwierigsten in der ganzen Klonierungsdebatte ebenso wie in vielen anderen Kontroversen der angewandten Ethik zu sein. Ich denke, wir sollten das Phänomen ernst nehmen, dass es eine tief verankerte Scheu vor dem Natürlichen gibt, aber wir sollten zugleich versuchen, dieses Phänomen in seinem Gehalt kritisch und ohne zu viel Scheu zu analysieren. Der einzige Weg dazu scheint

5 Ähnlich Thomas Gutmann, »Auf der Suche nach einem Rechtsgut. Zur Strafbarkeit des Klonens von Menschen«, in: Claus Roxin u. a. (Hg.), *Medizinstrafrecht im Spannungsfeld von Medizin, Ethik und Strafrecht*, Stuttgart u. a. 2000, S. 325-350, dort S. 338.

6 Das bleibt auch dann so, wenn ihm das selbst nicht klar ist. Darauf verweist Dan W. Brock, »Cloning Human Beings. An Assessment of the Ethical Issues Pro and Con«, in: Martha C. Nussbaum, Cass R. Sunstein (Hg.), *Clones and Clones. Facts and Fantasies about Human Cloning*, New York 1998, S. 141-164, dort S. 154.

7 Siehe dazu Jonathan Glover, »Eugenics and Human Rights«, in: Justine Burley (Hg.), *The Genetic Revolution and Human Rights*, Oxford 1999, S. 101-124, dort S. 101 f.

mir zu sein, die vorhandenen Erklärungsangebote durchzugehen und zu prüfen.

Eine erste Möglichkeit wäre, dass die Natur ebenso wie Menschen und Tiere als Zweck existiert, dass sie in demselben Sinn einen Eigenwert oder eine Würde hat wie diese und so Träger moralischer Nicht-Eingriffsrechte ist. Das scheint jedoch wenig plausibel. Kants Erläuterung für die Zweckhaftigkeit war, dass ein Lebewesen sein eigenes Leben zum Zweck hat, und das ist eine sinnvolle Redeweise bei Menschen und m. E. auch noch bei Tieren, aber darüber hinaus kaum, weder bei einzelnen Naturdingen noch bei der Natur im Ganzen. Noch weniger haben natürliche Ereignisse oder Abläufe wie die natürliche Zeugung einen Wert. Die Rede vom moralischen Wert ist verständlich nur mit Bezug auf die Personen, die das Klonen vornehmen, und auf die Produkte, die geklonten Menschen und eventuell Tiere. Und hier hat sie den schon erläuterten gewöhnlichen Sinn.

Handelt es sich dann vielleicht um alte Gefühle der Angst vor der übermächtigen Natur, die zurückschlägt, wenn wir in sie eingreifen? Solche Ängste sind möglicherweise nicht ganz so unbegründet. Denken wir an das Klonen nicht von Menschen, sondern von Pflanzen und Tieren. Durch die Nutzung gentechnisch erzeugter Tiere und Pflanzen verändern wir das ökologische Gleichgewicht, und die ökologischen Zusammenhänge sind auf eine Weise komplex, dass hier vorläufig keine Sicherheit besteht, dass wir uns durch unser Handeln nicht langfristig schaden. Doch wir greifen ja ständig in die Natur ein und stören die ökologische Balance, und in Bereichen, wo das eine alte und gängige Praxis ist, hat meist niemand Bedenken dagegen. Es mag sogar ratsam sein, wenn wir eine gewisse Angst dieser Art kultivieren, weil sie uns daran hindern kann, zu leichtfertig zu handeln. Aber das ist eine sehr allgemeine Klugheitsregel, aus der sich keinerlei Kriterien dafür ergeben, dass etwa Klonen *immer* unzulässig ist.

Wenn weder ein moralischer Wert der natürlichen Zeugung noch das langfristige menschliche Eigeninteresse die tiefe Abwehr gegen das Klonen erklären können, liegt sie dann vielleicht an dem Umstand, dass es sich beim Klonen von Menschen nicht um irgendwelche Eingriffe in die Natur handelt, sondern um solche, die unsere unmittelbare Existenzgrundlage betreffen? Es scheint, dass der Bereich der Grundbedingungen des Lebens in allen Kulturen den Status des Unverfügbaren hat, dass es hier in allen Kulturen Tabus gibt, deren genauere Ausgestaltung in den Bereich des Mythos, der Religion oder Metaphysik fällt. Aber die Frage bleibt, ob wir diese Scheu hinnehmen müssen, solange sich kein rationaler Kern in ihr entdecken lässt, der argumentativ artikuliert werden kann. Schließlich hindert uns diese Scheu auch nicht daran, die Reproduktion durch Empfängnisverhütung, Abtreibung usw. zu steuern. Selbst wenn man also einmal zugibt, dass es einen vorläufig nicht aufgeklärten berechtigten Kern der Scheu vor Eingriffen in unsere natürliche Grundlage gibt, dann gilt für sie dasselbe wie für die Angst vorm Zurückschlagen der Natur: Wir gewichten diese Scheu in anderen Handlungsbereichen nicht so stark, dass sie ein hinreichender Grund gegen Eingriffe ist.

Aber, so könnte jemand sagen: Gentechnik am Menschen ist näher an einer Aufhebung unserer eigenen Existenzform als alles, was bisher möglich war. Das Bedrohliche ist, dass wir jetzt unsere eigene Existenz, das, was Menschsein heißt, beeinflussen und ändern können, und dass wir uns damit praktisch selbst den Boden unter den Füßen wegziehen, dass wir den Standpunkt verlieren, von dem wir als Menschen über unser Selbstverständnis urteilen können. Das ist ein Problem, das man ausführlicher erörtern müsste. Nach meiner Einschätzung beruht es auf einer enormen Überschätzung dessen, was wir tun können. Denn wir können nicht neuartige Lebewesen und Menschennachfolger nach Belieben aus dem Nichts konstruieren, sondern nur das in der Natur gegebene Material bearbeiten und anders anordnen, als wir es in der Natur vorfinden, und auch dann wird das Ergebnis nur überlebensfähig sein, wenn es auf eine den Naturgesetzen entsprechende Weise gebildet ist. Ich gehe auf diese für die allgemeine bioethische Debatte wichtige Thematik hier nicht ein, weil sie für das Klonen nicht relevant ist. Denn beim Klonen passiert nichts anderes, als wenn von Natur aus eineiige Zwillinge entstehen, nur zeitversetzt, und was wir hier können oder bald können, rüttelt daher nicht an den tiefsten Grundlagen der Existenz, sondern reproduziert nur etwas, was es in der Natur ohnehin gibt.

Die einzig verständlichen Argumente gegen das Klonen von Menschen, die auch kritische Autoren vorbringen, die nicht von einer konfusen Sentimentalität bezüglich eines Naturwerts motiviert sind, hängen mit der eingangs erwähnten anderen Rede einer

Grenze zusammen, wonach Individuen begrenzte, einmalige Wesen sind und wir diese ihre Einzigartigkeit schätzen.

3. Die individuelle Einzigartigkeit als Grenze

Nehmen wir wiederum an, das Klonen sei eine sichere Technik und wir werden damit im Normalfall gesunde lebensfähige Nachkommen erzeugen. Und nehmen wir auch an, wir sind technisch so weit fortgeschritten, dass die geklonte Zelle außerhalb eines Mutterleibs heranwachsen kann, so dass wir auch Probleme von Leihmutterschaft etc. ausklammern können. Diese Art der Zeugung bliebe wohl zuerst die Ausnahme. Sie würde benutzt von Menschen, die lieber ohne Partnerin oder Partner leben, aber dennoch Kinder haben wollen, von Paaren, die unfruchtbar sind, von lesbischen und homosexuellen Partnern usw. Da die Mehrheit der Menschen das Klonen wahrscheinlich immer noch bedenklich finden wird, werden die herangewachsenen Klone vielleicht etwas schief angesehen. Sie werden mehr als auf gewöhnlichem Weg gezeugte Menschen unter dem Erwartungsdruck stehen, dasselbe Leben zu führen wie das Original.[8] Weil, wie vorhin schon betont, der Ablauf des Lebens durch die Interaktion von genetischer Ausstattung und Situation bestimmt ist, ist diese Erwartung grundlos. Der Klon ist, so muss man sagen, nicht *wirklich* an der Entwicklung einer eigenständigen Lebensweise gehindert, daher in diesem Punkt nicht in seinen grundlegenden moralischen Rechten verletzt.

Gleichwohl kann man zugeben, dass ein durch Klonen entstandener Mensch, sofern er sich die Möglichkeit der freien Entfaltung vielleicht selbst nicht klarmacht oder sich ständig gegen falsche Erwartungen anderer wehren muss, seine Individualität unter erschwerten psychologischen Bedingungen entwickelt. Aber solche erschwerten Bedingungen eines hohen Erwartungsdrucks haben beispielsweise auch herkömmlich gezeugte Kinder berühmter Menschen, ohne dass wir deswegen exponierten Menschen zumuten würden, auf Kinder zu verzichten. Dann aber ist dieses Argument auch im Fall des Klonens zu schwach. Dasselbe gilt für alle ähnlich

8 So Dieter Birnbacher, »Aussichten eines Klons«, in: Ach u. a. (Hg.), *Hello Dolly?*, S. 46-71, dort S. 55 (Fn. 3).

gelagerten Argumente, die in irgendeiner Weise erschwerte Lebensbedingungen von geklonten Menschen geltend machen. Man kann diese Argumente ja im Übrigen immer umkehren und sagen, dass es gerade bei genetischer Gleichheit eine besonders reizvolle Aufgabe ist, sich zu einem einzigartigen Individuum herauszubilden.

Schließen wir die Tiere in die Problematik mit ein, dann treffen die bisherigen Argumente überhaupt nicht.[9] Tiere wissen nicht, dass sie Klone sind, und haben keine Ambitionen, ein einmaliges Individuum zu sein. Das Argument gegen das Klonen könnte hier nur aus unserer Sicht kommen. Damit aber verschiebt sich die Frage. Es geht jetzt nicht mehr darum, ob das Klonen in dem einen oder anderen Sinn Grenzen der *betroffenen Individuen* verletzt; vielmehr sind wir jetzt bei der andersartigen Frage, ob das Klonen nicht für uns unerwünschte Folgen hat. Da mein Thema hier mögliche Grenzverletzungen durch das Klonen waren, gehört diese Problematik nicht mehr in den Rahmen meiner Frage. Um sie zu bearbeiten, müsste man zunächst erläutern, was »für uns« heißt – für uns, die hier und jetzt Überlegenden, für uns als Mitglieder der Gesellschaft, der Menschheit. Sodann müsste man eine Übersicht der relevanten Folgen gewinnen. Dazu gehören möglicher Missbrauch, Verstärkung von Egozentrismus, Auflösung der Familienstruktur usw. Geklärt werden müsste, wie wahrscheinlich diese Folgen wirklich sind und wie sie zu bewerten sind. Da das hier nicht geleistet werden kann, möchte ich nur exemplarisch auf eine Folgenüberlegung eingehen, nämlich auf die schon erwähnte, die mit dem Vorherigen unmittelbar zusammenhängt.

4. Folgenüberlegungen

Gegen das Klonen könnte man anführen, dass *uns* an der Existenz möglichst unterschiedlicher Tierindividuen liegt, weil wir Vielfalt und Einzigartigkeit schätzen. Zu bedenken gebe ich, ob das wirklich ein generell schlüssiges Argument ist. Liegt uns wirklich an der Individualität von Ameisen, Thunfischen, Blattläusen, Regenwürmern?

Da dem offenkundig nicht so ist, bleibt die Frage, warum genau

9 So auch Birnbacher, »Aussichten eines Klons« (Fn. 8).

wir Einzigartigkeit und die Existenz möglichst verschiedenartiger Individuen oder Lebensläufe schätzen und was wir daran schätzen. Was wir schätzen, ist offenbar die *erkennbare Vielfalt.*[10] Eine mögliche Antwort darauf, warum wir das tun, wäre, dass Verschiedenheit das Erkenntnis- und Wahrnehmungsvermögen anregt. Aber dieses ästhetisch-kognitive Interesse an Vielfalt könnte man vielleicht ebenso gut durch die Übung der Wahrnehmung an Kunstwerken befriedigen. Vielleicht hängt mit diesem mehr kognitiven Motiv aber ein praktisch-ethisches zusammen, nämlich das Interesse an einem guten, glücklichen menschlichen Leben. Dass wir uns auch an der Individualität von Hunden und Katzen freuen können, spricht mehr für ein betrachtend-ästhetisches Motiv, es sei denn, wir sagen, dass wir uns nahestehende Tiere als Exemplifizierungen menschlicher Charaktere betrachten können. Nehmen wir das ethische Motiv hinzu, dann läge das Interesse an der Vielfalt einmaliger Lebensentwürfe daran, dass die Frage, wie ein möglichst gutes menschliches Leben aussieht, nie endgültig beantwortet ist und sich für jeden immer wieder neu stellt. Was das betrifft, scheint es wünschenswert, möglichst verschiedenartige und vielfältige Lebensmodelle beobachten und beurteilen zu können.

Dieser Versuch einer Plausibilisierung der gängigen Ablehnung des Klonens liefert allerdings keinen Grund für eine *moralische* Verurteilung dieser Praxis. Er liefert allenfalls Klugheitsgründe, die nicht moralisch verbindlich sein können. Und diese Klugheitsgründe selbst sind relativ schwach, denn sie sprechen nicht gegen das Klonen in Einzelfällen, sondern nur dagegen, die menschliche Reproduktion ganz oder mehrheitlich auf das Verfahren des Klonens umzustellen. Nur dann könnte man eine deutliche Reduktion von Vielfalt bemerken. Aber vielleicht auch nur von physiognomischer Vielfalt, die nur ästhetisch-kognitiv interessant ist, denn wie gesagt, die Klone könnten ja gerade eine besondere Herausforderung darin sehen, trotz allem ein einzigartiges Leben zu führen.

Im Übrigen könnte man sich fragen, ob man die Wertschätzung von Individualität, Einzigartigkeit, Einmaligkeit oder wie immer als absolut hinnehmen sollte. Ideale der Einzigartigkeit sind derzeit hoch im Kurs, weil sie nützlich und passend sind als Fundierung des postmodernen Liberalismus. In der Tat lässt sich Toleranz leich-

10 Vgl. Siep, »›Dolly‹ oder Die Optimierung der Natur«, S. 193 (Fn. 3).

ter sichern, wenn wir andere, die anders leben, nicht nur dulden, sondern uns positiv an der Vielfalt menschlichen Lebens freuen. Dass wir auf diese Weise uns selbst und die anderen als eine Art Zoo oder ästhetisches Schauspiel sehen, wo man interessante Exemplare betrachten kann, hat aber auch seine merkwürdigen Seiten. Die Griechen hatten bereits das Ideal des durch die eigene Vernunftüberlegung bestimmten Lebens, ohne jedoch das Ideal der Einzigartigkeit zu kennen, das erst später aufkommt.

Ich fasse zusammen. Gegen die Zeugung von Menschen und Tieren durch Klonen bestehen moralische Bedenken, solange die Technik nicht ausgereift ist, weil dann leichtfertig mehr als die übliche Menge von Risiken für eine bestimmte Gruppe künftiger Wesen erzeugt wird. Unter Voraussetzung der Sicherheit der Technik gibt es keine gewichtigen moralischen Gründe gegen das Klonen, da ein geklontes Individuum weder in Grundrechten verletzt noch an der Ausbildung eines einzigartigen Lebenslaufs gehindert wird. Prudentielle Argumente gegen das Klonen aus der Sicht des Wir oder der Gesellschaft sind denkbar, jedoch schwach, wenn man davon ausgeht, dass das Klonen eine Fortpflanzungsmethode für Ausnahmefälle bleiben wird. In diesem Fall scheinen auch rechtliche Verbote überflüssig. Wer hingegen eine allgemeine Verbreitung befürchtet, müsste in der Tat für die Einführung von Regelungen plädieren, die das Klonen generell verbieten und nur in Ausnahmefällen zulassen.

Was wollen und sollen wir wissen? Probleme der Humangenetik

Die Möglichkeiten und Gefahren der Humangenetik werden seit dem vorläufigen Abschluss des Humangenomprojekts im Februar 2001 mit neuer Heftigkeit diskutiert. Ich konzentriere mich im Folgenden auf die Problematik des genetischen Wissens, auf die praktischen Probleme, die die Möglichkeit des Kennens der eigenen genetischen Ausstattung aufwirft. Dabei beschränke ich mich im Wesentlichen auf den Versuch, eine gewisse Ordnung in die Debatte zu bringen, indem ich drei Problemdimensionen unterscheide. Erstens die Frage, ob das Kennen der eigenen Gene für das Individuum wünschenswert ist, also eine Frage des *individuellen* guten Lebens; zweitens moralische Fragen, Fragen mit Bezug auf die moralischen Rechte *anderer*; und drittens Probleme der Gerechtigkeit von Institutionen.

1. Fragen des guten individuellen Lebens

Gentests geben Auskunft über die Besonderheiten der genetischen Ausstattung des Individuums; die pränatale Diagnostik kann genetische Defekte des Fötus feststellen. Feststellen kann man insbesondere, ob ein Mensch Träger einer sogenannten monogenen Erbkrankheit ist, also einer Erbkrankheit, die sich an genau einem Gen festmachen lässt, wie beispielsweise Chorea Huntington. Doch auch häufigere Krankheiten wie manche Arten von Krebs, Diabetes usw. lassen sich vermutlich an einem genau bestimmten Gen festmachen.[1] Andere Krankheiten wie Asthma oder Bluthochdruck sind vermutlich mit einer Vielzahl von Genen verknüpft. Diese letzteren Krankheiten heißen in der derzeitigen Debatte auch Volkskrankheiten, was allerdings, wie die Beispiele zeigen, nicht genau der Grenzlinie zwischen monogenen und multigenen Krankheiten entspricht. Die Humangenetik kann bereits in vielen Fällen

1 Siehe James D. Watson, »Die Ethik des Genoms. Warum wir Gott nicht mehr die Zukunft des Menschen überlassen dürfen«, in: *FAZ* vom 26.9.2000.

feststellen, ob ein Mensch Träger einer monogenen Erbkrankheit ist, aber teilweise auch schon, ob er Gene hat, die mitverantwortlich für nicht monogene Krankheiten sind. Strittig ist, ob dieses Wissen für die Person selbst uneingeschränkt nützlich und wünschenswert ist, ob es also für das gute Leben, das Glück oder Wohlbefinden des Individuums förderlich ist, ein solches Wissen zu haben.

Ein Standardeinwand gegen das genetische Wissen lautet, dass es vorläufig eher nutzlos ist, weil die technische Entwicklung bisher weit hinter dem Wissen zurückbleibt. Beim Nicht-Änderbaren aber sind viele der Meinung, dass es nicht unbedingt zuträglich ist, es zu wissen. Dieser Einwand trifft deswegen nicht ganz zu, weil gentechnische Eingriffe nicht die einzig mögliche Handlungsreaktion auf genetisches Wissen sind. Vom Vorliegen der genetischen Disposition zu einer nichtmonogenen sogenannten Volkskrankheit zu wissen, kann nützlich sein; denn ob die Disposition zum Tragen kommt, hängt in diesen Fällen auch von äußeren Bedingungen ab, die man durch die Lebensweise beeinflussen kann. Vom Vorliegen einer schweren monogenen Erbkrankheit zu wissen kann ein Entscheidungsgesichtspunkt sein, wenn man Kinder haben will. (Solche Fragen der Auswirkung auf *andere* klammere ich im Moment noch aus). Und schließlich ist auch die Kenntnis von Dingen, die man nicht ändern kann, zumindest in der Weise nützlich, dass sie Fixpunkte angibt, die der Planung des künftigen Lebens zugrunde gelegt werden können. Ist es dann nicht im Ganzen gesehen doch gut bzw. nützlich für das gute Leben jeder Person, dass sie die eigene genetische Ausstattung möglichst genau kennt?

Das Kennenwollen von Faktoren, deren Auswirkung man teilweise steuern kann, scheint vernünftig. Doch auch hier muss man eine Einschränkung machen. Wie erläutert, lässt die genetische Diagnose wegen des komplexen Zusammenwirkens von Genen und äußeren Faktoren in der Mehrzahl der Fälle nur Prognosen mit einer mehr oder weniger großen Wahrscheinlichkeit zu, und wo wir mit Wahrscheinlichkeiten konfrontiert sind, ist auch ein Spiel mit dem Risiko eine sinnvolle Wahl.

2. Fragen der Moral

Wenn auf diese Weise das Interesse an einer genetischen Selbstkenntnis je nach Lebenskonzeption unterschiedlich ist, dann liegt, um zu den moralischen Problemen überzugehen, die Konsequenz nahe, dass es dem Individuum überlassen bleiben sollte, ob es sich Wissen über die eigenen Gene beschaffen will oder nicht. Nun zeigt sich am Beispiel der Humangenetik, dass diese naheliegende Lösung nicht ohne weiteres möglich ist. Denn was die Kritiker des neuen Wissens befürchten, ist ja gerade eine Verschiebung des gemeinsamen Selbstverständnisses und der gesellschaftlichen Praxis in der Weise, dass das genetisch fundierte Menschenbild in den Vordergrund rückt und immer mehr Druck entstehen wird, sich über die eigene genetische Ausstattung zu informieren, etwa wenn Institutionen ihre Leistungen von Gentests abhängig machen werden.[2]

Weil damit die Wahl einer Lebensweise verhindert wird, die weniger Information sucht als erreichbar, postulieren Kritiker des genetischen Wissens ein »moralisches Recht auf Irrationalität«[3] oder Nichtwissen, das sie vor dieser Entwicklung, die irgendwann jeden unter Druck setzen wird, einen Gentest machen zu lassen, schützen soll. Wie neuerdings von einem Recht auf Nichtwissen die Rede ist, nehmen wir umgekehrt in vielen Fällen eine Pflicht zu wissen an, insbesondere dort, wo Personen durch Nichtwissen andere schädigen oder Gesetze verletzen. Ich frage zuerst nach den Rechten und dann nach den Pflichten im Zusammenhang des genetischen Wissens.

a) Rechte

Der Begriff eines Rechts auf Nichtwissen ist wenig sinnvoll. Wenn Menschen ein generelles Recht auf Nichtwissen hätten, dürfte niemand mehr schlechte Nachrichten verbreiten, welche diejenigen,

2 Vgl. Ludwig Siep, »Ethische Probleme der Gentechnologie«, in Johann S. Ach, Andreas Gaidt (Hg.), *Herausforderung der Bioethik*, Stuttgart-Bad Cannstatt 1993, S. 137-156.

3 »Gen-Tests und Versicherungen: Auf dem Weg zum Gläsernen Menschen?«, in: *FAZ* vom 17. 11. 2000.

die auf ihrem Recht des Nichtwissens bestehen, verletzen könnten.[4] Das Recht auf Nichtwissen oder Irrationalität kann nur als Implikation eines grundlegenden Rechts verstanden werden, das wir akzeptieren. Es liegt nahe, sich auf das Recht zu berufen, dass jeder nach seinen eigenen Vorstellungen leben und sein Glück suchen darf, auch wenn die anderen der Meinung sind, dass er sein Glück verfehlt. Dieses Recht impliziert, dass jemand auch nach einer Lebenskonzeption leben darf, die nicht auf maximale Informiertheit und Rationalität ausgerichtet ist. Dieses Recht aber wird nicht dadurch angetastet, dass das gesellschaftliche Wissen wächst und sich damit auch die Grenzen dessen, was zum allgemeinen Wissen gehört und welches Wissen von jedem erwartet wird, verschieben, wie sie es immer getan haben und diesmal im Bereich der Gene tun.

Die rasante Entwicklung und Verbreitung der genetischen Sicht auf das Leben führt in der Tat zu einer zunehmenden Fixierung des Menschen auf die Beherrschung und Optimierung der eigenen biologischen Ausstattung. Diese Fixierung geht sogar so weit, dass ihr unbemerkt auch viele von denen unterliegen, die die Gefahren des genetischen Wissens und seiner Anwendung beschwören und das angebliche Recht auf Nichtwissen einklagen. Auch sie nämlich übersehen oft, dass durch das genetische Wissen nur eine Seite des Lebens beherrschbarer wird. Wie ein Leben verläuft, hängt aber von der Umwelt ebenso wie von den Genen ab. Daher ist die Befürchtung, die Genetik werde den Menschen durchsichtig und das Leben insgesamt berechenbar und beherrschbar machen, vollkommen unbegründet.[5] Es bleiben nach wie vor genügend Felder für das Nichtwissen.

Hinter der Betonung des Rechts auf Nichtwissen könnte jedoch auch etwas anderes stehen, nicht das Recht auf die Selbstwahl der Lebensweise, sondern das Recht, dass einem kein Leiden zugefügt wird, spezieller das Recht, dass Rücksicht auf die Verletzbarkeit durch schwere Bedrohungen genommen wird. Durch einen Gentest zu erfahren, welche Krankheiten einem bevorstehen, kann

4 Dazu John Harris, *The Value of Life. An Introduction to Medical Ethics*, London 1985, S. 208 f.

5 Was sich auch an der Vielfalt menschlicher Kulturen bei weitgehender genetischer Übereinstimmung zeigt (zu Recht betont von Jens Reich, »Viel Text, wenig Sinn«, in: *DIE ZEIT* vom 15. 2. 2001).

belastend sein, insbesondere dann, wenn keine Gegenmittel verfügbar sind. Dass hier echte moralische Probleme liegen, ist unbestreitbar. Auch dies sind allerdings keine speziellen Probleme des genetischen Wissens, sondern Probleme, die zwar jetzt im Umfang zunehmen, aber mit bisherigen diagnostischen Verfahren natürlich ebenfalls bestanden. Diese Fragen der allgemeinen Medizinethik kann ich hier nicht im Detail behandeln, würde aber festhalten, dass es sicher ein Recht des Individuums auf eine rücksichtsvolle Information gibt.

b) Pflichten

Angenommen, Gentests sind ohne Aufwand für alle zugänglich, hat das Individuum dann sogar unter bestimmten Umständen eine moralische Pflicht, sich über seine Gene zu informieren? Das kann nur dort der Fall sein, wo die genetische Beschaffenheit Auswirkungen auf andere hat, also im Hinblick auf die Reproduktion. So *könnte* man annehmen, dass, wer Kinder erzeugen will, eine moralische Verpflichtung haben wird, einen solchen Test machen zu lassen, sobald Gentest einmal so weit etabliert sind, dass sie für alle ohne Aufwand zugänglich sind, oder dass es eine Pflicht zur pränatalen Diagnostik beim Embryo im Mutterleib oder zur Präimplantationsdiagnostik geben wird, dass man also eine Verpflichtung haben wird, entsprechende Diagnosen bezüglich des Embryos einzuholen. Aber kann es überhaupt eine solche Pflicht geben, und worin genau und gegen wen besteht sie?

Es liegt nahe, dass der Bezugspunkt der künftige Mensch ist. Das ist insofern etwas merkwürdig, als er noch nicht vorhanden ist, und wenn man ihn aufgrund der genetischen Information nicht entstehen lässt, auch nicht vorhanden sein wird. Dieses begriffliche Problem scheint mir für die moralischen Probleme jedoch eher irrelevant zu sein; wir reden durchaus von Pflichten gegenüber künftigen Menschen. Worin aber würde die Pflicht bestehen bzw. worauf würde sie gründen? Da ich nicht an Pflichten einfachhin glaube, sondern nur an Pflichten als Folge von Rechten, die andere haben, müsste die Pflicht auf dem moralischen Recht auf Rücksicht gründen, zu dem gehört, dass wir anderen keinen Schaden und kein Leiden zufügen und sie vor Schaden bewahren, wo das für uns leicht ohne große Opfer möglich ist. Die Annahme einer solchen Verpflichtung wirft jedoch eine Reihe von Fragen und Problemen auf.

Überlegen müsste man zunächst, ob diese Verpflichtung grundsätzlich besteht oder nur dort, wo die Wahrscheinlichkeit relativ groß ist, dass das Kind behindert sein wird, etwa bei Erbkrankheiten in der Familie oder bei relativ hohem Alter der Frau usw. Weiter entsteht das Problem, dass wir uns Wissen über die Gene eines Wesens verschaffen, das nicht zustimmen kann, ob es uns in den Besitz dieser Information kommen lassen möchte.

Ein zusätzliches moralisches Problem entsteht, wenn die Genanalyse Befürchtungen bestätigt und ergibt, dass das Kind an einer schlimmen Krankheit leiden wird, jedoch (noch) keine gentechnischen Verfahren vorhanden sind, das zu ändern. Das führt in die Debatte um selektive Abtreibung. Selektive Abtreibung im frühen embryonalen Stadium ist für diejenigen keine Verletzung eines moralischen Rechts, die Abtreibung im frühen Stadium für generell moralisch akzeptabel halten. Für sie hat der Embryo als Wesen, das noch keine Leidensfähigkeit und keine Vorstellung vom eigenen Leben besitzt, noch nicht den Status eines Objekts der Moral – obwohl auch sie der Meinung sein werden, dass man mit Vorformen menschlichen Lebens nicht willkürlich umgehen sollte, sondern nur mit guten Gründen abtreiben sollte.

Wer also eine liberale Position zur Abtreibung vertritt, für den ist es ein moralisch legitimer Abtreibungsgrund, wenn die eigenen Lebenspläne durch die Sorge für ein behindertes Kind durchkreuzt würden. Auch wenn das Kind mit entsprechenden Hilfsmitteln zu einem erträglichen Leben fähig wäre, gibt es nach dieser Position keine Verpflichtung, das Kind auf die Welt zu bringen, wenn die Familie die Opfer, die das von ihr verlangen würde, nicht tragen will. Auf dem Boden einer liberalen Abtreibungsposition ist im Übrigen auch die Abtreibung eines gesunden Embryos moralisch akzeptabel, wenn die Geburt eines Kindes zu diesem Zeitpunkt die eigenen Lebenspläne massiv stören würde.

Das zeigt im Übrigen, dass die von den Gegnern der pränatalen Diagnostik benutzte Rhetorik, niemand habe ein Recht auf ein gesundes Kind, ähnlich schief ist wie die Rede von einem Recht auf Nichtwissen. In der Tat hat niemand ein Recht auf ein gesundes Kind, und es hat auch niemand ein Recht auf ein Kind – ein solches Recht kann es schon deswegen nicht geben, weil Rechte, wie

Dworkin sagt, eine Art Trümpfe sind, Ansprüche, die man gegenüber anderen oder der Gesellschaft geltend machen kann. Aber ein Recht auf ein Kind könnte man allenfalls gegen Gott oder die Natur einklagen, und das sind nicht die richtigen Adressaten für die Geltendmachung von Rechten. Das Recht, das Befürworter einer liberalen Abtreibungspraxis ins Feld führen, ist das Recht, sein Leben selbst zu bestimmen innerhalb der Grenzen, in denen das anderen nicht schadet. Das impliziert das Recht, dass eine Frau nicht gezwungen werden kann, ein bestimmtes Kind in die Existenz zu bringen, wenn sie *jetzt* kein Kind haben will, *überhaupt* kein Kind haben will oder eben auch wenn sie dieses Kind, das eine bestimmte Behinderung haben wird, nicht haben will.

Die schwierigere Frage ist die, ob und wann wir eine *Verpflichtung* haben könnten, den Embryo aufgrund der genetischen Information abzutreiben bzw. nicht zu implantieren. Man könnte sagen, dass eine solche Verpflichtung besteht, wo ein kurzes Leben mit schwerstem Leiden zu erwarten ist, so dass wir eine Pflicht zur Hilfe gegen das Leiden haben. Diese Hilfe können wir in einem solchen Fall nur um den Preis leisten, dass wir das Kind gar nicht zur Existenz kommen lassen, sondern das Leben des Embryos beenden. Wo hingegen Krankheiten und Defekte bestehen, mit denen man im Prinzip so umgehen kann, dass sie die minimalen Bedingungen eines sinnvollen menschlichen Lebens nicht verunmöglichen, würde man wohl nicht von einer *Verpflichtung* zur Abtreibung reden. Noch weniger, wo eine bloße Anlage zu einer nicht-monogenen Krankheit erkennbar ist, deren Ausbruch nicht sicher und auch im Zeitpunkt nicht vorhersagbar ist.

Ein weiteres moralisches Problem der durch genetisches Wissen fundierten Fortpflanzung ist die Befürchtung der Behinderten, sie würden diskriminiert, wenn die Beseitigung defekter Gene oder die selektive Abtreibung künftiger Behinderter zur allgemeinen Praxis wird. Diese Reaktion ist sicher verständlich, jedoch muss man prüfen, ob sie schlüssig ist, denn die Rhetorik der Diskriminierung wird zwar viel verwendet, aber selten erläutert. Versuchen wir anhand eines Beispiels herauszufinden, was gemeint ist: In Zypern wird versucht, die Erbkrankheit Thalassämie in der Bevölkerung zu reduzieren.[6] Dabei wird kein direkter *staatlicher Zwang* ausgeübt,

6 Reich, »Viel Text, wenig Sinn«.

vielmehr bleibt die Entscheidung den Individuen überlassen. Es besteht jedoch *öffentlicher Druck*, keine Kinder mit der Erbkrankheit zu zeugen, und diese Situation wird dort allseits akzeptiert und für sinnvoll gehalten, aus zwei Gründen, einmal weil alle wissen, wie sehr die von der Krankheit Betroffenen und die Angehörigen leiden, zweitens weil für eine relativ klein bleibende Zahl von Kranken, die es immer noch gibt, eine möglichst gute medizinische Versorgung möglich ist, für beliebig viele aber nicht.

Wer ist hier Opfer einer Diskriminierung und warum, und wie ist die Praxis insgesamt moralisch zu beurteilen? Offensichtlich besteht öffentlicher Druck zugunsten einer bestimmten Handlungsweise, aber er richtet sich nicht gegen die Behinderten, sondern auf die Paare, die Träger der Erbkrankheit sind und Kinder zeugen wollen. Sie werden genetisch beraten, und es wird ihnen nahegelegt, bei bestimmten Konstellationen keine Kinder zu zeugen bzw. den Embryo abzutreiben, erstens weil die Thalassämie für den künftigen Menschen ein schlimmes Leiden darstellt, zweitens weil das Leben der Betroffenen ein Stück weit erleichtert werden kann, jedoch mit einer sehr aufwendigen Versorgung, die nur möglich ist, wenn die Zahl der Betroffenen gering bleibt. Das impliziert auch, dass die Betroffenen selbst nicht Gegenstand von Druck oder Diskriminierung sind, sondern im Gegenteil, je weniger Menschen mit dieser Krankheit existieren, diese umso besser versorgt und betreut werden, umso mehr Rücksicht und Hilfe erfahren.

Es hat sich bisher gezeigt, dass im Kontext des genetischen Wissens dieselben ethischen und moralischen Probleme auftreten, die schon immer im Zusammenhang der medizinischen Diagnose vorkommen, nur in erweitertem Umfang.

3. Fragen der institutionellen Gerechtigkeit

Nun stellt sich die Frage nach dem richtigen Umgang mit dem genetischen Wissen nicht nur für das Individuum mit Bezug auf sich selbst und seine Reproduktion, sondern auch für Institutionen wie Polizei, Versicherungsunternehmen und Arbeitgeber. Die Frage, ob diese genetische Information verlangen, speichern usw. dürfen oder das Individuum sie zumindest dann nicht geheim halten darf, wenn es sie selbst eingeholt hat, wird kontrovers diskutiert. Die involvierten moralischen Fragen sind teilweise schwierig, allerdings nicht neuartig. Es handelt sich vielmehr auch hier um bekannte Probleme, die infolge der Zunahme genetischen Wissens nur quantitativ in größerem Stil auftreten. Zwei wichtige Beispiele sind das der Berufswahl und das der Versicherungen.

Dass bestimmte Krankheiten für die Ausübung bestimmter Berufe hinderlich sind oder zur Gefährdung anderer führen, wird man kaum bestreiten, und es ist daher legitim und auch bisher üblich, für Berufe mit bestimmten gesundheitlichen Anforderungen Diagnosen des Gesundheitszustands zu verlangen. Insbesondere dort, wo jemand in seinem Beruf hohe Verantwortung für andere trägt, sind strenge Anforderungen an die Gesundheit selbstverständlich; das gängige Beispiel ist das des Flugpiloten. Aber auch wo jemand eher sich selbst schadet, weil er krank werden wird und außerdem nach kurzer Zeit einen neuen Beruf erlernen wird müssen, ist kaum strittig, dass man ihm den betreffenden Arbeitsplatz nicht geben sollte, und wer halbwegs vernünftig ist, wird ihn auch selbst nicht haben wollen, also beispielsweise eine Anstellung als Bäckerlehrling, wenn man eine Mehlallergie hat.

Auf der anderen Seite könnte, wenn wir einmal genau über die genetische Verankerung von krankhaften Reaktionen auf äußere Bedingungen wissen, die Folge sein, dass Arbeitgeber erstens Druck ausüben, dass man ihnen einen Gentest vorlegt, und dass zweitens unter einer solchen Praxis diejenigen, die defekte Gene haben, oft grundlos benachteiligt würden. Denn angenommen die genetische Verankerung multigener Krankheiten wird einmal vollständig bekannt sein, dann bleibt ihr Ausbruch und der Zeitpunkt des Ausbruchs eine Angelegenheit von Wahrscheinlichkeiten, weil er auch von den Lebensbedingungen und der Lebensweise der Person abhängt. Und einer Person einen Arbeitsplatz aufgrund unklarer Wahrscheinlichkeiten zu versagen stellt ein Problem dar. Man könnte weiterhin befürchten, dass Arbeitgeber noch weniger als bisher in den Gesundheitsschutz am Arbeitsplatz investieren werden, mit dem Argument, sie würden nur Leute einstellen, die genetisch resistent gegen bestimmte Bedingungen sind.

Genauer zu diskutieren wäre hier, was die Kriterien einer fairen Vergabe von Arbeitsplätzen sind, welche Kriterien überhaupt zur Anwendung kommen dürfen, welche Angaben von der Person verlangt werden dürfen usw. All dies sind keine Fragen, die speziell mit Genetik zu tun haben, sondern typische Gerechtigkeitsprobleme.

Betrachten wir zum Schluss das Beispiel der Versicherungen. Private Krankenversicherungen haben derzeit hierzulande *faktisch* das Recht, bei Vertragsabschluss über den Gesundheitsstand des Versicherungsnehmers informiert zu werden und bei Personen mit höheren Risiken höhere Beiträge festzusetzen. Diese Information wird bisher durch eine gewöhnliche medizinische Untersuchung gewonnen, und wenn einmal die Diagnose durch genetische Tests Standard sein wird, dann ist zu erwarten, dass diese zur Grundlage gemacht werden. Das zeigt nebenher, dass es auch nach alten Verfahren kein absolutes Recht auf Nichtwissen gibt; wer einer privaten Versicherung beitreten will, muss in jedem Fall Ergebnisse einer medizinischen Untersuchung vorlegen. Ebenso gibt es kein Recht der Verheimlichung von Wissen, das man selbst besitzt, und auch das ist unabhängig von der Methode, mit der man es sich beschafft hat.

Hier bestehen zweifellos Probleme des Schutzes persönlicher Daten, die aber wiederum nicht neu sind, sondern nur quantitativ zunehmen. Dass dieser Punkt in der öffentlichen Debatte als neuartig hochgespielt wird, lenkt im Übrigen von mindestens ebenso wichtigen Fragen ab: der Frage, wie ein *gerechtes* Versicherungssystem aussieht, ob die Zweiteilung zwischen gesetzlicher und privater Versicherung sinnvoll ist, ob es nicht eine gleiche Basisversorgung für alle zu den gleichen Kosten unabhängig von ihren Risiken geben sollte, ob es überhaupt fair ist, dass diejenigen, die krank sind oder ein größeres Risiko haben, krank zu werden, höhere Beiträge zahlen, usw. Das sind klassische Gerechtigkeitsfragen, die in diesem Fall außerdem ökonomische Kenntnisse verlangen und nicht leicht zu beantworten sind. Ich bin daher froh, dass sie nicht mehr zu meinem Thema gehören.

Die menschliche Natur und das Gute

Ein Vergleich der Positionen von Aristoteles, Thompson und Foot

Naturalistische Positionen werden in der Ethik seit der Antike vertreten. Sie sind insofern attraktiv, als sie eine feste Basis für die Ethik in Aussicht stellen, der sich objektive Bewertungen entnehmen lassen. Die Frage nach dem Sinn der Bewertung menschlicher Handlungen und Dispositionen insbesondere in moralischer Hinsicht leitet Philippa Foot in *Natural Goodness* (Oxford 2001, abgekürzt NG). Sie vertritt eine radikal objektivistisch-naturalistische Auffassung, die sich u. a. auf Aristoteles' Konzeption einer internen Teleologie und Michael Thompsons Begriff der Lebensform stützt, den er in *Life and Action. Elementary Structures of Practice and Practical Thought* (Cambridge/Mass. 2008, abgekürzt LA) entwickelt. Im Folgenden soll versucht werden, durch einen Vergleich der drei Positionen die Eigenart des Footschen Ansatzes genauer herauszuarbeiten und gleichzeitig die Möglichkeit einer naturalistischen Ethik zu überprüfen.

1. Die aristotelische Auffassung

Aristoteles versucht, aus der menschlichen Natur eine Konzeption des für den Menschen Guten, des guten menschlichen Lebens zu gewinnen, die zugleich die Bewertung von Dispositionen und Handlungen ermöglicht. Er unterscheidet dabei zu Beginn der *Eudemischen Ethik* drei Bewertungsdimensionen, die im menschlichen Guten zusammenlaufen sollen: das Gute im Sinn des Erstrebten und Zuträglichen, das Wertvolle (die Dimension der Handlungsbeurteilung, um die es Foot geht) und das Lustvolle (subjektiv Gute). Was alle diese Bewertungen gleichermaßen und im höchsten Grad erfüllt, ist die *eudaimonia.* Der Ausdruck *eudaimonia* meint also, anders als der heutige Glücksbegriff, nicht etwas nur subjektiv Gutes, nicht nur ein Glücksgefühl, und er bezeichnet auch nicht Glück im Sinn des glücklichen Zufalls. Die *eudaimonia* wird vielmehr in der *Nikomachischen Ethik* eingeführt als dasjenige Strebensziel, in dem sich das Streben des menschlichen Individuums insgesamt erfüllt und das so das Leben im Ganzen gut macht. Dabei betont Aristoteles, gegen Platons ferne Idee des Guten gerichtet, dass es um das Gut für den Menschen geht, um ein durch Handeln realisierbares Gut, dessen Erreichung wir selbst in der Hand haben. Was bei uns liegt, sind aber die sogenannten seelischen Güter. Entsprechend geht Aristoteles in Buch I der *Nikomachischen Ethik*, wo er seine Konzeption der *eudaimonia* entwickelt, von der Beschaffenheit des Menschen aus (*Nikomachische Ethik* I 6).

Gesucht wird dabei nach der Definition des Menschen nicht im Sinn einer Verbaldefinition des Prädikats ›Mensch‹, sondern im Sinn einer Wesensdefinition bzw. Sachdefinition des *eidos*, der Form des Menschen, die aufzeigt, wie die Form in den materiellen Teilen wirksam ist. Solche Definitionen gibt Aristoteles meist derart, dass er die so genannte Zweckursache, das Telos oder *ergon* nennt. Beim Lebewesen ist dieses Telos das Leben, und die Form ist die Seele, die das Leben organisiert und vollzieht. Es ist Aufgabe (*ergon*) der Seele eines Menschen, sein Leben als Mensch zu vollziehen. »Seele« ist nicht als eigene Substanz zu verstehen, sondern als das Lebensprinzip eines organischen Körpers, als die Gesamtheit seiner Lebensvermögen. Jede natürliche Spezies hat ihre eigene Art von Seele. Das menschliche Leben besteht in Tätigkeiten gemäß den spezifisch menschlichen Fähigkeiten. Diese sind zum einen die Vernunftvermögen, zum anderen die affektiv-volitiven Vermögen, sofern diese sich beim Menschen nach der Vernunft richten können. Die von Natur gegebenen Vermögen werden durch Erziehung zu festen Dispositionen geprägt. Zum Begriff einer Aufgabe bzw. Funktion gehört nun jeweils ein Spielraum zwischen guter und schlechter Disposition – *arete* (Gutheit, Tugend) und *kakia* (Schlechtigkeit, Laster) – und entsprechend zwischen besserer und schlechterer Ausführung der Tätigkeit, in der die Erfüllung der Funktion besteht. Gut als Mensch ist, wer die vernunftgemäße Tätigkeit gut ausübt. In dieser Aktualisierung des Gutseins als Mensch, der menschlichen *arete*, soll nach Aristoteles das gute menschliche Leben, die *eudaimonia*, liegen.[1]

Es gibt insbesondere zwei Einwände, die man gegen diesen Vorschlag vorbringen kann: (i) den einer unbewiesenen Naturteleo-

1 Für eine genauere Erläuterung siehe Ursula Wolf, *Aristoteles' »Nikomachische Ethik«*, Darmstadt 2002, S. 37 ff.

logie und (ii) den eines naturalistischen Fehlschlusses. Beide Einwände sind in einem ersten und unmittelbaren Sinn unzutreffend, enthalten aber in einem zweiten und modifizierten Sinn doch eine gewisse Berechtigung.

(i) Aristoteles vertritt keine Naturteleologie in dem üblichen Sinn, dass dem Menschen von der Natur eine Aufgabe oder Funktion vorgegeben wäre, die sein Lebensziel enthält. So weist er selbst darauf hin, dass man in zwei Bedeutungen vom *ergon* reden kann (*Eudemische Ethik* 1219a13 ff.), erstens im Kontext von Herstellungshandlungen, wo es ein äußeres Produkt des Tuns gibt (Haus bauen), zweitens aber auch dort, wo die Ausübung der Tätigkeit selbst das *ergon* ist (Flöte spielen). Letzteres ist der Fall beim Lebewesen, dessen *ergon* im Vollzug des eigenen Lebens besteht. Bei der Pflanze besteht dieser Vollzug für Aristoteles in der Aktualisierung des Vermögens von Ernährung und Wachstum. Beim Tier kommen Wahrnehmung und damit verbunden Bewegungsvermögen und Luststreben hinzu; hier ist die gute Aktualisierung der Funktion über das Streben nach sinnlicher Lust und das Vermeiden sinnlicher Unlust gesteuert. Die Art der Bewegung und des Strebens, die für eine jeweilige Spezies von Tieren charakteristisch ist, gibt ihr Telos vor und erklärt so die organische Beschaffenheit und Struktur der zugehörigen individuellen Exemplare. Während der Mensch mit den Tieren Wahrnehmungs- und Bewegungsvermögen teilt, kommt bei ihm als Unterscheidungsmerkmal das Vernunftvermögen mit seinen verschiedenen Unterbereichen hinzu. Es handelt sich also zunächst um eine teleologische Redeweise, die sich auf interne Funktionszusammenhänge bezieht, wie sie auch in der heutigen biologischen Begrifflichkeit als unverdächtig gilt.

Nun gehört zum *ergon* der Lebewesen auch die Fortpflanzung, und dieser Aspekt wird von Aristoteles durch eine metaphysische Teleologie erklärt. Das *eidos* des Lebewesens als Formprinzip, die Seele, kann nur als Lebensprinzip eines je konkreten vergänglichen Organismus vorkommen, ist aber wie jedes *eidos* ewig und unveränderlich. Daher vertritt Aristoteles die Lehre von der dauernden Existenz der natürlichen Spezies durch Weitergabe der Form in der Fortpflanzung (*De Generatione Animalium* 731b31 ff.). Um zu erklären, warum dieser Prozess und allgemeiner das natürliche Werden stetig stattfindet und im Verlauf der Zeit nie abbricht, entwickelt Aristoteles die Vorstellung vom göttlichen Seienden, dem Unbewegten Beweger (*Metaphysik* XII 6-7). Dieser ist reines Denken ohne materielle Teile, daher einfach, unveränderlich und ewig; sein Leben kann nur darin bestehen, dass er sich ununterbrochen selbst denkt. Gemäß dieser Beschaffenheit kann das göttliche Seiende die Prozesse in der Welt nicht durch kausales Eingreifen bewegen. Vielmehr bewegt es, ohne selbst bewegt zu werden, nämlich als Gutes oder Bestes oder Wertvollstes, dem die anderen Wesen strebend näher zu kommen versuchen. Die Kontinuität der Spezies der Pflanzen und Tiere erklärt Aristoteles dadurch, dass durch ein – in diesem Fall unbewusstes – Streben nach dem göttlichen Seienden bzw. nach Unvergänglichkeit das *eidos* in der Fortpflanzung weitergegeben wird. Da Menschen nicht nur in der Fortpflanzung, sondern in allen ihren Handlungen bewusst durch das Streben nach dem vollkommen Guten und d. h. letztlich durch die Nachahmung des Unbewegten Bewegers geleitet sein können, sind bereits ihre einzelnen Taten, wie Aristoteles sagt, quasi Kinder, d. h. Realisierungen der Form (*Nikomachische Ethik* 1113b18 f.).

(ii) Häufig wird Aristoteles vorgeworfen, er begehe einen naturalistischen Fehlschluss, wenn er aus dem Faktum, dass Menschen im Unterschied zu anderen Tieren Vernunftwesen sind, folgere, der Vollzug eines vernunftgemäßen Lebens sei das für sie Gute (Erstrebenswerte). Hier sollte man zwei Fragen unterscheiden. Zum einen muss man genauer fassen, in welchem Sinn Aristoteles ein naturalistischer Fehlschluss unterläuft. Zum anderen bleibt, selbst wenn ein solcher Schluss vorliegen sollte, die Frage, ob Aristoteles sich letztlich auf ihn beruft oder sich für den Übergang von der *eudaimonia* zur *arete* nicht vielmehr auf Plausibilitätsargumente stützt.

Aristoteles schließt nicht einfach aus dem Faktum, dass für Menschen die Vernunftfähigkeit spezifisch ist, dass wir vernünftig leben sollten. Er verweist vielmehr auf den begrifflichen Tatbestand, dass Fähigkeitsprädikate einen Spielraum hinsichtlich der besseren und schlechteren Ausübung des *ergon* mit sich führen, durch das sie definiert sind. Der problematische Schritt liegt im Übergang von dieser intern-funktionalen biologischen Bewertung zu einer ethischen Bewertung. Aristoteles definiert die Form einer Spezies, indem er die Anordnung der Teile (Organe) auf die Erfüllung des *ergon* hin angibt. Die Aufgabe der vernünftigen Seele innerhalb des ganzen menschlichen Lebewesens ist die Leitung der anderen Teilfunktionen. Dass dies das Telos ist, welches die Anordnung der Teile in der Definition leitet (funktionale Teleologie), beweist jedoch nicht, dass auch für die Person, die ihr Leben vollzieht, die andauernde Vernunfttätigkeit das letztlich Erstrebenswerte, die *eudaimonia*, ist (ethische Teleologie) und nicht z. B. nur ein Mittel, ihre Strebensinhalte zu erreichen.

Doch auch wenn dieser Schluss fehlerhaft ist, könnte Aristoteles weitere Überlegungen anführen, um den Vorschlag für die Bestimmung der *eudaimonia* plausibel zu machen. So leuchtet es ein, dass es Lebewesen allgemein dann gutgeht, und zwar auch im subjektiven Sinn, wenn sie ihre spezifischen Anlagen gut entwickelt haben und ausüben. Weiterhin spricht die Forderung, das gute Leben müsse in etwas Realisierbarem und Dauerhaftem liegen, das bei uns liegt, für eine Glückskonzeption, die sich auf die Ausübung unserer spezifischen Fähigkeiten und Dispositionen konzentriert. Doch der Hinweis, das spezifisch Menschliche seien die Vernunftvermögen, scheint eher leer zu sein und nur einen formalen Aspekt des Lebens herauszustellen. Mag ihre Betätigung nützlich für unsere Strebensziele sein und wertvoll als Ausübung des menschlichen Gutseins, es fehlt von den drei von Aristoteles selbst genannten Aspekten der *eudaimonia* bisher derjenige der Lust, des subjektiv Guten.

Nun bleibt Aristoteles nicht bei dem Hinweis auf die Vernunftfähigkeit stehen. Er arbeitet vielmehr zwei inhaltliche Arten des guten Lebens aus. Die höchste Glücksmöglichkeit besteht in der Betätigung der theoretischen Vernunft bzw. ihres höchsten Teils, des *nous*; dieses Leben in der Betrachtung (*theoria*) des göttlichen Seienden können wir als Menschen wenn auch nicht dauerhaft, so doch zeitweise leben. Die zweite Art des guten Lebens ergibt sich aus unserer Beschaffenheit als Lebewesen, welche affektiv-strebende Charakterdispositionen haben, die sich nach der praktischen Überlegung richten können und sich dort, wo die Dispositionen Tugenden sind, in der Tat nach ihr richten. Von beiden Lebensweisen wird aufgezeigt, dass sie lustvoll sind. Aristoteles unterscheidet von der sinnlichen Lust die Freude an Tätigkeiten, die dort erfahren wird, wo wir eine Tätigkeit, die ihren Zweck in sich hat und an einem als wertvoll geschätzten Gegenstand vollzogen wird, unbehindert ausüben. Das Paradigma einer solchen Tätigkeit ist die Selbstbetrachtung des Unbewegten Bewegers, der die menschliche *theoria* nahekommt, solange man sie frei von inneren und äußeren Hindernissen auszuführen vermag. Zu zeigen, warum die

Betätigung im Sinn der zweiten Glücksform, die *eupraxia*, Lust enthält, ist aufwendiger. Aristoteles geht hierbei davon aus, dass verschiedene Affektbereiche in Korrelation zu verschiedenartigen Lebenssituationen stehen (so ist z. B. Furcht die Reaktion auf Gefahrensituationen). Die Affekte werden je nach Naturanlage und Erziehung zu guten oder schlechten Charakterdispositionen, d. h. Tugenden oder Lastern (bei der Furcht sind die Laster Feigheit und Tollkühnheit, die Tugend Tapferkeit). Eine Tugend bedeutet eine Gewöhnung der Affekte derart, dass diese überlegungsbezogen sind. Wer eine Tugend hat, dem erscheinen die richtigen Lebensziele als erstrebenswert, und er setzt diese überlegt in die jeweilige Situation um; auf diese Weise manifestiert er seine Tugend ohne innere Widerstände und erfährt daher die Handlung als lustvoll. Dies gilt für Tugenden, die das eigene künftige Glück betreffen, z. B. Mäßigkeit im sinnlichen Bereich, ebenso wie für die moralischen Tugenden, z. B. Gerechtigkeit.

Nach dieser Skizze der Position des Aristoteles bleiben zwei Fragen: Erstens, wie erklärt Aristoteles, dass faktisch nicht alle Individuen einer Spezies ihre Form gleich gut realisieren? Zweitens, was bleibt von dieser Auffassung übrig, wenn wir die metaphysischen Komponenten streichen?

Zur ersten Frage: Warum nicht alle Mitglieder einer Spezies als Lebewesen dieser Art gleich gut sind oder ihr artspezifisches Leben gleich gut vollziehen, dafür hat Aristoteles verschiedene Erklärungen. Zum einen gibt es neben den naturgemäßen Entstehungen von Individuen auch unregelmäßige Missbildungen. Diese fallen ganz aus der Art heraus. Für die graduellen Unterschiede in der Qualität des Lebensvollzugs der Individuen ist insbesondere das verantwortlich, was die Individuen zu numerisch verschiedenen Exemplaren macht: die Materie. Hinzu kommen Unterschiede in den Lebensumständen, die der Realisierung der Form zuträglich oder abträglich sein können. Schließlich vollzieht sich beim Menschen das politische Leben auf der Grundlage von affektiv-volitiven Anlagen, die durch Sozialisation in Charaktereigenschaften verfestigt werden. Diese Dispositionen sind also abhängig von der Qualität der Erziehung.

Zur zweiten Frage: Wenn wir die metaphysischen Komponenten streichen, entfällt die Prämisse, alle Lebewesen würden kraft ihrer Natur nach ihrem Gut, letztlich in der Weise der ihnen möglichen Nachahmung des Unbewegten Bewegers, streben, es sei denn, schlechte Anlagen oder ungünstige äußere Bedingungen würden dieses naturgegebene Streben überlagern oder hemmen. Was bleibt, sind zwei mögliche Modelle. Entweder das Erstrebte sind jetzt einfach die Ziele, die wir faktisch kennen, und die Vernunft ist dann das für Menschen spezifische Mittel, sie zu erreichen. Oder wir nehmen den Aristotelischen Begriff der Tätigkeitslust auf und sagen, das menschliche gute Leben bestehe im guten und dadurch zugleich lustvollen Vollzug der spezifisch menschlichen Fähigkeiten oder Dispositionen, zu denen das theoretische Denken ebenso wie das reflektierte praktische Tätigsein gehören. Im ersten Fall, wenn die Vernunft das Mittel zur Erreichung unserer Ziele ist, bedeutet das Leben gemäß der Vernunft nicht mehr selbst ein inhaltliches Glück. Im zweiten Fall stellt sich die Frage, warum das lustvolle Vollziehen des menschlichen Lebens nur in der Ausübung theoretischer Vernunft oder in der Verbindung von praktischer Vernunft und Tugend bestehen kann. Ohne Aristoteles' metaphysische Prämissen müsste man seinen Vorschlag so weit ausdehnen, dass alle spezifisch menschlichen Tätigkeiten dazu gehören, in denen sich unsere interne Funktion vollziehen kann. Dass ein solcher Vollzug eine Quelle von Lust oder Glück ist, entspricht der Auffassung von Funktionslust (*flow*) in der heutigen Psychologie. Doch auch diese Ausweitung dürfte nicht ausreichen. Die Funktionslust ist sicher nicht die einzig mögliche Quelle von Glück. So könnte Erfolg im Erreichen äußerer Ziele ebenso eine Quelle der Zufriedenheit sein. Sobald wir aber mehrere Quellen von Glück zulassen, verlangt das nach dem Begriff einer praktischen Vernunft, die zwischen den verschiedenen aufgrund unserer Natur möglichen Lebensinhalten abwägt, diese ordnet und gewichtet. Aristoteles selbst bestimmt zwar die Klugheit (*phronesis*) auf eine Weise, die einer solchen Aufgabe nahezukommen scheint, nämlich als die Fähigkeit, mit Bezug auf das gute Leben insgesamt gut zu überlegen. Doch obwohl er selbst als erster Philosoph zwei Konzeptionen der *eudaimonia* aufstellt und so die Frage nach dem Verhältnis zwischen ihnen nahelegt, bleibt sein Begriff der Klugheit in der genaueren Ausarbeitung auf die Anwendung der Charaktertugenden beschränkt.[2]

2 Vgl. dazu Ursula Wolf, »Warum Aristoteles keine einheitliche Konzeption der praktischen Überlegung hat«, in: Klaus Corcilius, Christof Rapp (Hg.), *Beiträge zur aristotelischen Handlungstheorie*, Stuttgart 2008, S. 123-129.

2. Thompsons Begriff der Lebensform

Michael Thompson führt seine Thesen über Praxis und praktische Überlegung als aristotelisch oder quasi-aristotelisch ein (LA 9). Ferner macht er von Sellars' Unterscheidung zwischen manifesten, d. h. offensichtlichen, alltäglichen, lebensweltlichen, und wissenschaftlichen Begriffssystemen Gebrauch. Was Thompson erläutern will, sind bestimmte Aspekte des manifesten Begriffssystems, weil sich das Praktische, welches sein Thema ist, in diesem Bereich abspiele. Ohne Anschluss an diese Kategorien, die für Reflexion und Selbstverständnis handelnder Personen zentral sind, bleibe eine praktische Philosophie den Akteuren fremd (LA 10). Zur Erläuterung zieht Thompson nicht die Ethik, sondern die theoretische Philosophie des Aristoteles heran, und zwar die Konzeption des *eidos* bzw. genauer des *eidos* von Lebewesen, der Lebensform.

Demnach sind Handeln und praktisches Überlegen Lebensvorgänge, die zur menschlichen Spezies bzw. deren Form gehören, ebenso wie bestimmte Wahrnehmungsvermögen zu bestimmten Tierspezies oder die spezifischen Lebensprozesse zu Pflanzen. Nach einer aristotelischen Auffassung des *eidos* werden, so Thompson, individuelle Ausführungen dieser Vermögen intuitiv als richtig oder fehlerhaft, gut oder schlecht, funktionierend oder schlecht funktionierend relativ zur Lebensform des Trägers beurteilt, und zwar auch im menschlichen Bereich. Das Speziesprädikat habe also eine Art »normative« Stellung (LA 29). Thompson wehrt den Einwand der *naturalistic fallacy* gegen eine solche neoaristotelische Auffassung ab. Er nimmt hingegen den anderen Einwand ernst, auf diese Weise würden rein biologische, empirische Begriffe in die Ethik eingeführt, etwa im Sinn einer evolutionären Ethik, oder auch eine veraltete Metaphysik (LA 30). Thompsons Entgegnung lautet, dass es sich bei Begriffen wie ›Leben‹, ›Organismus‹ und ›Lebensform‹ um primitive lebensweltliche Konzepte handle, die sich nicht auf Grundlegenderes reduzieren lassen, vielmehr in allem praktischen Denken immer schon enthalten sind und nur artikuliert zu werden brauchen (LA 32).

Entsprechend kritisiert Thompson wissenschaftliche Definitionen von Lebewesen durch eine Liste von Merkmalen (LA 34 ff.) und insistiert, dass sich die Kategorien, mit denen wir Leben beschreiben (Lebensform, Organismus, Lebenstätigkeit usw.), nicht durch inhaltliche Merkmale erklären lassen, sondern einen Block bilden, der nicht weiter reduzierbar ist (LA 47). Naturwissenschaftliche, etwa evolutionstheoretische Erklärungen des Lebens, z. B. durch Hinweis auf die reproduktive Fitness, lassen die Vorstellung einer nicht-akzidentellen Einheit eines Organismus vermissen und setzen faktisch den alltagssprachlichen Begriff der Form eines Lebens oder der Spezies bereits voraus (LA 52). Dieser lässt sich nur aufklären, wenn wir nicht fragen, was eine Spezies oder Lebensform *ist*, sondern fragen, wie wir so etwas *beschreiben* (LA 62).

Thompson verweist für diese Beschreibungsart auf Sätze, wie wir sie in Naturführern oder Dokumentarfilmen finden, z. B. ›Der Grünfink brütet im Frühjahr und zieht sein Weibchen mit einem Gesang der und der Art an‹. Thompson nennt solche Sätze der Form ›Der S ist F‹ oder ›Der S hat F‹ naturgeschichtliche Sätze (*natural-historical judgements*) bzw. Aristotelische kategorische Aussagen (*Aristotelian Categoricals*). Diese sind, so Thompson, weder Aussagen über Individuen noch allquantifizierte Sätze. Ihr Subjekt ist nicht ein singulärer Terminus, sondern ein Speziesbegriff bzw. Lebensformwort (*life-form-word*). Die Sätze lassen sich nicht in Sätze mit Allquantor übersetzen, weil sie nicht auf alle Exemplare zutreffen. Vielmehr kommt in diesen Sätzen eine besondere Art der Verbindung zwischen Subjekt und Prädikat zum Ausdruck, die es nur in solchen Sätzen gibt, weshalb diese eine besondere Urteilsform bilden bzw. weshalb die Lebenskategorien logische Kategorien sind (LA 48, 76). Als Umschreibung für diese besondere Verbindung bietet Thompson an: Die S sind typischerweise F; es gehört zum Leben der S, F zu sein (LA 65). Was Thompson sagen will, ist offenbar, dass wir es hier mit Aussagen zu tun haben, die im Sinn des Aristoteles eine Wesenserklärung bzw. Realdefinition einer Spezies enthalten (in der Tat sagt auch Aristoteles in Buch V der *Metaphysik*, dass hier eine eigene Bedeutung des Wortes ›ist‹ vorliegt, die nicht ein akzidentelles Prädikationsverhältnis ausdrückt, sondern eine Wesensbeziehung, *Metaphysik* V 7). Thompson beruft sich allerdings mehr auf das Verstehen als auf das Sein: In einer Naturgeschichte drücken wir unsere Deutung oder unser Verstehen einer bestimmten Lebensform aus (LA 73).

Naturgeschichtsaussagen haben nach Thompson zwar faktischen Charakter (LA 75 f., 80), ermöglichen aber Bewertungen, indem wir relativ zu ihnen von »natürlichen Mängeln« (*natural defect*) reden (oder konkreter von Defekten wie Krankheit, Lahmheit, Blindheit usw.). Wir können nämlich aus ›Die S sind F‹ und ›Dieses S ist nicht F‹ schließen ›Dieses S ist mangelhaft, insofern es nicht F ist‹ (LA 80). Naturgeschichtliche Aussagen sind daher normativ in dem Sinn, dass sie die Fakten bezüglich des Individuums überschreiten, bleiben aber an den Fakten ausgerichtet durch Bezug auf die Lebensform, der das Individuum wesentlich zugehört und die so die Basis für eine »immanente Kritik des abweichenden Individuums« liefert (LA 81).

Was Thompson annimmt, ist im Grunde die oben im Zusammenhang mit Aristoteles erläuterte immanente Teleologie biologischer Termini. Diese Verwendung von ›besser‹ und ›schlechter‹ lässt sich allerdings nur dann eindeutig anwenden, wenn wie in der Naturauffassung des Aristoteles angenommen wird, dass die Anzahl und Unterscheidung der natürlichen Spezies festliegt und sich eine Spezies immer in der gleichen Weise reproduziert. Da wir heute wissen, dass nicht nur individuelle Organismen, sondern ebenso die Spezies entstehen, sich entwickeln, sich ändern, verschwinden usw., sind solche immanent wertenden Aussagen innerhalb einer funktionalen Teleologie schwieriger zu treffen. Sicher gibt es klare Fälle für das, was Thompson im Auge hat, wenn z. B. innerhalb einer derzeit stabilen und erfolgreichen Spezies das eine oder andere Exemplar die typischen Lebenstätigkeiten aufgrund einer Krankheit, Verletzung o. Ä. nicht realisiert. Aber wenn Maulwürfe, nachdem sie unter der Erde leben, nach und nach ihr Sehvermögen verlieren, das sie unter den neuen Lebensbedingungen nicht mehr brauchen, kann man dann bei den ersten Exemplaren, bei denen das eintritt, von einem Mangel reden? Wenn ein einzelner Grünfink seinen Werbegesang ändert und damit vielleicht mehr Erfolg hat, ist er dann mangelhaft oder nicht sogar besser in Bezug auf die Reproduktionsfunktion?[3]

Thompson übersieht, dass inzwischen, selbst wenn wir den Begriff des natürlichen Organismus nicht vollständig wissenschaftlich reduzieren können, doch viele Erkenntnisse der Wissenschaft, insbesondere auch der Evolutionstheorie, ins Alltagsverständnis eingedrungen sind. Die von ihm vertretene normative Verwendung der

3 Vgl. Paul Hurley, »Michael Thompson. Life and Action. Elementary Structures of Practice and Practical Thought«, in: *Notre Dame Philosophy Reviews* 2009.02.34, ⟨http://ndpr.nd.edu/review.cfm?id=15445⟩, letzter Zugriff 23. 6. 2009.

Lebensbegriffe wird zusätzlich dadurch erschwert, dass Thompson zu den Naturgeschichtsaussagen alles zählt, was wir im Lauf der Zeit an Informationen über eine Spezies angesammelt haben. Die Erklärung des Prädikats einer natürlichen Spezies besteht für ihn in unbestimmt vielen Aussagen (LA 200) und beschränkt sich nicht wie bei Aristoteles auf eng umgrenzte wesentliche Eigenschaften, auf die Struktur der »Seele«, d.h. ihre Lebensfunktionen insbesondere in der Weise der spezifischen Bewegungs- und Wahrnehmungsvermögen.

Wie sieht es nach Thompson beim Menschen aus? Parallel zur Lebensform bei den anderen Spezies sind beim Menschen Formen des Lebens, für welche die Begriffe der Disposition und der Praxis grundlegend sind. Jedoch handelt es sich hier nicht unmittelbar um die Natur des Menschen, sondern um eine Art zweite Natur (LA 208). Mit einer Disposition ist gemeint, dass eine Person habituell dieselbe Handlung immer wieder tut, mit einer Praxis, dass viele Individuen die gleiche Handlung tun, wobei der Bezug auf die Praxis die Interpretation oder Erklärung abgibt. Disposition und Praxis müssen also generell sein. Weiter müssen sie aktual sein (LA 158 ff.), d.h., Handlungen finden auf der Basis statt, dass eine Disposition in den Individuen existiert. Was in allen Trägern einer Praxis als Erklärung oder Ursache des Handelns vorhanden ist, muss, anders als bei der Lebensform von Tieren, etwas sein, was ihnen bewusst und in der Reflexion zugänglich ist (LA 198, 200). Es muss eine Ursache sein, die ihnen immanent ist, die einen Standard der Bewertung ihrer Handlungen als gut und schlecht bereitstellt und die mit einer interpretativen Struktur verknüpft ist (LA 199).

Anders als bei Tierspezies bezieht Thompson sich also beim Menschen nicht auf die organische Natur und deren Funktion, sondern auf grundlegende Arten der Praxis. Er räumt ein, dass der Zusammenhang zwischen der Bewertung individueller menschlicher Handlungen und der Lebensform des Handelnden sehr viel komplexer und vermittelter ist als der Zusammenhang zwischen einzelnem Verhalten und Lebensform bei Pflanzen und Tieren (LA 82), und er redet beim Menschen auch nicht einfach von Mängeln. Wie sich Thompson die Beurteilung beim Menschen genauer vorstellt, wird allerdings nicht vollständig klar.

Thompson erläutert die Bewertung von menschlichen Handlungen anhand der Tugend der Verlässlichkeit (*fidelity*), die zur Praxis des Gebens von Versprechen gehört. Diese Disposition, die in der Form des menschlichen Lebens liegt, dient ähnlich wie die typischen Eigenschaften der Tiere als Bewertungsmaßstab, mit dem Unterschied, dass sie nicht eine natürliche, sondern eine »künstliche« Tugend ist, die nicht unabhängig von der zugehörigen Praxis existieren kann (LA 208). Genauer liefert die Praxis den Maßstab, ihre Träger als gut oder schlecht im Hinblick auf die Form des menschlichen Lebens zu beurteilen. Thompson diskutiert in diesem Zusammenhang das Problem der Handlung in so genannten *tight corner cases* (LA 152 f.). Eine solche Situation liegt vor, wenn im konkreten Fall eine Nutzenkalkulation ergibt, dass der Bruch eines Versprechens bessere Folgen hätte als die Einhaltung, d. h., wenn für eine Person, die das Versprechen nicht gegeben hätte, eine andere Handlung vernünftiger oder moralisch besser wäre. Wie aber kann das Versprechen dann trotzdem bindend sein? Thompsons Begründung lautet, dass es beim Versprechen um eine Handlung geht, in der sich eine Praxis (Versprechen zu geben) manifestiert, welche die Handlung gut macht. Dann kann eine Handlung, die die Praxis nicht manifestiert, nicht gut sein (LA 188). Damit ist nicht die Aussage gemeint, dass Versprechen unter allen Umständen zu halten sind. Die Ausübung einer Praxis besteht nicht in der Befolgung einer starren Norm. Vielmehr gehört zu einer richtig verstandenen Praxis, dass diese reflektiert und situationsangemessen anzuwenden ist.

Menschen handeln dann gut, wenn sie eine Praxis in diesem Sinn manifestieren. Wenn die Bewertung menschlichen Handelns auf diese Weise relativ zu einer Praxis geschieht, wie verhält es sich dann mit der Praxis selbst? Die Arten der menschlichen Praxis sollen aus der lebensweltlichen Erfahrung entnommen werden, nicht aus Wissenschaften wie der Psychologie und Soziologie (LA 149). Dann geht es offenbar um die faktisch vorfindlichen Arten der Praxis. Diese aber variieren historisch und kulturell, die meisten Arten der Praxis kennzeichnen nicht den Menschen als Menschen, sondern sind konstitutiv für die Zugehörigkeit zu einer Gruppe. Nehmen wir z. B. die Praxis der Blutrache. Innerhalb einer Gesellschaft, in der diese Praxis gelebt wird, gibt sie den Maßstab zur Beurteilung relevanter Handlungen ab. So wird dort demjenigen, der ein Unrecht an seiner Familie nicht rächt, ein Mangel an Ehrgefühl vorgeworfen. Andererseits würden wir diese Praxis als ganze kritisieren und ablehnen, so dass eine Praxis also offenbar nicht der letzte Bezugspunkt des Bewertens ist.

Nun erwähnt Thompson selbst, dass man eine Praxis als schlecht oder ungerecht hinterfragen kann (LA 187, 198). Vielleicht meint er, dass nur solches letztlich als Praxis in Frage kommt, was für das menschliche Leben insgesamt typisch ist, was Menschen überhaupt tun. Aber dann enden wir beim Problem der Leere der Theorie. Es bleiben dann nur allgemeinste Formen der Praxis wie die des Versprechens übrig. Aber auch dann ist unklar, wie eine überlegte Ausübung einer Praxis, die nicht starr, sondern der Situation angemessen ist, vor sich gehen könnte; für diese Überlegung würde jeder Bezugspunkt fehlen. Thompson sieht, dass »lokale« Gründe, die nicht einer Praxis entsprechen, sondern dem Individuum entspringen, die angemessene Ausübung einer Praxis verhindern können (LA 210). Doch warum die Tatsache, dass das Individuum prinzipiell Träger der Praxis ist, bedeuten muss, dass diese Gründe aus anderen Quellen ohne jede Prüfung zu disqualifizieren sind, wird von Thompson nicht begründet.

Während Aristoteles die praktische Überlegung als die Fähigkeit fasst, mit Bezug auf das gute Leben insgesamt gut zu überlegen, fehlt bei Thompson diese Gesamtperspektive des reflektierenden Individuums, das die Frage nach dem zu erstrebenden Guten insgesamt unter Abwägung aller Typen von Gründen stellen kann. Zwar redet Thompson manchmal davon, dass eine Praxis einen Zweck habe oder ein Gut realisiere (LA 189); aber diese Rede von ›Gut‹ wird weder erläutert noch in ihrer Stellung zu anderen Wertbegriffen ausgearbeitet. Hier kann man also nur eine Lücke in der Theorie konstatieren.

3. Foots Konzeption der *natural goodness*

Philippa Foot ist in der Abhandlung *Natural Goodness* primär an der Erklärung des *moralisch* Guten interessiert. Sie möchte ausarbeiten, wie die moralische Bewertung von Handlungen zu verstehen ist. Ihr Gegner ist nicht wie der Thompsons die wissenschaftliche Sicht des Lebens, sondern bestimmte moralphilosophische Theorien, insbesondere der moralische Subjektivismus bzw. Emotivismus, mit dem sich Foot ihr Leben lang auseinandergesetzt hat. Nach dieser Auffassung hat z. B. der moralische Satz ›Es ist schlecht, Versprechen nicht zu halten‹ einerseits eine deskriptive Komponente, andererseits eine normative oder wertende Komponente, in der der Sprecher eine ablehnende Einstellung, ein negatives Gefühl oder eine Aufforderung zum Unterlassen der beschriebenen Handlungsweise ausdrückt. Obwohl Foot diese Auffassung verwirft, nimmt sie deren Intention ernst, nämlich den handlungsleitenden Charakter moralischer Urteile zu erfassen, auf dem Hume zu Recht insistiert habe (NG 9). In der Tat muss jede angemessene Moraltheorie die Motivationsfrage beantworten können, die Frage, welchen vernünftigen Grund wir haben, moralisch zu handeln, auch wo das die Zurückstellung eigener Interessen erfordert.

Foots Antwort ist einfach: wir brauchen dafür keinen weiteren Grund, weil die Rationalität einer moralischen Handlung parallel zur Rationalität einer eigeninteressierten Handlung ist. Foot weist damit die gängigen (und teilweise früher von ihr selbst akzeptierten) Auffassungen der praktischen Rationalität zurück, wonach diese die Befriedigung unserer subjektiven Wünsche oder die Förderung unseres Eigeninteresses zum Ziel hat. Moralische Gründe sind, so ihre These, ebenfalls ein Bestandteil der praktischen Rationalität; Handeln um der Gerechtigkeit oder Wahrhaftigkeit willen ist auf dieselbe Weise vernünftig wie das Handeln im Dienst der Selbsterhaltung oder anderer Ziele der Person. Gründe der Selbsterhaltung und Gründe der Moral sind zwei Bestandteile oder Aspekte der praktischen Rationalität, die eine einheitliche Basis haben, nämlich das Gutsein des Menschen hinsichtlich seiner Handlungen. Da gute Handlungen aus einer guten Wahl hervorgehen, hat für Foot der Begriff der Gutheit des Willens Vorrang gegenüber dem der praktischen Rationalität (NG 11, 14); es gibt für Foot keine volle praktische Vernunft in der Verfolgung schlechter Ziele. Doch auch wenn Foot in diesem Punkt Kant folgt, weist sie dessen grundlegenden Ansatz zurück: Die Bewertung menschlicher Handlungen könne nicht an einer abstrakten Idee der Rationalität aller vernünftigen Wesen festgemacht werden, sie sei vielmehr auf bestimmte Aspekte des spezifisch *menschlichen* Lebens bezogen.

An diesem Punkt greift Foot die Vorschläge von Thompson auf, die sie mit Komponenten der Theorie des Aristoteles verbindet. Wie oben dargestellt, expliziert Thompson die Begriffe des Lebens und Handelns allgemein. Foot versucht, hieraus eine Erläuterung speziell der moralischen Bewertung von Handlungen zu entnehmen, allerdings mit einigen Modifikationen. Sie übernimmt Thompsons Konzeption der *aristotelian categoricals*, kritisiert aber seine nur schwach teleologische und unscharfe Definition der Lebensform einer Spezies durch beliebig viele naturgeschichtliche Aussagen (NG 30). Im Rückgriff auf Aristoteles ersetzt sie diese Konzeption durch die Begrifflichkeit einer internen Teleologie. Dabei beruft sie sich wie Thompson auf das lebensweltliche Verständnis von Spezies und klammert die Erkenntnisse der Evolutionsbiologie, etwa die Verankerung von Erhaltung und Fortpflanzung auf der Ebene der Gene statt auf der Ebene der Spezies, aus (NG 32, Anm. 10). Die darin enthaltenen Probleme versucht Foot zu umgehen, indem sie ihr Thema auf die Lebenserhaltung im Sinn der internen Funktion zum gegebenen Stand der Entwicklung der Spezies einschränkt.

Der immanente Bezugspunkt, das Telos oder Gut, auf das hin wir lebende Organismen verstehen, liegt wie für Aristoteles in den für ihre Spezies typischen Weisen der Entwicklung, Selbsterhaltung und Fortpflanzung. Die Mitglieder der Spezies und ihr Verhalten sind nach Foot in der Weise einer internen Teleologie auf dieses Gut bezogen und können danach bewertet werden, ob und wie sie tun, was dieses Gut erfordert. Das Tanzen etwa ist ein so zentraler Bestandteil im Leben der Bienen, dass eine Biene, die dies nicht tut, einen Mangel aufweist. Für diese Bewertung ist es nicht erforderlich, dass das Tier selbst unter diesem Defekt leidet; es genügt, dass es relativ zum Telos bzw. zur Lebensform der Spezies mangelhaft ist. Foot nennt diese Redeweise eine Begrifflichkeit natürlicher Normativität (NG 38).

Während Thompson die Parallele zwischen der menschlichen Spezies und den anderen natürlichen Spezies lose sieht, weil der Bezug auf die natürliche Funktion beim Menschen durch den Verweis auf die zweite Natur, die Existenz von Formen der Praxis, ersetzt wird, nimmt Foot – mit Aristoteles – eine *gemeinsame* begriffliche Struktur zwischen dem menschlichen Bezug auf das interne Telos und dem der Pflanzen und Tiere an (NG 51). Die moralische Mangelhaftigkeit eines menschlichen Individuums soll auf ähnliche Weise eine Art von natürlichem Defekt sein wie die natürlichen Mängel der anderen Lebewesen (NG 16, 27). Betrachten wir die Erfordernisse der Lebensform der menschlichen Spezies, dann ist z. B. das Halten von Versprechen eine gute natürliche Beschaffenheit, eine Tugend, während die gegenteilige Disposition einen natürlichen Mangel darstellt (NG 15). Dasselbe gilt für die Sorge um die eigene Zukunft. Im Blick auf die menschliche Lebensform sind Selbsterhaltung und Moral gleichermaßen notwendige Bestandteile, von denen das Gut des Menschen abhängt. Diese Bereiche der praktischen Vernunft sind nicht, wie man üblicherweise annimmt, verschieden, sondern parallel zu verstehen (NG 11).

Nun sieht Foot selbst, dass es nicht ohne Schwierigkeiten ist, den Begriff der natürlichen Mängel, der von der funktionalen Bewertung zur moralischen Bewertung führen soll bzw. diese als letztlich dasselbe erweisen soll, auf den Menschen zu übertragen. So ist es nach Foot zwar ein Mangel in der Natur, wenn Menschen keine Kinder bekommen können. Dennoch ist der Bezug auf die Reproduktion beim Menschen anders als bei Tieren kein notwendiger Bestandteil ihres naturgemäßen Guts. Die bewusste Entscheidung zur Kinderlosigkeit weist keinen Mangel auf (NG 42), weil es andere Inhalte des menschlichen Guten geben könnte, etwa Arbeitsziele, die den Wunsch nach Familie und Kindern überwiegen können. Wenn sich das menschliche Telos nicht durch Selbsterhaltung und Reproduktion fassen lässt, liegt es nahe, es im guten oder glücklichen Leben zu sehen. Doch dessen Bestimmung ist angesichts der Diversität menschlicher Lebensweisen schwierig; verschiedene Gesellschaften und Kulturen könnten verschiedene Erfordernisse haben (NG 43). Foot behilft sich mit dem negativen Vorgehen, zu fragen, was menschliche Deprivation wäre, d. h., von welchen Fähigkeiten und Arten der Praxis das menschliche Gut als notwendigen Bedingungen abhängt. Sie nennt Fähigkeiten wie Sprache, Imagination usw. und Tugenden wie Fleiß, Ausdauer, Freundschaft, Loyalität, Fairness (NG 44).

Während das für die intellektuellen Tugenden unproblematisch sein mag, sind die genannten moralischen Dispositionen westliche protestantische Tugenden. Weder waren alle Kulturen auf Fleiß angewiesen noch auf moralische Tugenden im Sinn der universalistischen Moral. Die Naturgeschichte der menschlichen Spezies ist zum größten Teil durch den Vorrang der Gruppenidentität und die Existenz von Normen gekennzeichnet, die diese Identität sichern. Betrachtet man den Lebenszyklus der menschlichen Spezies, dem sich das natürliche Gute für den Menschen entnehmen lassen müsste, dann zeigt dieser eine Abfolge von Kämpfen zwischen menschlichen Gruppen, die sich über eine je eigene Identität definieren.[4] Vielleicht könnte Foot versuchen, dieses Faktum als Zeichen eines natürlichen Defekts zu interpretieren. Sie könnte darauf hinweisen, dass es für das Wohlergehen eines Individuums vorzuziehen sei, nicht unter Bedingungen solcher Kämpfe zu leben, sondern in einer friedlichen Welt, in der alle die Tugenden einer universalen Rücksicht ausüben. Doch dann wäre das Kriterium der Beurteilung des Guten nicht mehr der Naturgeschichte der Spezies entnommen; es läge vielmehr in einer Konzeption des menschlichen Wohls oder Glücks, die unabhängig von der faktischen Naturgeschichte der Spezies oder vielleicht gerade als Gegenmodell zu ihr entwickelt wurde.

Anders als die antike Ethik, die einen solchen Zusammenhang zwischen dem Glück und dem Guten zugrunde legt, hat Foot zwar Sympathien für diesen Ansatz, den sie früher selbst vertreten hat, hält ihn aber nach genauerer Prüfung nicht für gangbar. Ihre These ist, dass praktische Rationalität bzw. rationale Wahl selbst ein Aspekt des menschlichen Gutseins und das Zentrum der Tugenden ist, ohne dem weiteren Ziel des Glücks untergeordnet zu sein. Foot selbst wirft die Frage auf, welche Rolle in dieser Konstruktion dem Glück zukommt, das man normalerweise für das Gut des Menschen halten würde (NG 81). Ihre beiden Hauptgründe, warum das Glück nicht der geeignete Kandidat ist, lauten (neben dem schon erwähnten Problem der Diversität menschlicher Lebensweisen): Erstens, Tugend kann die Opferung des eigenes Glücks verlangen, z. B. wenn jemand tapfer handelt und dabei sein Leben aufs Spiel setzt, um andere zu retten (NG 82, 95). Zweitens, es lässt sich begrifflich nicht ausschließen, dass jemand das Glück durch Bosheit erreicht (NG 82, 92).

Was den zweiten Punkt angeht, schwankt Foot und hält den Begriff eines »tiefen« Glücks für denkbar, das nur durch gutes Handeln realisierbar ist (NG 97). Außerdem erwägt sie, ein Leben der Bosheit könne, wie Aristoteles annimmt, brüchig sein und im Prinzip jederzeit zusammenbrechen. Der erste Punkt lässt sich ihrer Meinung nach nicht beheben. Mit Aristoteles fasst sie ihn so, dass das Glück von äußeren Bedingungen abhängt und dass unter schlechten Bedingungen auch für den guten Menschen das

4 Vgl. Michael Slote, »Natural Goodnes, by Philippa Foot; Virtue, Vice, and Value, by Thomas Hurka«, in: *Mind* 112 (2003), S. 130-139, dort S. 134.

Glück nicht möglich ist (NG 97, Aristoteles, *Nikomachische Ethik* I 8-11). Dann bleibt, dass das Entscheidende im Zusammenhang von menschlichem Gutem und den Tugenden des rationalen Willens liegt, der durch die natürliche Lebensform der Spezies Mensch vorgegeben ist. Dieser Zusammenhang ermöglicht objektive Werturteile. Wer sich z. B. nicht um seine Zukunft kümmert, handelt schlecht, ebenso wer keine Versprechen hält.

Die Gründe für die Ausführung einer Handlung sind also für Foot objektive Gründe. Sie sind externalistisch zu verstehen, da sie für jeden Menschen zutreffen, ob er sie anerkennt oder nicht (NG 18). Diese Verabschiedung des subjektiven Glücksbezugs wirft die Frage auf, warum es ein menschliches Wesen eigentlich stören muss, dass es, bezogen auf die menschliche Natur, einen Defekt hat oder dass eine bestimmte Handlung gegen die Tugend des rationalen Willens verstößt.[5] Schwierig wird dann auch, zu verstehen, wie wir uns, wenn wir eigenes und fremdes Fehlverhalten als Defekt beschreiben, als Personen gegenseitig ernst nehmen können.

Foot denkt bei Menschen mit moralischen Defekten häufig an Verbrecher, die jenseits aller Einsicht in das Unrechttun sind. Aber die alltäglicheren Phänomene sind einzelne Verstöße gegen die Tugenden des rationalen Wollens, seien es selbstbezogene oder moralische Tugenden. Foot erwähnt zwar Phänomene wie Willensschwäche (NG 19). Angesichts ihrer extrem objektivistischen Auffassung der Handlungsbeurteilung kann sie aber die Bedeutung dieses Phänomens aus der Innenperspektive der Person nicht fassen. Während die Rede von natürlichen Mängeln nachvollziehbar ist, wenn z. B. Menschen aufgrund einer bestimmten Beschaffenheit ihres Gehirns unfähig zum Mitempfinden sind,[6] scheint sie wenig klärend für denjenigen Fall, in dem jemand die übliche affektive und rationale Ausstattung besitzt, aber im Einzelfall irrational oder unmoralisch handelt.

Was Foot also zu wenig beachtet, ist, dass wir es in einer konkreten Handlungssituation mit verschiedenen Wünschen, kurzfristigen Antrieben, Zielsetzungen, Lebensplänen, zu tun haben, die in Konflikt stehen können. Dies erfordert eine Konzeption prak-

5 Vgl. Alasdair MacIntyre, »Virtues in Foot and Geach«, in: *The Philosophical Quarterly* 52, No. 209 (2002), S. 621-631, dort S. 624.

6 Eine Zusammenfassung der relevanten Ergebnisse der Hirnforschung gibt Frank Ochmann, *Die gefühlte Moral*, Berlin 2008, S. 156 ff.

tischer Rationalität, die eine Art abwägendes Vermögen ist. Die praktische Rationalität bezieht sich, wie Aristoteles sagt, auf das gute Leben im Ganzen. Foots Rationalitätsbegriff ist demgegenüber unterbestimmt und hat Implikationen, die entweder trivial oder falsch sind. So kann Rationalität im Sinn der Selbsterhaltung entweder bedeuten, alle Zeitpunkte des Lebens gleich zu gewichten, was Foot aber nicht sagt; oder sie besteht darin, zwischen der Sorge um die Zukunft und dem Gewicht kurzfristiger Wünsche angemessen abwägen zu können, wofür der bloße Hinweis auf die Rationalität keine Kriterien liefert. Einen Defekt hat vielleicht, wer überhaupt nicht daran denkt, dass er auch morgen noch die nötigen Mittel zum Leben braucht. Aber das sind seltene Extremfälle. Die Abwägungen, mit denen wir alltäglich zu tun haben, betreffen die eigene Gesamteinstellung zum Leben, also etwa, ob man stärker sicherheitsorientiert leben oder eher Risiken eingehen will. Das eine ist nicht weniger rational als das andere, und unsere natürliche Ausstattung mit einem rationalen Willen nimmt uns diese Frage nicht ab. Ähnlich gilt für die Moral bzw. das Leben in der Ausübung der moralischen Tugenden, dass man ihm ein mehr oder weniger großes Gewicht innerhalb der eigenen Lebensausrichtung einräumen kann. Moral schränkt das Eigeninteresse ein. Wenn Foot ein gesundes Maß an Eigeninteresse empfiehlt (NG 17), bleibt das genaue Gewicht der Moral gegenüber dem Eigeninteresse offen, und wie die angemessene Gewichtung aussieht, ist sicher nicht im Begriff des Guts der menschlichen Spezies bzw. im Begriff der praktischen Rationalität vorgegeben.

4. Vergleich der drei Positionen

Nachdem bereits im Verlauf der Darstellung Unklarheiten und Probleme der drei Positionen herausgestellt wurden, bleibt noch die Frage, wie sie im Vergleich einzuschätzen sind. Ich möchte einen Vergleich in folgenden drei Hinsichten anstellen: (i) Thema und begrifflicher Rahmen; (ii) Art und Perspektive der angenommenen Teleologie; (iii) Rationalität, Glück und Moral.

(i) Was einen Vergleich erschwert, ist, dass die drei Ansätze nicht ganz dasselbe Thema haben. Alle drei verfolgen anspruchsvolle Ziele in der Handlungstheorie und Ethik. Aristoteles sucht nach einer umfassenden Konzeption des guten menschlichen Lebens. Thompson möchte unser Verstehen von Begriffen rekonstruieren, mit denen wir Leben und Handeln beschreiben. Foots Thema ist die moralische Bewertung menschlicher Handlungen. Dieses letztere Interesse oder allgemeiner das Interesse an der praktischen Bewertung von Handlungen ist allen drei Theorien gemeinsam und daher eine Art kleinster gemeinsamer Nenner. Man muss jedoch fragen, ob mit dieser Frage ein klärbares Thema erfasst ist bzw. wie eine geeignete Formulierung des Themas aussehen müsste. Ich denke, dass Aristoteles den weitestgehenden Rahmen entwickelt, während Foot ebenso wie Thompson das Thema zu eng fassen, wenn auch auf verschiedene Weise.

Aristoteles hält das menschliche Glücksstreben für grundlegend und baut die Bewertung von Dispositionen und Handlungen in eine auf das Glück fokussierte Struktur ein. Foot fragt ebenfalls nach der Stellung von Begriffen wie Glück und Zufriedenheit, scheidet diese als letzte Bezugspunkte allerdings aus. Stattdessen behandelt sie die Frage nach der moralischen Bewertung im Rahmen einer Theorie der praktischen Rationalität, die neben moralischen Gründen insbesondere solche der Sorge für das eigene künftige Leben enthält. Dabei übersieht sie jedoch, dass die Tugenden der Selbsterhaltung und moralische Tugenden konfligierende Forderungen stellen können, die sich durch Aussagen über die Natur des Menschen nicht eindeutig in eine Richtung auflösen lassen. Das hat zur Folge, dass ein sinnvoller umfassender Begriff der praktischen Rationalität nicht einfach in zwei parallele Bereiche der Selbsterhaltung und der Moralität zerfallen kann.

In Thompsons Handlungstheorie fehlt der Glücksbezug ganz; die subjektiv-affektive Seite des Lebens wird ausgespart. Der Bezugspunkt der Bewertung menschlicher Handlungen ist die Praxis, und dieser Praxisbegriff ist bisher zu wenig ausgearbeitet, als dass deutlich würde, wie er die Handlungstheorie insgesamt leiten kann. So bleibt unklar, ob es einen Standpunkt gibt, von dem aus eine Praxis ihrerseits reflektiert und hinterfragt werden kann, ob verschiedene Arten der Praxis in Konflikt geraten können oder ob ›Praxis‹ in einem fundamentalen, quasi transzendentalen Sinn gemeint ist, der dann aber eher formal bliebe und für konkrete alltägliche Handlungsbewertungen nicht informativ wäre. Aristoteles verfügt über eine sehr viel komplexere und differenziertere handlungstheoretische Position, die sowohl die affektive wie die handelnde Seite des Lebens beachtet, das Glücksstreben im Kontext der realen Lebensbedingungen aufnimmt und mit dem Begriff der Klugheit ein Vermögen enthält, das dafür zuständig ist, mit Bezug auf das gute Leben insgesamt gut zu überlegen. Auch wenn es Aristoteles selbst nicht gelingt, dieses Vermögen kohärent zu bestimmen, scheint doch die Konzeption eines solchen umfassenden praktischen Überlegungsvermögens, wie sich mehrfach gezeigt hat, unverzichtbar.

(ii) Aristoteles und Foot vertreten eine durchweg naturteleologische Auffassung, welche die Rede von der internen biologischen Funktion der Spezies der Lebewesen unmittelbar auf den Menschen überträgt und aus ihr die Bewertung menschlicher Dispositionen und Handlungen entnimmt. Thompson sieht hingegen nur eine abgeschwächte Parallele zwischen der Bewertung von tierlichem und menschlichem Verhalten und versteht menschliche Dispositionen als »zweite« Natur, in die ein Moment der Reflexion eingebaut ist. Jedoch redet auch er beim Menschen vom Guten in einem Sinn, der für das Individuum nicht zur Disposition steht, sondern vielmehr in der Lebensform der Spezies Mensch, genauer in den Formen der lebensweltlichen Praxis, vorgegeben ist. Foots biologische Teleologie gerät in die Schwierigkeit, dass wir beim menschlichen Leben nur sehr allgemeine Bedingungen für die gute Erfüllung der Funktion angeben können, die eher zu Trivialitäten führen. Dass das menschliche Leben so beschaffen ist, dass es sich ohne intellektuelle und soziale Fähigkeiten nicht gut vollziehen lässt, bedarf wohl keiner philosophischen Untermauerung. Alles was darüber hinausgeht, ist aber in verschiedenen Epochen und Kulturen verschieden, d.h. eher eine Sache der stärker variablen »zweiten« Natur. Thompsons Position hat den Vorteil, dass er mit einer solchen zweiten Natur arbeitet. Doch dann wird es umso schwieriger, Aussagen über die Form des Lebens aufzustellen, die für die ganze Menschheit zutreffen.

Aristoteles geht zwar von einer biologischen Definition der Spezies und auch der menschlichen Seele aus, ist sich aber darüber im Klaren, dass diese nur einen Umriss liefert, der durch Erfahrungswissen und Reflexion auf den eigenen Charakter ausgefüllt werden muss. Seine Theorie des guten menschlichen Lebens versteht sich als begriffliche Explikation dessen, was der Person in ihrem eigenen charakterlichen und intellektuellen Gutsein implizit gegeben ist. Eine solche Reflexion ist nach Aristoteles nicht jedem Menschen möglich, sondern nur demjenigen, der das menschliche Gutsein selbst verkörpert. Was dieser an inhaltlichen Tugenden auffindet, die mit der menschlichen Funktion verbunden sind und Kriterien der Bewertung abgeben, sind aber nicht Bewertungen, die nur von außen herangetragen werden, denn der objektiven Bewertung entspricht die Freude am Handeln aus den Tugenden. Allerdings kann Aristoteles das Zusammenfallen von objektiver und subjektiver Bewertung nur dadurch sichern, dass er es auf die Gruppe der guten Menschen beschränkt, die in der Ausübung von Charaktertugend, verbunden mit Klugheit, tätig sind. Wer nicht so lebt, mag, so Aristoteles, sinnliche Lust erfahren. Aber diese macht abhängig von äußeren Bedingungen und kann langfristig schaden. Die bei uns liegende Freude an Tätigkeiten, und somit ein dauerhaftes Gelingen des Lebens, kann der nur an der sinnlichen Lust orientierte Mensch nicht erfahren, weil er von seinen Begierden hin- und hergerissen wird. Nur der gute Mensch kann seine vergangenen Handlungen bejahen und sicher sein, dass er auch in Zukunft das Richtige tun wird; er kann daher im Tun des objektiv Angemessenen zugleich subjektiv gut, d.h. in Übereinstimmung mit seinem Tun, leben (NE IX 4).

Thompson scheint die Innenperspektive ebenfalls zu berücksichtigen, wenn er mehrfach auf das Reflexionsmoment in der Praxis verweist. In Wirklichkeit jedoch nimmt er letztlich ebenso wie Foot einen Standpunkt außerhalb ein. Das ist schon deswegen befremdlich, weil Thompson von Anfang an betont, es gehe nicht um eine wissenschaftliche Zugangsweise, sondern um alltagssprachliche Beschreibungen und Interpretationen. Sowohl Thompson wie Foot stellen sich genau genommen auf den Standpunkt der Beobachtung von außen. Das ist unproblematisch, wo sie interntelelogische Beschreibungen geben. Es ist aber in zwei Richtungen bedenklich. Erstens gehen sie dann zu Bewertungen über, die nicht mehr dieser harmlosen biologischen Begrifflichkeit entsprechen. Zweitens treffen sie diese Bewertungen immer noch von einem abgehobenen äußeren Standpunkt, der weder dem Alltagsverständnis noch der Methode der Philosophie als einer Reflexionswissenschaft gerecht wird.

Bereits in Bezug auf Tierspezies muss man genau prüfen, welche Reden von Bewertung anwendbar sind und in welchem Sinn. Thompson gebraucht hier meist vorsichtige Formulierungen der Art, ein Tier, das nicht F ist, habe einen Mangel im Hinblick auf F, wenn S qua Naturteleologie F sind (LA 80). Jedoch kann man bereits bei Tieren zwischen der biologischen Funktion der Spezies und dem subjektiven Wohl des einzelnen Tiers unterscheiden. So ist es z. B. denkbar, dass ein Tier einen »Defekt« im Sinn unserer Autoren durch die Vervollkommnung seiner anderen Fähigkeiten kompensiert und so insgesamt ein gutes Leben als ein Tier dieser Art lebt. Was in dieser Zugangsweise bereits mit Bezug auf Tierspezies fehlt, ist die Vorstellung, dass das Leben eines Organismus komplex ist, in der Ganzheit der Lebensvorgänge besteht und entsprechend subjektiv erlebt wird.

Dies führt unmittelbar zum zweiten Bedenken. Die alltägliche Beschreibung und Interpretation von Tieren und Menschen enthält aufgrund unserer Fähigkeiten zum Mitfühlen und zur Interaktion wesentlich die Vorstellung, dass wir es mit Individuen zu tun haben, die nicht nur biologische Funktionen besser oder schlechter erfüllen, sondern denen es auch subjektiv, aus ihrer eigenen Perspektive, besser oder schlechter gehen kann und mit denen wir als so beschaffenen Wesen konfrontiert sind. Wir können ihnen folglich nicht nur Nutzen oder Schaden verursachen, sondern ihnen Angenehmes oder Leiden zufügen. Wo es sich um Mitglieder der eigenen Spezies handelt, können wir darüber hinaus mit ihnen interagieren und kooperieren (was teilweise schon gegenüber höheren Tieren möglich ist), wir können ihnen raten und oder sie kritisieren als Individuen, die jeweils ihr eigenes Leben reflektieren und bewerten können. Diese Dimension des Mitfühlens mit Tieren als Wesen, die selbst empfinden, und insbesondere der Selbstbewertung sowie der wechselseitigen Anerkennung und Kritik von Moralsubjekten fällt bei Thompson und Foot aus. Obwohl Thompson das wissenschaftliche Modell des Lebens entschieden ausklammert, reduziert er das alltägliche Verstehen auf die extern-objektive Perspektive, wie sie gerade für die wissenschaftliche Methode charakteristisch ist.

(iii) Da Foot und Thompson den Menschen von außen betrachten, können sie behaupten, dass ein Mensch, der die interne Funktion der Spezies nicht erfüllt (Foot) bzw. auf den die Aussagen über die menschliche Lebensform nicht zutreffen (Thompson), einen

Mangel aufweist. Nun gibt es die schon erwähnten Extremfälle, in denen man allgemein so reden würde. Foots Beispiele, dass jemand sich grundsätzlich nicht um seine Zukunft kümmert oder dass jemandem die Moralität insgesamt fremd ist, sind hier einschlägig. Sie sind aber als pathologische Phänomene eher ein Thema für die Psychologie. Für die Handlungstheorie, welche die Struktur »normalen« menschlichen Handelns durchsichtig machen will, dürften sie eher uninteressant sein.

Für die Stellung der Rationalität der Lebenserhaltung und der Moral im Leben sind vielmehr Phänomene von Bedeutung, die vereinzelte Abweichungen darstellen. Genauer müsste man hier zwei Typen von Phänomenen unterscheiden. Einmal solche, in denen die Person eigentlich in Übereinstimmung mit den Forderungen der Rationalität handeln möchte, dies aber aufgrund von Willensschwäche, falscher Situationsbeurteilung oder anderen vorübergehenden Störungen unterbleibt. Während Aristoteles sich ausführlich mit der Einordnung solcher Störungen befasst, werden sie von Foot ebenso wie von Thompson nur beiläufig erwähnt und in ihrem Status nicht aufgeklärt (NG 19; LA 210). Ich muss es hier aus Gründen des Umfangs ebenfalls bei der Erwähnung belassen. Jedoch bin ich der Meinung, dass hier begriffliche Arbeit erforderlich wäre, um zu zeigen, welche Auswirkungen dies für die bisherige Bestimmung der internen Funktion des Menschen hat. Die Prämisse in den genannten Fällen ist, dass die Person eigentlich rational oder moralisch handeln wollte. Nach Aristoteles geschieht die Abweichung daher ungewollt. Er macht diese Annahme daran fest, dass die Person ihre aus besonderen Bedingungen entstandene Handlung nachträglich bedauert. Darin liegt auf jeden Fall, dass die von der Überlegung abweichenden Handlungen in einem internen Kontext der Selbstbewertung stehen.

Noch eine zweite Gruppe von Phänomenen wirft Schwierigkeiten für die naturalistischen Theorien auf, nämlich vorübergehende absichtliche Abweichungen von den Zielen, die angeblich in unserer Natur oder in der menschlichen Lebensform vorgegeben sind. Betrachten wir zunächst die Position des Aristoteles, so sieht dieser eine solche intendierte Abweichung gar nicht vor, denn er ist der Auffassung, wer die richtigen Charakterdispositionen habe, handle auch entsprechend, und wer sie nicht habe, könne nicht wirklich einsehen, wie zu leben gut ist. Da sich für Aristoteles die Klugheit als *eine* in Bezug auf das gute Leben überhaupt darstellt, nimmt er an, dass auch die Charaktertugenden, wenngleich sie für verschiedenartige Situationstypen unterschiedlich sind, eine Einheit bilden, alle zugleich gegeben sind und keine konfligierenden Forderungen enthalten. Da manche Tugenden die Selbsterhaltung bzw. die *eudaimonia* fördern (z. B. Mäßigkeit), andere die Moral (z. B. Gerechtigkeit), heißt das für Aristoteles, dass das Leben in der Betätigung der Moral eine Weise oder ein Bestandteil des Glücks ist.

Auf Foots Einwand, Moral und Glück könnten auseinanderfallen, die moralischen Tugenden könnten unter widrigen Umständen erfordern, das eigene Glück und Leben zugunsten anderer zu opfern, würde Aristoteles entgegnen: Das gilt für das Glück im alltäglichen Sinn, das auch unverfügbare Bestandteile, also glückliche äußere Umstände enthält. Die *eudaimonia* im basalen Sinn des *erreichbaren* guten Lebens kann aber auch dann noch vorliegen, und zwar auch aus der Innenperspektive. Wer einen moralisch guten Charakter hat, wird auch dann noch moralisch handeln und kann so seine Handlungen als gut bewerten und sich an ihrem Vollzug freuen. Im Extremfall der Selbstopferung könnte Aristoteles sagen, dass hier die Person in voller Selbstbejahung auf ein Leben in Unmoral verzichtet. Foots Formulierung macht darauf aufmerksam, dass die Aristotelische Konzeption zu stark auf Harmonie setzt. Das tut Foot allerdings ebenfalls, nur auf andere Weise, denn auch Foot versteht, wie sich oben zeigte, die praktische Rationalität als letztlich *eine*, die allerdings verschiedene Unterformen besitzt. Diese bleiben jedoch nebeneinander stehen, während sie nach einem aristotelischen Begriff der Klugheit mit Bezug auf das gute Leben im Ganzen verlangen, der Konflikte zwischen beiden abwägen kann. Da aus der Reflexionsperspektive die Suche nach dem guten eigenen Leben strukturelle Priorität besitzt, müsste die übergeordnete Seite der Rationalität die auf die Selbsterhaltung bezogene sein, oder sie müsste in etwas Drittem bestehen, welches diese auf eine umfassendere Ebene hebt. Der Rekurs auf unsere Natur hilft an dieser Stelle nicht weiter, denn angesichts der Tatsache, dass die Mehrzahl der Menschen sich in der Naturgeschichte der Spezies nicht vollkommen moralisch verhält, ist nicht zu sehen, warum es einen Mangel in der Natur eines Menschen darstellen sollte, wenn Menschen im Konfliktfall den Vorrang nicht der Moral geben.

Nun könnte Thompson vielleicht einwerfen, dass in die zweite

Natur des Menschen, die in den Formen der Praxis sichtbar ist, solche Gewichtungen, soweit sie als legitim gelten, bereits eingebaut sind. So gehört zur Praxis des Versprechens, dass ein Versprechen nicht starr zu halten ist, wenn die Erfüllung zum Untergang der Welt führen würde. Das ist sicher richtig, aber nicht besonders erklärungskräftig, denn woher stammen die eingebauten Abwägungskriterien? Sie können nur aus der individuellen Auseinandersetzung mit den Anforderungen der Praxis kommen. Eine abweichende Handlung kann man nicht, wie Thompson es tut, in allen Fällen als verursacht durch lokale Hindernisse erklären, dadurch, dass mit dem Handelnden (wie in Aristoteles' Auffassung der Willensschwäche) anderes geschieht (»other things going on with him«, LA 210). Eine Praxis ist nichts Festes, sondern entwickelt sich durch Ausübung in neuartigen Situationen, durch Auseinandersetzung der Träger mit der Praxis und Problematisierungen der Praxis, wo sie mit wichtigen individuellen Aspekten des Selbstverständnisses oder des guten Lebens in Konflikt gerät. Auf diese Weise, indem die Individuen aus der Perspektive ihres guten Lebens auf den Sinn und das Gewicht der Forderungen der Praxis reflektieren, nimmt die Praxis neue Richtigkeitskriterien auf. Wenn wir nach den Kriterien dieser abwägenden praktischen Überlegung fragen, die zu einer produktiven Weiterentwicklung unserer Praxisformen und zugleich unseres Selbstverständnisses führt, lässt uns der Hinweis auf Aussagen über die Lebensform der Spezies, sei es nun im Sinn der ersten oder der zweiten Natur, endgültig im Stich.[7]

7 Für eine kritische Durchsicht des Manuskripts danke ich Jörg Schaub und Jens Tuider.

Vom moralischen Sollen

Moralische Normen haben, so scheint es, einen besonderen Verpflichtungscharakter. Ob und wie dieser sich sinnvoll rekonstruieren lässt, ist bis heute strittig. Manche nehmen an, dass er aus einer speziellen Art vernünftiger Rechtfertigung hervorgeht, während andere ihn auf die soziale Sanktioniertheit der Normen zurückführen. Über diese Auffassungen lässt sich erst urteilen, wenn eine Klärung der erwähnten Begriffe, also »Norm«, »Sanktion«, »Moral«, »Begründung« und ihres Zusammenhangs, geleistet ist. Die allgemeinste Bestimmung des Themas ist durch den Begriff der Moral gegeben. Durch die Frage nach dem Sollen wird die Untersuchung auf denjenigen Aspekt der Moral eingeschränkt, wonach diese in einem System von Normen besteht und deren Merkmal eine Art von Vorrang ist. Durch diese Vorgabe werden auch die weiteren Fragen in eine bestimmte Richtung gelenkt. Damit das nicht zu Verengungen führt, muss man aber diese Seite der Moral im Kontext ihrer weiteren Aspekte betrachten.

Man kann mindestens drei Dimensionen der Moral unterscheiden: Form, Inhalt und Motivation. Die Frage nach dem Verpflichtungscharakter betrifft insbesondere die Form der Moral, zu der gehört, dass sie in Normen vorkommt, dass wir moralische Werturteile in einer objektiven Sprache treffen und so weiter. Der Inhalt ist heute eine Art universalistischer Standpunkt, wonach allen Menschen gleiche Rücksicht zu gewähren ist, ergänzt durch eine gewisse Ausdehnung auf Tiere. Zur Motivation gehören die internalisierten sozialen Sanktionen ebenso wie altruistische Einstellungen, in traditionalen Moralen außerdem der Glaube an eine höhere Normautorität.

Geht man vom Aspekt der Form und hier der Normativität aus, könnte man die Moral dadurch definieren, dass sie in Normen besteht, die gegenüber anderen Handlungsgründen Vorrang beanspruchen. Oder, aus der Sicht des Individuums, dass es sich um Normen handelt, die es in einem starken Sinn befolgen soll oder zu deren Befolgung es verpflichtet ist. Dann stellt sich die Frage, was der Sinn dieses Verpflichtetseins ist. Und weiter, da dieses Verpflichtetsein die eigenen Interessen übertrumpfen soll, wie dieser

Sinn genauer so bestimmt werden kann, dass er verständlich macht oder begründet, wie ein Individuum dazu kommen kann, gegen seine Interessen zu handeln.

Die meisten philosophischen Moraltheorien sowohl in der Geschichte als auch heute vertreten hierzu die eine oder andere eindeutige These. Manche Autoren wie Richard Joyce[1] oder Nico Scarano[2] definieren die Moral geradezu durch die Durchschlagskraft moralischer Normen oder Gründe. Nach Kant liegt die Rechtfertigung der moralischen Gebote in der Selbstgesetzgebung der reinen Vernunft, die gegenüber einem Wesen, das auch sinnliche Antriebe hat, die Form der absoluten Verpflichtung annimmt. Nach Christine Korsgaard entspringen kategorische Verpflichtungen aus der vernünftig-reflektierten Selbstkonzeption, welche moralische Selbstverpflichtungen hervorbringt.[3] Gegen solche kategorischen Positionen vertritt Peter Stemmer die Auffassung, moralische Normen seien hypothetische Normen, sie drückten nicht ein Sollen, sondern ein Müssen aus.[4] Dieses ist nach Stemmer bei moralischen Normen spezifisch auf das Vermeiden der Sanktion bezogen, von der Gemeinschaft nicht akzeptiert zu werden, ein Ziel, das allerdings mit empirischer Allgemeinheit unaufgebbar ist. Ernst Tugendhats Position hat ebenfalls hypothetische Züge; er definiert die moralischen Normen durch die Verbindung mit internalisierten moralischen Sanktionen, wobei das Normensystem samt seinem Verknüpftsein mit Sanktionen wechselseitig als wünschenswert begründbar sein muss.[5]

Inzwischen gibt es auch eine Reihe weniger prägnanter, dafür aber komplexerer und stärker erfahrungsgesättigter Theorien, die versuchen, die empirische Forschung in der Evolutionstheorie, Neurophysiologie, Psychologie und Soziologie aufzunehmen, und

1 Richard Joyce, *The Evolution of Morality*, Cambridge/Mass., London 2006, S. 57 ff.

2 Nico Scarano, »Die Sanktionstheorie der Moral. Überlegungen zum formalen Begriff der Moral bei Ernst Tugendhat«, in: Nico Scarano, Mauricio Suárez (Hg.), *Ernst Tugendhats Ethik. Einwände und Erwiderungen*, München 2006, S. 91-114, dort S. 111 ff.

3 Christine Korsgaard, *The Sources of Normativity*, Cambridge, New York 1996, S. 102.

4 Peter Stemmer, *Normativität. Eine ontologische Untersuchung*, Berlin 2008, § 12.

5 Ernst Tugendhat, »Das Problem einer autonomen Moral«, in: Scarano/Suárez (Hg.), *Ernst Tugendhats Ethik*, S. 13-30, dort S. 19 ff.

ich denke, dass wir diese Forschungen auch in der deutschen Moralphilosophie allmählich zur Kenntnis nehmen und einarbeiten sollten.

Wie können wir vorgehen? Ich werde als Erstes die naheliegende Definition von moralischer Normativität durch den Vorrang untersuchen und zeigen, dass sie zwar einen richtigen Kern hat, diesen aber nicht angemessen beschreibt. Zweitens werde ich die Erklärung der moralischen Verpflichtung durch eine besondere Art von Vernunftbegründung erörtern und diese Erklärung ebenfalls verwerfen. Drittens möchte ich die Position, das starke moralische Sollen drücke die psychosoziale Sanktioniertheit aus, überprüfen und angesichts der Schwierigkeiten auch dieses Ansatzes auf andere Verständnisse des Moralbegriffs und des Sollens hinweisen. Abschließend komme ich auf die Möglichkeit einer Demontage der Moral zu sprechen, die im Verlauf der Philosophiegeschichte immer wieder propagiert worden ist und heute erneut von empirisch gesonnenen Autoren erwogen wird.

1. Die angebliche Durchschlagskraft moralischer Normen

Moralische Normen werden häufig dadurch charakterisiert, dass sie kategorisch oder unausweichlich oder durchschlagend sind. Dass sie in irgendeinem Sinn kategorisch sind, ist zutreffend.[6] Denn sie haben in ihrer gewöhnlichen sprachlichen Verwendung nicht die hypothetische Form »Um X zu erreichen, muss man y tun«, sondern die Form »In Situationen des Typs S gilt: Handlungsweise X ist verboten (geboten)«. Das trifft aber in ähnlicher Weise auf alle Handlungsregeln zu, die nicht zweckbezogen sind, nicht nur für die moralischen Normen, sondern auch für konventionelle Regeln wie Vorschriften der Etikette oder Verkehrsregeln.[7]

Lassen sich die moralischen Normen dann von anderen Normen dadurch unterscheiden, dass sie unausweichlich sind? Auch das trifft in einem Sinn zu, insofern sie nämlich inhaltlich mit ei-

6 Eine Auffassung wie die von Stemmer ist dennoch möglich, man muss nur sehen, dass sie revisionistisch ist.

7 Vgl. Gottfried Seebaß, »Die sanktionistische Theorie des Sollens«, in: Anton Leist (Hg.), *Moral als Vertrag? Beiträge zum moralischen Kontraktualismus*, Berlin, New York 2002, S. 155-198, dort S. 180 f.

nem Bereich des Handelns zu tun haben, aus dem man sich nicht heraushalten kann. Aber auch das ist kein hinreichendes Merkmal. Auch von Verkehrs- oder Benehmensregeln kann man sich nicht ausschließen. Selbst wer auf Autofahren verzichtet, unterliegt als Fußgänger oder Radfahrer immer noch Regeln, und wer sich überhaupt unter Menschen aufhält, der isst, kleidet sich und tut somit Dinge, die unter Regeln der Etikette fallen. Das Argument könnte dann nur noch lauten, dass das Benehmen für die soziale Akzeptanz nicht so zentral ist wie die Moral, von deren Befolgung abhängt, ob man als Mitglied der Gesellschaft akzeptiert wird. Doch das hängt bei Regeln der Etikette ebenso wie bei moralischen Normen von der Gruppe ab, zu der man gehören will. Wer zum Beispiel in einer gehobenen Gesellschaftsschicht akzeptiert werden will, muss neben dem Erringen von Erfolg auch bestimmte Dress- und Benehmensregeln erfüllen. Wer diese Normen nicht erfüllen will, kann natürlich auf die Zugehörigkeit zu dieser Gruppe verzichten. Aber ebenso kann, wer die Normen der universalistischen Moral nicht befolgen will, sondern zum Beispiel einen Standpunkt vertritt, der Ausländer geringer achtet, aus der Gruppe der Universalisten aussteigen und sich ausländerfeindlichen Kreisen anschließen.

Kann man dann die moralischen Normen dadurch auszeichnen, dass sie alle anderen Arten von Normen übertrumpfen, dass sie eine besondere Art von Durchschlagskraft haben? Diese These weist auf einen wichtigen Punkt hin, den sie jedoch erstens zu stark sieht und zweitens nur in seiner Auswirkung erfasst, statt zunächst seinen Sinn und Ursprung zu erläutern.

Erstens ist es nicht der Fall, dass moralische Normen oder Gründe alle anderen Normen oder Gründe übertrumpfen. Sie schlagen nicht alle *Normen*, denn im liberalen Verfassungsstaat sind es vielmehr die Rechtsnormen, welche den Rahmen vorgeben, innerhalb dessen Individuen ihre Moralvorstellungen realisieren dürfen.[8] Ebenso wenig schlagen sie alle anderen Arten von *Gründen.* Handlungsursprung sind Individuen, die entscheiden, wie sie handeln wollen. Das geschieht vermittels einer praktischen Überlegung über das gute Leben, welche alle Aspekte der Situation einbezieht und abwägt. Die moralischen Gründe sind aus der individuellen

8 Es gibt im Recht gewisse Konzessionen an die Gewissensentscheidung, die jedoch begrenzt sind.

Handlungsperspektive nur eine Art von Gründen neben anderen, die nicht automatisch immer das größte Gewicht haben.[9]

Zweitens aber liegt, dass wir den moralischen Gründen ein relativ hohes Gewicht einräumen, nicht an einer mysteriösen Durchschlagskraft moralischer Normen, sondern daran, dass wir einen bestimmten *inhaltlichen* Standpunkt akzeptieren, den Standpunkt, dass alle als Personen, die ihr eigenes Leben zu führen haben, zu berücksichtigen sind.[10] Dass moralische Normen ausschlaggebend sind, ist kein primärer Tatbestand, sondern eine Folge dieses inhaltlichen Standpunkts der universalistisch-egalitären Moral. Dieser Standpunkt impliziert, dass wir wollen, dass alle Individuen ihr je eigenes gutes Leben verfolgen können, und diese Einstellung wiederum lässt sich nur konsistent vertreten, wenn wir bereit sind, auf alle in dieser Hinsicht Rücksicht zu nehmen, also zumindest Normen der Nichtverletzung der grundlegenden Hinsichten des guten Lebens anderer einzuhalten.

Was von der Vorrangthese bleibt, ist also, dass wir eine Person nur dann als eine moralische bezeichnen, wenn sie allen das gleiche Recht auf Verfolgung des eigenen guten Lebens einräumt und basale Rücksichten insbesondere des Nichteingreifens darauf zu nehmen bereit ist. Wieweit zur Moralität einer Person darüber hinaus eine Zurückstellung eigener Wünsche zugunsten der Unterstützung anderer gehört, ist strittig und bleibt eine Frage der Einschätzung. Doch auch die basalen moralischen Gründe des Nichtverletzens folgen für das Individuum wie alle anderen Handlungsgründe aus einer bestimmten Einstellung oder Lebenskonzeption und können so in besonderen Fällen im Kontext dieser Konzeption zur Abwägung stehen. Wenn der Vorrang aber nicht mehr besagt, als dass eine Person mit moralischer Einstellung normalerweise den moralischen Gründen ein bestimmtes Gewicht innerhalb ihrer Handlungsgründe insgesamt zuordnet, dann finden wir hier kein starkes moralisches Sollen.

Welche anderen Erklärungen eines solchen Sollens gibt es? Zwei Möglichkeiten bestimmen die Debatte. Die eine Möglichkeit besteht darin, dass ihm ein besonderer Begründungsstatus zukommt,

9 Vgl. Stemmer, *Normativität,* S. 311.

10 Vgl. Bernard Williams, *Ethics and the Limits of Philosophy,* London 1985, S. 186. Die Ausdehnung auf Nicht-Personen klammere ich aus Gründen der Einfachheit hier noch aus.

die andere besagt, dass es die soziale Sanktioniertheit ausdrückt. Es scheint mir dabei ratsam, den Sanktionsbegriff auf diese zweite Möglichkeit – die soziale Sanktioniertheit – zu beschränken und nicht jede negative Handlungsfolge, etwa das Verfehlen eines Zwecks oder das Begehen einer Inkonsistenz, als Sanktion zu bezeichnen,[11] weil sonst dieser Begriff seine spezifische Funktion verliert.

2. Beruht das Besondere der moralischen Verpflichtung auf einer ausgezeichneten Vernunftbegründung?

Betrachtet man traditionelle Moralkonzeptionen, wird die Moral so verstanden, dass die Normen mythisch oder religiös begründet sind. Hier hat die Rede vom Verpflichtungscharakter der Normen einen klaren Sinn. Die Normen sind von Göttern oder anderen höheren Mächten erlassen, also dadurch begründet, dass sie von einer Autorität stammen, an die man glaubt. Da solche Überzeugungen für die Identität traditionaler Gesellschaften konstitutiv sind, können die Individuen auch wechselseitig auf das gemeinsame Selbstverständnis rekurrieren und in seinem Namen moralische Forderungen stellen. Der Sinn des Verpflichtetseins erklärt sich jedoch letztlich durch die Furcht vor der Normautorität und vor der Möglichkeit, von ihr bestraft zu werden (und da höhere Mächte das menschliche Handeln auch beobachten können, wo andere Menschen nicht zugegen sind, besteht auch in solchen Situationen Furcht, den Zorn der übermenschlichen Instanz und in der Folge negative Reaktionen zu erregen). Diese Sanktionen können ähnlich wie die im Recht mit der Handlung extern verbunden sein. Die Identifikation mit der Autorität, durch die man sich, da sie eine übermenschliche Macht darstellt, zugleich als wertvoll versteht, kann aber zugleich interne Sanktionen entstehen lassen, indem man sich als wertlos sieht und Scham empfindet, wenn man hinter der akzeptierten Wertvorstellung zurückbleibt.

Es liegt nahe und wird auch häufig so gesehen, dass in Folge

11 Wie es offenbar Stefan Gosepath, »Zum Ursprung der Normativität«, in: Rainer Forst u. a. (Hg.), *Sozialphilosophie und Kritik*, Frankfurt/M. 2009, S. 250-268, dort S. 254, tut.

dieser Tatsache moralische Normen und Verpflichtungen den Boden verlieren, wenn in aufgeklärten Zeiten der Glauben an höhere Autoritäten abhandenkommt. Konkreter für die europäische Aufklärung im 18. Jahrhundert: Die Schwächung der christlichen Religion und die beginnende liberale Wertschätzung vielfältiger individueller Lebensentwürfe führen zur Hinterfragung der bisherigen Normautorität. Wie lässt sich dann die moralische Verpflichtung retten, beziehungsweise lässt sie sich überhaupt retten? Die externen Sanktionen gehen jetzt auf das Rechtssystem über. Die Moral ist nicht mehr extern sanktioniert, jedoch könnte man überlegen, ob nicht die interne Sanktion sich halten lässt. Es scheint, dass auch in aufgeklärten Zeiten Menschen sich als wertlos erfahren, wenn sie hinter einer Moralkonzeption, mit der sie sich identifizieren, zurückbleiben. Jedoch müsste erklärt werden, warum das Zurückbleiben hinter einer Lebenskonzeption, die man selbst wählt und sich zum Ziel nimmt, Unwertgefühle von ähnlicher Stärke wie zuvor der Bezug auf eine höhere Macht auslösen kann. Ferner enthalten Lebenskonzeptionen Bestandteile, welche nicht moralspezifisch sind. So kann auch das Scheitern von Projekten oder das Misslingen von Beziehungen Minderwertigkeitsgefühle hervorrufen.

Wenn aber Gefühle der Scham beziehungsweise des mangelnden Selbstwerts keinen moralischen Inhalt zu haben brauchen, dann verhelfen sie erstens nicht zu einer Ausgrenzung des spezifisch moralischen Sollens. Zweitens ist fraglich, ob man diese Gefühle in der gegebenen Beschreibung sinnvoll als Sanktionen verstehen kann. Eine Sanktion setzt eine sanktionierende Instanz voraus, die nicht einfach mit der handelnden Person zusammenfällt. Es muss dann entweder einen Teil oder Aspekt in der Person geben, der einen besonderen Wert hat, oder es muss außerhalb der Person eine Autorität geben, die Normen aufstellen und durch Sanktionen für ihre Einhaltung sorgen kann. Den ersten Weg geht Kant, den zweiten die soziale Auffassung der moralischen Verpflichtung.

Kant macht einen anspruchsvollen Versuch, unter aufgeklärten Bedingungen ein besonderes moralisches Sollen zu retten. Dieses hat zunächst den Sinn einer ausgezeichneten Begründung aus der reinen Vernunft. Gleichzeitig aber muss Kant zeigen, wie dieses Sollen möglich ist. Dazu versucht er, den zuvor bei Staaten, die von anderen Staaten unabhängig sind und sich ihre eigenen Gesetze geben, üblichen Begriff der Autonomie auf Individuen zu übertragen, indem er das Individuum, sofern es an der Welt der reinen Vernunft Anteil hat, als Normsubjekt versteht, das der bloßen Form des Vernunftgesetzes ein praktisches Prinzip entnimmt, welches für es selbst *qua* Triebwesen Verpflichtungsform hat.[12] Dieser Versuch, die christliche Autorität durch etwas Vergleichbares zu ersetzen, gelingt nicht, da an die reine Vernunft in einer übersinnlichen Welt ebenso wenig alle Mitglieder der liberalen Gesellschaft zu glauben brauchen wie an die christliche Moral. Wie Schopenhauer zu Recht gegen Kant geltend macht, kommt die Gesetzesform aus der Vorstellung einer Autorität, und es bleibt merkwürdig, dass man sich als Mitglied in zwei Welten selbst von der höheren Ebene her Gebote geben kann.[13] Kants unter bestimmten historischen Bedingungen nachvollziehbarer Versuch ist heute wenig attraktiv. Abgesehen von den internen begrifflichen Problemen der kantischen Konstruktion spricht das zunehmende neurophysiologische und evolutionstheoretische Wissen über die Entstehung und Funktionsweise des menschlichen Gehirns für einen empirisch fundierten Vernunftbegriff.

Was hier anhand der kantischen Position erläutert wurde, gilt analog für alle anderen Versuche, das Besondere der moralischen Normativität aus einem starken nicht-empirischen Vernunftbegriff herzuleiten. Wenn die moralische Verpflichtung kein Vernunftsollen in einem ausgezeichneten Sinn und auch kein autoritäres Sollen sein kann, es aber vom ursprünglichen Kontext des Sollens aus betrachtet eine Art von Normautorität geben muss, aus der die moralischen Normen hervorgehen und die sie sanktioniert, bleibt nur noch, dass diese Instanz die anderen Gesellschaftsmitglieder sind. Eine autoritäre Moral könnte also, so scheint es, durch Reziprozität vermieden werden, das heißt so, dass alle wechselseitig Normautoritäten und Ursprung von Sanktionen füreinander sind.

12 Vgl. Jerome B. Schneewind, *The Invention of Autonomy. A History of Modern Moral Philosophy*, Cambridge, New York 1998, S. 483 ff.

13 Zu den Schwierigkeiten in Kants Autonomie-Konzeption vgl. Dieter Henrich, »Ethik der Autonomie« in: ders., *Selbstverhältnisse. Gedanken und Auslegungen zu den Grundlagen der klassischen deutschen Philosophie*, Stuttgart 1993, S. 6-56.

3. Moralische Verpflichtung als soziale Sanktioniertheit?

Nehmen wir also an, das moralische Sollen liege in der psychosozialen Verankerung der Normen, das heißt darin, dass bei Zuwiderhandeln besondere Sanktionen, Tadel und Empörung gegen andere beziehungsweise Selbstvorwürfe und Schuldgefühle im eigenen Fall eintreten. Dann ergibt sich jedoch eine Reihe von Schwierigkeiten. Sicherlich liegt auch hier kein hinreichendes Kriterium vor: Nicht alle mit psychosozialem Druck verbundenen Normen sind moralische Normen (man denke an die Normen der Leistungsgesellschaft). Präzisiert man, es handle sich um diejenigen Normen, die definieren, was ein gutes Gemeinschaftsmitglied oder ein guter Kooperationspartner ist,[14] folgen zwei weitere Probleme: Erstens wird so die Moral auf Kooperationsregeln im engeren Sinn beschränkt, wodurch die Rücksicht auf nicht kooperationsfähige Wesen, aber auch die Rücksicht auf nicht die Kooperation betreffende Aspekte des Lebens von Gemeinschaftsmitgliedern ausgeschlossen wird. Zweitens hat der Hinweis auf die soziale Sanktioniertheit nur innerhalb einer realen Gemeinschaft Sinn.

Wie das erste Problem zeigt, kann die Universalität unseres heutigen Standpunkts nicht aus der Form, sondern nur aus dem Inhalt der Moral erklärt werden. Die meisten Moraltheorien, welche die Normativität ins Zentrum stellen, verschleifen diese beiden Aspekte,[15] für sie fallen Subjekte und Objekte der Moral zusammen. Nach diesen Auffassungen könnten zwar zu den Objekten der Moral vielleicht auch noch Wesen gerechnet werden, die nur potentiell Mitglieder der moralischen Gemeinschaft, welche Normen erzeugt und durchsetzt, sind. Nicht jedoch kann auf diese Weise die inzwischen für viele naheliegende Ausdehnung der Moral auf Tiere verständlich gemacht werden. Die heute weitgehend akzeptierten inhaltlichen moralischen Normen beziehen sich auf alle grundlegenden Aspekte der Rücksicht, und ohne Vorurteile sind Gegenstände der Rücksicht alle, auf die Rücksicht möglich ist, und das heißt alle, die leidensfähig sind. Dem entsprechen empirische Untersuchungen, wonach moralische Situationen von vielen Probanden dadurch identifiziert werden, dass es in ihnen um das

14 Ernst Tugendhat, *Vorlesungen über Ethik*, Frankfurt/M. 1993, S. 82.

15 Tugendhat hält diese Koinzidenz geradezu für ein besonderes Verdienst seiner Auffassung, *Vorlesungen über Ethik*, S. 88.

Wohl anderer geht, darum, sie nicht zu verletzen und ihre Rechte zu achten.[16]

Das zweite Problem weist auf eine Kluft zwischen dem inhaltlichen Umfang der Moral und der Sanktioniertheit hin. Man kann zwar dem bekannten Einwand, dort, wo die Gefahr der Entdeckung einer moralischen Übertretung gering ist, fehle die soziale Sanktion, dadurch begegnen, dass man auf die Internalisierung der Sanktion in Form von Schuldgefühlen oder schlechtem Gewissen verweist. Diese Antwort hilft aber nicht weiter, wo es um räumlich oder zeitlich weit entfernte Objekte der Moral geht. So können Mitglieder künftiger Generationen aus prinzipiellen Gründen kein Ursprung von Sanktionen sein, und Menschen, die in räumlich entfernten Gemeinschaften leben, sind es zumindest faktisch nicht. Der soziale Druck, mit dem man sozialisiert wird, betrifft primär Handlungen innerhalb der realen Gemeinschaft und verliert mit größerer Entfernung an Stärke. Dann aber müsste für seine Internalisierung beziehungsweise die so erklärte moralische Motivation entsprechend gelten, dass sie mit zunehmender Entfernung schwächer wird.

Damit kann der Hinweis auf die psychosoziale Sanktioniertheit der moralischen Normen nicht nur den Inhalt, sondern auch die motivationale Dimension der Moral nicht vollständig erfassen. Die Frage der moralischen Motivation muss aber geklärt werden, wenn wir die Art der moralischen Verpflichtung genauer klären wollen. Denn die Frage, warum man in einer bestimmten Situation, in der starke Gründe des eigenen Wohls dagegen sprechen, dennoch moralisch handeln soll beziehungsweise muss, stellt sich auch für denjenigen Bereich, in dem sich Form und Inhalt decken. Wie Aristoteles klar gesehen hat, steht für das Individuum die moralische Handlung genau wie jede andere Handlung grundsätzlich im Kontext seines Lebens im Ganzen und ist aus dieser Perspektive eine Angelegenheit der praktischen Überlegung mit Bezug auf das eigene gute Leben.

Die Antwort wurde im Zusammenhang mit der Vorrangthese schon genannt: Moralisch handeln heißt gerade, die Verfolgung des eigenen guten Lebens einzuschränken zugunsten der Rücksicht auf

16 Jennifer Nado u. a., »Moral Judgement« in: John Symons, Paco Calvo (Hg.), *Routledge Companion to the Philosophy of Psychology*, London 2009, S. 621-633.

das Wohl anderer. Weil es für das Funktionieren der Gesellschaft enorm wichtig ist, dass die Moral beachtet wird, hat sich bezogen auf diesen Inhalt das System interner Sanktionen als formaler Aspekt der Moral entwickelt. Doch kann man sich fragen, ob dieses System allein eine wirkungsvolle oder überhaupt sinnvolle Verankerung moralischer Prinzipien gewährleistet. Sanktionierende moralische Affekte haben keine absolute Stärke. Wer sie erfährt, könnte sich, wenn er eines seiner Ziele nur unter Verletzung einer moralischen Norm erreichen kann, überlegen, was für sein Leben insgesamt schlimmer ist, das Gefühl der Schuld oder die Frustration über die Aufgabe des Ziels.[17]

Hier bietet die aristotelische Ethik ein sehr viel sinnvolleres Bild der moralischen Motivation. Was durch moralische Sozialisation erzeugt wird, sind primär Charakterdispositionen, bei guter Sozialisation Tugenden, die sicherstellen, dass Menschen durchgängig nach den Normen handeln, weil sie geeignete positive Handlungsmotive, die Ausrichtung auf ein Gut, internalisiert und in ihr Selbstbild aufgenommen haben. Das Schuldgefühl wäre dann nicht etwas Eigenes, was als Sanktion mit der Norm eingeführt wird, sondern es wäre die Kehrseite einer positiven Einstellung, deren Durchbrechung eine negative Selbstbewertung auslöst. Dass die moralische Sanktion so funktioniert, im Kontext von positiven Motiven, die in Tugenden internalisiert sind, und nicht als bloße negative Sanktion beim Übertreten einer Norm, scheint auch psychologisch verständlicher.

Das primäre positive Motiv, das eine Moral der Rücksicht auf das Wohl aller fundieren kann, scheinen altruistische Gefühle zu sein, wie sie zunächst innerhalb konkreter Beziehungen der Verwandtschaft und Freundschaft auftreten, in welchen sich wechselseitige Erwartungen ausbilden. Hier lässt sich ein nichtemphatischer Begriff von Sollen beziehungsweise Müssen und Verpflichtung einführen. Der eine Partner in einer solchen Beziehung kann Bitten oder Aufforderungen äußern (oder bei Wesen, die das nicht können, etwas implizit erwarten); der andere kann, wo er eine solche berechtigte Erwartung nicht erfüllt, ein Schuldgefühl darüber entwickeln, dass er Gefühlsbindungen verletzt, die er selbst eingegangen ist und grundsätzlich bejaht. Diese affektiven Reakti-

17 Seebaß, »Die sanktionistische Theorie des Sollens«, S. 177 f.

onen würde man alltäglich kaum als Sanktionen, als Ausübung von sozialem Druck, bezeichnen. Vielmehr handelt es sich um Folgen der Handlung aufgrund einer Beziehung, die zwischen zwei Menschen besteht.[18]

Wie Schopenhauer richtig bemerkt hat, kann man von hier zu einer generalisierten Tugend der Menschenliebe nur kommen, wenn man über die Beschaffenheit des Lebens im Allgemeinen nachdenkt und sich die Sichtweise zu eigen macht, dass jedes empfindungsfähige Wesen auf der Erde in seinem Streben nach dem eigenen Wohl von Leiden bedroht ist und Mitgefühl verdient. Damit lässt sich, anders als durch die Sanktionentheorie, die Universalisierung sowohl des Inhalts der Moral als auch der Motivation zur Moral erklären. Während der soziale Druck bei Entfernung nachlässt, kann der Verweis auf eine reflektierte positive Einstellung erklären, wieso zum Beispiel jemand auch gegenüber einem Menschen, den er vielleicht nur einmal im Leben sieht, hilfsbereit sein kann.

Nun gibt es moralische Bereiche, auf die altruistische Einstellungen weniger gut passen. Es gibt Handlungen, die als solche Verpflichtungen erzeugen, nämlich Versprechen und Verträge. Diese konstituieren ein Sollen, das zunächst gar kein besonderes Gewicht im Hinblick auf den Inhalt der Moral, auf irgendjemandes Wohl zu haben braucht. Man kann jemandem ein absolut triviales Versprechen geben, von dessen Nichterfüllung nicht viel abhängt. Dennoch würde man sagen, dass man, *wenn* man das Versprechen gegeben hat, daran gebunden ist. Stoßen wir dann hier auf das besondere moralische Sollen?

Was vorliegt, ist zunächst der alltägliche enge Sinn von Verpflichtung, wonach man explizit bestimmte Verpflichtungen eingehen kann. Der Inhalt sind hier nicht Normen oder ein Normsystem, sondern konkrete Handlungen, die man einer anderen Person in Aussicht stellt, und zwar so, dass man sich in dieser Hinsicht unter Absehung von jetzigen und späteren eigenen Interessen festlegt. Nun konstituiert die so geartete Institution des Versprechens wechselseitige Verlässlichkeit, die es geben muss, wenn soziale Interaktion und Kooperation möglich sein soll, und entsprechend wird es sozialen Druck im Hinblick auf die Ausbildung einer verlässlichen Haltung geben. Was die einzelnen Handlungen der Erfüllung oder

18 Seebaß, »Die sanktionistische Theorie des Sollens«, S. 188.

des Bruchs eines Versprechens angeht, so nehmen Versprechen gegenüber Fremden häufig die Form institutionalisierter Abmachungen an, die mit externen Sanktionen verknüpft werden, also in den Bereich des Rechts übergehen. Innerhalb persönlicher Beziehungen scheinen die Folgen eines Versprechensbruchs weniger sanktionierende Affekte als vielmehr ein Rückgang des Vertrauens und andere informelle Reaktionen zu sein.[19]

Auf jeden Fall bedeutet das Verpflichtetsein nicht geradewegs eine solche Sanktion oder Reaktion, sondern Verpflichtetsein in diesem Sinn ist einfach, was durch die Handlung des Versprechens konstituiert wird. Im Übrigen gibt es trotz der sozialen Wichtigkeit auch hier keine absolute Verpflichtung. Auch die Erfüllung eines Versprechens kann, wenn starke Gründe anderer Art dagegen sprechen, Gegenstand der Abwägung in einer praktischen Überlegung werden.[20] Dennoch gehört zur Praxis des Versprechens, dass sie eine Einstellung der Verlässlichkeit dadurch begründet, dass Versprechen im Normalfall als der Abwägung enthoben angesehen werden. Die Basis dieser Einstellung kann wiederum nicht das Wissen um die Gefahr sozialen Drucks und des schlechten Gewissens sein. Die Rechtfertigung hat Ähnlichkeit mit der Begründung der allgemeinen Rücksicht, betrifft jetzt allerdings nicht altruistische Einstellungen gegenüber allen leidensfähigen Wesen, sondern die speziellere Hinsicht der Achtung reziprozitätsfähiger Wesen. Sie kann nur in der reflektierten Vorstellung liegen, dass alle Menschen ein Leben leben und dabei in manchen Hinsichten für das Gelingen des Lebens vom Verhalten anderer abhängig sind, folglich nur Pläne unter Einbeziehung anderer machen können, wenn es einige verlässliche Abmachungen gibt.

4. Was bleibt von der Moral?

Ich kann jetzt als Ergebnis für die Frage nach einem besonderen moralischen Sollen festhalten: Ein Verpflichtetsein in einem normalen, nicht-emphatischen Sinn gibt es aufgrund berechtigter Erwartungen innerhalb von persönlichen affektiven Bindungen

19 Seebaß, »Die sanktionistische Theorie des Sollens«, S. 189, Anm. 59.

20 Vgl. Williams, *Ethics and the Limits of Philosophy*, S. 187.

sowie in der Weise berechtigter Erwartungen, die auf einem expliziten Versprechen beruhen. Darüber hinaus entsteht ein erweiterter Verpflichtungsbegriff im Aufbau einer universalisierten positiven Einstellung zum Wohl aller leidensfähigen Wesen, der nur teilweise mit sozialen Sanktionen verbunden ist und daher ebenfalls am besten als Implikation einer vom Individuum ausgebildeten positiven Einstellung verstanden werden kann. In allen Fällen handelt es sich nicht um ein absolutes Sollen oder auch Müssen, sondern um eines, das grundsätzlich in einer praktischen Überlegung über das eigene gute Leben gegen andere Arten von Gründen abwägbar bleibt. Das moralische Sollen könnte allenfalls dem universalisierten Verpflichtungsbegriff entsprechen. Bedeutet dann die Art, wie ich diesen beschrieben habe, dass die moralische Verpflichtung letztlich eine Art von Selbstverpflichtung darstellt? Das scheint wenig sinnvoll. Diese Redeweise würde in eine Art kantisches Modell zurückführen, wonach *ein* Teil in uns dem anderen Vorschriften geben könnte. Dann bleibt nur, dass die positive Einstellung zum Wohl aller nicht ein besonderes Sollen, sondern ein reflektiertes Wollen darstellt.

Aber wenn moralische Gründe auf eigenen Wollenshaltungen beruhen, werden sie dann nicht zu Gründen wie alle anderen, und geht damit das Spezifische der Moral nicht verloren? Ich denke nicht. Das Spezifische der Moral liegt nach meinem Vorschlag im *Inhalt* des erweiterten Altruismus. Es kann nur in diesem Inhalt liegen, und nicht in der Sanktioniertheit, dem psychosozialen Druck, weil es diesen, wie gezeigt, auch in anderen Bereichen gibt. Die spezifisch moralischen Schuldgefühle sind keine internen Sanktionen, sondern nur die Kehrseite der Freundschaft oder anderer positiver Einstellungen zu einem anderen Wesen, anders gesagt, nur ein Aspekt in einem affektiven Konglomerat, das eine solche Bindung ausmacht.[21]

Eine Auffassung, welche die Moral an den isolierten moralischen Affekten von Empörung und Schuld festmacht, läuft viel eher Gefahr zusammenzubrechen, wenn wir zu der Einsicht kommen sollten, dass sich dieses System aus Gründen des evolutionären Nutzens entwickelt hat, der unter heutigen Bedingungen zweifel-

21 Robert H. Frank, *Passions within Reason. The Strategic Role of the Emotions*, New York 1988, S. 65.

haft ist oder jedenfalls mit der Einsicht in seine Kontingenz die Überzeugungskraft verliert.[22] Da Schuldgefühle und sozialer Druck lästig sind, könnte man dann versuchen, sich gegen diesen Druck zu immunisieren und sich die Schuldgefühle abzugewöhnen. Hingegen kann man sich die vormoralischen Schuldgefühle, die vor dem Hintergrund persönlicher Bindungen entstehen, *nicht* abgewöhnen, *wenn* einem an positiven Beziehungen zu anderen liegt.

Ich bin hier vorsichtig und belasse es bei diesem »wenn«. Philosophen sind ja fürs Allgemeine zuständig und machen daher gern pauschale Aussagen. Aber die Empirie sieht oft vielfältiger aus. So nimmt man in der psychologischen Motivationstheorie an, dass es verschiedene Grundtypen von Motivation wie Macht, Leistung, Anschluss (Bindungswunsch) gibt und bei manchen Menschen die eine, bei anderen die andere Art dominiert.[23] Menschen, deren Anschlussmotivation schwach ausgeprägt ist, haben vermutlich weniger starke generalisierte altruistische Einstellungen. Da die meisten Menschen eine Mischung verschiedener Motivationsarten aufweisen werden, entsteht aber grundsätzlich das Problem, wie die aus ihnen hervorgehenden Handlungsgründe zu gewichten sind. Einen moralischen Charakter wird man denjenigen Menschen zusprechen, die eine universalisierte altruistische Einstellung ausgebildet haben und hinter dieser nur zurückbleiben, wo eine Handlung einen Verzicht auf wichtige eigene Lebenswünsche bedeutet. Da jeder nur ein Leben hat, bleibt offen, wo die genaue Grenze zwischen den Wünschen für das eigene gute Leben und den Anforderungen eines generalisierten Altruismus zu ziehen ist und welches Handeln man als nicht nur moralisch richtig, sondern als moralisch bewundernswert bezeichnen würde.[24]

22 Vgl. Joyce, *The Evolution of Morality*, Kap. 6.

23 Jutta Heckhausen, Heinz Heckhausen, *Motivation und Handeln*, Heidelberg 32006, S. 229 ff.

24 Für hilfreiche Anmerkungen zum Manuskript danke ich Ursula Baumann.

Moralische Rechte ohne Würde

Der Würdebegriff spielt heute eine wichtige Rolle in der Theorie von Moral und Recht. Historisch stammt er aus hierarchischen Kontexten, in denen er den hohen Rang bzw. ein entsprechendes Verhalten ausdrückt.[1] Im Christentum wird der Würdebegriff egalisiert und die gleiche Würde aller Menschen durch ihre Gottesebenbildlichkeit begründet.[2] Dagegen setzt sich seit der Renaissance zunehmend die Vorstellung durch, dass der Mensch Würde und Erhabenheit durch seine eigenen Fähigkeiten der Vernunft und Autonomie besitzt; diese Vorstellung wird dann bei Kant zentral für die Moralphilosophie. In der Aufklärung und Französischen Revolution wird der Würdebegriff aus dem ethischen in den rechtlich-politischen Bereich übertragen und tritt damit in eine enge Beziehung zur Konzeption der Menschenrechte, deren Gleichheit häufig naturrechtlich begründet wird.

Da die religiöse Begründung der Würde heute ebenso wenig von allen Menschen geteilt wird wie die Überzeugung von der Existenz eines Naturrechts, bleibt als Basis der Würde nur der Hinweis auf Merkmale oder Fähigkeiten, die den Menschen vor der übrigen Natur auszeichnen, wie Sprache, Vernunft, Moral, Autonomie.[3] Doch hier ergibt sich die – insbesondere in der Bioethik virulente – Schwierigkeit, dass diese Fähigkeiten nicht bei allen Mitgliedern der menschlichen Spezies gleich ausgeprägt sind.[4] Bei manchen menschlichen Wesen, wie Embryonen oder Komatösen, fehlen sie ganz, während manche Tiere ebenso hohe Fähigkeiten haben wie manche Menschen. Wenn wir für die Frage, ob ein Wesen moralisch zu berücksichtigen ist, auf *tatsächliche* Fähigkeiten verwiesen

1 Vgl. Viktor Pöschl, *Der Begriff der Würde im antiken Rom und später*, Heidelberg 1989.

2 Für den historischen Überblick siehe Kurt Bayertz, »Menschenwürde«, in: Hans Jörg Sandkühler (Hg.), *Enzyklopädie Philosophie*, Bd. 1, Hamburg 1999, S. 824-826.

3 Vgl. Winfried Brugger, *Menschenwürde, Menschenrechte, Grundrechte*, Baden-Baden 1997, S. 31 f.

4 Siehe dazu Dieter Birnbacher, »Kann die Menschenwürde die Menschenrechte begründen?«, in: Bernward Gesang, Julius Schälike (Hg.), *Die großen Kontroversen der Rechtsphilosophie*, Paderborn 2011, S. 77-98, dort S. 90 ff.

sind, stellt sich die Frage, ob der Würdebegriff nicht leerläuft und entbehrlich ist.[5]

Nun wird der Würdebegriff, während er im Kontext des Verfassungsrechts häufig als *Grundlage* der Menschenrechte gilt, in der Moralphilosophie manchmal auch dazu verwendet, den Kern der Rücksichten zu bezeichnen, die auf Menschen zu nehmen sind. Anders gesagt, in der Achtung der Würde der anderen bestünde der *Inhalt* der moralischen Normen und Verpflichtungen. Dann müsste man ausgehend von der Vorstellung der gleichen Würde die verschiedenen Hinsichten der moralischen Rücksicht ausbuchstabieren können.

Ich werde im Folgenden zuerst prüfen, ob sich der Würdebegriff als Basis der Konzeption der Menschenrechte eignet, und zweitens überlegen, ob sich die Achtung der Würde als inhaltlicher Kern der moralischen Rücksicht verstehen lässt. Nachdem ich in beiden Punkten zu einem negativen Ergebnis gekommen bin, werde ich drittens fragen, ob der in der angelsächsischen Debatte vorherrschende Begriff des Werts vielleicht brauchbarer ist als derjenige der Würde. Da sich hier jedoch ähnliche Schwierigkeiten ergeben, werde ich viertens nach einer von diesen Begriffen unabhängigen Erläuterung der Grundlage und des Inhalts moralischer Rechte und Pflichten suchen.

1. ›Würde‹ als *Basis* der Menschenrechte?

Der Besitz der Menschenwürde gilt manchen Autoren als Grundlage für den Besitz der Menschenrechte.[6] Gehen wir von dem vielleicht leichter zu verstehenden Begriff der Menschenrechte aus und betrachten wir die Formulierungen einiger bekannter Erklärungen von Menschenrechten. In der *Declaration of Independence* der USA (DI) wird primär die *politische* Unabhängigkeit des amerikanischen Volkes von der *Herrschaft* Großbritanniens gefordert. Dabei wird an ein universalistisches Verständnis von Politik und Moral appelliert: Die Auflösung der bisherigen politischen Bindungen muss –

5 Zu einer solchen kritischen Auffassung tendiert Bayertz, »Menschenwürde«, S. 824, ebenso Ernst Tugendhat, *Vorlesungen über Ethik*, Frankfurt/M. 1993, S. 358.

6 So Georg Lohmann, »Die rechtsverbürgende Kraft der Menschenwürde«, *Zeitschrift für Menschenrechte* H. 1 (2010), S. 46-63, dort S. 47.

aus Achtung der Überzeugungen der Menschheit – durch vernünftige, gegenüber allen einsichtige Gründe erklärt werden. In dieser Erklärung kommt der Würdebegriff noch nicht vor.[7] Sie beruft sich auf Sätze, die als selbstevident beansprucht werden: dass alle Menschen gleich geschaffen und vom Schöpfer mit unveräußerlichen Rechten, insbesondere den Rechten auf Leben, Freiheit und Glücksstreben, ausgestattet sind. Dass zur Sicherung dieser Rechte Regierungen eingesetzt werden, die ihre legitime Macht von der Zustimmung der Regierten ableiten und die bei Machtmissbrauch abgesetzt werden können.

Die Menschenrechte sind nach diesem Verständnis also nicht, oder jedenfalls nicht unmittelbar, moralische Rechte gegenüber anderen Individuen, sondern sie sind primär Ansprüche des Individuums oder aller Individuen gegen den Staat bzw. die Regierung,[8] welche zur Sicherung dieser Rechte verpflichtet ist. Die Begründung dieser Rechte ist zweigleisig. Sie ergeben sich einerseits daraus, dass die Bürger selbst den Staat eingerichtet haben, also irgendwie kontraktualistisch. Und sie ergeben sich andererseits daraus, dass alle Menschen gleich und mit unveräußerlichen Rechten geboren sind. Das wird in der DI halb religiös, halb naturrechtlich verstanden (»the equal station to which *the Laws of Nature* and of Nature's *God* entitle them«; Hervorhebungen U. W.).

Die *Universal Declaration of Human Rights* (UDHR), welche die UN 1948 verkündet, erhebt in der Präambel den universalistischen Anspruch, einen allgemeinen Standard für alle Völker und Nationen zu formulieren. Dabei verwendet sie nicht mehr eine religiöse Formulierung, doch aber die naturrechtliche: Alle menschlichen Wesen sind *frei und gleich* an Würde und Rechten *geboren.* Da faktisch die Menschen nicht gleich an Rechten geboren werden, kann nur gemeint sein, dass sie eigentlich, aufgrund ihrer (wahren, wesentlichen) Natur die gleichen Rechte haben. Die Verwen-

7 Dass der Würdebegriff erst nach 1945 eine entscheidende Rolle im Kontext der Begründung von Menschenrechten spielt, wird erläutert in Georg Lohmann, »Menschenwürde als ›soziale Imagination‹. Über den geschichtlichen Sinn der Deklaration der Menschenrechte und Menschenwürde nach 1945«, in: Nikolaus Knoepffler u.a. (Hg.), *Facetten der Menschenwürde*, Freiburg, München 2011, S. 54-74.

8 So Christoph Menke, Arnd Pollmann, *Philosophie der Menschenrechte zur Einführung*, Hamburg 2007, S. 31.

dung des Würdebegriffs hat wohl gerade die Aufgabe, eine solche wesentliche Natur auszudrücken. Denn Art. 1 fährt fort mit dem Hinweis, die Menschen seien mit Vernunft und Gewissen ausgestattet. Das entspräche ungefähr Kants Begriff von Würde, wonach uns die Fähigkeit zur Vernunft bzw. zur moralischen Autonomie Würde verleiht, welche dann Rechte fundiert, aber ebenso auch die Pflicht, andere zu achten.[9] Doch Kants Begriff von Vernunft und Würde ist bekanntlich metaphysisch aufgeladen. Nur unter einer solchen metaphysischen Interpretation sind die universalen Aussagesätze in Art. 1 der UDHR wahr. Als allgemeine *empirische* Aussage verstanden, sind nicht alle Formen menschlichen Lebens gleichermaßen mit Vernunftfähigkeit ausgestattet, und einige sind es gar nicht (Menschen mit schweren geistigen Behinderungen) oder noch nicht (Embryonen) oder nicht mehr (Menschen im Koma oder mit Altersdemenz).

Wenn ohne metaphysische Annahmen die Natur weder Würde noch Rechte verleiht, wie könnte man den Kern der UDHR anders verstehen? Eine harmlose Interpretation besagt, dass mit dem Naturrecht im Unterschied zum faktisch geltenden positiven Recht, das Fehler enthalten kann, das richtige, legitime Recht gemeint ist.[10] Dabei handelt es sich nach allgemeiner juristischer Meinung um vorstaatliche universale Gesichtspunkte,[11] d.h. die *moralischen* Gesichtspunkte. Die universale *Aussage*, dass alle von Natur aus gleiche Rechte haben, ist dann zu übersetzen in die universale moralische *Norm*: Alle Menschen *sollen* gleichermaßen berücksichtigt werden. Erst der Art. 2 der UDHR geht von der Moral zu politischen Rechten über, wonach die Individuen einen *Anspruch* auf die Respektierung von *Grundrechten* durch Regierungen und Staaten bekommen.

Die UDHR knüpft dabei auf zwei Weisen an die individuelle Moral an. Erstens nennt sie in Art. 1 die Moral der Brüderlichkeit zwischen Individuen als Voraussetzung der institutionalisierten Menschenrechte, wie schon in der Präambel von den Mitgliedern der menschlichen Familie die Rede ist. Diese Grundlage der Moral

9 Der aktive Aspekt der Würde wird betont in Otfried Höffe, »Menschenwürde als ethisches Prinzip«, in: Otfried Höffe u.a. (Hg.), *Gentechnik und Menschenwürde. An den Grenzen von Ethik und Recht*, Köln 2002, S. 111-141, dort S. 128.

10 Diesen Vorschlag macht Brugger, *Menschenwürde, Menschenrechte, Grundrechte*, S. 6.

11 Vgl. Brugger, *Menschenwürde, Menschenrechte, Grundrechte*, S. 7.

ist von der Achtung einer besonderen menschlichen Würde durchaus verschieden. Zweitens appelliert die UDHR in der Präambel an die Individuen als diejenige Instanz, die durch Erziehung die Beachtung der Menschenrechte fördern kann und sie zu fördern verpflichtet ist. Darin zeigt sich ein Problem, das sowohl die politische Moral wie die individuelle Moral betrifft, wenn auch auf verschiedene Weise. Die UDHR fordert *gleiche* Grundrechte für *alle* Menschen und stellt die Institutionalisierung und Durchsetzung solcher Rechte als Standard für alle Völker und Nationen auf. Die Pflicht zur Durchsetzung dem Individuum zuzuschreiben vernachlässigt die Begrenztheit seiner Wirkungsmacht ebenso wie den Umstand, dass das Familiengefühl im Fernbereich weniger stark ausgeprägt sein wird. Der Universalismus der Rechte scheint auf eine Weltrepublik, eine demokratische Weltrechtsordnung,[12] hinauszulaufen, die es bisher nicht gibt und auf die zu hoffen wohl wenig realistisch ist.

Wenn wir Menschen nicht mehr eine metaphysisch verstandene Würde zuschreiben, enden wir also bei den klassischen Problemen der Moralphilosophie, insbesondere dem Problem, wie sich universale und gleiche Rechte verbindlich machen und motivational verankern lassen.

2. ›Würde‹ als *Gegenstand* der moralischen Rücksicht?

Während in Art. 1 der UDHR die Würde allen Menschen als von Natur gegeben zugeschrieben wird, ist in der Präambel von der *Anerkennung* der inhärenten Würde aller Menschen die Rede. Ähnlich heißt es im deutschen *Grundgesetz:* Die Würde des Menschen ist unantastbar.[13] Die Forderung der Achtung der Menschenwürde wird hier als der inhaltliche Kern, ein letztes Grundprinzip, von Moral und Recht verstanden.[14] Ebenso erklärt die Bioethik-Konvention

12 So Otfried Höffe, »Vision Weltrepublik. Eine philosophische Antwort auf die Globalisierung«, in: Winfried Brugger u. a. (Hg.), *Rechtsphilosophie im 21. Jahrhundert*, Frankfurt/M. 2008, S. 380-396, dort S. 384.

13 Das ist nach allgemeiner Interpretation normativ zu verstehen, als Kerngehalt der im weiteren spezifizierten Grundrechte. Vgl. Brugger, *Menschenwürde, Menschenrechte, Grundrechte*, S. 9.

14 So Höffe, »Menschenwürde als ethisches Prinzip«, S. 114 f.

von Oviedo in Art. 1 die Absicht der Unterzeichnenden, die Würde und Identität aller menschlichen Wesen zu *schützen.* Um die Würde als Inhalt oder Gegenstand der moralischen *Rücksicht* geht es auch bei der Frage, ob alle Formen menschlichen Lebens Würde besitzen, ebenso bei der Frage, ob auch Tiere eine Würde haben.

Bleiben wir zunächst bei der *Menschen*würde. In der deutschen Verfassungsdebatte ist durchaus strittig, ob das Prinzip der Achtung der Würde ein *subjektives* Grundrecht im eigentlichen Sinn verleiht oder nur eine regulative Idee ist, die erst in der Auseinanderlegung in einzelne Grundrechte ihre Bindungswirkung entfalten kann.[15] Nehmen wir an, Letzteres sei der Fall, dann wird der Inhalt des moralischen Status so vage und unbestimmt, dass der Verweis auf die Würde praktisch irrelevant bleibt,[16] dass sie für die Herleitung der inhaltlichen moralischen Normen nicht weiterhilft. Die meisten Autoren berufen sich bei der Ableitung der Menschenrechte oder der grundlegenden moralischen Rechte daher auf Aspekte, die dem *alltäglichen* Würdebegriff entnommen sind. Zur Vorstellung von Würde gehört insbesondere, dass man nicht der Macht anderer ausgeliefert sein möchte,[17] d. h. das Interesse an Gleichheit. Außerdem gehört dazu, dass man Absichten und Pläne verfolgen, sein Leben nach den eigenen Vorstellungen gestalten kann,[18] d. h. das Interesse an Freiheit und Autonomie. Manche Autoren fassen diese grundlegenden Interessen im Bedürfnis nach Selbstachtung und ineins damit nach sozialer Anerkennung zusammen.[19] Entsprechend sehen sie den grundlegenden Inhalt der moralischen Rücksicht in der Respektierung des Rechts der Anderen, nicht gedemütigt zu werden.[20]

Nun trifft es sicher zu, dass Menschen nicht nur unter dieser oder jener Verletzung ihrer Rechte leiden können, sondern dass in anderen Verletzungen häufig ein Aspekt der Erfahrung von Missachtung mit enthalten ist. Aber dies ist gewiss nicht der einzige In-

15 So Josef Isensee, »Der grundrechtliche Status des Embryo«, in: Höffe u. a. (Hg.), *Gentechnik und Menschenwürde*, S. 37-77, dort S. 68.

16 So Brugger, *Menschenwürde, Menschenrechte, Grundrechte*, S. 34.

17 Vgl. Brugger, *Menschenwürde, Menschenrechte, Grundrechte*, S. 37.

18 So Margarita Boladeras Cucurella, *Bioética*, Madrid 1998, S. 78.

19 So Lohmann, »Die rechtsverbürgende Kraft der Menschenwürde«, S. 52.

20 So Philipp Balzer u. a., *Menschenwürde vs. Würde der Kreatur*, Freiburg, München 1998, S. 31.

halt moralischer Normen bzw. moralischer Rechte und Pflichten. Zum Beispiel wird das Recht auf freie Entfaltung der Person auch dann verletzt, wenn jemand es aus bloßem Egoismus und ohne jede Absicht von Geringschätzung nicht beachtet. Außerdem haben nicht alle moralischen Grundrechte mit dem Recht auf Autonomie zu tun, das sich am ehesten mit dem Demütigungsverbot zusammenbringen ließe. Das Bedürfnis nach Freiheit und Autonomie ist nur eines neben anderen menschlichen Grundbedürfnissen, zu denen ferner das Bedürfnis der körperlichen Unversehrtheit, der Fürsorge im Fall der Hilfsbedürftigkeit usw. gehören.[21] Orientiert man sich am gewöhnlichen Sinn des Würdebegriffs, kann er diese Aspekte nicht erfassen. Verwendet man andererseits den Würdebegriff als gemeinsame Leitidee hinter den verschiedenen Grundrechten und erläutert diese durch die Grundbedürfnisse, dann hat er keinen eigenständigen Sinn.

Wenn zum Gegenstand der Rücksicht alle Bedingungen für das Streben nach einem guten, subjektiv positiv bewerteten Leben gehören, ist dann vielleicht für den Inhalt der Moral der Wertbegriff hilfreicher als der Begriff der Würde?

3. Die Rede vom Wert moralischer Objekte

In der Tierethikdebatte vertritt Tom Regan die Position, Tiere hätten Rechte, weil sie einen inhärenten Wert haben.[22] Einen solchen Wert haben für ihn Wesen, die Subjekte eines Lebens sind, d.h. selbst ein Leben vollziehen, positive und negative Erlebnisse erfahren, Absichten und Wünsche verfolgen und dadurch auf ihr subjektives Wohl bezogen sind. Alle Wesen, die so leben, haben für Regan den gleichen inhärenten Wert. Da die *faktischen* Fähigkeiten zu einem selbständigen Leben und zur Erstrebung des eigenen subjektiven Guts unterschiedlich sind, muss hier ähnlich wie bei Kants Würdebegriff ein metaphysischer Wertbegriff vorliegen. Außerdem hat die Verankerung des Werts im *subjektiven* Gut von Wesen die Folge, dass es moralisch unbedenklich wäre, Tiere zu züchten, die keine negativen Empfindungen hätten, wenn man sie unter Be-

21 Vgl. Tugendhat, *Vorlesungen über Ethik*, S. 358.
22 Tom Regan, *The Case for Animal Rights*, Berkeley 1983.

dingungen der Massentierhaltung einsperrt, oder dasselbe durch pharmazeutische Mittel zu bewirken.[23] Da eine solche Vorstellung vielen Menschen anstößig erscheint, müsste der Wert, der ein Wesen zum Gegenstand der Moral macht, sein *objektives* Gut sein.

In der Tat hat in diesem Sinn die Schweizerische Bundesverfassung den Schutz der Kreatur in ihre Forderungen aufgenommen. Dort ist von der »Würde« der Kreatur die Rede, ein Ausdruck, der in diesem Kontext noch weniger nachvollziehbar ist als beim Menschen, wo er immerhin an alltägliche Verwendungskontexte anknüpft. Die Erläuterungen bedienen sich des Wertbegriffs. Der Ausdruck »Kreatur« wird dabei gewöhnlich als Sammelbegriff für Tiere und Pflanzen interpretiert, der Würdebegriff so, dass er den Eigenwert, die Selbstzweckhaftigkeit ausdrückt.[24] Da Pflanzen eingeschlossen sind, muss es sich um einen objektiven Wertbegriff handeln. Hält man diese objektive Rede von Eigenwert für verständlich, dann liegt allerdings eine weitere Ausdehnung nahe, wonach die ganze Natur oder alles Seiende einen Eigenwert hat, der in seiner Widerständigkeit bzw. Unverfügbarkeit liegt.[25]

Nun mag dieser ontologisch-metaphysische Begriff des Werts zwar intuitiv nachvollziehbar sein,[26] er führt aber sicherlich über die Grenzen der Moral hinaus. Denn hier gibt es kein Wesen, das man als solches, um seiner selbst willen berücksichtigen kann. Es kann hier höchstens um eine allgemeine Einstellung der Pietät gehen, der Ehrfurcht vor der Welt, eine Einstellung, über deren Gebotenheit und so auch deren praktische Folgen keine Übereinstimmung zu erwarten ist. Die Moral im engeren Sinn sollte man auf das Handeln gegenüber Wesen beschränken, denen es etwas ausmachen kann, wie wir sie behandeln, die einen *subjektiven* Bezug auf ihr Wohl haben.

Pflanzen besitzen sicher kein subjektives Wohl in diesem Sinn,

23 Balzer u. a., *Menschenwürde vs. Würde der Kreatur*, S. 47.

24 Vgl. Peter Saladin, »›Würde der Kreatur‹ als Rechtsbegriff«, in: Julian Nida-Rümelin, Dietmar v. d. Pfordten (Hg.), *Ökologische Ethik und Rechtstheorie*, Baden-Baden 1995, S. 365-369, dort S. 366 f.

25 Beat Sitter-Liver, »Würde der Kreatur. Grundlegung, Bedeutung und Funktion eines neuen Verfassungsprinzips«, in: Nida-Rümelin/v. d. Pfordten (Hg.), *Ökologische Ethik und Rechtstheorie*, S. 355-364, dort S. 361.

26 Wie er genau zu verstehen ist, bleibt allerdings rätselhaft, und es existieren bisher wenig Klärungsversuche. Die wichtigsten Positionen werden aufgearbeitet in Angelika Krebs, *Ethics of Nature. A Map*, Berlin 1999.

auch nicht Tiere mit geringer Differenzierung, ebenso wenig Menschen mit bestimmten mentalen Defekten oder Embryonen. Dennoch scheint es einen gesellschaftlichen Konsens zu geben, wonach z. B. Embryonen unter besonderem Schutz stehen. So verlangt Art. 18 der Bioethik-Konvention von Oviedo, dass das Gesetz, wo es In-vitro-Forschung an Embryonen erlaubt, den angemessenen Schutz des Embryos sicherstellen müsse. Generell soll die Erzeugung menschlicher Embryonen zu Forschungszwecken verboten sein. Was ist die Begründung? Die letzte Absicht der Oviedo-Konvention ist laut Art. 1 der Schutz der Würde und Identität des menschlichen Individuums. Dies wiederum wird in Art. 2 dadurch erläutert, dass die Interessen und das Wohl des menschlichen Wesens den Vorrang vor dem alleinigen Interesse von Gesellschaft und Wissenschaft haben sollen. Interessen und ein Wohl im subjektiven Sinn besitzt der Embryo jedoch nicht. Worin aber soll dann der Schutz des Embryos bestehen? Der einzig denkbare Inhalt besteht in einem Umgang mit dem Embryo, welcher die Ehrfurcht vor allen Formen und Vorformen menschlichen Lebens ausdrückt, also ausschließlich in einer pietätvollen persönlichen Einstellung des Forschers, die sich aber kaum moralisch fordern und juristisch überprüfen lässt.

Auch unter Juristen ist strittig, ob man dem Embryo Menschenwürde zuschreiben kann. In der deutschen Verfassungsdebatte gibt es die Auffassung, ein menschliches Wesen beginne generell erst mit der Geburt, Träger der von der Verfassung gewährleisteten Grundrechte zu sein.[27] Nach anderer Auffassung liegt dem deutschen Recht – und das dürfte in anderen Verfassungen ähnlich sein – ein Stufenmodell des Lebenswertes und Lebensschutzes zugrunde. So werde z. B. niemand bei Abtreibung wegen Mordes belangt, und Embryonen würden einen so schwachen Status im positiven Recht haben, dass es nicht sinnvoll sei, ihnen Menschenwürde oder ein subjektives Recht auf Leben zuzuschreiben.[28] Der

27 Werner Heun, »Menschenwürde und Lebensrecht als Maßstäbe für PID? Dargestellt aus verfassungsrechtlicher Sicht«, in: Annemarie Gethmann-Siefert, Stefan Huster (Hg.), *Recht und Ethik in der Präimplantationsdiagnostik*, Bad Neuenahr-Ahrweiler 2005, S. 69-91, dort S. 78.

28 Eric Hilgendorf, »Stufungen des vorgeburtlichen Lebens- und Würdeschutzes«, in: Gethmann-Siefert/Huster (Hg.), *Recht und Ethik in der Präimplantationsdiagnostik*, S. 115-130, dort S. 122, S. 126.

Beginn der Schutzwürdigkeit hänge vielmehr an Kriterien wie Ausbildung eines Nervensystems, Schmerzempfinden, Entwicklung von Bewusstsein.[29]

Wenn es diese Kriterien sind, die letztlich auch in der Verfassung die Basis der Rücksicht bilden, dann bedeutet das für die vorausliegende Moralkonzeption zweierlei. Erstens spricht es dafür, die Moral auf den engeren Bereich des Umgangs mit Wesen zu beschränken, die subjektive Interessen haben können. Zweitens bestätigt es, dass die Begriffe des Werts und der Würde weder für die Begründung noch für die inhaltliche Präzisierung der Normen etwas hergeben. Dass das Leben für uns Menschen einen Wert besitzt, liegt daran, dass es Bedingung alles dessen ist, was uns subjektiv wertvoll ist, und das gilt ebenso für diejenigen Tiere, für die es einen solchen Wert gibt.[30]

Wir sind dann für die Bestimmung der moralischen Inhalte verwiesen auf die subjektiven Interessen, wie wir sie im Normalfall bei Menschen und Tieren finden. Die grundlegenden moralischen Rechte lassen sich auffinden, indem wir nach den notwendigen Bedingungen fragen, die gegeben sein müssen, um das subjektive Wohl zu verfolgen (bei Tieren) bzw. nach den eigenen Vorstellungen ein gutes Leben zu suchen (bei Menschen). Doch wenn hier kein objektiver Wert mehr im Spiel ist, sondern nur noch subjektiv Wünschenswertes, was verleiht dann den Individuen, die Träger von Interessen sind, einen moralischen Status bzw. in welchem Sinn kann man ihnen dann noch ein moralisches *Recht* auf Anerkennung dieser Interessen zuschreiben? Und aus der umgekehrten Perspektive: Was verpflichtet uns dann noch, andere zu berücksichtigen?

4. Moralische Rechte ohne Wert und Würde?

Ohne Rückgriff auf Naturrechte, metaphysischen Wert oder Würde lässt sich der Begriff eines moralischen Rechts am einfachsten funktionalistisch verstehen; auf diese Weise lässt er sich voraussetbr-

29 Hilgendorf, »Stufungen des vorgeburtlichen Lebens- und Würdeschutzes«, S. 130, Anm. 47.

30 Ähnlich Joel Feinberg, »Human Duties and Animal Rights«, in: Clare Palmer (Hg.), *Animal Rights*, Aldershot 2008, S. 399-423, dort S. 421.

zungsfrei und außerdem möglichst breit verwenden. Ein moralisches Recht ist dann das, was die Moral Individuen verleiht:[31] Der Rechtsbegriff ist eine Abkürzung dafür, dass ein Wesen aufgrund der moralischen Normen durch die moralischen Akteure so und so behandelt werden muss bzw. so und so nicht behandelt werden darf. Es konstituiert sich durch das, was Moral ist, nämlich Rücksicht auf Individuen, die Interessen und Bedürfnisse haben, die nach ihrem Guten streben. Der Rechtsbegriff bietet sich nicht nur als Abkürzung an, er hat auch eine rhetorische Funktion in der öffentlichen Debatte. Zum einen macht er explizit deutlich, dass die Rücksicht auf Individuen nicht mit dem Gesamtnutzen verrechenbar ist, sondern gerade eine Grenze für gesellschaftliche Strategien der Nutzenmaximierung, aber auch für die Interessen anderer Individuen darstellt.[32] Zum anderen betont er die Verpflichtung aufseiten der anderen. Zwar kann man ein moralisches Recht, anders als ein legales Recht, nicht einklagen, aber es ist doch etwas, das man einfordern kann, etwas, dessen Beachtung einem die anderen schuldig sind.[33]

Fragen wir jetzt ohne Wertannahmen, welche Wesen wie zur Moral gehören. Als Adressaten, als Subjekte oder Akteure, die moralische Normen befolgen können und sollen, kommen nur Wesen mit der Fähigkeit in Frage, moralische Sätze zu verstehen und im Handeln umzusetzen. Doch der Kreis der Objekte der Moral, also derjenigen Wesen, die unter den Schutz der moralischen Normen fallen, braucht nicht auf diese Wesen beschränkt zu sein. Vielmehr reichen die Objekte der Moral nach üblicher Vorstellung so weit, wie die Normen ihrem Inhalt nach anwendbar sind. Aber drehen wir uns jetzt nicht im Kreis? Denn müssen wir, um die Inhalte der Moral bestimmen zu können, nicht vorher wissen, *was* es ist, worauf sich moralische Rücksicht bezieht, oder, wie häufig formuliert wird, was es ist, das einem Wesen einen moralischen Status verleiht?

Um Verwirrung zu vermeiden, möchte ich drei Aspekte der Moral unterscheiden: Form, Motivation, Inhalt. Begriffe wie der des

31 Tugendhat, *Vorlesungen über Ethik*, S. 346.

32 Tugendhat, *Vorlesungen über Ethik*, S. 337.

33 Tugendhat, *Vorlesungen über Ethik*, S. 348; Georg Lohmann »Zur moralischen, juridischen und politischen Dimension der Menschenrechte«, in: Sandkühler (Hg.), *Recht und Moral*, S. 135-150, dort S. 138.

Rechts, der Norm, des Sollens, der Pflicht usw. konstituieren die Form der Moral. Diese Form gehört zu jeder Moral, gleich welchen Inhalts. Fragen wir uns, was diese Form von der eines Rechtssystems unterscheidet, wo ähnliche Begriffe zentral sind, dann liegt das Kennzeichnende der Moral in der Art ihrer Verankerung in den Subjekten, in der spezifischen Motivation. Dazu gehören soziale oder auch religiöse Sanktionen, Scham und Schuldgefühle, Bestätigung oder Schwächung des Selbstwerts usw., altruistische Affekte wie Liebe, Mitleid, und auf das soziale Ganze bezogene Affekte wie Gemeinschaftsgefühl, wobei diese Affekte sich zu moralischen Einstellungen, zu Tugenden verfestigen.[34] So berufen sich, wie wir gesehen haben, auch die politischen Menschenrechtserklärungen auf Brüderlichkeit, Gefühle der Familienzusammengehörigkeit u. ä.

Was die Normen vorschreiben bzw. die Subjekte im Charakter internalisiert haben, nenne ich den Inhalt der Moral. Dieser kann in verschiedenen Gesellschaften verschieden sein. Beschränken wir uns jetzt auf aufgeklärte und autonome Subjekte: Hier ist der Kurzschluss verbreitet, den Inhalt der Moral direkt aus der Form abzuleiten. So argumentiert eine Reihe von Autoren, die Moral im engeren Sinn sei nicht auf Tiere anwendbar, weil diese das Gerüst von Rechten, Pflichten usw. weder verstehen noch sich handelnd daran beteiligen können.[35] Die Moral verlangt aber, wie erläutert, schon beim Menschen nicht *nur*, dass er als Moralsubjekt anerkannt wird, sondern dass *alle* Voraussetzungen seines Lebens berücksichtigt werden. Entsprechend nennt etwa die UDHR in Art. 15 das Recht auf einen hinreichenden Lebensstandard und auf Fürsorge bei Arbeitslosigkeit, Krankheit, Alter usw. Anders formuliert: Die moralischen Normen müssten inhaltlich so beschaffen sein, dass sie sicherstellen, dass das subjektive Wohl aller Wesen, die ein solches haben, Mensch wie Tier, in allen seinen Hinsichten beachtet wird.

Der Grundbereich der Moral besteht nach üblicher Sicht erstens in negativen Pflichten, in den Normen, die verbieten, das Wohl anderer zu verhindern oder zu mindern (durch Zufügung von Schmerzen, Angst, Freiheitsentzug, Beraubung sozialer Kontakte,

34 Diese Beschreibung stützt sich auf John Stuart Mill, *Utilitarianism*, Indianapolis 1957, Kap. 3.

35 Siehe z. B. Thomas Benedikt Schmidt, *Das Tier – Ein Rechtssubjekt? Eine rechtsphilosophische Kritik der Tierrechtsidee*, Regensburg 1996. Seine Argumentation bezieht sich allerdings auf den juridischen Rechtsbegriff.

und bei moralischen Akteuren auch Missachtung). Die Befolgung dieser Normen ist gegenüber allen verpflichtend, ob nah oder fern, Mensch oder Tier. Zweitens in Normen, die Hilfe im akuten Notfall und in der eigenen Umgebung verlangen. Doch diese Vorstellung der kantischen Moral ist zu schwach. Sie vernachlässigt u. a. das Phänomen spezieller Beziehungen der Verwandtschaft, Freundschaft, Kooperation. Das gemeinsame Handeln in solchen Beziehungen zwischen selbständigen Individuen erzeugt die begründete Erwartung auf aktive Beteiligung des anderen, wo man ihn darum bittet. Spezielle Beziehungen gibt es ferner auch zwischen selbständigen Personen und solchen Menschen oder Tieren, die zwar ein subjektives Wohl haben, aber nicht in der Lage sind, für ihr Leben selbst zu sorgen. In diesen Beziehungen bestehen individuelle Pflichten der Fürsorge. Nach üblicher Vorstellung sind z. B. die Eltern verpflichtet, für ihre Kinder zu sorgen,[36] und dem Halter obliegt die Fürsorgepflicht für diejenigen Tiere, die in seinem Besitz sind.

Hinzu kommt, dass viele, die die Fähigkeit, für sich selbst zu sorgen, grundsätzlich haben, unter Bedingungen leben, welche die Aussicht auf ein gutes Leben durchkreuzen. Dann müsste es auch die positive Pflicht zur Schaffung von Minimalbedingungen geben, unter denen ein gutes Leben möglich ist. Dass es sich dabei zunächst um ein *moralisches* Recht handelt, führt in die Schwierigkeit, dass diesem Recht oft nicht individuelle moralische Pflichten entsprechen. Denn in diesem Fall müsste das Individuum, das unter der Pflicht stünde, auf die Realisierung seines eigenen guten Lebens verzichten. Daher bleibt die Höhe der individuellen Pflichten hier unbestimmt, und es entsprechen ihnen keine einklagbaren Rechte gegen Individuen. Wenn wir sagen wollen, dass die Hilfsbedürftigen einen moralischen *Anspruch* auf minimale Bedingungen des Wohls haben, dann kann der Adressat nur die Allgemeinheit sein, primär der Staat, dem man angehört.

Zum Inhalt der Moral gehören also die Gesichtspunkte der Leidensvermeidung, der Fürsorge und der speziellen Verpflichtungen. Diese sind systematisch so verbunden, dass sie alle in verschiedener Perspektive auf das Wohl oder gute Leben der Wesen bezogen

36 Dass die Fürsorge zur Moral unter Menschen ebenso gehört wie die wechselseitige Rücksicht zwischen rationalen moralischen Akteuren, wird betont in: Alasdair MacIntyre, *Dependent Rational Animals*, London 1999.

sind, die ein solches haben können. Der Inhalt der Moral besteht durchweg darin, das individuelle Wohl nicht zu verhindern bzw. teilweise auch zu ermöglichen. Unterschiede ergeben sich aus der Verschiedenheit der Fähigkeiten, der Lebensbedingungen und der Beziehungen der Individuen. Insofern dies keine Werteigenschaften, sondern gewöhnliche empirische Eigenschaften und Relationen sind, erscheint es nicht sinnvoll, einen unterschiedlichen moralischen Status, und das heißt Wert oder Würde, verschieden ausgestatteter Wesen anzunehmen. Objekt der Moral sind alle Wesen, die überhaupt subjektive Interessen, ein subjektives Wohl haben, und sie sind das alle gleichermaßen. Unterschiede ergeben sich durch die genannten Eigenschaften, weil ein Wesen nur dort, wo es die relevante Eigenschaft hat, unter die passende Norm fällt. Dass ein Kind ein Recht auf Schulbildung hat, ein Tier nicht, dass ein Haustier ein Recht auf Fütterung hat, ein Wildtier nicht, liegt nicht daran, dass sie einen unterschiedlichen moralischen Wert haben, sondern daran, dass sie unterschiedliche Fähigkeiten haben oder in unterschiedlichen Beziehungen zu uns stehen.

Wenn die Moral sich nicht durch Verweis auf die Würde oder einen Wert begründen lässt, was verpflichtet uns dann aber letztlich, die Rechte anderer zu achten? Der Pflichtbegriff ist innerhalb der moralischen Rede in Korrespondenz zum Rechtsbegriff durchaus sinnvoll und verständlich. Es gibt aber keine weiter zurückreichende Begründung. Moral gibt es der Form nach in allen menschlichen Gesellschaften, und sie lässt sich nicht aus anderem ableiten. Der moralische Inhalt allgemeiner und gleicher Rechte bildet sich heraus, als in der Aufklärung Vorurteile, welche Gruppen ausschließen, hinterfragt werden und die Überzeugung von der Fähigkeit aller Menschen und Völker zu Vernunft und Selbstbestimmung aufkommt. Eine Motivation, im eigenen Leben und der eigenen Umgebung im Sinn dieses Inhalts zu handeln, liegt in den Tugenden, in denen sich altruistische Affekte verfestigen und deren Aktualisierung sich ohne Behinderung durch Vorurteile verbreitern kann. Es sind insbesondere diese Tugenden, die zur Ausdehnung der Moral auf alle leidensfähige Wesen führen, da sich altruistische Affekte ihrer Qualität nach auf alle leidensfähigen Wesen beziehen können. Die Motivation, die Durchsetzung einer solchen Moral auf der politischen Ebene voranzubringen, entsteht, wie die großen Menschenrechtserklärungen zeigen, durch die mit Emotionen verbundene Idee der fraternité, das Gefühl der Verwandtschaft mit allen Menschen.[37] Anders als die erste Motivation betrifft allerdings diese zweite nicht die *Reaktion* auf Lebenssituationen, sondern das Engagement für die Förderung der Moral als *aktives* Lebensziel. Während wir – sofern wir uns moralisch verstehen – zu Rücksicht, Hilfe, Fürsorge in unserem Lebenskontext verpflichtet sind, lässt sich der Einsatz für die politische Durchsetzung moralischer Verhältnisse nicht als verpflichtend sehen.[38] Denn es gibt andere ebenso sinnvolle Lebensziele, unter denen sich im Übrigen Ziele mit besseren Realisierungschancen finden mögen.

37 Auch dieses Gefühl könnte sich auf die Gemeinschaft mit allen leidensfähigen Wesen in der Welt ausdehnen, vgl. Cora Diamond, »Eating Meat and Eating People«, in: Palmer (Hg.), *Animal Rights*, S. 275-289, dort S. 284.

38 Anders Lohmann, »Zur moralischen, juridischen und politischen Dimension der Menschenrechte«, S. 145. Für die Durchsicht und Einrichtung des Manuskripts danke ich Hannah Schickl, für die Korrektur des Umbruchs Anja Nägele.

Textnachweise

»Zum Problem der Willensschwäche«, in: *Zeitschrift für philosophische Forschung* 39 (1985), S. 21-33, abgedruckt in: Stefan Gosepath (Hg.), *Motive, Gründe, Zwecke. Theorien praktischer Rationalität*, Frankfurt/M. 1999, S. 232-245.

»Alte tote weiße Europäer. Bernard Knox über die aktuelle Bedeutung der Antike«, in: *Frankfurter Allgemeine Zeitung* Nr. 91 vom 19. 4. 1995, N 6.

»Worin sich die Platonische und die Aristotelische Ethik unterscheiden«, in: Lutz Wingert, Klaus Günther (Hg.), *Die Öffentlichkeit der Vernunft und die Vernunft der Öffentlichkeit, Festschrift für Jürgen Habermas*, Frankfurt/M. 2001, S. 271-279.

»Reflexion und Identität. Harry Frankfurts Auffassung menschlichen Handelns«, in: Rainer Forst u. a. (Hg.)., *Sozialphilosophie und Kritik*, Frankfurt/M. 2009, S. 409-429.

»Aporien in der aristotelischen Konzeption des Beherrschten und des Schlechten«, in: Dorothea Frede, Burkhard Reis (Hg.), *Body and Soul in Ancient Philosophy*, Berlin 2009, S. 331-346.

»Das Wunsch-Meinungs-Modell und die Kontroverse zwischen Externalisten und Internalisten«, zuvor unveröffentlicht, geschrieben 2010.

»Die Rolle des *thymos* in Platons Handlungstheorie«, zuvor unveröffentlicht, Vortrag, gehalten auf dem 14. Kolloquium der GANPH in Trier 2015.

»Über den Sinn der aristotelischen Mesoteslehre«, in: *Phronesis* 23 (1988), S. 54-75. Mit kleineren Veränderungen abgedruckt in: Otfried Höffe (Hg.), *Aristoteles, Nikomachische Ethik*, Reihe »Klassiker Auslegen« Band 2, Berlin 1995, S. 83-108.

»Kunst, Philosophie und die Frage nach dem guten Leben«, in: Franz Koppe (Hg.), *Perspektiven der Kunstphilosophie. Texte und Diskussionen*, Frankfurt/M. 1991, S. 109-132.

»Die Freundschaftskonzeption in Platons *Lysis*«, in: Emil Angehrn u. a. (Hg.), *Dialektischer Negativismus. Michael Theunissen zum 60. Geburtstag*, Frankfurt/M. 1993, S. 103-129.

»Jenes Tages bleibender Umriß. Eine philosophische Lektüre von Handkes Versuchstrilogie«, in: Ludwig Nagl, Hugh J. Silvermann (Hg.), *Textualität der Philosophie. Philosophie und Literatur*, Wien 1994 (Wiener Reihe. Themen der Philosophie Band 7), S. 33-52.

»Zur Struktur der Frage nach dem guten Leben«, in: Holmer Steinfath (Hg.), *Was ist ein gutes Leben? Philosophische Reflexionen*, Frankfurt/M. 1998, S. 32-46.

»Tugend und Glück. Was Platon und Aristoteles lehren«, in: Ruthard Stäblein (Hg.), *Glück und Gerechtigkeit. Moral am Ende des 20. Jahrhunderts*, Frankfurt/M. 1999, S. 27-40.

»Warum sich die metaphysischen Fragen nicht beantworten, aber auch nicht überwinden lassen«, in: *Deutsche Zeitschrift für Philosophie* 48 (2000), S. 499-504.

»Moralische Dilemmata und Wertkonflikte«, in: Christoph Menke, Martin Seel (Hg.), *Zur Verteidigung der Vernunft gegen ihre Liebhaber und Verächter*, Frankfurt/M. 1993, S. 181-196.

»Übergreifender Konsens und öffentliche Vernunft«, in: Philosophische Gesellschaft Bad Homburg, Wilfried Hinsch (Hg.), *Zur Idee des politischen Liberalismus. John Rawls in der Diskussion*, Frankfurt/M. 1997, S. 52-66.

»Grenzen des Individuums und Grenzen des Handelns. Überlegungen zum Klonen«, in: Winfried Brugger, Görg Haverkate (Hg.), *Grenzen als Thema der Rechts- und Sozialphilosophie*, Stuttgart 2002, S. 75-82.

»Was wollen und sollen wir wissen? Probleme der Humangenetik«, in: Thomas Hillenkamp (Hg.), *Medizinrechtliche Probleme der Humangenetik*, Heidelberg 2002, S. 111-118.

»Die menschliche Natur und das Gute. Ein Vergleich der Positionen von Aristoteles, Thompson und Foot«, in: Thomas Hoffmann, Michael Reuter (Hg.), *Natürlich gut. Beiträge zur Philosophie Philippa Foots*, Frankfurt 2010, S. 293-321.

»Vom moralischen Sollen«, in: Eva Buddeberg, Achim Vesper (Hg.), *Moral und Sanktion*, Frankfurt/M. 2013, S. 35-49.

»Moralische Rechte ohne Würde«, in: Falk Bornmüller u. a. (Hg.), *Menschenrechte und Demokratie. Georg Lohmann zum 65. Geburtstag*, Freiburg, München 2013, S. 119-133.